教育部高职高专公共事业类专业教学指导委员会推荐教材

青少年社会工作

Social Work with Adolescents

主　编　章友德
副主编　李爱萍　李太斌　丁晓鹃

天津大学出版社
TIANJIN UNIVERSITY PRESS

内容简介

中国正处于经济社会转型期，体制转变、观念更新对国民，特别是青少年有着越来越大的影响，转型时期的多元文化对青少年的价值观形成了巨大的冲击。城市化、市场化、信息化、全球化构成了青少年成长的全新环境。青少年在成长过程中遇到了许多发展中的新问题，解决这些问题，需要创新理念和方法。

本教材结合高职生的特点，突出知识结构专业化、案例选材本土化、技能技巧训练能力本位化的基本原则。全书分为三篇：第一篇，青少年社会工作实务概述；第二篇，青少年的成长危机及其干预；第三篇，青少年社会工作的评估和管理。编撰本书目的，一是为了扭转当前我国社会工作教育领域教材建设严重滞后于社会发展的现状；二是针对当前我国青少年身心发展的特点和需要以及社会转型对青少年发展带来的挑战，从社会工作的视角，寻找解决青少年在发展中所遇问题的途径。本书既可以作为高职学生社会学、社会工作专业的教材，也可以作为实际从事社会工作的参考读物。

图书在版编目(CIP)数据

青少年社会工作/章友德主编. —天津:天津大学出版社，2010.1（2018.2重印）
教育部高职高专公共事业类专业教学指导委员会推荐教材
ISBN 978-7-5618-3116-8

Ⅰ.青… Ⅱ.章… Ⅲ.青少年-社会工作-中国-高等学校:技术学校-教材
Ⅳ.D432.6

中国版本图书馆CIP数据核字(2009)第149062号

出版发行 天津大学出版社
地　　址 天津市卫津路92号天津大学内(邮编:300072)
电　　话 发行部:022-27403647
网　　址 publish.tju.edu.cn
印　　刷 天津泰宇印务有限公司
经　　销 全国各地新华书店
开　　本 169mm×239mm
印　　张 21
字　　数 448千
版　　次 2010年1月第1版
印　　次 2018年2月第5次
印　　数 10 501-13 000
定　　价 56.00元

教育部高职高专公共事业类专业教学指导委员会推荐教材

编审委员会

总序

高等职业教育是我国高等教育体系的重要组成部分,也是职业教育体系的重要组成部分。近几年,高等职业教育呈现出前所未有的发展势头,高等职业院校数量、在校生和毕业生人数持续增长。1996 年,我国高等教育的毛入学率仅为 6%,2002 年达到高等教育大众化阶段的 15%,到 2007 年上升至 22%,这其中,高职高专教育的快速发展起到了不可或缺的作用。

20 世纪 80 年代以来,世界许多国家和地区都把职业教育确立为教育发展战略重点。伴随着经济一体化的要求,把发展职业教育作为提高国家竞争力的战略措施,成为世界各国教育政策调整的普遍做法。

我国从上世纪 80 年代初期建立职业大学至今,高职教育走过 20 多年的发展历程。随着我国社会经济体制的转型以及高等教育大众化的发展,高等职业教育得到快速发展,其中一个重要原因是国家政策的促进。1996 年,全国人大通过并颁布了《中华人民共和国职业教育法》,从法律上确定了高职教育在我国教育体系中的地位,由此我国的高职教育发展驶入了快车道;1999 年全国教育会议召开,中央提出"大力发展高等职业教育"的工作要求,我国高职教育进入了蓬勃发展的历史新阶段。2005 年,国务院印发《关于大力发展职业教育的决定》,召开全国职业教育工作会议,明确提出,推进我国走新型工业化道路,解决"三农"问题,促进就业再就业,必须大力发展职业教育。2005 年成为我国职业教育史上具有里程碑意义的一年。与此同时,各地纷纷出台新举措,加强对职业教育的统筹领导,加大财政投入,鼓励和支持民间资本举办职业教育,完善职业教育的管理体制和保障机制。

从目前我国高等教育发展的总体情况看,存在着由于各层次高等教育不谐调所造成的人才类型结构失衡现象。面对这一问题,中国人民大学校长纪宝成曾在 2005 年高等教育国际论坛上呼吁:"(高等教育)结构调整的关键是发展高等职业技术教育。”[①]当前存在的社会需求与学校教育的供求矛盾，对高职高专院校而言无疑是一次发展的机遇。

截至2005年底，高职高专教育取得了规模性增长，基本形成了每个市(地)至少设置一所高职高专院校的格局。全国共设有高职高专院校1091所，占普通高等学校总数的60.9%。从招生情况看，2005年全国高职高专招生人数达到268.1万人，占全国本专科招生总数的53.1%。从在校生规模看，2005年全国高职高专在校生人数为713万，占本专科在校生总数的45.7%。根据国家对职业教育发展的规划，到2010年，高职高专招生规模将占高等教育招生规模的一半以上[②]。高职高专已经占据了高等教育的半壁江山。

2004年10月26日，教育部首次颁发了《普通高等学校高职高专教育指导性专业目录(试行)》(教高[2004]3号)(简称《目录》)、《普通高等学校高职高专教育专业设置管理办法(试行)》(教高[2004]4号)，并印发《普通高等学校高职高专教育专业简介》，从2005年开始实施。这是我国第一次在专科层次颁布全面系统的专业目录，填补了我国缺少高职高专教育专业目录的空白。《目录》按职业门类分设包括公共事业大类在内的19大类，下设二级子类77个，专业556个。公共事业大类下设公共事业类、公共管理类、公共服务类3个二级子类，共设有24个专业。2005年12月，教育部发布《教育部关于成立2006—2010年教育部高等学校有关科类教学指导委员会的通知》(教高函[2005]25号)，2006年，全国高职高专各专业类教学指导委员会相继成立。教育部高职高专公共事业类专业教学指导委员会于2006年6月在南开大学召开成立大会暨第一次工作会议，会议讨论并通过了《教育部高职高专公共事业类专业教学指导委员会工作章程》《教育部高职高专公共事业类专业教学指导委员会2006—2010年工作规划》以及2006年的工作计划，明确了该教学指导委员会2006年及其今后四年的总体工作目标与任务。

教材建设是专业建设的重要组成部分。高职高专公共事业类专业教学指导委员会成立以来，就把教材建设作为一项重要的工程来抓。为此，我们制定了针对高职高专公共事业类专业特点的人才培养目标，按教育部确定的必修课和专业课课程设置，动员和组织全国相关院校的专业教

---

① 沈祖芸，计琳：《一个统率高教发展的重要命题》，载《中国教育报》，2005-11-25(5)。

② 教育部发展规划司：《2005年高等教育事业统计主要结果与分析》，见《教育统计报告》，第一期。

师和研究人员，编写一套高水平的教材的计划。

我们组织编写这套教材的总体构想是：严格按照教育部高职高专公共事业类专业建设的基本要求，根据专业教学内容、教学发展要求、人才培养方案以及学生的基本素质情况，以职业岗位核心技能培养为目标，紧密结合学生未来工作实际，充分体现职业岗位核心技能要求和工学结合特点。同时，积极探索“专业标准”建设，并尝试建设“标准化”教材，力争对全国高职高专院校公共事业类专业的教材建设起到示范、引领和辐射的作用，鼓励高职高专双师型专业教师参与编写并积极推广使用，从而提高公共事业类专业的教学质量，面向行业，培养出更多高质量的应用型高级专业人才，为我国的社会主义建设服务。

我们期望这套教材应具有以下特点。

1. 教材以职业岗位核心能力需求为主线，按照职业岗位核心技能的要求制定教材编写大纲，设计教材体例和内容。教材中的知识点与职业岗位核心技能紧密对应，使理论知识学习、实践能力培养和可持续能力发展紧密结合起来，形成教材内容的三位一体，强化教材体系的职业性。

2. 教材内容突出对学生职业岗位能力的培养，把专业和职业结合起来，将核心技能的培养贯穿于教材全部内容。

3. 教材内容体现“基础理论适度、突出应用重点、强化实训内容，形式立体多元”的思想原则，教材内容设计以岗位技能需求为导向，以素质教育、创新教育为基础，以学生能力培养、技能训练为本位，使其真正成为为高职高专学生“量身定做”的教材。

4. 教材融入职业资格标准，体现职业素质培养。将双证书教育融入教材内容，使职业资格认证内容和教材教学内容有机衔接起来，让学生学习相关课程教材后可直接参加职业资格证书考试。

5. 将行业或国家的技术标准融入教材内容中，让学生在校期间接受“标准”教育，增强“标准”意识。

6. 将人才培养方案、专业标准、实训条件等放入教材内容中，在强化教材职业针对性的同时，体现教材实用性、创新性和前瞻性的特点。

7. 扩大教材的使用范围，使教材的功能多元化。既可以作为高职高专院校学生的教材，也可以作为一般本科院校相关专业的教学参考用书及行业的培训参考读物，还可以作为相关人员普及提高相关知识的应用性图书。

8. 教材的形式力争立体化，除纸质的主教材外，另辅以电子教案、教学计划、CAI 课件、IP 课件(流媒体课件)、电子习题库、电子试卷库、影音资料等辅助教学资源,最终为学校专业建设、教师教学备课、学生自主学习提供完整的教学解决方案,最大限度地做好全方位的资源供给服务,从而提高教材选用的竞争力。

在确定教材编写目标和要求的基础上,我们教学指导委员会与天津大学出版社合作,按教育部规定的高职高专公共事业类专业的课程目标,选定一批主干课及专业必修课程,采取在全国范围内公开招标的方式,在编著者自愿申报的前提下,由本教学指导委员会成员组成的教材编审委员会从中遴选最优秀的教师担任既定教材的主编,并鼓励高职高专公共事业类专业有经验的一线教师与研究型大学的相关教师合作,由我们牵线搭桥,优化组合成一部教材的编写团队,共同完成一部教材的编写工作,以求达到理论与教学实践的有机结合。

然而,编写高水平的专业教材谈何容易。虽然参与编写这套课程教材的都是既有丰富教学经验,也有较高研究水平的教育工作者,但毕竟我国公共事业类专业开办的时间尚短,所以,这套教材肯定会有一些不尽如人意之处,敬请大家提出批评、改进的建议,使这套教材臻于完善,为我国公共事业类专业的发展做出应有的贡献。

教育部高等教育司高职高专处、教育部高职高专教学指导委员会协联办、天津大学出版社对出版这套教材给予了大力支持。在研讨设计和组织审定这套教材的过程中,天津大学出版社给予了部分经费支持,并对这套教材的编写方针提出了参考意见,为本教材的出版做出了大量推动和建设性工作。在此表示衷心的感谢。

教育部高职高专公共事业类
专业教学指导委员会主任　王处辉

2008 年 6 月于南开大学

目　　录

第一篇　青少年社会工作实务概述

第二篇　青少年的成长危机及其干预

第三篇　青少年社会工作的评估和管理

第一篇

青少年社会工作实务概述

1

青少年社会工作的价值伦理

学习目标

①了解青少年社会工作价值伦理对青少年社会工作的重要意义。

②理解青少年社会工作价值观与伦理守则的基本内容与要求。

③掌握青少年社会工作价值伦理冲突的化解方法与策略。

青少年社会工作的价值伦理是指从事青少年社会工作必须具备的对青少年、对社会以及对青少年社会工作应有的基本认识和行为规范。青少年社会工作不仅需要专业知识技术的支持,更需要专业价值理念和行为规范的指导。青少年社会工作的价值伦理是青少年社会工作的思想、灵魂和行动指南。

案例 1.1

小周,高一男生,初二时发现叔叔抽屉内其女友的内衣、内裤,抵挡不住诱惑,就将其穿在身上并抚摸,感觉就像抚摸自己喜欢的一名女生。以后每周都要穿一次,最后发展到晚上睡觉前,总情不自禁地走出去,偷偷地把女性的内衣拿回来。终于有一天被人发现并告发,将其抓到派出所。面对警察的询问,小周回答:"我真的不是小偷,我早知道自己有问题,我也不想这样,但是脑袋好像不是长在自己肩上,没有办法控制自己。"①

案例中的小周是道德有问题,还是正常的生理需求没有得到及时疏导?青少年的青春期困惑包括哪些?社会工作者应该如何看待青少年的这些行为并给予他们帮助?对于这一系列问题的解答,涉及对青少年社会工作的本质以及对青少年社会工

① 杨佐廷:《中小学生危机预防与干预》,上海,上海教育出版社,2006。

作价值伦理的理解和运用。

1.1 青少年社会工作概述

明确青少年的特点及其界定,是了解青少年社会工作的前提和条件。

1.1.1 青少年的界定

对青少年的界定,依赖于对青少年特殊性的认识。青少年的特殊性一方面取决于青少年作为一个个体,在一生发展中所处的地位和价值,同时也取决于青少年作为一个社会群体,在整个社会群体与社会发展中的地位和价值。作为一个个体,青少年的特殊性在于其发展的特殊性:生理发展上的发育期,心理发展上的断乳期,社会发展上的分化期,即分化为行为奋发向上青少年,或是文化叛逆青少年、政治偏激青少年与社会问题青少年。作为一个社会群体,青少年有自己独特的文化表现形式——青少年亚文化。由此形成不同于其他社会形态的青少年社会,在整个社会系统中占有自己的一席之地。与此同时,作为一个社会群体,青少年所特有的批判意识、创新精神、竞争心理和自主意识,使青少年的发展代表社会发展的未来趋势,从而在整个社会发展变迁中具有重要的地位和意义。

学术界对青少年的界定包括两个层面,一是年龄界定,二是学科界定。关于青少年的年龄界定,在我国,最早可以追溯到孔子的“十有五而志于学,三十而立,四十而不惑”。最近的观点见诸《中国青少年发展状况研究报告——1993》,该报告把少年界定为6~15岁,青年为16~35岁,青少年的界定为6~35岁的人群,从学校的角度来说,基本上就是从小学开始到35岁为止。在国外,古希腊的梭伦把人生分为七年一个周期:7岁换齿,14岁进入青春期,21岁长出胡须,28岁肌肉最为强健,35岁结婚和有所作为,42岁性格最终定型。17世纪捷克教育家夸美纽斯把人成熟期前的年龄分为四个阶段:5岁以下为幼儿期,6~13岁为儿童期,14~21岁为少年期,22~25岁为成人期①。德国心理学家埃里克森将人的一生发展划分为8个不同时期,不同时期人们会面临不同的成长危机和发展任务,分别是:婴幼儿期(0~3岁),依赖家庭;学龄前期(3~6岁),探索自然;学龄期(6~12岁),寻求同伴;青春期(12~20岁),反叛独立(寻求自我认同);青年前期(20~30岁),恋爱婚姻(寻求社会认同);青年后期(30~40岁),工作事业;中年期(40~65岁),反思生命;老年期(65岁~),恐惧死亡。青少年处于人一生的青春期和青年前期,在年龄上包括12~30岁这个阶段的人群。

本书对青少年的年龄界定,主要采用埃里克森的观点。对青少年的学科界定,主要从与青少年发展密切相关的几门学科出发。根据生理学的观点,把青少年看作

---

① 黄志坚:《世纪之交论青年》,北京,中国青年出版社,1997。

“性成熟”的人;根据心理学的认识,将青少年看作“人格独立”的人;根据教育学理论,把青少年看作处于“学习最佳期”的人;根据社会学的观点,将青少年看作是处于“社会化关键期”的人;从社会工作学的视角出发,把青少年看作处在“成长烦恼期”的人。

综合上述年龄和学科两种界定的看法,本书认为:青少年是年龄在 12 ~30 岁的一个社会群体,处于人生发展的关键时期,容易产生各种个人和社会问题,需要社会给予特殊关怀并提供特别的服务。

1.1.2 青少年社会工作的含义

从青少年社会工作的本质来看,青少年社会工作有广义和狭义之分。

①广义青少年社会工作是指以全体青少年为服务对象,国家与地方政府为促进青少年生理、心理、社会适应性等各个方面的健康成长和全面发展而采取的,包括文教、卫生、医疗、保健、体育、娱乐、社区、家庭服务、职业辅导介绍、婚姻服务、青少年权益保护等方方面面的措施。广义青少年社会工作具有“发展性”和“预防性”等特点。

②狭义青少年社会工作是指以发展方向上有偏差,或发展道路上有障碍的青少年为对象,通过多种服务手段和方法帮助矫治、调适他们发展方向上的偏差,扫清他们发展道路上的障碍,以促进青少年的全面发展和健康成长。狭义青少年社会工作有“治疗性”特点。

值得注意的是,随着改革开放以来中国社会进入转型期,社会分层与分化导致一些特殊家庭和特殊青年问题的产生,例如,城市下岗工人子女、进城农民工子女、农村留守青少年、流动人口子女等,这些特殊青年应成为转型期社会工作者特别关注的对象。

综合上述观点,青少年社会工作是以全体青少年为服务对象,通过了解关于青少年成长和发展的特殊规律,掌握国家有关青少年的特殊福利政策,运用社会工作的价值伦理、基本理论、方法和技巧,为青少年的发展提供社会支持网络,最大限度地发掘青少年的潜力,满足其生理、心理和社会性发展需求,促进其健康发展、更好地适应社会生活的一种专业活动。

1.1.3 青少年社会工作的特点

作为社会工作体系中的一个特殊组成部分,青少年社会工作具有一些与其他社会工作相同的特点,例如,工作性质都具有治疗性、预防性和发展性的特点,但是也有其自身的特殊性。归纳起来,青少年社会工作的特殊性主要表现为青少年社会工作对象的特殊性、社会工作内容的特殊性和社会工作方法的特殊性。这些特殊性主要受到青少年年龄特点和时代特点的制约。

(1)以全体青少年为主要工作对象

社会工作有两种分类方法。一是按服务场地划分为家庭社会工作、学校社会工作、医院社会工作、企业社会工作;二是按服务对象划分为儿童社会工作、青少年社会工作、妇女社会工作、老年社会工作。其中,以青少年为服务对象,是青少年社会工作区别于其他社会工作的根本特点。

(2)以化解青少年的成长危机为主要工作任务

与其他年龄时段的服务对象不同,青少年面临的最大挑战是来自自身的成长困惑和来自社会化形成的压力。例如,生理上,身体发育带来的生理困惑或青春期危机;心理上,自我意识形成导致的自我认同危机和社会认同危机;社会发展上,由社会角色冲突引发的学业危机、就业危机及婚姻危机等等。如何解决这些问题,帮助青少年健康成长,是青少年社会工作的核心任务。

(3)以家庭、学校、社区、网络社会工作为主要工作方法

①虽然青少年的大部分时间是在学校渡过的,但是,青少年在学校发生的问题,原因却不一定是学校环境所引起。家庭结构与家庭成员的互动方式,对青少年成长方向和结果有重要的影响。因此,开展青少年家庭社会工作,是化解青少年成长问题的重要途径。

②学校集聚了大量的青少年,学校不仅是青少年社会化的主要场所和专门场所,而且是发现青少年问题与解决青少年问题的最佳场所,所以,学校社会工作是青少年社会工作的常见方法和特色方法。

③社区是青少年社会化的第三个场所,青少年,特别是社区青少年各种问题的产生与社区环境存在密切关系。因此,社区青少年社会问题的解决应该采取社区社会工作的方法。

④现代技术的发展,使青少年成为网络社会的主要成员。利用跨越时空的网络平台,开展青少年网络社会工作,是帮助青少年摆脱网络暴力、网络色情负面影响,使青少年健康成长和积极参与社会发展的新方法,也是时代赋予青少年社会工作者的神圣责任。

1.2 青少年社会工作的价值

任何时代与社会,人们的思想与行为都会受到一定价值观的指导和约束。青少年社会工作也有自己特定的价值理念。

1.2.1 价值与价值体系

价值是指人或事物潜在的功能(有用或无用)、性质(真、善、美、假、丑、恶)和意义。

价值观即价值判断,是指人们对人或事物潜在功能、性质、作用和意义的认识。例如,现实生活中人们的人生观、世界观、恋爱观、婚姻观、金钱观和职业观等,表达了人们对待人生、世界、恋爱、婚姻、金钱和职业的看法和认识,是价值观在不同领域的具体体现。价值观是人们的行动指南,左右着人们的行动。

价值体系,是指由个体价值观(个体)、群体价值观(亚群体)、社会价值观(主流

群体）以及专业价值观（行业群体）所构成的一套价值准则。生活在不同历史、文化、社会和地区的人们不仅会形成不同的价值观，还会形成不同的价值体系。价值体系中的各种价值观既可以相互协调，也可以相互冲突。价值体系的协调与冲突，制约着人们规范或越轨行为的产生和消除。

1.2.2 社会工作的价值

高登斯坦（H. Glodstein）认为，价值是社会工作的基础，是社会工作技术的源泉，是对某些人进入某种职业的动机和社会工作者与案主互动的特征、互动关系的解释。总之，在社会工作的结构中，价值被置于重要的战略地位①。

纵观国内外对一般社会工作价值观的探讨和认识，可以说有多种多样的表述。尽管表述有繁有简，但基本上都可以分为对个人、对社会以及对社会工作专业本身的认识三个层面。

最早把对社会工作的专业价值观明确划分为三个方面进行分析的，是国外学者莫拉莱斯和谢佛（Morales & Sheafor），其基本观点如下。

（1）对个人的价值偏好

个人的价值和尊严都是与生俱来的；每个人都具有能力和动机去追求更满意的生活；每个人都对自己和他人负责；每个人都有归属的需要；每个人都具有共同的需要，也有独特的偏好。

（2）对社会的价值偏好

社会应该为每个人的成长与潜能的实现提供机会和条件；社会应该提供资源和服务，以满足人们的需求，避免社会问题的产生；社会应该为每个人提供平等参与社会建构的机会。

（3）社会工作的工具价值

使每一个人都得到尊敬与保持尊严；使人人都有机会决定生活方向；加强人际互动，构建满足人人需要的社会；尊重每个人个性的独特性，有差别地对待之②。

最新修订的国际认可的《美国社会工作者协会伦理守则》（1999），从多个方面对社会工作的专业核心价值观进行了阐述③。

（1）服务

社会工作者应该超越个人利益为他人提供专业服务。

（2）社会公正

社会工作者追求社会变革，特别应与弱势群体一起努力，并代表他们寻求社会变革。

---

① 王思斌：《社会工作概论》，北京，高等教育出版社，1999，41 页。

② 顾东辉：《社会工作概论》，上海，上海译文出版社，2005。

③ 全国社会工作者职业水平考试教材编写组：《社会工作综合能力》（初级），北京，中国社会出版社，2007。

(3)个人的尊严与价值

社会工作者对每个人都给予关心和尊重,意识到个体的差异和文化、种族上的多元性。

(4)人类关系的重要性

社会工作者认识到人类关系和群体内部关系是重要的变革工具。

(5)诚信

社会工作者认识到专业的使命、价值观、伦理原则和伦理标准,并用与之相适应的方式开展实际工作。

(6)能力

社会工作者不断致力于增进专业知识和技能,并将它们运用到实际工作中。

上述观点归纳起来也是三个方面。

①个人价值。每个人都有自己的价值和尊严。

②社会价值。通过社会变革寻求社会公正。

③社会工作的价值。为有问题和需要的个人或机构提供专业服务;在提供专业服务的过程中,实践个人的社会公正、维护个人的价值和尊严;促进人际关系的沟通、互动与和谐关系的建立;实现对服务对象的承诺;提升社会工作者的专业能力。

可以看出,社会工作的专业价值观,指的是社会工作者对个人、对社会以及对社会工作内在价值所达成的共识。

1.2.3 青少年社会工作的价值

在青少年社会工作中,价值观也是青少年社会工作的基础。作为一种专业价值观,青少年社会工作价值观一方面与社会主流价值观、社会工作价值观具有一致性,另一方面又有其独特性。

从对社会工作价值观的理解出发,青少年社会工作价值观指的是社会工作者对服务对象——青少年的价值、外部社会资源——社会的价值以及内部社会工作——青少年社会工作的价值的认识。

1.2.3.1 青少年的价值

青少年的价值包括青少年作为人类整体一员的价值和作为一个特殊群体的价值。作为人类整体的一员,与其他社会成员一样,青少年有作为个人的价值与尊严,应该受到尊敬和周到的对待,应该参与影响他的决策,应该发展自己的能力与天赋①。

作为一个特殊的群体,青少年自身的价值包括青少年群体的独特价值、青少年群体对社会的价值和青少年作为个体的独特性和发展性价值。

1. 青少年是有独立文化形态的亚社会群体

从社会学的角度出发,相对于实体社会,青少年构成了一个文化或观念形态的社

---

① 王思斌:《社会工作概论》,北京,高等教育出版社,1988。

会。由青少年所创造的、结合时代发展特点和青少年个性特点的青少年亚文化，对青少年的成长有着比主流文化更大的影响。这种亚文化的反叛性和不安定性既对主流文化造成冲击，同时又推动着主流文化的更新和发展。因此，对青少年的认识应该着重于他们的创造性，引导其对社会作出积极贡献。

2. 青少年是社会未来的主导和现在的伙伴

作为人类社会的一分子，青少年群体既是人类社会未来的希望，也是人类社会现在的伙伴。1995 年联合国大会第 50 届会议上正式通过的《到 2000 年及其后世界青年行动纲领》明确宣称：世界各国的青年不仅是促进发展的主要人力资源，也是社会变革、经济发展和技术创新的关键动力。但从某种程度上讲，青少年能否成为社会未来的主导，取决于当前的社会是否能将青少年视为社会建设的伙伴，给青少年提供必要的参与机会。

3. 青少年是有自己独特个性和特殊需要的人

作为一个个体，青少年会受到主流社会的影响，也会受到自己所属亚文化社会的影响。但是，青少年在多大程度上接受主流文化和亚文化社会的影响，还取决于青少年个体的主观能动性和特殊需要。从这个角度来说，青少年的价值还在于每个青少年的独特性。正是这种独特性，构成青少年世界的多样性和丰富性。

4. 青少年是具有各种潜能和有待开发的人

青少年时期是个体生理、心理和社会性发展的关键时期，处在个体一生中发展的重要过渡阶段，其生理、心理和社会性发展如何，对今后一生的发展有重要影响。从这一点上来说，能否恰当地处理青少年在这一个阶段所遇到的成长问题和社会问题，能否给予青少年有效的帮助，将影响到他们一生的福祉和生活。

1.2.3.2 社会的价值

在社会工作者看来，社会存在的价值就是为个人发展创造良好条件，满足个人发展需求。例如，比斯台克（Biestek）认为，每一个人需要在其社会提供权利和社会保证的机会方面和谐发展，以满足他在身体上、心理上、经济上、美学上和精神上的基本需要；社会有责任建立和维持公正、和平和秩序，并且创造与自我实现有关的条件和资源，以帮助个人自我实现①。

戈登（Golden）也对社会价值提出比较完整的看法如下②。

①个人应该受到社会的关怀。

②个人与社会是相互依赖的。

③民主社会的重要特征是每一个社会成员的潜能都能发挥，同时经由积极地参与来尽到社会的责任。

④社会有责任帮助每一个成员去克服或预防各种阻碍，使其能自我实现。

---

① 李迎生：《社会工作概论》，北京，中国人民大学出版社，2004。

② 聂鹏：《社会工作方法》，北京，中国轻工业出版社，2005。

如果说社会存在的价值是满足社会成员的基本需要和帮助社会成员实现自我发展,那么,对于处在人生发展关键期的青少年来说,社会更有责任为他们营造一个安全、健康的成长环境。所幸的是,国际社会和我国政府已经对此作出了反应。

1996 年在联合国大会第 50 届会议上,正式通过了《到 2000 年及其后世界青年行动纲领》,1998 年在"世界青年事务部长级会议"上,又通过了《关于青年政策和方案的里斯本宣言》。这两个文件一致主张,各国政府和社会组织机构应该通过向青少年提供各方面的广泛福利服务(包括教育、就业、环境、健康、经济安全、特殊群体照顾和服务等方面),促进他们更充分地参与社会、分享社会进步成果,并为社会政治经济的发展贡献潜能。其中,《关于青年政策和方案的里斯本宣言》明确提出"政府和社会应作出努力,以更有效处理青年人在经济、社会、教育、感情、文化和精神等方面的各种需求及有关青年的问题"。由此可以看出,国际社会已越来越从需要社会关怀和协助的角度理解青少年的特殊性、青少年的切身需求、青少年的权利和主体地位以及社会和政府应尽的责任,开始实现"国际利益主导"向"青少年需求主导"的政策转向。

在通过政策促进青少年发展方面,我国政府以法律法规的形式,制定、颁布了一系列青少年福利政策,其中包括国家基本法,例如,《中华人民共和国宪法》、《中华人民共和国婚姻法》、《中华人民共和国劳动法》、《中华人民共和国刑法》、《中华人民共和国教育法》、《中华人民共和国义务教育法》、《中华人民共和国未成年人保护法》、《中华人民共和国预防未成年人犯罪法》等;机构部门的相关规定,例如,《学校卫生工作条例》、《中小学勤工俭学暂行工作条例》、《最高人民法院关于办理少年刑事案件的若干规定》等。这些法律政策对青少年的基本权利、青少年司法保护、青少年教育、青少年劳动就业、青少年健康保护、青少年社会保障、青少年福利服务等都作出了相应规定。

不仅如此,我国还形成三种力量,确保青少年福利政策的贯彻和落实。一是家庭、监护人履行的保护青少年健康成长的责任和义务;二是学校行政和教育部门组织实施并接受政府职能部门的监督和指导;三是不同类型、不同部门的"单位"内部组织认真执行来自不同方面的规定①。例如,由共青团和全国青联组织协助管理政府的青年事务,面对广大青少年,提供全面、预防性的福利服务;由民政部的社会福利、社会救济和社会安置部门负责对有特殊困难的青少年提供救济服务;由各类青少年服务机构,如教育部和共青团主管的青少年宫、少年之家、青年之家、青少年服务站等以及社会力量组建的青少年活动中心、基地,公办和民办的青少年心理、法律、社会服务咨询机构,为青少年提供接近于专业的青少年福利服务。

当然,与国际社会相比,我国现行的青少年福利政策还存在不完善的地方:一是政策目标还未完全实现从"国家利益主导型"的管理政策向"青少年需要决定型"的

① 陆士桢,王玥:《青少年社会工作》,北京,社会科学文献出版社,2005。

社会政策的转变;二是政策体系还缺乏统一性和权威性;三是政策内容还不完善,未能反映青少年的最新需要。换言之,我国社会对促进个人发展、实现社会公平的价值还没有得到足够的认识和实现。

1.2.3.3 青少年社会工作的价值

社会工作专业的价值取决于社会工作专业在实现个人价值和社会价值中的地位与作用。可以说,协调个人与社会的关系,代表社会和监督社会实现对个人需要的承诺和社会公正,同时帮助个人对社会作出贡献,达成个人的自我实现,就是社会工作的专业价值所在。从这个意义上说,社会工作的专业价值具有工具性。

作为社会工作的分支领域,青少年社会工作的专业价值体现为以下几个方面。

1. 满足青少年的发展需求

在社会工作者眼里,处于青少年时期的个体,最大的特点是生理发育上的变化,性的发育成熟使青少年对性充满好奇心。青少年时期个体的脑机能发展迅速,趋于成熟。个体在大脑和神经系统上的一系列变化大大促进了个体心理的发展,特别是抽象思维能力的发展。个体思维的灵活性、独创性、批判性在青少年时期逐步发展起来,表现为他们越来越喜欢探究事物的本质,其思维方式越来越趋于理性,同时又带有这一阶段的特征。

青少年时期的个体情绪情感最突出的表现就是不稳定性,易出现极端情绪。思维能力的发展使个体开始用全新的眼光审视自己,开始注重自己的社会形象,逐渐由自我为中心的个体转变为社会化的个体,开始学习调整自己的言行举止,逐步适应社会的要求。但对复杂社会他们又不能充分认识和很好地适应,很多青少年在从家庭、学校走向社会的过程中,原有的价值观受到了一系列的挑战。在实际的社会生活中,个体对复杂社会的反映表现为情绪的多变。

青少年的心理发展是一个循序渐进的过程,这一阶段的心理发展表现出过渡性、动荡性、闭锁性和社会性的特征。过渡性是指青少年还处于一个半幼稚、半成熟的时期,会遇到许多成长中的问题。动荡性是指处于青少年时期的个体思维容易受外部环境的影响,在行为、情绪上表现得很不稳定,他们对父母和老师所表现出的独立性,使家长和老师也面临如何继续社会化的许多问题。闭锁性是指青少年经常将他们成长中遇到的矛盾、心理困惑等隐藏起来,对自我与社会的关系还没有找到有效地处理方法。每一个青少年都会遇到这类问题,但不同青少年社会化环境有很大的差异,这使他们成长过程中的道路选择也有很大的差异。

青少年社会工作就是要为全体青少年的发展提供必要的福利服务,帮助青少年免于可能预料到的不幸和打击,帮助他们在遇到不可知的困难时有健康积极的态度,并设法调动一切可以利用的资源来摆脱困境。同时,对于一些过去不幸受到伤害而丧失全部或部分社会适应能力的青少年,青少年社会工作者试图通过帮助,使得他们能够从过去的创伤中恢复过来,建立在这个社会生存所必需的社会适应能力。

2. 促进青少年的社会化

社会化是人一生成长的主要任务。对青少年来说，社会化帮助青少年完成从儿童向成人的过渡，对青少年的成长具有特殊的意义。青少年社会工作的目的就是为了促进青少年社会化的顺利实现。

(1)解决青少年面临的具体问题

青少年社会工作的具体目标是通过对每一个具体服务对象的服务，帮助他们解决面临的各种具体问题，走出危机或困境，恢复正常的学习和生活。青少年的最大特点就是其发展性，在发展中出现这样那样的困惑是很正常的。青少年社会工作者的任务之一就是帮助青少年应对突如其来的危机。比如，针对各种由于身体发育、自我意识觉醒而产生青春期危机、认同危机、学业危机、人格障碍的青少年，青少年社会工作者可以通过个案心理辅导、小组工作或社区工作的方式，为其提供物质支持、心理支持和社会支持，帮助他们摆脱困境，走出危机的阴影。

(2)增强青少年的社会适应能力

青少年社会工作的目标是通过提供服务，帮助服务对象发现自我潜能和社会资源，并利用自我潜能和社会资源处理问题、解决问题。换言之，青少年社会工作的目标是促进服务对象社会适应性发展和提升服务对象的社会适应能力。

授人以鱼，不如授人以渔。帮助服务对象摆脱困境的最好方法，不是为他们提供各种现成的社会支持，而是让其学会开发和利用自身的潜在资源与身边的各种社会资源。青少年自身蕴涵了巨大的生理、心理和社会适应性发展潜能，因此，面对任何一个需要帮助的青少年，社会工作者的目光都要放在他们的发展潜质上，尽最大努力，帮助他们正确面对发展过程中出现的生理、心理和社会适应性问题，教会青少年处理问题的方法，让他们学会应对突如其来的危机。

(3)实现青少年与社会的和谐发展

青少年社会工作的终极目标在于，通过帮助青少年寻找内在发展动力，充分调动青少年主动参与社会发展和建设的主动性和积极性；通过帮助青少年找到生活的目标、工作的理想，让青少年达成身体与心理的平衡、自我认同与社会认同的平衡；通过帮助他们实现自身价值和社会价值，促成个人发展与社会发展的和谐统一。

3. 在社会工作体系中占据重要地位

青少年社会工作的意义取决于青少年社会工作在社会发展的地位和作用，同时也取决于青少年社会工作在整个社会工作体系的地位和作用。

(1)青少年社会工作有助于整体社会的稳定发展

青少年是社会生产的生力军和后备军，一个国家和社会未来经济发展的方向和趋势如何，与这个国家和社会青少年的整体文化素质和技能发展状况密切相关，所以，青少年的发展是整个社会发展的基础和前提，青少年的未来是整个国家和民族的未来。通过青少年社会工作，全面推动包括每一个青少年在内的全体青少年的健康成长，为社会造就大批合格的建设者，其本身就是社会发展的重要组成部分。另一方面，现代社会，特别是进入后工业社会以来，青少年群体成为社会中最有活力、最有创造力的群体，青少年所特有的某些亚文化往往成为未来社会主流文化的一个组成部分，这个群体的能量得到了前所未有的释放。但是，这个群体又是一个最年轻、最没有经验、最容易冲动的群体，这个群体的巨大能量对于整个社会的冲击越来越大，所以，对他们能量的释放必须有所指引，使这种能量向着有利于整个社会和谐发展的方向释放。青少年工作正是通过真正尊重青少年的权利、充分了解青少年需求为青少年的健康发展提供福利服务的方式，使得青少年的发展与整个社会的全面进步相一致。

(2)青少年社会工作是各项社会工作的基础和重点

人生在各个年龄段都会面对不同的来自自身和来自社会发展引发的危机，所以，社会工作服务领域在纵向上囊括了儿童、青少年、中年、老年不同年龄段，在横向上又包括了妇女社会工作、残疾人社会工作、优抚安置社会工作、社会救助社会工作、家庭社会工作、学校社会工作、医务社会工作和企业社会工作等。然而，与其他年龄段社会工作、其他人群及领域的社会工作相比，青少年社会工作对人一生的发展以及对社会的发展影响最为深远。

20 世纪 60 年代以来，就全球范围而言，青少年犯罪问题已经成为继环境污染、吸毒贩毒之后的第三个世界性问题。因此，如何促进青少年的健康发展、如何治理自然环境和社会环境污染、如何消除吸毒和贩毒现象，已经成为全球社会共同努力的目标。回顾社会工作的专业发展历程，可以发现它始终关注青少年的健康成长，一直注重青少年社会问题的解决，并采取积极行动预防青少年的越轨犯罪。因此，从这个意义上说，青少年社会工作在各项社会工作中，意义最为重大。

综上所述，青少年社会工作的专业价值，在于承认青少年个人价值和社会价值的现实性与合理性，在于开发和整合各种社会资源，促成青少年个人价值和社会价值的实现。

1.3 青少年社会工作的伦理

青少年社会工作的伦理观与青少年社会工作的价值观密切相关，也是约束青少年社会工作者的行为指南。作为一种专业价值和伦理青少年社会工作价值和伦理一方面与社会主流价值观和伦理观具有一致性，另一方面又有其独特性。

1.3.1 伦理与伦理体系

如果说价值观是一种价值判断，那么伦理则是一种行为规范，前者表现为一种带有情绪色彩的思想或看法，后者表现为行动的约束。具体而言，伦理即行为规范，是相对于法律、行政命令等强制性行为规范而言的非强制性行为规范，受社会文化发展约定俗成的习俗和社会制度的影响，对维护秩序、行业信誉、家庭及人际关系具有重要的作用和意义。伦理规范往往受到价值观念的影响，有什么样的价值观，就有什么样的行为规范。例如,有男权主义价值观,就有男尊女卑的传统道德行为规范。

在长期的历史发展中,与价值观的多元化一样,伦理规范也是多元的,形成伦理体系包括个人伦理、群体伦理、社会伦理和专业伦理。个人伦理是针对个人行为的特别控制和调适,如"己所不欲,勿施于人"。群体伦理是针对社会某一特殊群体,例如,宗教或党派成员的特别行为要求。社会伦理是对社会成员的共同要求,例如,五讲四美、爱护公物等。专业伦理指同行业的人群共同遵守的行为要求和规范,例如,军队要求全体官兵必须严格遵行"三大纪律八项注意"。专业伦理与其他伦理要求之间具有一致性,也有冲突性。

1.3.2 社会工作的伦理

社会工作伦理在性质上属于专业伦理,是社会工作行业对全体社会工作者如何处理与服务对象、工作伙伴、工作机构、自身发展、专业要求以及社会要求之间相互关系的行为规范,是对全体社会工作者工作态度和工作行为的统一要求。社会工作专业伦理的建立,有助于提供专业行为规范和专业评估标准,同时也有助于提升专业服务品质和维护专业发展原则。

根据1999年《美国社会工作者协会伦理守则》,社会工作的专业伦理包括以下6个主要方面。

(1)对案主的伦理职责

对案主的伦理职责主要包括增进服务对象的福祉,尊重服务对象的自决权;尊重服务对象的知情同意权,尊重服务对象的隐私权并加以保密;在自己的能力范围内提供服务,具备多元文化处理能力,妥善处理工作中可能产生的利益冲突。

(2)对同事的伦理职责

对同事的伦理职责主要包括尊重同事,保守与同事共有资料的秘密,寻求同事的建议和咨询,帮助同事提高工作能力;妥善处理与同事的合作问题,妥善处理同事与服务对象之间或同事之间的矛盾,必要时将服务对象转介给同事。

(3)对机构的伦理职责

对机构的伦理职责主要包括接受督导为自己提供的咨询和指导,认真指导学生并作出公正评价,公正对待他人的表现和业绩,做好个案记录、保密和保存工作,承担应有的行政管理职责和绩效,坚守对服务对象的服务承诺。

(4)对自己的伦理职责

对自己的伦理职责主要包括强化和提高实践能力,宽容、不歧视他人,诚实、不欺骗他人,个人行为不干扰专业任务,个人价值不影响专业判断,不做超越自己能力和机构权力之事,不操纵服务对象,不邀功。

(5)对专业的伦理职责

对专业的伦理职责主要包括追求并促进专业价值、知识和技巧的公平与公正,坚持并促进专业评估和专业研究,坚持按照专业伦理进行评估和研究。

(6)对社会的伦理职责

对社会的伦理职责主要包括积极参与公共事务,参与社会和政治行动,促进社会支持和正义,协助解决公共紧急事务。

上述几方面概括起来,每一方面的核心内容依次是:对待服务对象,讲求案主利益优先;对待同事,强调尊重与协作;对待工作,讲求责任与效率;对待自己,要求工作第一,个人第二;对待专业,强调专业廉正与品质提升;对待社会,要求参与社会发展,维护社会正义。

2008 年上海复旦大学社会学系顾东辉教授从三个视角对社会工作伦理进行了阐述。关于案主,案主有价值和尊严,有动机、潜能和能力进行改变,有共同需求和独特爱好,有自我决定权,要对其自身和其他主体负责,要有所归属。关于社会环境,社会必须尊重多元,提供公平的机会、资源和服务,以满足案主的需要和协助其发展。关于社会工作,社会工作者应该尊重案主,相信案主的独立性,协助案主自我决定,协助案主与其他主体互动,以建立满足大家需求的社会①。

本书认为,社会工作的伦理规范与社会工作的价值观密切相连,依据社会工作的三种价值观,社会工作伦理应该包括对待服务对象的伦理、对待社会的伦理和对待社会工作的伦理三个部分。

1.3.3 青少年社会工作的伦理

青少年社会工作伦理规范,是社会工作伦理规范在青少年社会工作中的具体化,是青少年社会工作实务的行动指南,对青少年社会工作实践具有重要的指导意义。

根据国内外学者有关社会工作伦理研究成果,结合我国青少年的发展特点,本书将青少年社会工作伦理概括为对待青少年的伦理、对待社会的伦理以及对待青少年社会工作本身的伦理。

1.3.3.1 对待青少年的伦理

对待青少年的伦理规范是指社会工作者在青少年社会工作过程的各个环节中,都必须秉承的对待青少年的职业道德和职业行为。

1. 尊重

尊重的含义不仅在于对服务对象保持符合社会文化习俗的礼节和称谓,更重要的是深刻理解服务对象生命存在的价值、获得个人发展以及改善生活水平的权利和机会,并在此基础上为他们提供适当的资源和优质的专业服务,满足其生存和发展的需求②。

就青少年这个特殊群体而言,伴随生理发育争取心理上的人格独立,以及由此产生的对成人世界的“逆反”心理,是青少年发展过程中最显著的特点。但过度逆反会

① 顾东辉:《社会工作伦理:视角、困境与应对》,见《中国社会导刊》,2008(3),29 页。

② 全国社会工作者职业水平考试教材编写组:《社会工作综合能力》(初级),北京,中国社会出版社,2007。

导致青少年人格扭曲、伤害亲情以及恶性事件的发生。化解青少年的“逆反”心理，是做好青少年工作的关键。如果说“理解”是化逆反为理性的重要渠道，那么“信任”和“尊重”则是消解逆反心理的催化剂。青少年一方面渴求心理独立，另一面却又因缺乏社会经验和经济能力，而渴望成人的信任、理解、尊重及支持。人本主义心理学家罗杰斯特别强调尊重对心理援助工作的意义。他曾提出著名的“无条件尊重”原则，并把这一原则作为帮助求助者人格发生改变的关键条件之一。在罗杰斯看来，如果求助者感到服务提供者要改造他们，就有可能产生心理压力而拒绝服务提供者的帮助。尊重求助者，其意义在于给他们一个安全、温暖的氛围，这样的氛围可以让他们最大限度地表达自己，特别是对于那些急需获得尊重和信任的求助者来说，救助效果会更好。

2. 接纳

尊重是接纳的前提，只有尊重青少年，才能接纳青少年。接纳意味着对所有服务对象，社会工作者都应该保持宽容、尊重的态度，不因为民族、性别、年龄、职业、社会地位、政治信仰、宗教信仰以及精神或生理残疾等因素而对他们有所歧视、排斥，或拒绝提供服务①。具体到青少年服务领域，针对当前青少年中同性恋、性滥交、吸毒、艾滋病泛滥、酗酒、斗殴、强奸、抢劫、杀人案件的不断产生，社会工作者应当如何面对这些价值观和行为与主流社会和传统价值理念有严重冲突的青少年？如何帮助这些在人生发展道路上犯了错误的青少年？如果单凭表象，从既有的传统价值观出发，肯定难以接受他们的所作所为及其犯下的各种错误，但是，如果了解了这些现象背后鲜为人知的个人、家庭和社会原因，或许对事件会有别样的看法。而要了解这些事件背后的原因，首先必须从情感上接纳这些犯了错误的青少年，只有接纳他们，才能让他们感受到自己并没有因为犯错误而受到社会歧视和抛弃，还有进一步改正与重新做人的机会和希望。

3. 保密

保密指社会工作者有义务保护服务对象的隐私。未经服务对象允许，社会工作者不得向第三者透露涉及服务对象个人身份资料和其他可能危害服务对象权益的隐私信息。特别情况下必须透露有关信息时，社会工作者需向机构或有关部门报告，并告知服务对象有限度公开隐私信息的必要性及相关保护措施。如果事情紧急必须打破保密原则而来不及报告时，社会工作者事后应当提供必要的证据②。青少年正处在心理断乳期和人格发展独立期，与其他年龄段的人相比，有比较强的自尊心和自爱心，当发生一些违背社会道德伦理的事情或者受到坏人的伤害后，他们并不希望被更多的人知道事情的真相，害怕事情真相一旦暴露，会被别人看不起，或者会影响到自

① 全国社会工作者职业水平考试教材编写组：《社会工作综合能力》（初级），北京，中国社会出版社，2007。

② 全国社会工作者职业水平考试教材编写组：《社会工作综合能力》（初级），北京，中国社会出版社，2007。

己的前途或人际关系。例如,有些少女被坏人强暴,因担心被人知道后影响到自己今后的名誉和生活而不敢报案,但又因为减轻心理压力的需要而求助社会工作者,并要求社会工作者为之保密。也有的男青年婚后情感出轨,认识到错误并希望改正,但不敢把已经发生的事情告诉自己的妻子,怕感情破裂而要求社会工作者保密。当然,什么情况下社会工作者将履行保密原则,什么情况下社会工作者要把秘密告知机构或说服服务对象将事情公开,应该根据具体情况和是否符合情、理、法三个方面的要求进行。

4. 自决

自决权是个人尊严的体现,是指服务对象有权利在充分知情的情况下选择服务的内容、方式,并在事关服务对象利益的决策中起主导作用。如果服务对象没有能力进行选择和决策,社会工作者应该根据法律或有关规定由他人代行选择和决策权力。青少年在由儿童向成人的过渡中,独立意识强烈,最迫切需要的是成人对他们的尊重。尊重不仅意味着成人世界对他们的接纳,更意味着成人给予他们作出决策的机会和权利。因为自决不仅意味着受到尊重,还意味着必须承担自决带来的责任。只有学会承担责任,青少年才能够获得成长。因此对待那些犯过错误或在人生道路上迷途的青少年,在如何重新选择新的生活方式或修正错误行为的方式时,同样需要社会工作者像对待正常青少年一样,给予他们尊重和自决的权利,让他们学会选择、学会承担责任、学会成长。

5. 个别化

个别化是指从人道主义出发,每个人都有权利和机会发展个性。社会工作者应该尊重和服从服务对象的个体差异性,不应该用一般或者统一的服务方法回应他们的独特需求,要充分考虑服务对象在性别、年龄、职业、社会地位、政治信仰、宗教以及精神或生理残疾等方面存在的价值差异,及其与社会主流价值之间可能存在的冲突①。在青少年领域,一方面,日常生活中,每个青少年都会有不同的生理、心理和社会性需求,同时处于叛逆期的青少年因受自己创造的亚文化的影响而更多地体现出个性化的发展需求。亚文化中的自我文化、群党文化、时尚文化、偶像文化、网络文化及流行语文化等,无一不在张扬青少年独特的个性、气质及追求。可以说,追求最大限度的个性、释放青春的活力、彰显生命的激情,是青少年不同于其他任何年龄段个体的重要特点之一。而另一方面,作为一个社会群体,青少年所发生的问题及其原因与对策具有同一性,也有差异性。例如,目前我国数量众多的农村留守儿童所面临的突出问题,主要是因亲情缺失而引发的各种心理健康问题,社会对他们的关注多限于物质层面,而实际上,每一个留守儿童的情感需求和心理变化都不尽相同,需要的解决方式和引导方式也不一样。所以,无论从哪个角度来说,青少年社会工作实践都需要社会工作者遵循个别化的原则。

---

① 全国社会工作者职业水平考试教材编写组:《社会工作综合能力》(初级),北京,中国社会出版社,2007。

6. 非批判

非批判是指社会工作者不应该将自身的价值观强加于服务对象，不应该指责服务对象的言行和价值观，也不能向服务对象发泄自己的负面情绪①。青春期青少年在向成人社会过渡时，由于其观念、行为与主流社会的价值观和行为准则不一致，会导致青少年因为坚持己见，反叛社会而产生过激的社会言论和行为，这就是常说的青少年的社会认同危机。青少年的社会认同危机对自身的发展具有消极与积极两个方面的不同影响。从消极方面来说，青少年对主流社会的反叛，会导致青少年对自己和对社会的伤害。从积极方面来说，青少年对成人世界的反叛，会使青少年积极创造自己不同于主流文化的亚文化的表现形式。富于青少年特征的亚文化随社会的发展，在与主流文化的碰撞中，或迫使主流文化抛弃某些陈腐的传统糟粕，更多地体现新的时代特色，或听从主流文化将自己不合时宜的、不能代表未来社会发展方向的亚文化元素边缘化或消除。在青少年社会工作中，社会工作者需要对青少年的过激言论和价值观持非批判的态度，引导和帮助青少年将消极的社会认同转化为积极的社会认同，帮助青少年正确地认识社会发展中出现和产生的各种问题，引导青少年发挥自己的主观能动性，积极参与社会制度的构建。

1.3.3.2　对待社会的伦理

对待社会的伦理是指作为青少年的代言人，青少年工作机构和社会工作者有责任向社会反映青少年的困难、愿望和需求，要求政府和社会制定更加完善的青少年福利政策，为青少年提供更好的服务，同时，也有责任为社会培养健康向上的、能为社会作出贡献的青少年。具体而言，对待社会的伦理包括下列多个方面②。

(1)要求社会为青少年提供理想教育服务

鉴于青少年正处于思想、观念的形成期，可塑性强，容易受到周围环境包括一些错误的思想观念的影响，思想观念容易产生偏差，青少年社会工作者有义务向全体青少年高举理想的旗帜，为加强青少年的理想信念教育服务。

(2)要求社会为青少年提供学习成才服务

学习成才是青少年的根本需求，应针对不同青少年群体学习成才的特殊需要，开展各类实践成才活动。服务于青少年学习和成才，就要帮助青少年养成终身学习、随时随地学习的好习惯，不断提高学习的主动性；充分利用和挖掘各种资源为青少年学习新知识、了解新科技、掌握新技能提供机会，创造条件。

(3)要求社会为青少年提供就业机会服务

随着经济体制和经济增长方式的根本性转变以及全球金融危机的到来，青少年就业压力呈现出不断增大的趋势。因此，政府要引导青少年认清就业形势，转变就业观念，通过培训、牵线搭桥以及提供资金、技术、信息等方面的服务，帮助更多的青少

① 全国社会工作者职业水平考试教材编写组：《社会工作综合能力》(初级)，北京，中国社会出版社，2007。

② 吴宏志：《青少年事务的发展趋势与青少年服务》，见《青年探索》，2003(2)，32～33页。

年实现就业。

(4)要求社会为青少年提供精神文化服务

随着文化教育事业的发展和人们生活水平的不断提高,社会需要为青少年生产和推介更多的优秀文化产品。各种社会组织应该从青年的兴趣爱好出发,通过青年足球俱乐部、青年棋院、青年集邮协会、青年网络协会等渠道,服务青年的特殊文化需求。

(5)要求社会为特殊青少年提供特别服务

对于贫困学生,通过开展希望工程、手拉手助学、特困奖学金、勤工助学等措施,帮助他们顺利完成学业;对下岗青工,通过救济帮困等各种措施,帮助他们解决燃眉之急,通过技能培训帮助他们提高就业能力,尽快实现再就业;对于进城务工青年,可以丰富他们的业余文化生活,维护他们的合法权益,加强劳动技能培训和法制教育,帮助他们在城市创业和回乡创业。

(6)要求社会为青少年维护其合法权益

通过法律服务、法律援助、舆论支持、维权咨询等方式为青少年提供帮助,配合有关部门同黄、赌、毒等危害青少年的社会丑恶现象及行为作坚决斗争。优化青少年成长的社会环境应当注意代表青少年的整体利益,促进有关青少年政策的制定和完善,推进有关青少年的立法进程,为青少年争取更多的政治、经济、教育、保障和文化权利,动员社会有关方面共同担负起维护青少年权益的责任,推动青少年维权工作的社会化。

(7)要求社会为青少年提供社会参与服务

共青团、妇联等青少年组织,应当积极向党政机关、国家权力机关反映青少年的意愿和呼声,青少年社会工作者应该代表青少年在各级人大、政协中参政议政,发挥民主参与和民主监督作用,发挥广大青少年在发展社会主义民主、建设社会主义法治国家中的积极作用,通过报纸、电视、信访等形式,反映青少年的要求,支持青少年参与社会的民主监督,支持青少年同不正之风作斗争。政府和行政部门在制定涉及青少年利益的政策、法规时,要让青少年反映情况、提出建议。

(8)确保为社会培养健康向上的一代青年

社会工作者不仅有义务代表青少年向社会和政府提出某些要求和建议,参与青少年福利政策、法规的制定,以满足青少年健康发展的需要,同时更有责任贯彻落实青少年社会工作政策、法规,运用专业知识技能帮助青少年解决成长危机与社会问题,帮助他们融入社会,参与社会改革与建设,为社会作出奉献。

1.3.3.3 对待青少年社会工作的伦理

如果说对待社会的伦理处理的是社会工作机构、社会工作者与外部社会资源的关系,那么,对待青少年社会工作的伦理指在青少年社会工作过程中,青少年社会工作者应该遵循的行为准则或行为要求,也就是做好青少年工作的必备条件。

1. 明确青少年的困惑和问题

问题视角是思考青少年社会工作的出发点。与其他领域的社会工作一样，青少年社会工作的对象是全体青少年，但是，目前中国社会转型期的特定历史发展进程，使得社会分层和社会不公平在青少年身上烙下了深深的印记，所以，如何帮助弱势青少年群体走出困境，促进他们的健康发展和社会公平、正义的实现，必然成为当前青少年社会工作的重点。那么，青少年群体是如何分化的，青少年弱势群体和个体的问题表现在哪些方面，这些问题对其个人的发展和社会的发展产生了怎样的影响，有哪些困难是他们自己解决不了需要社会工作者帮助解决的，诸如此类的问题应该成为青少年社会工作者的工作对象和工作目标，也是青少年社会工作者首先需要明确和了解的事情。

2. 掌握青少年的相关发展理论

如果说了解青少年问题是青少年社会工作的出发点，那么进一步探求青少年问题产生的原因，就是寻求解决问题的重要途径。青少年问题的产生不仅与自身需求得不到满足有关，更与青少年的成长条件和社会环境的影响有关。

所谓青少年发展理论，就是着重研究青少年在特定发展阶段(青春期和青年期)生理、心理、社会发展及其规律，青少年成长发展的社会环境条件和社会环境影响以及青少年对成长环境的能动反映及其结果。

根据美国心理学家马斯洛的需求层次理论，人一生的需求有不同的层次，从最基本的生理需求，到心理层面的安全需求、归属和爱的需求，再到社会层面的尊重和自我实现需求，每一层面的需求，都需要得到满足，如果无法得到满足，人就会产生不同层面的问题。根据社会学的社会化理论，个体的发展受到家庭、学校、同辈、社区、大众传媒和社会制度的影响。个体在发展过程中产生的需求能否得到满足或在多大程度上可以得到满足，又取决于社会环境的影响。因此，了解青少年个体发展的需要及其社会环境的影响以及青少年对环境影响的反应，是青少年社会工作者帮助青少年应对成长危机和社会问题的思想武器。

3. 了解青少年的社会福利政策

了解青少年成长危机和社会环境，能够帮助青少年社会工作者找寻到青少年问题产生的原因所在，但是，如何帮助青少年解决问题、应对挑战，还必须掌握相关的青少年福利政策。

青少年福利政策是党和国家从青少年身心发展的需要出发，为了维护青少年的社会权益而制定的保护青少年健康发展的一切立法及行为的总的原则和规范，同时也是政党、国家、社会政策一个组成部分。广义的青少年福利政策泛指一切涉及青少年福利活动的政策法规，包括医疗政策、教育政策及未成年人保护政策等各个方面。狭义的青少年福利政策仅仅指与青少年生存环境相关、地区性的、针对青少年问题及需要提出的有利于青少年成长和发展的政策保障。

从某种程度上说，青少年社会工作就是贯彻落实现有青少年福利政策，同时，提出并制定新的青少年福利政策，完善并修改旧有的青少年福利政策的过程。

4. 运用青少年社会工作专业体系

除了了解青少年的困境和问题、掌握青少年的发展理论、掌握青少年的福利政策之外，青少年社会工作的最终实施，还需要青少年社会工作者掌握和运用青少年社会工作的专业体系。

青少年社会工作专业体系包括青少年社会工作的基本价值观、伦理规范、基本学科知识体系、基本方法和技巧。能否运用社会工作的专业体系从事青少年社会工作，是现代青少年社会工作与传统青少年社会工作的区别。

5. 践行青少年社会工作专业角色

青少年群体最大的特点就是发展变化速度非常快，其发展和成长方向如何，影响一生的道路，所以，与服务于其他年龄段的社会工作者相比，青少年社会工作者需要在兴趣爱好方面更多地扮演青少年的朋友、伙伴，同时在知识、能力、品格方面又能担当起青少年的教育者、辅导者及服务者的角色。

总之，青少年社会工作的伦理，分别从了解青少年现状和需求、掌握青少年社会工作理论、政府青少年社会福利政策以及青少年社会工作方法等方面，对社会工作者提出要求。

1.3.4 青少年社会工作的伦理困境

社会工作的“伦理困境”是指专业核心价值中，对专业人员要求的责任与义务发生相互冲突的情形，社会工作者必须决定何种价值要优先考量时所面临的两难境地。正如美国学者多戈夫所指出的，作为一个具有道德特质的社会工作，其自身包含着许多伦理议题，这些议题可以概括为三个方面：价值观冲突、伦理困境和伦理抉择。社会工作实践中的伦理困境、伦理抉择和伦理危机处理渗透到社会工作实践过程的各个方面①。

1.3.4.1 伦理困境的表现

与一般社会工作实践中会遇到伦理困境一样，青少年社会工作者在实践中也常常面对诸多的伦理难题。一般而言，青少年社会工作的伦理困境大多表现为如下几个方面。

1. 自决与他决

让青少年对自己的行为或解决问题的方案作出自己的决定，是青少年尊严和价值的体现，因而，一般情况下，青少年社会工作者应当遵守这一伦理规范。但是，在某些特殊情况下，例如，青少年的自我决定有可能给自己带来不良后果，或者导致对第三者的伤害，有时甚至是生命安全的危害时，比如患上厌食症的少女拒绝接受医院的治疗，感染艾滋病的少女决定通过与更多男性保持性关系来达到报复男性的目的，社

① ［美］多戈夫等：《社会工作伦理：实务工作指南》，隋玉杰，译，北京，人民大学出版社，2005。

会工作者究竟是应该遵守自决的原则，还是替服务对象作出正确的决定？

2. 保密与泄密

按照青少年社会工作的伦理要求，社会工作者应该为接受服务的青少年保守秘密，但是有的时候做到这一点并不容易。例如，遭到雇主强暴的小保姆要求社会工作者不要把此事告诉她的男朋友，并决定通过伤害雇主的孩子来报复雇主。在此情况下，社会工作者是应该为这位小保姆保守这两个秘密，还是将事情分别告知小保姆的男朋友和雇主，以便取得她男朋友的心理支持以及免使雇主的孩子遭遇不测？

3. 价值中立与价值介入

尊重青少年的自决权，对青少年的思想言行持非批判的态度，是社会工作者对待青少年的另一伦理规范。它要求社会工作者在与青少年互动的过程中坚持价值中立的原则，不把自己的意志和愿望强加给服务对象。然而，在实际工作过程中，当社会工作者的价值观与服务对象的价值观不一致的时候，很容易使社会工作者处于两难的困境。例如，如果社会工作者在恋爱观上是异性恋取向者，而自己的服务对象又是一个同性恋者，这个时候社会工作者是应该保持价值中立、直接为他服务，还是受价值介入的影响把他转介给别的社会工作者？

4. 案主利益与机构利益

从总体上说，青少年社会工作者就职的服务机构，其宗旨本身就是为青少年提供服务和维护青少年权益的。但是一些情况下，当青少年的个人需求与服务机构的利益之间发生矛盾或冲突的时候，社会工作者会面对自己究竟应该站在哪一边，忠于哪一边的两难抉择。例如，当某个青少年在事件中不能实施自决时，从青少年的利益考虑，社会工作者应该不惜多用时间、精力及资源，发展他/她的自决和自主能力，但是，如果从机构利益出发，节约更多的时间和资源，意味着可以为更多的青少年提供服务。在这样的情况下，社会工作者究竟是应该以“人”为本，还是以“事”为本？是工作责任第一，还是工作效率第一？是案主利益优先，还是机构利益优先？

5. 个人利益与社会利益

针对整个社会，青少年社会工作主要强调维护青少年群体的利益，针对整个青少年群体，青少年社会工作首先关注青少年中的弱势人群，维护全体青少年的利益，有可能会影响到社会整体的利益，而维护弱势青少年人群的利益，也有可能会影响到整体青少年的利益。例如，在社会整体资源不变的情况下，为青少年争取更多的社会资源，就意味着减少其他社会群体的社会资源。为社区“三失”青少年争取较多的社会资源，就意味着用于正常青少年的社会资源必须有所缩减。社会工作者如何才能既维护个人利益，又维护社会正义？

1.3.4.2 伦理困境的抉择

化解伦理困境或作出正确的伦理抉择，是社会工作者必须直面的挑战，要求社会工作者付出多方面的努力。

1. 澄清各种价值冲突

导致伦理困境的原因是多方面的，包括社会工作价值体系的冲突、法律与伦理的冲突、效率与伦理的冲突以及社会工作者角色与责任的冲突等等，但其中最主要与最本质的是社会工作价值体系的冲突。社会工作价值体系的冲突主要表现为社会工作专业价值与青少年价值观的冲突、社会工作专业价值与社会工作者价值观的冲突以及社会工作专业价值与一般社会价值观的冲突。社会工作者需要探明各种价值观的内在冲突，以各种价值冲突和伤害最小为伦理抉择的依据。

例如，小保姆受雇主强暴后面临四种选择：告知男朋友自己的遭遇，也许会取得男朋友的心理支持，也可能会使男朋友从此离开自己；通过法律的途径，可以依法判决雇主罪行，但也会使自己失去少女的尊严；采取私了的方式，可以接受雇主的经济补偿，但不能了却心头之恨；伤害雇主的孩子，可以达到报复雇主的目的，但会受到法律的制裁。在这个案例中，说服小保姆用法律武器保护自己是社会工作者的责任，但是如何完成这一任务，社会工作者却面临着专业价值与小保姆个人价值的冲突，社会工作者不仅需要澄清自己面对的价值冲突，还需要帮助小保姆澄清她面临的价值冲突，并将冲突对其造成的伤害减轻到最小为伦理依据。

2. 辩证看待伦理原则

在对待伦理原则问题上，西方学者存在绝对伦理主义和相对伦理主义两种不同的观点，前者以动机的道德性作为伦理原则，并认为这一原则是绝对的，应该成为检验社会工作的普遍原则；后者则以行为的效果为伦理原则，并认为这一原则是相对的，可以根据具体的时间、空间及主体的变化加以调整。

事实上，社会工作者在作出伦理抉择时，需要学会辩证地看待伦理原则。动机的道德性体现了对以人为本、以社会公正为本的追求，是社会工作应该首先考虑并始终坚持的伦理原则，这一原则是社会工作区别于其他任何工作的根本特点所在。因此，强调青少年个人和群体的生存权利、发展权利、发展机会及社会责任，强调社会对青少年的社会责任、社会支持，重视青少年与社会环境的和谐发展，是青少年社会工作应该坚持的绝对伦理原则。但是，在某些特殊情况和具体场合下，动机的道德性并不总是带来结果的满意性，有时可能正好相反。例如，当一笔经费由于总量有限，难以兼顾吸毒青少年和健康青少年社会工作时，从道德出发，似乎应该将这笔经费用于吸毒青少年的治疗性社会工作，然而由于治疗难度大，治疗后复吸率高，这样做的工作效率不大。反之，如果将这笔经费用于健康青少年的预防性社会工作中，不仅受益人数多，而且收效会比较好。两相权衡，在经费有限的特定情况下，青少年吸毒预防工作显得更为重要。所以，处理伦理困境时，需要社会工作者辩证看待伦理原则，坚持社会工作绝对伦理与相对伦理的统一，坚持公平与效率的统一。

3. 选择适当抉择模式

在长期的社会实际工作经验中，国外社会工作者总结出了一些社会工作的伦理抉择模式，这些模式对今天中国青少年社会工作者进行伦理困境的决策，仍然具有一定的参考价值。

(1)道德优先模式

道德优先模式即伦理标准筛查方法,是指面对伦理困境时,社会工作者应该根据社会工作的伦理守则和自己的道德良知、道德责任感进行抉择。其特点是出于道德考虑、符合道德标准、为了道德目的。可以称之为“道德为本”模式。

(2)生命优先模式

生命优先模式即伦理原则筛查方法,是指面对伦理困境时,在符合道德标准的同时,社会工作者应该将保护生命放在第一位。然后依次考虑平等、自主和自由、最小伤害、生活质量、隐私和保密、真诚和毫无保留地公开信息等价值。可以称之为“生命为本”模式。

(3)综合考察模式

综合考察模式即伦理评估筛查方法,是指面对伦理困境时,社会工作者应该在综合考察社会工作价值伦理体系、事件涉及者及其机构的利益,抉择可能产生的效率和效果的基础上,根据最小伤害原则、兼顾个人与社会利益、坚持公平与效率统一,作出最后的判断和选择。

(4)集体讨论模式

集体讨论模式即伦理经验或理论筛查方法,是指面对伦理困境时,社会工作者可用借助集体的力量,采取实务研讨、案例分析的方式,或学术研讨、理论论证的方式,归纳出某些“通案”,作为抉择的参考依据。

1.3.5 实务模拟训练

案例 1.2

14 岁的秋思患上了厌食症,已经变得骨瘦如柴,但仍然执拗地不肯吃东西。她干枯的头发像把干草,瘦弱的四肢让人担心她随时会骨折。秋思生活在一个大家庭中。爸爸妈妈忙于开中医诊所,秋思不上学的时间多半与爷爷奶奶、叔叔婶婶在一起。叔叔有精神病,经常打骂秋思。尽管有爷爷奶奶的保护,但秋思长期心情不愉快,慢慢就变得不吃东西了。直到近来,妈妈发现女儿不来例假,大把大把地掉头发,才意识到事情的严重性,遂带女儿到医院,接受家庭治疗。一开始,秋思一家不顾路途遥远、气候炎热,每一周都按时到医院治疗室等候治疗。但是,秋思每次都是勉强到场,体重增加缓慢。终于有一天,秋思妈妈打电话到医院说他们以后不来了。按照“尊重案主自决权”的原则,社会工作者不应该再去打搅这家人,但是,如果没有专业帮助,秋思可能有生命危险①。

在该案例中,社会工作者面临着案主自决与他决的矛盾。一方面服务对象有不愿意继续接受服务的自决权,另一方面,服务对象如不再接受治疗则会发生生命危

① 龙迪:《说“不”也是关爱》,见《中国社会导刊:社会工作》,2008(2)(下),31 页。

险,社会工作者面临既要尊重服务对象的自决权,又要保护服务对象的生命安危的两难困境。在作出决策时,社会工作者可以选择综合考察的决策模式。以下是社会工作者与服务对象妈妈的部分对话。

社会工作者:“秋思妈妈,你们不来治疗是不是遇到什么困难了?如果你们不来,在当地有人帮助你们吗?”

秋思妈妈:“没有。”

社会工作者:“如果没有我们的专业服务,你和你的丈夫可以帮助你们的女儿吗?”

秋思妈妈:“不能。”

社会工作者:“如果你们不继续治疗,孩子的情况会越来越糟,最终会危及生命。你愿意这样吗?”

秋思妈妈:“当然不愿意。”

社会工作者:“你们有权决定是否来见我们,作为帮助你们的专业人员,也有责任告诉你们来与不来的后果,否则,就对不起你们。但是,无论如何,我们都会尊重你们的决定。”

最终秋思妈妈在多方考虑之下,接受了社会工作者的意见,说服女儿继续到医院接受治疗。

本章小结

本章从对青少年的界定出发,对青少年社会工作的本质及其特点进行了分析,并在此基础上重点讨论了青少年社会工作的价值伦理问题。本书将青少年界定为年龄在 12 ~ 30 岁的一个社会群体,该群体处于人生发展的关键时期,容易产生各种个人和社会问题,需要社会给予特殊关怀并提供特别的服务。青少年社会工作是以全体青少年为服务对象,通过运用社会工作的价值伦理、基本理论、方法及技巧,为青少年的发展提供社会支持网络,最大限度地发掘青少年的潜力,满足其生理、心理及社会性发展需求,促进其健康发展,更好地适应社会生活的一种专业活动。以全体青少年为工作对象,以化解青少年的成长危机为主要任务,以家庭、学校、社区和网络社会工作为主要工作方法,是青少年社会工作区别于其他社会工作的基本特点。

青少年社会工作的价值观指的是社会工作者对青少年的价值、社会的价值和青少年社会工作价值的认识。青少年的价值指青少年是有独立文化形态的亚社会群体,青少年是社会未来的主导和现在的伙伴,也是有自己独特个性和特殊需要的人,还是具有各种潜能和有待开发的人。社会的价值指政府和社会应作出努力,以更有效地处理青少年在经济、社会、教育、感情、文化和精神等方面的各种需求及相关问题。青少年社会工作的价值是指满足青少年的发展需求,促进青少年的社会化,在社会工作体系中占据重要地位。

青少年社会工作伦理规范指社会工作者对待青少年、社会和青少年社会工作的行为准则。具体来说，对待青少年，应该秉承尊重、接纳、保密、自决权、个别化、非批判的原则。对待社会，应该要求社会为青少年提供各种服务，并确保为社会培养健康向上的一代青年。对待青少年社会工作，应该明确青少年的困惑和问题、掌握青少年的相关发展理论、了解青少年的社会福利政策、运用青少年社会工作专业体系、践行青少年社会工作专业角色。青少年社会工作面临着自决与他决、保密与泄密、价值中立与价值介入、案主利益与机构利益、个人利益与社会利益等伦理困境。澄清各种价值冲突、辩证看待伦理原则、选择适当抉择模式，是走出伦理困境的决策原则。

课后练习

(1)回答问题

①试论青少年社会工作的开展与和谐社会建设的关系。

②什么是价值观？社会工作价值观的内涵是什么？

③社会工作价值观与社会工作专业伦理之间是什么关系？

④社会工作的价值、伦理对认识和解决青少年问题起到什么作用？

⑤导致社会工作专业伦理抉择困境的原因是什么？

⑥社会工作者如何才能在伦理困境中作出相对正确地抉择？

(2)案例分析

案例 1.3

李某，男，22 岁，身高约 1.82 米，体形偏瘦。自小因为脑瘫造成残疾。家庭中父母平时缺乏交流，在教育小李的观点和态度上存在较大分歧，但父亲比较专制，往往是父亲说了算。受家庭氛围影响，小李容易以主观臆断判断并决定一些事情，他内心世界丰富，自我防护意识过强，且有过多抵触情绪和偏激想法。2003 年底，小李因参与盗窃而被学校开除。

2004 年底，社会工作者对小李开展了个案服务。到 2005 年结案时，小李的情况一直很稳定。然而，在 2005 年夏的某次小组活动之后，小李在家制造了一起强奸未遂案。小李后来解释，制造该事件是因为父亲让他回到原来的学校读书，他内心极为不愿，故制造一些事端吓唬和对抗父亲。

这一事件在社会上引起轩然大波，社会工作者也处于多种价值选择的矛盾中。

从法律的角度来说，小李触犯了法律，要承担相应的法律责任。

从受害者的角度来说，由于权益和精神受到损伤，向小李提出赔偿要求。

从父亲的角度来说，父亲对小李的行为心痛万分，想狠狠地教训小李，但又力不从心、无能为力。

有关政府部门认为小李是个道德败坏的青年，应该给予严厉的教育和处置。

社会工作者所在机构受到政府有关部门的指令，要求社会工作者拿出对小李的处置方案，并要求社会工作者反思个案服务的成效①。

面对小李目前的表现，社会工作者如何在青少年的价值、社会的价值、社会工作的价值以及个人的价值之间作出选择？如何对待小李的行为和对小李作出处置？

案例 1.4

少男S，17岁，小学四年级辍学在家。少女Z，17岁，初一时辍学在家。目前两人早恋，并怀孕已经三个月。双方父母得知消息后，为了女方身体健康着想，决定让女方把孩子生下来。但是未婚先孕显然违背了计划生育法，于是街道计生干部上门做工作，希望女方父母带孩子去医院做引产手术。女方父母不听从劝告，带女孩四处躲避，计生干部只好求助社会工作者的帮助。社会工作者在工作中了解到两个孩子在双方父母的保护下逍遥自在，逃避责任，把所有的决定权，包括是否生下孩子，都交给父母代理②。

案例中的社工面临着什么样的伦理困境，应该如何应对，才能解决问题？

① 全国社会工作者职业水平考试教材编写小组：《社会工作实务》（初级），北京，中国社会出版社，2007。
② 王悦：《少女意外怀孕与计生社工的介入》，见《中国社会导刊》，2008（1）（下），22～23页。

2

青少年社会工作的基本理论

学习目标

①了解青少年社会工作各派理论的基本观点及其应用价值。

②理解青少年成长危机和社会问题的生理、心理及社会原因。

③重点掌握青少年社会支持理论的各种观点和实践模式。

青少年社会工作理论是指建立在生理学、心理学及社会学基础上，从青少年的需要、青少年的发展、青少年的社会化以及青少年的社会支持等角度，解释和回答青少年成长危机、社会问题的原因及其解决方法的一整套具有内在逻辑联系的知识体系，对青少年社会工作价值伦理和工作模式的选择具有重要的指导意义。

案例 2.1

阿蓉来自乡下，10 年寒窗，终于考上梦寐以求的大学。接到大学录取通知书时，她几乎喜极而泣。然而，当她步入大学后，生活却变得一团糟。同寝室 4 个同学中，有 3 个是城里人。她觉她们是另一个世界的人，家境优越，知识丰富，时尚漂亮，在她们面前，自己像个丑小鸭。阿蓉说她找不到自己，“我到哪儿去了？我该怎么在众多天之骄子的夹缝中生存？我的价值以及存在的意义究竟是什么？”“只有我一个人孤零零的，似乎被整个世界遗忘了。我害怕，我害怕自己要疯掉了。”①

案例中的阿蓉为什么会感到孤独？当人生发生重大的变故或生活环境变化时，青少年为什么常常会找不到自我而产生自我认同危机？青少年在成长过程中都有些什么样的需求、会碰到什么样的问题、要求社会提供什么样的支持和帮助？这些问题

---

① 舒曼：《每天进步一点点——关于心灵成长的 65 个咨询故事》，北京，中国妇女出版社，2008。

的答案就是青少年社会工作理论关注和研究的对象。青少年社会工作理论包括青少年需求理论、青少年发展理论、青少年社会化理论及青少年社会支持理论。

2.1 青少年需求理论

需要是有机体内部的某种缺乏或不平衡状态①,是个体生存发展对外部环境的一定需求的表现,是机体变量。需求的产生和满足是人类社会发展的内在动力,需求得不到满足,会导致人类社会问题的产生和社会发展的停滞。作为社会的一个特殊群体,青少年也有自己的特殊需求,需求得不到满足,同样会阻止青少年的发展和青少年问题的发生。因此,了解人类一般需求的特点,特别是了解青少年的特殊需求,是做好青少年社会工作的必要前提。

2.1.1 人类的需要及其特点

目前,有关人类一般需求的理论观点,得到一致公认的是美国心理学家马斯洛的需求层次说、阿尔德佛的需求三维说和托尔的需求阶段说。每一种理论虽然对需求的内容有不同的说法,但三种理论又都存在某些共同之处。

2.1.1.1 马斯洛的需求层次说

20 世纪中叶,人本主义心理学家马斯洛(Abraham H. Maslow)提出了需求层次理论,将人类的需求由低级到高级分为 7 个层次。

①生理的需要。人类和动物都具有的本能,包括饮食、睡眠、性欲等与生存密切相关的需要。

②安全的需要。人类对人身安全、财产安全以及社会保障的需要。

③归属和爱的需要。人类的社会属性使个体必须与群体发生关联,在群体中找到自己的位置,或受到群体的接纳,与他人交流和得到他人的爱和关怀。

④尊重的需要。人类个体在与群体互动的过程中,需要通过展示自己的才华获得别人的尊重。

⑤认知的需要。人类具有对自己、大自然及人类社会进行探索的好奇心,和通过知识的获得满足这种好奇心的需要。

⑥审美的需要。创造性是人类本性之一,人类需要通过追求美好的社会秩序和获得美感,实现其创造性的本能。

⑦自我实现的需要。人类具有自我实现的愿望和潜能,在完善社会的同时,人类还需要完善自身,实现个体在群体中的价值、地位及使命。

在上述层次结构中,需要的发展体现出在方向上由低向高,在程度上由强至弱,但同时各层次又不能相互替代的特点。这与人类个体的发展阶段和方向是一致的。

---

① 黄希庭:《心理学导论》,北京,人民教育出版社,1998。

2.1.1.2 阿尔德佛的ERG理论

20世纪60年代末期,阿尔德佛(C. P. Alderfer)在马斯洛需求层次说的基础上,又提出ERG(生存—关系—成长)理论,将人类的需要简化为生存需要、关系需要和成长需要三个层次。

①生存需要。即马斯洛所说的生理的需要和安全的需要。这类需要关系到人类的生存,包括衣、食、住、行以及社会组织为使个体获得这些基本条件而提供的各种手段。

②关系需要。是指马斯洛所说的归属的需要、爱的需要以及尊重的需要。这类需要是个体在社会化过程中通过发展人际关系从而获得社会接纳的需要,这类需要必须通过各种正式和非正式的人际交往来实现。

③成长需要。相当于马斯洛所说的自我实现的需要和尊重的需要。这类需要是个体在社会化过程中发展自我、完善自我、实现个性发展的需要,这类需要只有通过开拓个人的潜力和才能方可获得满足。

在上述层次结构中,需要虽然在层次上不能相互替代,但需要的发展在方向上并不是顺序进行,在强度上也不是由弱至强。当高级需要得不到满足时,个体会退而求其次,同时,某种需要得到满足时,这类需要也并不会由此减弱,相反,它可能会变得更加强烈。这是阿尔德佛的需要理论不同于马斯洛需求理论的地方。

2.1.1.3 托尔的需求阶段说

与马斯洛和阿尔德佛主要研究人类的共同需求问题不同,托尔主要研究个体在不同年龄阶段的不同需求问题。

①婴幼儿与儿童阶段。托尔认为婴幼儿与儿童需要获得安全、母爱、关怀和学习机会。这些需要得到满足,他们就会产生愉快的情绪,得到身心与人格的健康发展。反之,则对其产生负面的影响。

②青少年阶段。托尔发现,青少年普遍存在获得新的身份认同、具有独立人格、扮演多重社会角色等需要。如果青少年不能完成儿童向成人的过渡与转化,不能获得独立和扮演相应社会角色,就会产生认同危机、情绪困扰与偏差行为。

③成年阶段。成年人需要进行职业准备和进行职场生活。这是其生活来源与事业基础。

④老年阶段。老年人退休后经济压力增大,子女离家和配偶的逝去会导致情绪的孤独感,因此,对老年人来说,满足经济与情感的需要非常重要。

根据马斯洛、阿尔德佛以及托尔的需求理论,可以总结归纳出人类需求的几个基本特点。

(1)需要的动力性

人类需要是人类生存发展的内在动力,需要的动力性表现为需要的周期性和发展性。前者如人类对食物的需要,后者如人类对知识的渴求。人类只有满足不同层次和水平的需要,才能向前发展。在某种程度上说,个体的发展与社会的发展主要得益于人类需要的不断产生和不断满足。

(2)需要的多样性

人类需要的层次性体现为需要的多样性。人类需要包括生理生存需要、社会交往需要和自我发展需要不同层面,例如,人类有对食物、睡眠、排泄的生理需要;有与人交往、寻求他人认同和归属一定群体的社会需要;有获得别人对自己的尊重、爱和自我实现的需要。

(3)需要的独特性

人类需要的具体内容因个体的年龄差异、个性差异和生活环境的差异而不同。可以断言,世界上没有两个人的需要系统是完全相同的。例如,在人类生理需要层面,婴儿对食物的需要是母亲的乳汁,幼儿对食物的需要是一些柔软的面条或米饭。在人类心理需要层面,儿童需要父母的保护,少年则需要摆脱对父母的依赖,通过反叛来追求自我的独立。

(4)需要的社会性

人类需要与动物的需要有本质的不同,人类的各种生理性、社会性及自我需要是在与社会互动过程中产生和发展起来的,同时人类各种需要的满足、实现或受阻,又受到社会历史条件的制约和限制。

总之,人类需要是个人心理活动和行为积极性的源泉,是个体生存发展的必要条件,它在人的行为活动、心理过程和个性结构中都起着重要的作用。正常需要得到满足可以促进个体的发展,反之,则阻碍个体发展。

2.1.2 青少年的需要及其特点

作为人类社会的一个组成部分,青少年的需要与人类需要具有一致性,比如需要的动力性、多样性及社会性等,同时,作为人类社会的一个特殊群体,青少年处在人生发展的一个特殊阶段和特定社会历史环境,因此,青少年的需要具有不同于其他年龄阶段人群的特点。青少年需要的特殊性可以归结为需要的年龄性与需要的时代性。换言之,青少年的需要及其年龄发展特点与社会化过程密切相关。

2.1.2.1 青少年的生物需要

作为一个生物性的人,青少年需要获得基本的生活和健康照顾,同时,青少年时期是人一生生理上发生巨变的时期,生理成熟导致性机能的成熟和第二性征的出现,使青少年由对外部世界的关注转向对自己身体变化的关注和对异性身体的关注,因此,如何看待和对待自己以及异性的身体变化,适应自己身体形象、生理能力、性需求上的改变和发展,成为青少年满足生理成长的需要。

1. 获得生活和健康照顾

与儿童时期相比,青少年虽然各方面能力都有很大发展,但是因为心理的不成熟和经济的不独立,青少年还需要获得基本的生活照顾,家庭和社会应该提供青少年成长过程中所需要的基本生活和养育服务。此外,青少年还需要获得健康的照顾,包括适当的身心医疗照顾和预防保健服务。随着青少年吸毒人数的增加和艾滋病患者的逐年增加，对青少年的健康照顾成为社会的一项重要任务。

2. 悦纳先天身材和容貌

处于青春期的青少年，无论男女都会特别关注自己的外在形象，有的因为觉得自己身材好、长得漂亮而沾沾自喜，有的因为觉得自己身材不好、长得一般或不美而焦虑不安。前者过于陶醉于自己的身材和形象，容易产生自恋并幻想自己很了不起，希望别人也这样看待和欣赏自己。他们不能接受别人的建议和批评，并以挑剔的眼光看待他人，与别人相处时只考虑到自己，因此会造成人际关系的紧张。后者过分贬低自己的形象，容易产生自卑并对自己的长相极度不满，认为别人也会因为自己的长相而看不起自己，在一段时间的自卑后，发展到自己也看不起自己。因此，对青春期少年来说，最首要的生理需要就是学会悦纳自己的身体和容貌。

3. 消除性困惑和性焦虑

在性激素和性生理变化的作用下，青少年常常会出现性梦、性幻想、关注异性或产生与异性接触的念头，如果这些正常的心理反应被视为异常，青少年就会心情焦躁、丧失自信、自我否定，严重的还会产生性罪恶、性淫秽的观念。由于害怕、羞愧及自责，部分青少年会压抑自己的性意识，回避异性，长此以往极容易导致一些强迫性观念和神经衰弱，所以，消除性困惑和性焦虑，是青少年获得性健康和身体健康发展的需要。

4. 调节性冲动和性行为

青春期的青少年对性充满了好奇，他们热情冲动而不能自制，由于社会道德的约束，当他们不能正确处理性欲问题时，他们就会通过一些非正常的方式宣泄和释放性欲，例如，偷窥、猎黄、恋物癖、自慰、婚前性行为以及伤害性行为等。这些性冲动和性行为有的会危害青少年自身健康，有的会给社会带来巨大危害。对青少年来讲，如何调节性冲动、性行为与社会道德的矛盾，是成长过程中急需得到成人帮助和解答的问题。

2.1.2.2 青少年的社会需要

作为一个社会性的生物，青少年不仅具有满足生存发展的需要，而且还有满足社会化的需要。要实现生物人向社会人的转变，青少年需要发展各种社会关系。例如，学习与同辈群体和异性建立正常人际交往关系，适应学校对学业要求的提高，适应家庭对情感的需要，学习社会规范和生活技能，接纳社会制度等等。

1. 融入同伴群体并为同伴所接纳

处于青春的反叛期的青少年在反叛以家长和老师等为代表的成人世界和社会制度的同时，也有自己的社会归属需要。那就是融入青少年自己建构的同伴群体社会。同伴群体是青少年离开家庭、步入社会的第一个非正式社会组织，同伴群体间的相互交流，可以满足青少年情感交流、心理支持、获取生活经验和社会信息的需要，可以帮助青少年学习社会行为规范和社会价值观。对于青少年来说，缺乏要好的同性朋友或异性朋友会使他们感到孤独，因此对同伴接纳的需要远远超出了对自尊的需要。

成年人很难理解得到同伴认同对青少年的重要性。

2. 表现符合社会规范的性别角色

每个人走上社会都需要扮演一定的社会角色，其中包括性别角色。个体的性别认同开始于儿童时期，但是从性行为的角度来认识和表达自己，却是从青春期开始的。然而，不同青少年在认识自己的性特征和吸引异性方面的能力是不一样的。对某些青少年来讲，认识自己的性特征和吸引异性是一件很自然的事情，无须特别的努力，但对另一些青少年来说，获得性别认同却是一件非常困难的事情。某次性幻想，某次单相思，某次孤独的经历都会在青少年心中留下永远的伤痛。对青少年来说，这个时期是最脆弱的。所以，如何表现符合社会规范的性别角色期望，对青少年融入社会生活意义重大。

3. 建立与异性恰当的人际关系

异性关系是社会关系中最紧密的人际关系。青少年的身体成长和性成熟导致性意识的萌发和对异性的好奇，同时转型期社会的快速发展、大众传媒的影响以及教育制度中中考和高考的压力等诸多因素相互作用，使青少年对异性的关注在年龄上不断提前，同伴群体活动中异性成分不断增多。青少年由于社会经验的缺乏，不懂得友情与爱情的区别，不知道如何处理友情与爱情的关系，从而因早恋、未婚先孕等问题影响自己的身体和前途。所以如何与异性建立恰当的社会人际关系，是青少年处理社会关系，获得健康成长的必然需要。

4. 获得良好的家庭生活和学校生活

尽管青少年时期是独立反叛期，但是这些青少年一边在断乳，一边还在恋乳。青少年的成人感往往只是在生活照顾和情感依赖方面比小时候更独立，与此同时，他们在精神的理解、支持和保护方面对成人却是十分依赖的。实际上，这个时期的青少年比以往更需要获得良好的家庭生活和学校生活以及来自家长和老师的社会支持。如果家长或老师不懂得青少年的心理需要，只看到他们的反叛性，就容易造成亲子关系紧张和师生关系紧张，导致青少年离家出走，或发生厌学、辍学现象。家庭和学校应提供良好的亲子关系、师生关系和适当的管教环境，满足青少年健康成长的需要。

5. 发展符合社会期望的认知技能

青少年时期融入社会生活不仅需要善于处理人际关系，还需要发展符合社会期望的认知技能，包括对社会政治、经济、文化、法律、道德、教育制度等的了解和认识，建立相应的社会价值观。青少年时期已经开始思考有关社会归属、社会权利及义务等社会问题，比如"我属于那个国家、民族、阶级、阶层和社会团体？我具有哪些社会或集体的权利和义务？我具有哪些民族、阶级和团体的心理特点？"思考个人的社会地位和社会威信，比如"我是否为社会所需要和重视？我是否为别人所喜爱和尊重？"对这些问题的思考和回答，将促使青少年走向社会成熟。

6. 对未来的婚姻和家庭生活作准备

青少年融入社会社会生活的最终表现是步入婚姻殿堂，建立社会细胞组织——

家庭，并开始家庭生活。然而，当代社会的进步和发展及价值观的多元化，已经改变了传统的恋爱观、婚姻观、家庭观以及家庭结构。晚婚、不婚、再婚，未婚家庭、单亲家庭、再婚家庭以及网恋、网婚、闪婚、闪离等已经成为当下普遍存在的社会现象，生活于其中的青少年不能不受其影响。但是，对于大多数青少年来说，获得情感和经济的独立，与所爱的异性建立亲密关系，组织自己的小家庭，仍然是他们的梦想和追求。所以，为了梦想的实现而作各种认知、情感和经济准备，是青少年的又一种社会需要。

7. 免于人身安全和权益的被剥削或被伤害

在复杂的社会生活中，与各种各样的成年人打交道，青少年由于社会经验的缺乏免不了会受到人身安全和个人权益的被剥削和被伤害，因此，免于人身安全和个人权益的被剥削或被伤害，就成为全体青少年健康成长的最基本的需要。家庭、学校、社区应保障青少年的人身安全、个人权益免于被剥削和被伤害，社会应该通过制定社会政策和完善社会制度确保青少年身心的健康发展并满足他们的基本需要。

2.1.2.3 青少年的自我需要

青少年的自我需要即青少年的个性发展需要。社会是由个人构成的，正是无数个性不同的人构成了社会的丰富性和多样性。在许多情况下，青少年不只是被动地融入社会生活，而是主动地选择社会生活。从这个意义上讲，青少年的个性发展与社会性发展并不是完全矛盾和冲突的。

正是在与社会互动的过程中，在基本人身安全和权益得到保障的前提下，青少年发展起自己的个性需要并完成自我实现，在获得自我发展的同时，推动社会发展。具体来说，青少年的自我需要包括经历分离或个别化、建立个人价值体系、实现自我认同或统合、参与社会生活的建构等。

1. 经历分离或个别化

美国社会工作者卡罗尔认为，从发展的角度来说，个体的发展要经历两次分离，第一次发生在2岁左右，第二次发生在青春期。如表2.1所示①。

表2.1 个体发展经历的分离或个别化的过程

2岁	青春期
1. 反抗父母的命令	1. 反抗父母的命令
2. 对同伴既害怕又好奇	2. 对同伴既害怕又好奇
3. 需要不断得到父母的关注（比如父母默默地守在身边）	3. 需要不断得到父母的关注（比如父母默默地守在身边）
4. 控制的问题： ①大小便训练 ②18个月的孩子咬紧牙关不吃东西	4. 控制的问题： ①宵禁 ②14岁的越轨少年拒绝与父母交谈

① ［美］苏珊·卡罗尔：《青少年小组游戏治疗师手册》，北京，中国人民大学出版社，2007。

续表

2岁	青春期
5. 不愿与他人分享玩具	5. 不愿与他人分享男朋友/女朋友(对爱情的占有)
6. 试图主导游戏	6. 在同伴中试图占据主导地位
7. 把物体放进嘴里,从纽扣到病菌	7. 把物体放进嘴里,从酒精到毒品

两个时期的分离包括了抛弃和吸纳,是青少年试图离开成人的掌控,发展自己独立认知和行为的尝试而迈开的第一步。因此,分离是青春期最重要的需求。针对分离产生的一系列矛盾行为,成年人应该给青少年尝试分离的机会并设法帮助他们处理好人格分离与统合的问题。当然,卡罗尔所讲的分离还只是青少年追求个体的情绪独立自主,青少年与父母真正意义上的分离应该是从精神上和经济上脱离对父母的依赖。

2. 建立个人价值体系

摆脱对父母的依赖,发展一种稳定的自我意识,对每个青少年来讲都是一个痛苦的过程。即便是那些适应性很好的青少年,也需要经历自我探索的洗礼,才能形成自己的世界观。青春期之前,儿童的价值观均来自父母的观点,儿童对自己的认识和评价也多半参照外部成人世界的标准进行。进入青春期后,一切都改变了。青少年性意识的苏醒、成人感的获得和逆反心理的形成,使青少年对自己的认识和评价标准由成人转向同伴群体和自我观念,由此导致过去的信仰、道德标准、价值观都消失得无踪无影。虽然这并不意味着一切都要改变,但这意味着一切都要遭到质疑。随着青少年道德观的发展演变,黑白是非都蒙上了一层灰。青少年需要重新建立符合现实世界需要的个人价值体系。

青少年的人生观和世界观具体表现为一定的自我观、学习观、恋爱观、婚姻观、家庭观、审美观、幸福观,这些观念直接影响到青少年的日常社会行为表现。青少年已经开始思考人生观和世界观,比如"宇宙是怎样构成的,个人在宇宙中处于什么地位? 人生的意义和价值是什么? 我应该怎样对待自己的生活?"对这些问题的追问和回答,引导着青少年努力表现负责任的行为、追求理想和抱负。

3. 实现自我认同或统合

所谓自我认同或统合,是指青少年能够将自己的动机、欲望、理想、现实等条件放在一起,将理想我、社会我和实际我统而合之,向着既定的人生方向和目标去追求。实现自我统合的青少年,对自己的生活有安排,对自己的未来有计划,对问题的处理有主见,是人格成熟的人。在追求人生目标的过程中,不会因为遭遇挫折而气馁,也不会受到诱惑而改变初衷。

在尝试与父辈分离之后,建立个人价值观的过程中,青少年面临着进一步寻找自己、肯定自己的任务和需求。"我是谁?""我的能力在哪里?""我能够做什么?"等问题常常萦绕在青少年心中,为了解答这些问题,青少年必须从求学、做事、为人等各方面的经验中了解自己,形成自我观念和自我影像。在自我观念的支配下,青少年需要从求学与工作中找到自己的兴趣,从生活经验中找到自己要追求的目标,又从读书、学习中找到达到目标的手段。只有如此,青少年才能在自我追寻中明确人生发展的方向和未来生活的目标。

然而,不是每一个青少年的自我认同或统合都会导向幸福的生活。一些时候,有些青少年的自我认同会导致落魄的、危险的生活方式,人们也情不自禁地会将青少年与吸毒文化和玄学联想在一起,还有些青少年身上会出现一些多变的、散漫的、野性的特点,这些特点会给他们人格的形成造成不良的影响。因此家庭和社会应协助青少年建立自我认同,增进其自我成长的能力,满足青少年获得良好的心理发展的需要。

4. 参与社会生活的建构

如果说实现自我统合是青少年自我认同的需要,那么参与社会建构则是青少年自我实现的需要。据调查显示,中学生的需要可以分为物质需要和精神需要。物质需要包括学习用品、文体活动用品、生活用品等,精神需要包括活动、互助友爱、温暖、独立自尊、良好个性品质、荣誉、成就、参与社会政治生活等。其中,友爱、尊重、追求理想、作出贡献是中学生的主要精神需要。调查还显示,大学生的需要涉及生理、安全、交往、尊重、发展和贡献 6 个维度,具体包括维持生存、物质享受、性、秩序、躲避伤害、躲避羞辱、友情、求援、归属、成就、自尊自立、权力、求知、发展体力、助人、建树、奉献 17 种需要①。调查表明,寻求友爱、寻求尊重、渴望成就和贡献,是中学生和大学生共同的精神需要。

传统青年观将青少年看作是一个有待发展的人,所做的一切都是为未来生活作准备。现代青年观将青少年看作最富有创造精神的群体,是社会文化建设的重要力量。一方面只有在参与社会建构中,青少年才能了解自己,找到自己的兴趣和能力,并肯定自己;另一方面,只有通过参与社会文化的建构,青少年才可以释放自己的潜能并为社会作出自己的贡献,同时也才可以培养自己的社会责任感、个人荣誉感及正确的社会价值观。

总之,青少年的需要是青少年成长的动力,满足这些需要是促进青少年健康成长的保障,反之,会阻碍青少年的健康成长。

2.2 青少年发展理论

如果说青少年需要的满足与否关系到青少年的健康成长,那么青少年需要的产生就与青少年的发展和青少年的社会化存在内在的密切联系。换言之,青少年需要的产生首先受到青少年发展的制约。

---

① 陈陈:《近 20 年我国青少年需要研究综述》,见《南京师范大学学报》,2004(5),75 页。

青少年时期的发展是人生发展的一个特殊阶段。对青少年发展的理解只有置于人生发展的历史长河中,才能更加清楚、准确地把握和定位青少年发展的动力机制、发展内容及发展特点,也才能更好地把握和理解青少年的需要。

2.2.1 人类的发展及其特点

人类发展是指人类从出生到死亡之间生理机能、社会行为、自我心理机能及心理活动的改变。这一改变过程在不同年龄阶段体现出不同的特点,并受到不同社会环境因素的作用和影响。

关于人类发展在不同年龄阶段的内部动力机制和外部表现问题,国外学者弗洛伊德、埃里克森、皮亚杰以及科尔伯格曾经分别从精神分析和人格发展、心理和社会发展、心理认知发展和道德认知发展等不同视角,进行过非常独到和精辟的论述。其中,埃里克森关于人生发展阶段的划分及其发展动力机制的讨论得到社会各界一致的认同,如表 2.2 所示。

表 2.2 埃里克森关于人生发展阶段、发展动力与发展结果的观点

发展阶段	发展环境、心理冲突和发展任务	发展结果
婴儿期(0~1)	社会环境:照顾者 心理冲突:信任与不信任 发展任务:建立信任感	希望(美德)
幼儿期(1~3)	社会环境:父母 心理冲突:自主与羞怯 发展任务:发展独立性	意志(美德)
儿童前期(3~6)	社会环境:家庭 心理冲突:主动与内疚 发展任务:建立自信心	目标(美德)
儿童后期(6~12)	社会环境:学校和同伴 心理冲突:勤奋与自卑 发展任务:建立勤奋感	能力(美德)
青春期(12~20)	社会环境:朋辈群体 心理冲突:自我认同与角色混乱 发展任务:建立自我统合	忠贞(美德)
青年期(20~30)	社会环境:爱人、伴侣或亲密朋友 心理冲突:亲密与孤独 发展任务:建立亲密关系	爱(美德)
中年期(30~65)	社会环境:家族、同事、社会规范 心理冲突:繁殖与停滞 发展任务:培养下一代、生产和创造	关怀(美德)
老年期(65~)	社会环境:所有人类 心理冲突:自我统合与绝望 发展任务:回顾一生,坦然面对死亡	智慧(美德)

尽管埃里克森没有把生理发展纳入人类发展的视野，但是，他对人类发展过程中心理发展与社会文化关系的把握和深入分析，让他在有关人类发展问题上超越了他的导师弗洛伊德。概括地说，人类发展的总趋势是：从出生到成年时期，人类的生理机能、认知、情绪及社会经验向着成熟方向发展；中年之后，人类的生理机能逐步减退，智力和情感继续发展，尤其是社会经验日趋丰富和完善，与此同时，注意力开始不集中，办事精力和效率下降；老年时期生理功能退化，社会角色减少，心理认知能力减退，开始淡出社会生活。

2.2.2 青少年的发展特点

从人生发展的历史长河中可以发现，青少年处在人生发展的青春期和青年期，生理发展进入"生理发育期"，社会发展进入"社会反叛期"，心理发展进入"心理断乳期"。其身体、社会和心理发展集中而迅速地表现出许多特殊的变化，被称为人生的"疾风骤雨"时期。此外，由于青少年时期一端连接着儿童时期，一端连接着成人时期，所以，这一时期青少年的身心发展和社会性发展表现出较强的过渡性或双重性特点。

2.2.2.1 青少年的生理发展

青少年在生理上进入青春发育期。青春发育期的基本特点如下。

1. 体形迅速变化

首先，青少年的身高、体重进入第二个生长高峰时期。身高平均每年增长 6～8 厘米，多的达 10～12 厘米。体重男性平均增长 31.2 千克，女性平均增长 24.1 千克。其次，体形变化。女性成长为亭亭玉立的少女，男性成长为风度翩翩的少男。

2. 身体机能健全

在身体外貌发生重大变化的同时，青少年身体内部的组织机能也逐渐健全起来。在心血管系统方面，青少年的心脏重量是出生时的 12～14 倍，心脏容量也由出生时的 20～22 毫升增长为 240～250 毫升。此外，青少年的血压、心率、心输出量等都已经接近成年人。在呼吸系统方面，肺活量、呼吸频率也与成人相似，呼吸系统功能明显增强。

3. 神经系统稳定

青春发育期是神经系统机能生长力最强、最旺盛的时期。神经系统兴奋与抑制过程基本趋于平衡，第二信号系统的作用迅速上升。青少年的逻辑思维能力和理论思维能力得到了充分的发展，表现出较强的记忆力、理解力及想象力。

4. 生理机能成熟

青春发育期最重大的变化是性机能的成熟和第二性征的出现。性成熟的根本含义是男女两性已经具备生育能力，性成熟的主要标志是男性的排精和女性的排卵。在性激素的作用下，男女两性的阴毛和腋毛迅速发育、男性喉结增大、胡须生长，女性乳房发育、盆骨增宽，两性的第二性征出现。

2.2.2.2 青少年的社会发展

青少年不仅是一个生物的人，还是一个社会的人。青少年的社会发展表现为对同伴的认同和接纳，对异姓比较关注和尝试与异性建立关系。同时，独立意识和社会意识的发展，使青少年在家庭关系上先后经历亲子关系的紧张和亲子关系的和解两个不同的发展阶段。青少年时期对人生发展影响比较大的社会发展事件是社会价值观的确立。

1. 同伴认同形成

青少年的社会认同主要是同伴认同。对青少年来讲，发展同伴认同和接纳是非常重要的事情，就像“我是谁”、“我的位置在哪里”一样重要，其对被接纳的需要远远超过了自尊的需要。如果把青少年比作一个前进中的轮子的话，那么同伴群体认同就是该轮子的轴心，所有其他的发展性任务都与此有关。

对青少年来说，同伴团体重要性的增加源于以下原因。

①同伴团体活动是青少年的主要活动，也是青少年的社会环境。

②同伴团体中的友谊提供了情绪上的支持和理解。青年文化逐步在同伴团体中塑造，其文化内容则随同伴团体成员家庭背景的不同而不同。从青年文化中，青少年能够学到学校忽略的、家庭又缺乏的社会技巧和经验，如团体的权力结构认识，选择解决冲突的方法等。

③团体为青少年尝试社会角色提供了机会并帮助其肯定自我价值，建立积极的自我形象，使青少年的团体认同倾向明显。

④团体认同所带来的压力，导致团体与个人价值需要冲突的压力，使青少年牺牲自己的独立性。不能适应团体压力或缺乏机会参加团体，会使青少年面临孤独的社会心理危机，无法感受到团体归属感会使青少年发展为自我中心或缺乏自信的人格。

2. 异性关系发展

性成熟对青少年的社会性发展有着重要的影响。性意识的觉醒和发展，使青少年意识到两性差别和两性关系，开始恋爱。性成熟不仅使青少年开始关心自己身体内部性功能的表现和身体外部体形容貌的改变，同时也开始对异性的身体和精神发生兴趣。

青少年性意识与性好奇的形成和发展大致经过如下三个阶段。

①对异性的疏远。该阶段青少年表面上疏远心仪的异性，暗中却在密切观察对方的一言一行，只是由于羞怯，对向往的异性才采取被动观察的交往方式。

②对异性的接近。该阶段青少年在观察的基础上开始有选择地同某些与自己思想观点、兴趣爱好比较接近的异性交往，但他们的关系仅仅只是一般朋友，相互之间还保持着一定的戒备和距离。

③与异性正式恋爱。随着交往的深入，青少年会在异性朋友中与某一特定对象相互产生深深的爱慕和依恋，并最终发展为爱情，这种爱情具有隐蔽性、精神性和纯洁性。

3. 亲子关系改变

青少年与家庭的关系有两个不同的发展阶段,即分离与冲突、理解与回归。处于青春期的青少年有几个原因容易导致家庭亲子关系的紧张。

①生理上,父母因为生理机能衰退而需要安全感,青少年则开始接近生理全盛期,但缺少表现及受重视的机会,从而形成父母与子女因为需要的不同而产生的矛盾(父母的安全需要与青少年的冒险需要的矛盾)。

②心理上,父母为人处世的现实主义态度与青少年的理想主义追求之间存在矛盾。

③社会层面上,现实社会要求青少年独立和成熟,但父母系统却要维持自己的权威,由此导致社会对青少年的需要与家庭文化传统对青少年需要之间存在矛盾。

处于青年前期的青少年开始关心更大范围的社会系统。对同伴团体的依赖已经降低,社会关系代之以亲密朋友、恋人以及父母。具体表现为以下两方面。①亲密朋友建立在兴趣、智力或教育程度的基础上。如何寻找适合自己的异性伴侣及与异性朋友相处,成为困扰的主要来源。②智力和社会技巧成熟,对父母既不依赖,也不逃避或反叛,能够重新客观评价和分析父母系统中的权威,重新建立与父母的亲密、平衡关系。但长期受保护的青少年会因为缺少建立自我独立的机会而依赖父母或其他权威,另一方面,父母干预青少年的独立,会引起反抗。

4. 社会价值观确立

社会价值观是指个体对身边社会环境的认识和看法。随着青少年自我意识的发展、自我认同的形成以及社会对青少年要求的改变,青少年对社会的认识也发生了改变。青少年不再根据父母和老师的价值观和行为标准来认识世界,而是根据自己或同伴的价值标准来认识世界,青少年对社会道德伦理、社会职业和社会角色的认同也从儿童时期的外导转化为内发,从感性转化为理性。

据调查,当代中国青少年一方面在政治价值观上坚持"中国特色的社会主义信念",在利益价值观上信奉"高效、公正、互利",追求"敏锐、乐观且理智地把握成才与择业",在消费价值观上希望"求新、求变、求质量";另一方面"身心失范以更复杂的方式表现出来",在金钱价值观上相信"金钱是生存资本,也是生活目标"、"富裕才是美德",在生存价值观上认为"物质至上与拜金主义不是批判性的词汇,而是实实在在的生存哲学",在成就价值观上崇奉"比尔·盖茨是人生的成功典范",在物质价值观上崇尚"名牌产品",在人生处境观上"由于感性的主宰,容易陷入杂乱无章的困境中",在职业和择业观上,青少年优先考虑职业能否发挥自己的才能,择业地点优先考虑大城市和沿海开放城市,择业主体自主性更强。

上述情况从一个侧面反映了我国当代青年价值观的多样化、个性化、边缘化及矛盾性。青少年一方面拥护党的领导,对国家的发展大局充满信心,具有高涨的爱国热忱,具有较为端正的人生价值观、较强的竞争意识和进取精神。另一方面自我意识较强,注重个人利益,人生价值目标、评价标准、职业选择、社会生活等方面具有实用性倾向和功利色彩。

2.2.2.3 青少年的自我发展

青少年的自我发展是指青少年在对自己生理变化、社会行为进行反思的基础上所建立起来的心理认知、情绪、意志及个性反应。在认知方面，青少年感觉灵敏，抽象思维、创造性思维、批判思维能力强，开始思考人生问题，同时，自我意识增强，关注和评价自己的内心世界和个性品质，关注周围环境对自己的评价。在情绪方面，青少年开始有多种情绪感受。在人格上，青少年表现出比较突出的独立性和反叛性。

1. 自我意识发展

性意识的萌发不仅导致青少年的性好奇和性探索，更重要的是导致青少年自我意识的发展和自我认同的产生。自我意识是指个体对自己的认识，包括自我知觉、自我认知、自我评价、自尊及自我调节等方面的内容。青少年的自我意识由自我评价、自我体验及自我控制3方面组成。与儿童时期相比，青少年的自我评价标准已经开始摆脱以往取决于成人的模式，转向独立评价和同伴评价，同时自我评价的内容不仅包括外在仪表风度，还包括内在性格、素质和品质。在自我体验方面，青少年的成人感和自尊心不断增强。成人感是指青少年感到自己已经长大成人，渴望参与成人角色，要求独立并得到尊重的态度和体验。成人感的产生使青少年开始摆脱对父母和老师的依赖，开始提出自己的见解，渴望得到父母或老师的尊重与理解，并要求与父母或老师建立朋友式的关系。在自我控制方面，青少年的自我控制已经从外部控制逐渐转向内部控制。

2. 自我认同形成

自我认同或自我整合是心理学家埃里克森理论中的一个重要概念，是指一种熟悉自身的感觉，一种知道个人未来目标的感觉，一种从他信赖的人们中获得期待、认可的内在自信。根据人格心理学的观点，每个人的人格都由三个部分组成：现实我（由诸如性别、年龄、家境、容貌等个人条件、能力及兴趣等构成）、社会我（由别人对自己的态度和评价构成）和理想我（由个人对自己的理想追求，对自己未来的憧憬构成）。自我统合即能够将“现实我”、“社会我”与“理想我”整合为一体，而缺乏自我统合的青少年无法将三者统一起来，例如，有些没有一点音乐天赋的女生梦想自己有一天会成为摇滚巨星；而考试从来不及格的男生坚持认为自己有一天会像祖父那样考取医学院，他们的梦想与现实的差距很大。青少年的自我认同是在参与社会生活的过程中实现的，青少年自我认同的形成对青少年摆脱儿童时代的社会认同、顺利进入成人世界具有重要意义。

3. 情绪体验丰富

法国思想家卢梭把青少年时期称之为“疾风骤雨”的时期。该时期性成熟、自我意识的发展和自我认同的形成，使青少年在情绪上进入一个情感体验复杂而多变的时期，既有脱离儿童时代带来的伤感和迷茫，又有得到成人社会认同的欢欣和鼓舞，既有发育引发的对自己和异性身体的恐惧与忧虑，又有恋爱时的甜蜜与快乐、失恋时的悲伤与愤怒。同时,自负、自我陶醉与自卑、妒忌他人也是青少年常常体验到的情绪。青少年不仅情绪多样化,而且情绪的转移非常快,常常是东边日出西边雨,情绪发展极易两极化。此外,情感发展与现实的矛盾,情感发展与理智的矛盾,也是青少年常见的情绪问题。

4. 个性表现反叛

反叛是青少年普遍存在的个性特点。自我意识的高涨导致青少年急于向人们树立和维护独立自尊的自我形象,一旦这种自我独立的诉求得不到他人的认同,就会认为他人在妨碍自己,于是产生逆反心理。例如,当独立意识受阻、自主性被忽视或成人强迫他们接受某种观点或行为方式时,青少年常常会通过爆发或冷漠的极端方式,表达对周边世界的反叛。此外,性成熟导致神经系统的过分兴奋与抑制的不平衡容易引发青少年行为和态度上的过敏,少量的刺激也能激起他们的激烈反应反叛。例如,为了捍卫自己的成人"权力",青少年经常迫不及待地向周围人证明自己已经不是人云亦云的"应声虫",而是一个与众不同,有自己独立见解的"大人",为此而常常出现一些"神经过敏"或"防卫过当"的情况。

概括起来说,青少年生理的早发育与心理的晚成熟、自我的独立性与社会的依赖性、思维的批判性与经验的不足性、情感的热烈性与意志的动摇性、行动的果敢性与目标的不确定性等,构成青少年典型的生理、社会及心理发展特点,反映了青少年身心发展的矛盾性和不平衡性。

2.2.3 青少年的发展障碍

青少年的发展障碍是指在青少年身体和心理发展过程中容易产生的困惑或危机,这些困惑或危机阻碍了青少年的发展并导致不良行为的发生。

2.2.3.1 青春期危机

危机是指个体因遭遇没有准备或无能力应对的突发性事件所导致的身体和心理功能的失调或丧失。危机具有突发性、不可控性、持续性,包含着损失、羞辱、危险、不幸的曝光及日常生活的崩溃等。

青春期危机又称成长危机,是指由青春期生理的突发成熟所引起的心理不适或冲击,对人的一生发展有重要影响。具体来说,青春期危机主要包括发育恐惧、体象烦恼、性困惑、恋爱危机及恋爱受挫。例如,一些女孩子对来月经感到恐惧和麻烦,男孩子对遗精感到迷惑和不解。青少年的性恐惧包括性困惑、性骚扰及性异常。一项调查数据表明,有体象烦恼的小学生占其总数的16.08%,初中生占23.49%,高中生占19.39%。为改变形象而整形的比例:小学生占0.72%,初高中生占3.6%。发育早的人感到自己形单影只,发育晚的人害怕被人觉得自己怪异。小学和初中生最在意身材的高矮,高中生最在意体型的魁梧还是苗条。这些问题如果不能及时予以化解,会使青少年产生严重的心理负担。

2.2.3.2 社会认同危机和自我认同危机

社会认同危机是指青少年在向成人过渡时,由于其观念、行为与主流社会的价值观和行为准则不一致，导致青少年因为坚持己见、反叛社会而产生过激的社会言论和行为。对于青少年来说，令他们担忧的不是被成人世界所抛弃，而是不为同辈群体所接纳。所以，为了找到归属感，青少年不惜铤而走险，加入吸毒或犯罪团伙，认同那些落魄的、危险的生活方式。这也许就是人们情不自禁地会将青少年与吸毒文化和玄学联想在一起的主要原因。另外，据调查显示，中国当代青年的价值观多样化、个性化、体现自我追求、社会责任感比较淡薄、自我意识比较强，他们较多地关注自身发展和自我需要，较少关心国家和民族的命运，常处于欲望和情绪的边缘状态。

自我认同危机又称"自我迷失"，通常发生在青春期，是指青少年在向成人过渡时，因为社会对青少年的角色期待与青少年的自我角色认同之间的不一致而导致的社会心理危机——自我角色混乱。例如，青少年会面临不同角色：年龄角色——少年、青年、成年，社会角色——学生、职员、公民，职场角色——同事、下属、领导，性别角色——男性、女性，家庭角色——子女、夫妻、父母，人际角色——同学、朋友或情人。在这些角色冲突中，青少年不能确定自己是谁，不能确定自己的价值或自己的生活方向。换言之，青少年对"我现在想要什么？我有何身体特征？父母期望我如何？以往成败经验如何？现在有何问题？将来希望如何？"等涉及人生发展方向的问题不能够作出清楚地回答，不能够将"理想我"、"社会我"和"现实我"整合为一体。由于青少年不能通过综合各种角色期待而肯定自己，所以会显得盲从无主见，产生负面认同以及角色分散。角色混淆的青少年倾向于对现实或对未来产生畏惧及逃避的心理，同时会产生自卑感，感到自己不被社会接纳而自闭，严重的会导致青少年抑郁症和青少年自杀现象的产生。

2.2.3.3 身心发展不平衡导致的行为障碍

由于青少年的身体发育比心理成熟来得迅猛，所以青少年在发展中经常碰到的困惑就是身心发展的不平衡导致的行为困境。这些行为困境包括如下几种。

①青少年一方面反抗成年人的控制，体现自己的独立性和成人感，另一方面，又需要来自成人的关心和关怀。

②青少年一方面希望与朋友甚至是成人发展亲密无间的关系，另一方面又因害怕遭到拒绝或得不到理解而畏惧这种关系。

③青少年一方面反对并试图抵制社会规范，另一方面又将社会规范看作保护自己的某种标志。

④青少年一方面有远大理想，渴望追逐自己的梦想，另一方面又沉溺于现实享乐而不能自拔。

⑤青少年一方面因为性成熟有了性冲动和性要求，另一方面又会因为认知的不成熟而不能正确面对性行为及其带来的结果。

上述青少年身心发展的不平衡性，使青少年在面对自身发展和社会要求带来的各种复杂挑战时，不仅容易产生各种复杂的情绪体验，而且常常产生各种莫名的矛盾想法和困惑。当他们自身的应对机制无法帮助他们处理这些困惑时，就会出现各种苦恼的症状，如酗酒、吸毒、企图自杀、偷窃、学习困难、与异性发生性行为、抑郁、失眠、暴力行为、离家出走及在家庭中制造混乱等。例如，13 岁的女孩离家出走，但又希望自己被家人抓住；14 岁的男孩既崇拜又害怕父亲，但却从父亲那里偷了钱；15 岁的孩子篮球打得很好，但每次大赛前却企图自杀；16 岁的孩子很聪明，很有才华，却因考试不及格而退学；17 岁的孩子父母家财万贯，自己却在商店偷东西等等。这些都是青少年挥之不去的焦虑感的直接反应①。

2.3 青少年社会化理论

青少年需要的产生，不仅与青少年的发展相关，而且与青少年的社会化存在密切的关系。换言之，青少年的发展是在青少年的社会化过程中实现的，青少年不能实现或无法完成社会化就不可能获得发展，青少年的需要也就无法得到满足。因此，了解和学习青少年社会化理论对青少年社会工作同样具有重要意义。

青少年社会化理论主要研究社会化与青少年社会化、社会转型与青少年社会化的任务以及青少年社会化的主要途径和障碍等问题。

2.3.1 社会化及其特点

所谓“社会化”，是指个体在构成社会的各种组织，包括家庭、学校、同辈、大众传媒、社区、职场等社会组织机构以及各种社会制度的影响和自身努力下，认识并学习各种社会角色，使自己的言行为社会组织和制度所接纳，同时获得自己个性发展的过程。对于人类来说，社会化是人类个体生存和发展的前提。

社会化有三种基本类型：基本社会化，是指青少年为进入成人世界而发生的社会化；继续社会化，是指成人因家庭、工作和生活环境变化发生的社会化；再社会化，有广义和狭义之分，广义再社会化是指因社会变迁和人口流动导致的社会化，例如，我国社会转型期进城农民工的社会融入问题，狭义再社会化是指对特殊群体实施的社会化，例如，监狱对犯人的劳动改造问题。

社会化的三个基本特点如下。

(1)社会规范的强制性

从出生的那一刻起，个体便置身于复杂的社会环境中，社会环境总是以不同的内容、方式及途径，对个体的身心发展发挥积极或消极的影响，俗话说的“近朱者赤，近墨者黑”就表明了社会环境对个体成长的影响。这种社会环境对个体的影响可以是外显的、也可以是潜移默化的，但共同点是它的强制性。社会通过这种强制性的影响，使原来仅具有自然属性的个体，在言行举止上表现出符合社会规范的要求，获得其应有的社会属性、社会角色及社会地位。

---

① ［美］苏珊·卡罗尔：《青少年小组游戏治疗师手册》，北京，中国人民大学出版社，2007。

(2)过程持续的终身性

一方面社会环境本身处在不断的变迁及发展中,另一方面,个体一生在不同年龄阶段会面对不同的生理、心理和社会环境问题,因此,个体发展的每一个阶段都必须社会化,才能适应社会的发展,从这个角度来说,个体的社会化是持续一生的事情。

(3)主体选择的能动性

从出生起,个体对社会影响的反馈就具有一定的主观能动性,并且随着个体年龄的增加,个体对社会环境影响的主观反馈也表现得越来越强。俗话所说"莲蓬生池塘出污泥而不染",就是用来比喻人对环境影响的主观能动性选择。这种选择一方面表现为个体对社会影响内容、方式及途径的主观选择(积极适应或消极抵抗),另一方面表现为个体对社会环境的主观改造(提出新的思想观念或行动方案)。

2.3.2 青少年社会化及其特点

与一般社会化相比,青少年社会化是指青少年在家庭、学校、同辈、社区、大众传媒及社会制度的影响和自身的努力下,其言行举止得到社会认可,并获得自己个性发展的过程。青少年社会化是青少年由儿童世界进入成人世界的必要桥梁。青少年社会化的类型为"基本社会化",即为进入成人世界作准备。

青少年社会化的特点是社会强制性和个体能动性。性成熟决定了青少年时期是人生社会化的关键期,同时青少年对恋爱婚姻的向往和追求是寻求社会认同的一个重要组成部分。

2.3.2.1 青少年社会化的任务

早在1954年美国社会学家哈维格斯特(Robert Havighurst)在其《人类发展与教育》一书中,就已经对人一生的社会化进程及其社会化任务作了详细的说明,其中青少年的10个社会化任务如下①。

①能在日常生活中与同辈的同性和异性朋友建立和谐的人际关系。

②在行为上能够扮演适当的性别角色:个人不但乐于接纳自己的性别,而且能够恰如其分地表现出属于自己年龄的男性或女性的行为特征。

③接纳自己的身体和容貌:不过分夸耀自己的优点,也不过分掩饰自己的缺点,而是能够按照自己身体的条件去发挥最大的潜能。

④情绪表达渐趋成熟独立:凡事不再依赖父母或其他成人的支持和保护。

⑤有经济独立的信心;即使在金钱上尚不能自给自足,在生活上尚不能自食其力,也有信心和意愿不依靠别人。

⑥能够选择适合自己能力和兴趣的职业,而且肯努力奋发为取得该职业而准备。

⑦认真考虑婚姻对象,并开始准备成家过独立的家庭生活。

⑧在知识、技能、观念等各方面,都能达到作为一个现代公民所需要的标准。

---

① 乐平:《现代社会与我们的生活》,北京,中国商务出版社,2006,1版。

⑨乐于参加社会活动,也能在社会事务上对自己的行为负责任。

⑩在个人的行为导向上,能建立起自己的价值观念和道德标准。

上述几个方面可以概括为青少年社会化的几项主要内容,即掌握基本生活技能(生活自理能力和谋生能力),学习基本社会规范(法律规范、道德规范、生活规范),学会承担基本社会角色(家庭、学校、社会),确立基本生活目标(价值观念、未来理想、自我实现)。

虽然青少年社会化是一个永恒的社会问题,但是,每一个时代青少年的社会化问题都具有该时代强烈的现实主义特色。今天,我国正处在一个新的历史转型时期,社会价值观与生活方式的改变使生活在这个时代的青少年社会化的任务和途径都有新的变化和要求。

2.3.2.2 青少年社会化的途径

影响青少年社会化和发展的环境因素分别是家庭、学校、同辈、社区、大众传媒、公共场所等空间领域,其中,家庭、同辈团体及大众传媒是影响青少年社会化最重要的三个因素。

1. 家庭

家庭是青少年社会化和发展的早期养成所。影响青少年社会化和发展的家庭因素是家庭教养模式、家庭生命周期及家庭压力。

家庭教养模式分为专制型、忽视型、溺爱型和民主型四种类型,不同家庭教养模式将分别培养出青少年胆怯与反抗、孤独与自卑、任性与自负或坚定与随和等不同人格特点。

家庭生命周期是指家庭与个体一样会经历不同的发展阶段,每个发展阶段的家庭将有不同的任务和特点,家庭成员也有不同的个人体验。如果家庭成员不能完成家庭发展任务,将产生家庭危机。家庭危机将对青少年发展产生影响。

家庭压力是指家庭因各种外在或内在原因而产生的经济、精神或疾病等方面的困扰或危机,从而失却原有的家庭平衡状态。家庭应对压力或危机的方法、策略及过程对青少年的发展有很大影响。

2. 学校

学校是青少年社会化和发展的主要场所。学校对青少年社会化和发展的影响因素包括教育理念、教育方式、校园文化。学校是实行应试教育还是实行素质教育的理念,将对青少年的学习效果和人格发展产生不同的影响。学校老师是采取父母式、权威式还是朋友式的教育方式,将决定着学生今后与老师关系的不同类型:适应与依赖、畏惧与逃避,或是亲近与沟通。除此之外,学校的物质文化(校园设施、教学设备)、精神文化(班级组织、班风、校风)及制度文化(教学制度、管理制度)也对学生的社会化和发展起着潜移默化,而且十分重要的影响作用。

3. 同辈团体及其亚文化

同辈团体及其亚文化是青少年社会化和发展的重要因素。一般来说,同伴团体具有以下特征:可以自由选择同伴和朋友(根据年龄、性别、兴趣、职业),有自己的亚文化(具有共同的价值观、服饰、语言、偶像),通过非正式的、平等的交往和活动获得发展(小圈子、小团体),可以满足个人的社会需要(社会交往、安全感、归属感、情感支持)。同伴团体的积极作用在于它可以减缓青少年转型到成年人时所承担的责任感和压力。消极作用在于它可以成为骚扰与干预青少年健康成长的来源。

亚文化是指某些与主流社会明显不同的观点和行为。青少年亚文化又称"同伴文化"或"同辈文化",是指青少年为了满足生理和心理需要而发展起来的一套适合自己的生活观点和生活方式。青少年亚文化通常具有"前卫"、"时尚"及"流行"的特点。当前青少年的亚文化包括自我文化、群党文化、时尚文化、偶像文化、网络文化及流行语文化等等。同辈团体及其亚文化对青少年的社会化和发展具有特殊的意义,由于这些文化为青少年自己所创造,因此不管其未来是被纳入主流文化还是被主流文化所边缘化,都将对青少年的社会化及其发展产生重要而深远的影响。

4. 大众传媒和网络社会

当今社会大众传媒对青少年社会化与发展的影响的重要性不亚于同辈团体及其亚文化。在各种传播方式中,网络对青少年的影响最大。在我国2亿多网民中,35岁以下的青少年所占比例超过90%。网络时代的到来为青少年社会化提供了一个全新的环境,与他们所生活的家庭、学校单一的教育环境不同,新的虚拟环境给青少年提供了相对自主的空间。网络社会中的虚拟社区为青少年的社会角色的进行提供了"实践空间",青少年在虚拟社区中,选择意愿中的社会角色,进行社会角色的预演和社会地位的转换,体会不同社会角色的需要和情感,并规范调整自己的角色行为。由于网络改变了青少年社会化的传统社会环境,使青少年社会化从传统意义上的现实社会环境转向网络社会环境,由此引起了社会化方式的急剧转型,引发了一系列社会化问题。

总之,大众传媒和网络社会以各种有形和无形的方式形成一种潜在的社会环境,以一种日益有力和深刻的方式,对青少年的成长发挥着越来越重要的积极或消极影响。

5. 社区和现实社会

社区和现实社会是青少年社会化与发展的社会制度背景。社区和现实社会对青少年的影响分为直接影响和间接影响。直接影响是通过社会分层、社会流动、社会歧视或家庭结构直接作用于青少年的个体发展。间接影响是通过政治、经济、文化、教育、医疗、福利、法律、军事等政策和制度影响青少年个体的发展。

2.3.3 青少年社会化的障碍

阻碍青少年社会化的障碍有三个方面:一是青少年自身的问题,二是社会支持系统的缺陷,三是青少年与社会互动的方式。

2.3.3.1 青少年自身的问题

处在当代社会的青少年具有如下几个特点。

①价值观还未形成，缺乏判断是非善恶的能力，对外界环境的影响缺乏抵抗力。

②个性和心理尚未成熟，自立性、独立性差，容易受到不良因素的伤害。

③角色扮演仍在学习过程中，需要有模仿和参照的对象。

青少年的这些特点，要求社会为他们的社会化提供两个基本条件：一是相对稳定统一的社会规范和社会价值标准；二是令人敬佩和信服的社会权威形象。但是，处在转型期的社会恰恰缺乏这两个条件。首先，在当前中国社会从传统向现代，从工业社会向信息社会的急剧转型时期，传统价值观被颠覆，新的主导文化和观念尚未确立，主流文化的丧失与多种亚文化的并存、冲突，给青少年的文化认同造成了困难和混乱。其次，社会的转型、价值观的变化以及网络社会的崛起，使父母和老师的传统社会教化形象受到挑战。商品经济和市场经济的发展使青少年的观念开始与原有的主流价值观分离，思维的批判性增强，自我评价维度增加，使青少年开始自己选择社会化标准，自主性日益凸显。青少年如同购物一般，甄选、鉴别自己的社会化内容，通过媒介实现自我教化，其自主性大大提高。青少年社会化开始从长辈取向发展为同辈取向，最终转化为自我取向，社会化从传统的“社会教化”转向了“自我教育”。然而，一旦青少年在社会化过程中遇到成长的烦恼，又容易以偏概全，对社会和人生作出错误的价值判断和道路选择。

2.3.3.2 社会支持系统的缺陷

家庭、学校、同伴、社区、社会在青少年社会化过程中具有重要作用，但这种作用是双向的，既可以促进青少年的发展，也可以阻碍青少年的发展。例如，家庭结构的破损、家长对青少年的非理性期待、家长对孩子的过于溺爱或者过于严厉，都不利于青少年健康成长。

学校对青少年的教育也存在不少问题。唯分数论的后果是严重忽视青少年健全人格的培养。课堂教育内容与社会转型的环境严重脱节，道德教育的无力、法制教育的薄弱、性教育的缺失，严重影响到青少年人生观、世界观的形成。

现实社会中，国家、社会经济生活中片面追求利益的导向，对青少年产生着潜移默化的影响。物质生活的丰富使许多青少年不再为衣食担忧，但不良的消费习惯也容易使他们过多迷恋于物质生活。社会的贫富分化，也容易使他们产生对社会简单和片面的看法。

网络世界里，网络的工具特性、媒体特性和虚拟世界特性加剧了青少年社会化的复杂性。网络的大信息量和匿名的特征，对于青少年有独特的吸引力。他们利用网络进行交流、游戏，沉迷于网络世界，而由于青少年的世界观、人生观还在形成中，他们容易受到网络色情、暴力等不良亚文化的影响。

不良青少年团伙的酝酿、产生过程，是基于青少年个体社会地位、面临的困惑、受到社会刺激等因素。许多青少年由于在主流社会中得不到社会支持，转而到犯罪亚文化圈中获得认同。这使犯罪亚文化成为越轨和犯罪青少年的精神支柱。青少年在成长过程中受到犯罪亚文化越来越多的影响。

2.3.3.3 青少年与社会的互动方式

社会学家帕森斯认为，社会化的核心内容是学习扮演社会角色，即依照社会对人的要求和标准，学会承担特定的社会角色，实现角色期待与角色实现的整合。

青少年的社会化过程中，在对社会的认知中，不断确立自我角色和社会角色。但在与社会互动的过程中，一方面青少年不可能完全按照自己的意愿选择社会角色，实践角色扮演，在社会角色的转换中常常遇到种种挫折；另一方面，由于社会要求的多元化和复杂化，青少年往往发生角色冲突或者角色紧张。当家庭、学校和社会之间的要求出现矛盾时，便会造成角色冲突，引起青少年的心理困扰。特别值得注意的是，当前网络的巨大冲击，进一步使当代青少年的社会化历程倍加困难和艰险。网络的虚拟性、非规范性、匿名性，使青少年社会化过程中的心理发展、社会互动、人格形成及角色认同出现困难。

2.4 青少年社会支持理论

青少年需要的产生、青少年发展的实现以及青少年社会化的顺利进行都与社会环境有关。良好的社会环境不仅有助于青少年的健康发展、青少年社会化的顺利进行，而且有助于青少年需要的满足。因此如何为青少年的发展、社会化的实现及青少年需要的满足创造和提供良好的社会条件，或重塑青少年成长的社会化环境，是青少年社会工作理论研究的重要内容。

所谓青少年社会支持理论，主要是指从人境互动的视角，看待青少年的需要、青少年的发展及青少年的社会化问题，并在此基础上引导青少年的发展、青少年的社会化以及满足青少年的需要。青少年社会支持理论包括青少年优势视角理论、青少年社会支持网络理论及青少年金深义文化理论。

2.4.1 青少年优势视角理论

案例 2.2

1968 年，美国心理学家罗森塔尔等人做过一个著名的心理学实验。他们对某小学 1 ~6 年级的学生进行了一次“发展预测”，而后把一份“有优异发展可能的学生名单”通知有关老师。8 个月后，他们又对全体学生进行了一次复试，结果发现，列入名单中的那些学生的成绩远远高于其他学生。但其实名单中提到的那些学生，都是当时随机抽取的，并没有优劣之分。结果之所以如此，是因为老师认为这些学生是天才，因而对他们寄予厚望，在上课时给予他们更多的关注，通过各种方式向他们传达“你很优秀”的信息。学生感受到老师的关注，进而产生一种激励作用，学习时更加努力，最终取得好成绩。这个效应又称“皮格马利翁效应”：“说你行，你就行；说你不行,你就不行。”①

为什么对学生给予正面的鼓励会促进学生的行为表现向好的方面发展？作为青少年社会工作者,在面对青少年的困境时,应该为他提供什么样的支持？青少年优势视角理论对这一问题作出了回答。

2.4.1.1 青少年优势视角理论的基本观点

所谓优势视角理论,是20世纪90年代针对传统问题视角的工作模式的弊端而兴起的一种新的社会工作理念。青少年优势视角理论是一般优势视角理论在青少年社会工作领域中的具体运用。

青少年优势视角的基本观点是强调在帮助青少年解决问题的过程中应该将目光落在充分发掘青少年自身的优点而不是问题上。具体观点包括如下两点。

(1)社会期待决定青少年的发展方向

青少年优势视角理论把青少年看作正在发展和实现社会化过程的个体,其成长和发展受到社会环境影响,有些影响可能会促使青少年向好的方面发展,有的影响则可能促使青少年向负面方向发展。因为青少年正是借助社会对他们的期待和认识作为镜子来认识自己,形成自我概念和自我意识,因此,成人世界对青少年持一种什么样的认识、期待及态度,在很大程度上制约着青少年发展的方向。在现实生活中,许多不良青少年成为少年犯正是因为他们在小的时候因为偶尔的错误被贴上“不良少年”的标签,这种消极的期待引导着孩子们,使他们越来越相信自己就是“不良少年”。相反,如果社会对青少年持一种积极鼓励与期待的态度,就会引导青少年增强自信,向着正面的方向发展。

(2)问题青少年也有自己的优势和资源

青少年优势视角理论进一步认为,逆境中的青少年有自身的抗逆力和优势。

①曾经面对过的困难甚至创伤性事件,使青少年在遭遇其他挑战之时会具有更大的信心,同时处理逆境的能力和效能会提高,从而使未来压力对青少年的危害减少。

②任何非常严重的逆境事件都可以促使青少年反省自己的价值观、信仰、优势、诺言、人际关系及娱乐方式,从而作出必要的调整,也因此能够真正改进青少年的健康和生活方式。

③当困难出现时,青少年会发现以前从来没认识到的来自他人的资源并意识到自己的脆弱性,所有这些可以帮助青少年修正对他人的看法,使其更加正面和全面地看待他人。

④在与逆境或可怕事件的抗争中,青少年可以发现新的意义或修正以前的意义②。

---

① 舒曼:《每天进步一点点——关于心灵成长的65个咨询故事》,北京,中国妇女出版社,2008。

② 何雪松:《社会工作理论》,上海,上海人民出版社,2007。

2.4.1.2 青少年优势视角理论的实践原则

优势视角理论的兴起彻底改变了社会工作者对青少年的看法及其基本助人原则,实现了对青少年社会工作过程的重构。

传统青少年社会工作理论强调从青少年的问题出发,走的是问题—预估—计划—介入—评估的实践路线。然而,这种模式存在一系列问题。

①问题视角容易使青少年的缺陷或弱点成为社会工作者介入的焦点,使社会工作者关注青少年已经形成的问题或病态。而强化青少年的问题则会导致对青少年、青少年所处环境、青少年解决问题的能力持一种比较悲观的看法或预测,由此进一步强化青少年的弱势地位。

②问题视角解决问题的线性思路并不是解决问题的最佳策略。

③问题视角模式容易使社会工作者与青少年之间的专业关系变为一种不平等的关系,即便这种关系看起来不是那么显眼。

青少年优势视角工作模式以赋权、成员资格、治疗、整权及悬置怀疑为核心提出了一系列新的实践原则。

①每个青少年、青少年团体、家庭和社区都有优势。

②青少年遭遇的创伤、疾病和抗争具有伤害性,但也是挑战和机遇。

③要与青少年合作从而更好地服务于青少年。

④所有的环境都充满了资源。

⑤强调对青少年的关怀、照顾及赋权。

在优势为本的助人过程中,社会工作的关注点是每个青少年所具有的优势、兴趣、能力、知识及才华,而不是其诊断、缺陷和症状。

2.4.1.3 青少年优势视角的实践模式

以下案例可以帮助我们理解如何运用青少年优势视角理论解决青少年在发展和社会化过程中产生的问题和需求,并提出解决问题的策略。

案例 2.3

王佳(化名),13 岁,小学 6 年级学生。平时喜欢在家用废弃的衣服装饰自己的玩具娃娃,把自己的布娃娃打扮得很漂亮。为此,母亲经常生气,认为她学习不用功。王佳的母亲下岗,家里的经济来源主要靠爸爸和哥哥。由于父亲和哥哥有工作,家务和孩子的学习由母亲负责。母亲不识字,只能督促孩子学习。王佳的学习成绩一直不好,尤其是数学基础比较差,而且兴趣不高,虽然努力过,但收效甚微。王佳比较喜欢语文和英语,因为这两位老师上课很风趣。到了周末,王佳不喜欢出门,怕别人笑话自己家里的境况。王佳与老师的交流不多,比较内向。老师和父母都希望孩子的学习成绩能够有所提高,性格外向一点①。

---

① 童敏:《社会工作实务基础:专业服务技巧的综合与运用》,北京,社会科学文献出版社,2008。

在该案例中，王佳的困惑和问题在哪里？为了帮助王佳，青少年社会工作者应该如何对其处境和现状进行评估？

传统的对服务对象的预估方法多是采用问题视角，即预估的目的是发现服务对象的困境和弱点，进而再想办法去帮助他们。运用这种方法在上述案例中，会发现王佳的“问题”至少有三个方面：学习成绩不好，母亲文化素质低，不能辅导王佳功课；性格内向，不善社会交往；母亲下岗，导致家庭经济状况不好。然而，如果改变一下视角，试着去发现王佳的“优势”，可能会发现一些有助于改善王佳处境的可用资源：王佳会变废为宝制作漂亮的布娃娃，这说明王佳是一个心灵手巧的女孩，不可能学不好功课；王佳虽然学习成绩差，但还是比较喜欢语文和英语，这说明只要老师教学有方，王佳对学习还是有兴趣的，学习成绩也是可能得到提高的；王佳可以通过教母亲做布娃娃出售，在增加家庭经济收入的同时，提高自己和妈妈的自信心，并打开与外界沟通的大门。社会工作实践中，社会工作者秉承优势视角的理念看待王佳，肯定王佳的优点并以此为工作的突破口，最终取得比较好的工作效果。可见，转换一下思路，便可以借助预估，从发现“问题”转变为“解决”问题。

显然，社会工作者在帮助青少年面对和解决发展障碍或社会化障碍的时候，如果还是坚持采用传统的问题视角工作模式，就很有可能增加工作过程的难度。反过来，如果采用优势视角工作模式，转变对青少年的看法和态度，就极有可能真正帮助青少年利用他们正在面对的危机，从危机的应对经历中获得真正的成长和成熟。

2.4.2 青少年社会支持网络理论

案例 2.4

某社区有一群年龄在 18 岁左右的青少年，他们都是单亲家庭的孩子，与父母关系很疏远。初中毕业后的他们没有再上学。他们经常在一起玩，相互以兄弟姐妹相称。他们对社会都有一些不满，认为社会对他们很不公平，给了他们一个破碎的家，让他们从小就被人瞧不起。在学校也因为学习成绩不好而遭到同学和老师的排斥。他们希望工作，也喜欢比较有创意的工作，但却缺乏相应的职业技能。他们对自己的人生究竟应该如何发展感到很茫然，也不愿去多想，于是每天聚在一起疯玩，过一天算一天。

分析上述案例，可以发现社区青少年存在缺少家庭关爱、不良同伴相互影响、学校教育不公正、就业机会缺失及人生目标缺失几个方面的问题。这几个问题的产生原因都不在青少年自己，而在于社会环境。从青少年目前面临的实际状况出发，为促进青少年的健康发展和社会化的实现，社会工作者应做些什么？学习青少年社会支持网络理论可以帮助我们解答这一问题。

2.4.2.1 青少年社会支持网络理论的基本观点

所谓社会支持网络理论，是指由包括家庭、同辈、社区和社会工作机构在内的社会组织为个体提供各种物质、精神及制度性支持，从而为个体的生理发展、社会性发展和自我意识的发展提供良好的社会环境，满足个体的成长需要、社会化需要及自我实现的需要。青少年社会支持网络理论是社会支持网络理论在青少年社会工作领域中的具体运用。

①青少年发展和社会化需要社会支持网络。青少年社会支持理论认为，青少年时期是一个人一生非常特殊的一个时期，面临着一系列的发展和社会化任务。例如，青少年在生理上需要学会适应自己身体形象和性需求上的改变和发展；在心理上需要建立起自我认同感，学会悦纳自己，并在与社会的互动中找到自己的位置和生活目标；在社会性发展上，青少年需要适应家庭对情感的需要、学校对学业的要求，还需要学习与同辈群体建立正常人际交往关系，学习社会规范、生活技能以及接纳社会制度。完成上述发展任务，除了需要青少年自身付出相应的努力和成长的代价，更需要来自社会提供的社会支持网络的支持。

②青少年需要学习建立和利用社会支持网络。青少年社会支持理论坚持强调，社会支持网络是青少年生命过程的一个组成部分，每个青少年都拥有自己一定的社会支持网络。青少年拥有的社会支持网络越强大，就越能够更好地应对各种来自环境的挑战。社会工作者通过干预青少年的社会支持、运用社会支持理论帮助青少年解决成长危机和社会问题，重点在于帮助青少年学习如何建立社会支持网络和利用社会支持网络。

2.4.2.2 青少年社会支持网络理论的实质内容

青少年社会支持网络是指由社区（青少年生存发展的社会大环境）、社会关系（青少年可以直接接触的一些人，包括亲戚、同学、朋友）和亲密伙伴（青少年生活中的一种紧密关系，关系中的人彼此认同、期待和承担责任）对青少年提供的工具性或表达性支持。

工具性支持是指帮助青少年运用人际关系作为手段以实现某种目标，如获得学业辅导、寻找就业机会或得到经济援助等。工具性支持过程包括引导、协助、有形支持及解决问题的行动等。

表达性支持可以是手段，也可以是目标，它涉及分享感受、发泄情绪、寻求对问题或议题的了解、肯定自己和他人的价值和尊严等。表达性支持包括对青少年的心理支持、情绪支持、自尊支持、情感支持和感情认可等①。

也有学者把对青少年的社会支持划分为实物支持、信息支持及情绪支持三类。实物支持包括为有需要的青少年提供钱、食物、衣物、住宿、娱乐设施、教育机会以及类似的资源。信息支持包括为有需要的青少年提供有关健康、工作、教育、性及药物等主题的信息。情绪支持是指能够仔细地倾听青少年的心声、对青少年的观点和感

① 全国社会工作者职业水平考试教材编写组：《社会工作综合能力》（中级），北京，中国社会出版社，2007。

受加以评判、表达对青少年的关心等①。

2.4.2.3 青少年社会支持网络理论的实践模式

以下案例可以帮助我们理解如何运用社会支持网络理论帮助青少年解决成长危机。

案例 2.5

某社区有些青少年生活比较单调，活动范围较窄，缺少展现自我才艺的舞台，也就没有机会体会成功的感觉，无法建立自信。由于找不到自己的生活目标，也没有健康的社会活动空间发挥自己的所长，当同时面临家庭矛盾又缺少亲情的支持时，强烈的孤独感会导致这些青少年缺乏归属感。此时，一旦被社会上的不良朋辈吸引，很有可能走上犯罪道路。

在这个案例中，青少年的问题在于生活单调、缺少自信、缺乏生活目标和社会归属感。社区青少年社会工作者在充分了解这些青少年问题的基础上，运用青少年社会支持网络理论，结合本社区实际，建立了"阳光部落"系列项目和兴趣活动团体，并着力打造"阳光部落"品牌。具体项目有"阳光部落"网络论坛、"阳光部落"足球训练营、"阳光部落"篮球协会、"阳光部落"电子竞技俱乐部。这些兴趣团体的建立对这些社区青少年的发展产生了几个方面的助益。

①兴趣团体的建立，培养了社区青少年的团队意识和纪律观念。

②团体内成员之间的互动会使社区青少年产生归属感。社会工作者以健康的活动形式建立起来的团体，在某种程度上对社区青少年的思想和行为施加影响，通过成员之间相互帮助和关心，使社区青少年在团队中找到自己的位置，产生归属感。

③兴趣团队的建立，有利于形成大规模的青少年交往。

④兴趣团队的建立，为社区青少年提供展示自我的平台。通过团队活动，青少年发挥才艺，感受自身在团队中的影响力，逐步树立起自信心和社会责任感。

2.4.3 青少年金深义文化理论

案例 2.6

1999 年 2 月，浙江省乐清市公安机关一举抓获了当地一个带有黑社会性质的团伙的主要成员。令人惋惜的是，该组织的主要成员张某还是一个未满 18 周岁的少年。在警方的调查中发现，由于对"江湖中人"生活的幻想和追求，张某从初三毕业后离家出走，先后到石家庄、昆明、广州、厦门等地打工，回到乐清以后，决定干出点名堂的他在影片《古惑仔》中找到自己的"目标"，成立了自己的社团。于是，在打工的过程中，他和自己结识的一批闲散人员很快也开始打打杀杀，并相互称兄道弟，一个

---

① [美]Sheldon D. Rosl:《青少年团体治疗——认知行为互动取向》，翟宗悌，译，上海，华东理工大学出版社，2003。

初具规模的犯罪团伙就此成立了①。

在这个案例中，张某之所以成为犯罪团伙的主要成员，是因为错误的人生目标引导。青少年的人生观、世界观在青少年发展和社会化过程中发挥着重要的影响，社会工作者应该如何看待和处理青少年的人生目标和人生发展问题？青少年金深义文化理论可以帮助我们寻求这一答案。

2.4.3.1　青少年金深义文化理论的基本观点

所谓金深义文化理论是我国上海交通大学瑞金医院青少年心理咨询中心金武官教授根据多年临床心理咨询实践，在本世纪初提出的根治青少年网络成瘾的理论。金深义文化有以下两个基本观点。

（1）青少年价值观决定着青少年的行为方式

在影响青少年发展和社会化的若干因素中，道德观、人生观及世界观制约着青少年的人生态度、生活方式和行为举止。但是，社会的快速发展使青少年价值观的形成面临诸多困难。社会单一价值体系的打破，使价值选择趋向多元，拜金主义、享乐主义、极端个人主义到处流传。在价值评判标准上，金钱成为衡量人的价值标准。在实现价值的手段上，强调实用主义和功利性。物欲化倾向导致社会物欲横流，追求物欲至上，注重物质享受，国民的社会责任感减弱。无责任化倾向使人们不关心国家和社会，缺乏拼搏精神和奉献精神，以玩世不恭的态度对待人生。社会价值观的变化使恢复和重建新的社会文化，帮助青少年建立正确的价值观，成为青少年社会工作理论研究的又一重要内容。

（2）金深义文化理论是促进青少年健康发展的保障

金教授认为，青少年上网成瘾等问题的总根源，是青少年心理幼稚，也就是认知、情感、意志等心理因素的发育滞后于身体发育。其中，认知的成熟制约着其他因素，认知幼稚会导致情感脆弱、意志不坚定，从而容易在人生的十字路口作出错误的选择，在生命的历程中偏离正确的航线。要从根本上解决网瘾问题，就要从改变青少年的认知结构入手，帮助青少年抛弃旧的认知结构，建立新的"金深义文化"认知结构，深刻认识并体验生命的价值和意义，从而热爱生命、珍惜生命，不做与生命发展背道而驰的事情。

2.4.3.2　青少年金深义文化理论的精神实质

所谓金深义文化理论，其中的金，代表金标准，是指国际上对某个对象的最高标准；深义文化是指隐藏在狭义文化（文学、艺术、哲学、宗教等精神文化）与广义文化（典章制度、衣食住行、婚丧嫁娶等制度和物质文化）背后的核心价值理念。它包括如下几方面。

（1）对自我的认知

自我认知决定了青少年如何看待自己，如何处理生命与生活的关系。个体一生

---

①　范明林，张洁：《学校社会工作》，上海，上海大学出版社，2005。

下来，就以两种方式在成长，一种是体内的生理变化，一种是体外的生活事业变化，如上学、考试、工作、结婚等。缺乏对生命认知的青少年，对生命的价值看得很轻，对学业、工作及婚姻的成败看得很重，抗击挫折的能力比较差。

(2)对社会的认知

社会认知决定了青少年如何看待自己与他人的关系以及如何接人待物。青少年怎样看待他人，决定了他对别人是善良、热情，还是计较、冷漠，他怎样认识他与别人的关系，决定了他是索取型的人还是在索取时有所奉献的人。

(3)对哲学的认知

哲学认知决定了青少年如何处理主观世界与客观世界、理想世界与现实世界的关系。正确的哲学认知帮助青少年了解，所谓的成功不过是主观愿望符合了客观规律，只有理想与现实相吻合才能获得好的心情或情绪。

在所有认知中，对生命的认知是最根本的、最重要的认知，它调节着欲望与生命本身的冲突，决定着一个人的言行举止。但是，由于青少年时期是身体、精力最旺盛的时期，生理上没有什么器质性的病变，因此往往体验不到生命的可贵，不能善待生命，从而做出一些有背自己身体健康和不珍爱大自然其他生物生命的事情。因此，如何唤起青少年对生命的热爱、对生命的珍惜之情，是将该理论转化实践的难点。

2.4.3.3 青少年金深义文化理论的实践模式

将金深义文化理论内化为青少年的精神信念和行为方式，可以通过"心灵种树法"。所谓"心灵种树法"，即在青少年的心灵中种上生命树、人文树、哲学树。树根代表事实，树干代表结论，树冠代表成果，即先对青少年摆出事实，根据事实推导出结论，再把结论应用到实际行动中去。

案例 2.7

一天，一对满面愁容的父母陪着一位脸色惨白的青少年走进了上海瑞金医院青少年心理咨询中心。原来这位青少年是从上海考到西安读大学的学生，一次宿舍搬家，他的行李找不到了，于是他焦虑、懊丧，上课也没有心思了。一个偶然的机会，他走进了网吧，从此迷上了电子游戏，一发不可收拾。从一开始放学后进网吧，到后来逃学成了家常便饭，原本学习成绩优秀的他，竟然有了考试不及格的记录。最后，一学期下来，大部分学科开了红灯，于是他再也学不下去了，跟父母商量好了，准备回上海休学一年①。

负责接待的金教授通过分析，认为这位大学生之所以沉溺于网络，是因为没有认识到自己生命的价值和存在的意义。他让这位大学生参加了"金深义文化课程"培训，要求他给自己种下一棵生命树，然后用大量的事实论证了生命是物质世界中最幸运、最珍贵、最神圣的东西，因此对待生命应该采取活着、活好、活长的态度。大学生

① 上海市青年联合会，香港青年协会，新加坡人民协会青年运动：《青少年网络成瘾及其干预》，上海，华东理工大学出版社，2006。

听完之后心灵虽然受到震动，但是，还不能完全认同此观点。经过几番平等的讨论，大学生认识到自己无节制地上网是在浪费和伤害自己的生命，最终接受了生命树的观点，决定不休学了。这位大学生当即买票返回西安，后来他顺利完成学业并找到了理想的工作。

本章小结

本章通过对青少年需要理论、青少年发展理论、青少年社会化理论及青少年社会支持理论的介绍，阐述并论证青少年工作的基本理论问题。

青少年社会工作始于对青少年需要的评估，因此了解青少年的需要，是青少年社会工作的出发点。青少年的需要内容包括生物性需要、社会性需要和自我实现需要。青少年的需要是青少年成长的动力，满足这些需要是促进青少年健康成长的保障，反之，则会阻碍青少年的健康成长。

开展青少年工作必须掌握青少年的发展规律。青少年处在人生发展的青春期和青年期，生理发展进入“发育期”，社会发展进入“反叛期”，心理发展进入“断乳期”。青春期危机、社会认同危机、自我认同危机以及身心发展不平衡导致的行为偏差，是青少年发展过程中经常碰到的一些障碍和问题。

青少年的发展是在家庭、学校、同辈、社区、大众传媒及社会制度的影响下展开与实现的，这一过程也称为青少年的社会化。掌握基本生活技能、学习基本社会规范、学会承担基本社会角色、确立基本生活目标，是青少年社会化的主要内容。青少年自身的问题、社会支持系统的缺陷以及青少年与社会互动的方式不佳等，会给青少年社会化造成某些程度上的障碍。

如果说青少年需要理论、青少年发展理论以及青少年社会化理论的特点主要在于分析青少年的成长问题及其原因，那么青少年社会支持理论的特点主要就是寻求解决问题的对策。青少年社会支持理论包括青少年优势视角理论、青少年社会支持网络理论及青少年金深义文化理论。青少年优势视角理论强调在优势为本的助人过程中，社会工作的关注点是每个青少年所具有的优势、兴趣、能力、知识及才华，而不是其诊断、缺陷和症状。青少年社会支持网络理论倡导由包括家庭、同辈、社区、社会和社会工作机构在内的社会组织为青少年的发展提供各种物质、精神及制度性支持，满足青少年的成长需求。金深义文化理论认为青少年价值观决定着青少年的行为方式，帮助青少年抛弃旧的认知结构，建立新的“金深义文化”认知结构，是解决青少年问题的根本手段和途径。

课后练习

(1)回答问题

①青少年需要的基本内容是什么？社会工作者了解青少年的需要有何意义？

②青少年的发展包含什么内容？这些内容具有什么特点？青少年在发展过程中会碰到什么样的发展障碍？克服这些障碍需要得到什么样的帮助？

③影响青少年社会化的主要因素是什么？青少年在实现社会化的过程中会碰到哪些障碍？克服这些障碍需要得到什么样的帮助？

(2)案例分析

案例2.8

有些网络游戏就像一个社会一样，那些在现实社会中不愉快的事，在网络中就不再是困扰，玩家好像会沉浸进去……现在许多网络游戏都像一个人与人组成的社会，大家可以与对方交流，也可以相互厮杀……玩游戏的时候不会想到不愉快的事情，也不会给现在的生活带来损失。我玩游戏主要是为了交流。你可以是一个人物，与其他的人物交流，他们中有些是网上的虚拟人物，但每个人物就相当于现实世界中的一个人……

这是一位沉溺于网络世界的网瘾少年的上网感受，你认为这番话反映了这位少年的哪些需要，请尝试运用青少年社会支持理论中的金深义文化理论对其言行作出解释并给予其帮助。

案例2.9

一位年仅16岁的女孩与一位比她大两岁的男生同居，班主任了解到情况以后就做起了她的思想工作，但工作成效并不明显，班主任觉得束手无策。小女孩的一段话道出了她之所以发展到目前这种情况是与同伴关系有关：我从小就是一个好学生，不仅读书好，还参加过钢琴比赛。初一之后我的朋友就多起来了，我们经常出去溜冰、唱歌，特别开心，我突然觉得读书没有意思了。我的男朋友对我很好，也一直带我出去玩。

在本案例中，这位女孩在社会化过程中碰到了怎样的问题？她身边的社会支持网络对她的发展产生了怎样的影响？社会工作者如何才能发挥社会支持网络对青少年发展的正面效应与影响？

案例2.10

郑莹，女，18岁，离开学校已经3年了。小时候郑莹的运动能力发展落后于同龄孩子，由于不能参与群体活动而被排斥在外。但是她的语言能力却又比别的孩子强，读小学前就已经阅读完了儿童版的四大名著，能背诵《论语》中的文章。但郑莹上课常常不守纪律，总是喜欢“打破沙锅问到底”，甚至将老师责问到难堪的地步，为此，经常被老师惩罚。升入初中以后,郑莹并没有随年龄的增长而改变自己的行为,在学校仍然是一个令老师头疼的问题学生。最终由于不守学校的校规和课堂纪律,加之与同学关系也不好,而被学校劝告退学。性格开朗、一头卷发、喜爱化妆的郑莹在退学以后并没有消沉,她按照自己的兴趣制订了读书计划,有选择地阅读自己喜欢的书籍,创作小说,通过网络与许多素未谋面的朋友交流。不过由于待业在家,与父母和街坊邻居的关系还存在问题,居委会工作人员将她介绍给了社区社会工作者。

案例中的郑莹在成长过程中遇到了什么问题?请尝试用优势视角理论分析评估郑莹的现状,找出她的优势资源并为其提供帮助。

3

青少年社会工作的基本方法

学习目标

①了解青少年社会工作基本方法的不同类型和特点。

②理解青少年家庭、学校及社区社会工作基本方法的运用原理。

③掌握青少年家庭、学校及社区社会工作基本方法的操作步骤。

青少年社会工作方法主要包括青少年家庭社会工作、学校社会工作和社区社会工作等类型。青少年社会工作方法是连接青少年社会工作价值伦理、基本理论和青少年社会工作实践的重要桥梁。如何将青少年社会工作的价值伦理和基本理论运用于指导青少年社会工作实践中去，工作方法的选择和运用十分重要。

3.1 青少年社会工作方法概述

案例 3.1

倪某，男，1985 年出生在一个农民家庭，独子，初中毕业。倪某由于成绩不好、家境较差，毕业后就一直待在家里。他的日常活动除了睡觉，就是与两位朋友闲逛。最近这段时间，倪某的母亲非常担心，因为倪某两个最要好的朋友都吸毒，其中一个已经开始“强戒”，他们一直在怂恿倪某吸毒。现在倪某在吸与不吸之间摇摆，他很清楚吸毒是违法的，吸毒会带来很大的问题，但是他非常想和两个好朋友站在同一战线。倪某所在社区内有相当一部分青少年都面临类似的问题，不良同伴关系是社区青少年的一个典型问题①。

在上述案例中，究竟应该用什么样的工作方法来帮助服务对象倪某，需要综合考虑。比如案例中的倪某是一个失学、待业在家的社区闲散青少年，他遇到的问题是不良朋辈的影响，这些问题发生在社区环境里，因此帮助倪某最恰当的方法是青少年社区社会工作方法。社会工作者要有针对性地选择方法，首先要对青少年社会工作方法的含义、类型及特点有所了解。

3.1.1　青少年社会工作方法的含义

青少年社会工作方法是指为达到青少年社会工作的目的，在青少年社会工作的价值伦理和基本理论指导之下，针对不同服务目标、不同服务对象、不同服务场所所采取的专业服务方式。根据不同分类依据可以划分为不同类型的方法体系，每一种方法体系都有自己独特的服务对象、理论依据、实践模式及工作技巧。例如，青少年家庭社会工作方法的服务对象是在家庭环境中亲子关系发生问题的青少年，其理论依据主要是家庭结构治疗理论，其实践模式主要是指导家庭成员重演和练习沟通方式，其工作技巧是何时并以何种方式进入家庭、解决问题。

3.1.2　青少年社会工作方法的类型

根据不同的划分依据，青少年社会工作方法可以分为不同的类型。

1. 以服务领域为依据

根据服务领域的不同，青少年社会工作方法可以划分为如下两类。

①间接社会工作方法。是指宏观层面的社会工作行政、社会工作督导、社会工作研究。

②直接社会工作方法。是指微观层面的个案工作、小组工作、社区工作。

2. 以服务对象为依据

根据服务对象的不同，青少年社会工作可以划分为如下几类。

(1)青少年个案社会工作

青少年个案社会工作是发展最早，且发展比较成熟的专业方法。个案社会工作主要运用于治疗性青少年社会工作，例如，青少年负面情绪辅导、偏差行为修正、心理危机干预等。

(2)青少年小组社会工作

青少年小组社会工作是运用最广泛的青少年工作方法。青少年小组社会工作主要运用于青少年成长辅导、亲子关系辅导、人际交往辅导等治疗性或发展性社会工作，并有不错的效果。

(3)青少年社区社会工作

青少年社区社会工作是受益面最大的青少年工作方法。青少年社区社会工作主

---

① 费梅苹:《社区青少年社会工作方法与技巧研究》，上海，华东理工大学出版社，2006。

要运用于犯罪预防宣传、艾滋病预防宣传、禁毒宣传、普法教育、团体康乐活动、文化体育活动、就业辅导宣传等预防性青少年社会工作,目的是为青少年的成长创建健康的社会环境。

3. 以服务目标为依据

根据服务目标的不同,青少年社会工作可以划分为如下几类。

(1)治疗性青少年社会工作

治疗性青少年社会工作主要是针对问题青少年的各种危机干预和治疗。包括青春期危机干预、学业危机干预、网络成瘾干预、吸毒成瘾干预、社区矫正及社会救助工作等。可以采用个案工作进行危机干预,采用小组或社区工作的方式开展社区矫正与社会救助工作,另外,各种组织形式的艺术疗法在治疗性青少年社会工作中也有比较好的效果。

(2)预防性青少年社会工作

预防性青少年社会工作是针对全体青少年开展的普法知识教育、远离毒品教育、网络安全教育、预防艾滋病教育、生命价值教育及家庭服务工作。可以采用小组工作与社区工作方法。

(3)发展性青少年社会工作

发展性青少年社会工作是针对全体青少年进行的生理健康辅导、心理健康辅导、思想道德辅导、生涯发展辅导、就学就业辅导、婚姻恋爱辅导、人际交往辅导及生活方式辅导。针对不同对象的具体情况,可以采用个案、小组工作或社区工作方法。其中,团体社会工作特别适合发展青少年的特点,例如,街舞、历奇活动、滑板、赛车、街头篮球赛、行走学校、军营训练以及生活体验教育等青少年文化体育活动。

4. 以服务场所为依据

根据服务场所的不同,青少年社会工作可以划分为如下几类。

(1)青少年家庭社会工作

青少年家庭社会工作方法是指将青少年社会工作的专业价值伦理和基本理论运用于青少年所生活的家庭,采用个别辅导或家庭辅导的方法,协助家庭成员解决因家庭功能不良、家庭结构缺损、家庭互动受阻等所导致的青少年家庭问题,为青少年的成长和社会化创造良好的家庭环境,以促进青少年健康成长。

(2)青少年学校社会工作

青少年学校社会工作主要是运用社会工作的基本理论、原则及方法,致力于改善学校学习环境和条件,帮助青少年走出困境,比如学业困难、厌学、辍学,人际关系障碍,人格障碍,青春期危机、自我认同危机,网络成瘾,校园暴力等,提高其适应学习和生活的能力,克服成长中的困难,实现个人社会化,促进学校教育公平和学校教育目标的实现。

(3)青少年社区社会工作

从我国国情出发,在各种青少年社会工作中,我国青少年社区社会工作相对比较成熟,这方面已出版发行了不少系列著作,从理论到实践都形成了具有一定中国特色的青少年社区社会工作体系。青少年社区社会工作的目的是为了那些失学、失业及失管的社区青少年提供各种社会支持,帮助他们解决各种问题,创造良好社区环境,促进他们健康发展。

(4)青少年外展社会工作

青少年外展社会工作是指为那些离家出走、无家可归、流浪街头的失依青年,街角青少年以及那些深夜出没于酒吧、网吧及一些不良声色场所的、行为有偏差的青少年,提供食品、住宿和健康活动的空间、器械,避免他们进一步受到不良环境的影响,以帮助他们恢复社会功能。青少年外展工作包括街头工作、据点工作和外展中心工作等不同工作模式。

(5)青少年网络社会工作

青少年网络社会工作是一个有待开发与发展的社会工作模式。随着互联网的发展,超越时空的互联网通过各种游戏活动和信息交互平台,为青少年提供了一个能够补偿现实社区生活缺憾的虚拟社区。青少年在网络世界中一方面可以不受拘束地创造自己的文化,发展自己的个性,同时,也无可避免地受到不良信息资源的污染和伤害。青少年网络社会工作的目的在于动员和协调各种社会资源,净化网络环境,提升青少年的媒介素养以及对媒体信息的识别和选择能力,开发并利用青少年的网络技术知识和能力,鼓励青少年参与网络社会的建构与发展。

5. 整合视角的社会工作方法

青少年社会工作方法的发展和选择是根据青少年存在的问题、需要以及工作目标而决定。青少年的问题大多包括以下几类。

①认知偏差。自我认知低下(低自尊),解决问题的策略不当,以扭曲、不合逻辑的想法来处理压力。

②情绪问题。一是情绪失控,表现为愤怒或攻击他人;二是情绪抑郁,表现为容易伤感、郁闷;三是高度焦虑或烦躁不安。

③人际关系。一是退缩,缺乏社交能力导致孤家寡人、离群索居、与世隔绝,成为隐蔽青年;二是与家人或与同伴关系不和,导致离家、离校或退学,成为街头少年。

④性关系问题。性虐待与被虐待。

⑤行为偏差。多动、酗酒、吸毒、打架、违法乱纪。

这些问题的产生是青少年个体发展与社会互动受挫所致,帮助青少年克服成长危机和社会化困境,最主要的是需要社会工作者开发青少年自身的资源并为他们提供预防和矫正的社会环境。为此,应该整合青少年、家庭、学校、社区的资源,综合运用个案工作、小组工作和社区工作的方法,共同促进青少年健康发展。

3.1.3 青少年社会工作方法的特点

青少年社会工作方法具有一般社会工作的共同性,同时,又具差异。具体来说,共同性在于方法的选择受到服务对象、服务目标、服务方式的制约;差异性在于方法的选择和实施受到青少年需求、青少年发展及青少年社会化的限制。

青少年在人生过渡阶段面临着诸多挑战：建立自我身份的认同，寻找人生方向，面对家庭、学校和社会对他们的希望及要求。因此，这个阶段的青少年需要在这些空间场所得到更多的社会支持和引导，以此帮助其应对自身成长和社会化过程中遭遇的挑战。从这个角度出发，本书认为，社会工作服务场所不仅仅是一个工作空间和领域，也应该是一种工作方法。因为不同的空间和时间结构中，青少年的需求、发展及社会化的具体任务有所不同，青少年的活动内容和形式也有所不同。因此根据特定空间结构划分社会工作方法，有助于针对特定空间青少年的问题与需要，综合运用个案工作、小组工作和社区工作方法。从这个视角出发，青少年家庭社会工作、青少年学校社会工作、青少年社区社会工作、青少年外展社会工作、青少年网络社会工作，都不仅仅是独特的青少年社会工作领域，也是独特的青少年社会工作方法。

3.2 青少年家庭社会工作

案例 3.2

小陈，某大学二年级学生，家在外地。此次，她由父母陪同来社工站寻求帮助。因为小陈患有厌食症，身体非常消瘦，父母很担心她的状况。社会工作者了解到女儿与父亲的关系一直非常亲密，以至于母亲觉得自己是多余的。父亲一年前出现外遇，此后不久，女儿就出现厌食症。面谈中，社会工作者注意到女儿常常代替母亲做主，对父亲的外遇显得比母亲还要气愤，实际上，女儿觉得母亲很软弱，她是要以自己生病的方式让父亲内疚，对父亲施加报复和牵制①。

在上述案例中，小陈的厌食症明显与家庭结构的变化、父母的互动方式存在密切关系，因此，要使小陈的厌食症得到改善，社会工作者应该采用什么样的工作方法？为回答这一问题，需要了解家庭社会工作方法的理论及其运用。

3.2.1 青少年常见家庭问题与需要

在青少年社会化过程中，家庭是青少年社会化的第一场所，家庭状况和家庭问题无疑对青少年的成长和发展带来重要影响。在今天中国社会转型过程中，家庭在各个方面正遭受社会转型带来的冲击，家庭结构、功能、教育方式、互动方式都在发生激烈的变化，由此引发一系列的家庭问题。

亲子关系紧张、家庭结构缺损、家庭经济贫困以及家庭暴力侵犯，是当前我国家庭青少年面对的各种家庭压力。其中，亲子代际隔阂与冲突在社会转型时期表现最为突出，给父母、子女都提出了严峻的挑战。

① 朱眉华，田玉荣：《全国社会工作师职业水平考试分章训练及模拟试卷（中级）》，北京，社会科学文献出版社，2008。

青少年的自我认同首先始于对家庭的反叛。这个时期青少年的身心发展首次紧密地与社会性发展结合在一起。荷尔蒙的改变一方面促使青少年试图摆脱家庭控制,与家长分权,另一方面却又渴望得到来自家庭的对自己独立行为的社会支持与呵护。如果父母了解青少年身心发展的特点与需求,就能够比较好地帮助青少年完成自我分化。反之,就会出现亲子关系的紧张以及由此导致的青少年发展障碍:一是青少年离家出走,或沉溺于网络社会,或参与同伴活动,在外寻找新的自我认同所需要的社会支持(表现为青少年的积极反抗),以便完成其自身发展所需要的自我分化和自我独立;二是青少年受到父母的控制不能完成自我分化而导致退缩、自卑、自闭或者情绪障碍(青少年的消极反抗),从而无法实现其自我分化而不能完成向成人世界的转化,其结果必然影响青少年对家庭的归属感,也影响父母在亲子互动中成功感的获得。因此,建立正常的亲子关系,既是青少年的需要,又是父母的需要。

3.2.2 青少年家庭问题的归因分析

目前对青少年家庭问题作出解释的理论有家庭生命周期理论、家庭代际冲突理论、家庭教养模式理论以及家庭结构治疗理论。这些理论分别从不同角度对青少年家庭问题产生的原因作出不同的解释。其中,家庭结构治疗理论是当前比较流行的青少年家庭社会工作理论与方法。

家庭结构治疗理论有三个不同于其他理论的基本观点。

①个人问题是家庭问题,社会工作应该以家庭为治疗单位。从社会学的社会化理论出发,家庭治疗理论认为,人的早期社会化对人的一生有重要影响,由于人的早期社会化是在家庭中完成的,家庭对个人的早期社会化能否成功具有重要的影响意义,因此社会工作应该以家庭而非个人为治疗单位。

②家庭问题产生于家庭结构的不良和家庭交往方式的障碍。家庭的动力与家庭的结构或组织有关,家庭结构过于紧密或过于松散会给家庭成员的交往与互动带来困难,从而引发家庭问题,导致家庭功能的失衡。只有通过改变家庭的结构或组织以及家庭成员之间的交流互动方式,才能解决家庭成员之间的个人问题。

③多元化、多层次和现实主义是解决家庭问题的基本方法。可以借助心理分析理论,分析服务对象的心理状况;借助系统理论、学习理论以及沟通理论,分析服务对象的家庭动力和结构。主张多层次、多时段地介入服务对象的家庭交往过程。注重对此时此地服务对象家庭结构和交往现状的了解与分析,而不注重对家庭历史的回顾和家庭问题成因的追溯。

3.2.3 青少年家庭问题的解决策略

在众多青少年家庭问题归因分析理论中,家庭结构治疗理论不仅对青少年的家庭问题原因作出独到的分析,并且提出了解决问题的策略,因此成为家庭青少年社会工作实务的理论基础和实践模式。

3.2.3.1 家庭结构治疗法的起源

家庭结构治疗的概念与方法最早由美国社会工作者米纽琴(S. Minuchin)及其同

事提出并创立。20世纪60年代，米纽琴通过自己先后在底层社会贫民窟和中产阶级社区做贫民青少年和富裕青少年社会工作的过程中发现，问题青少年问题的产生十之八九是由于家庭结构(或组织)的不健全(under organized)或家庭结构的过于组织化(over organized)。贫民青少年家庭结构不健全的比较多，即使结构健全，父母也没有时间和精力关心孩子，了解孩子并与之耐心交谈或沟通，他们往往采用简单的暴力方式来解决孩子的问题以及孩子与他们的关系问题。相反，中产阶级青少年却因为家庭结构的完整和过分保护化，使他们丧失人格独立发展的空间，从而引起青少年的消极抵抗或过激反叛。

在总结工作实践经验的基础上，米纽琴分别于1974年、1978年和1981年出版了三部有关青少年家庭治疗的代表性著作:《家庭与家庭治疗》、《心理生理病家庭》和《家庭治疗技巧》，分别对家庭治疗的基本理论、病态家庭的特点以及家庭治疗的方法进行了探讨与总结。

3.2.3.2 家庭结构治疗法的程序

由于青少年家庭工作方法不是一对一的个案工作方法，而是一对多以及一与多之间的互动方法，所以需要通过进入家庭、评估家庭和介入家庭三个层面与环节来进行，与此相关，需要掌握三个方面的工作方法与技巧。

1. 以“贴近立场”进入家庭

在进入家庭阶段，社会工作者需要将自己视为家庭成员之一，主要任务是参与表达自己对青少年家庭结构和互动规则的看法。为此，社会工作者需要采取“贴近立场”的方法与技巧进入家庭，目的是赢得家庭成员对自己的接纳与欢迎。具体的方式和原则如下。

①尊重青少年家庭成员原有的互动习惯和规则，赢得家庭成员的信任与欢迎。

②模仿青少年家庭成员的语言表达方式、行为互动方式，与家庭成员进行沟通。

③适时表达自己作为家庭成员对青少年家庭结构和互动规则的看法，开拓青少年家庭成员对问题的认识与看法。

2. 以“中间立场”评估家庭

在评估家庭阶段，社会工作者需要将自己视为青少年家庭问题的调查者和研究者，主要任务是聆听家庭成员对家庭问题的看法与意见。为此，社会工作者可以采取“中间立场”的方法与技巧评估家庭，目的是客观评价青少年家庭在权力结构、人际关系和人际互动方面存在的问题以及解决问题的资源与策略。具体的评估方法有以下几类。

(1)家庭面谈法

家庭面谈法是收集家庭信息，了解家庭需要的基本方法。家庭面谈有如下两种方法。

①针对家庭中需要帮助的青少年采取直接提问法。运用直接提问法可以将收集到的信息作为对问题原因的解释。例如，“你为什么逃学和离家出走?”回答也许是

“因为学习压力太大”，“成绩不好”，“父母不满意我在学校的表现”，“处处对我进行管制”等等。

②针对全体家庭成员采取循环或轮流提问法。运用循环提问法有助于澄清家庭关系，揭示家庭矛盾，帮助家庭成员重新认识家庭问题。例如，可以向母亲了解父子关系：“孩子平日里与爸爸的关系如何？”向父亲了解母亲对孩子的教育情况：“孩子妈妈关心孩子的心理需求吗？”或向孩子了解孩子与父母关系：“你做错事情的时候，爸爸妈妈是怎样的态度？”

(2)家庭观察法

通过进入青少年家庭日常生活，观察和了解青少年家庭的结构、边界、权力、联盟、对抗以及家庭成员间的影响力，并引导青少年家庭成员重新审视自己的交往方式，发现优势和问题并以此作为评估和治疗的基础。

(3)家庭图表法

在进行家庭面谈和家庭观察的基础上，为了进一步明确青少年的家庭关系和权力结构，社会工作者还可以通过绘制家庭结构图或家庭生态图，使青少年的家庭内部关系和外部关系状况清晰可见，一目了然。

3. 以“远离立场”介入家庭

在介入家庭阶段，社会工作者需要将自己作为青少年家庭问题的专家，主要任务是对家庭问题进行治疗与指导。为此，社会工作者可以采取“远离立场”的方法和技巧介入家庭，导演家庭成员重演过去的互动模式，或者指导家庭练习新的互动模式。具体方式如下。

(1)运用家庭雕塑，重塑家庭正常关系

家庭雕塑是指通过运用身体语言(也可以用玩具或道具替代)与空间位置的关系表达家庭成员之间的关系的方法。运用家庭雕塑的方法，有助于社会工作者更加真切地了解青少年家庭成员的真实关系，这对于恢复青少年家庭子系统应该具有的正常边界，避免父母与子女的关系过分纠缠或过分疏离，避免父母与子女形成联盟和对抗，具有比较好的效果。

(2)练习角色扮演，引导家庭正确互动

角色扮演是一种重现家庭成员生活场景的方法。运用角色扮演，社会工作者可以让家庭成员在再现家庭生活的过程中认识到过去家庭成员间互动方式存在的问题，并学习练习家庭成员正确的直接互动方式。

(3)采用理性引导，调整家庭权力结构

青少年的身心发展特点，决定了在家庭权力结构问题上，父母专制型与子女专制型都是不可取的权力结构模式。社会工作者在与家长的沟通中，需要通过理性引导的方式，让家长学会认识孩子的优势，学习与孩子分享家庭的权利和责任，让孩子既能享有的家庭权利，也承担相应的家庭责任。

3.2.4 青少年家庭问题干预实务模拟训练

案例3.3

小坤,初中二年级学生,从小与爷爷、奶奶生活在一起,上小学时,才回到父母家中。小坤的父亲原先是军人,现转业在一家国企做管理工作,工作繁忙,很少有时间回家,对小坤关心比较少。在教育孩子的问题上,小坤的父亲保持军队作风,除了教训和斥责,没有其他更好的方法与小坤进行沟通。小坤的母亲目前已经下岗在家,小坤妈妈觉得丈夫不顾家庭,将教育孩子的事情推给自己一人,对丈夫很不满。尤其令小坤母亲担心和烦恼的是,小坤自从上初二以后,就不再听自己的话,逃学、沉溺于网络、私自拿家里的钱、成绩下降、砸东西、与父母顶撞,还曾经离家出走三天并扬言要退学到社会上打工,以便自己养活自己。小坤很想念爷爷、奶奶,觉得爷爷、奶奶才是最疼爱自己的人,自己的父亲只爱工作,不爱妈妈和自己,而自己的妈妈只知道关心自己的学习成绩,处处监督约束自己。除此之外,妈妈还因为下岗、情绪不好,经常和父亲争吵,使得家里没有温暖,缺少亲情①。

1. 案例分析

分析本案例,可以发现小坤的问题不是他一个人的问题,而是源于病态的家庭结构以及家庭成员的互动方式。小坤的家庭结构问题属于第一类"纠缠与疏离",即家庭子系统之间的边界上不清晰导致家庭成员角色混乱,无法履行其应有的权利与义务。小坤从小与爷爷、奶奶一起生活,与爷爷、奶奶的关系紧密而远离父母的监管,使父母无法承担起教育子女的责任。上小学以后父亲与小坤不仅关系疏离,而且存在沟通障碍。母亲虽然与小坤关系密切,但是彼此之间存在沟通障碍。此外,父亲与母亲的夫妻关系也存在严重的不和谐状况,最终夫妻二人因为意见不一,无法在教育小坤的事情上形成合力,给小坤良好的影响。同时家庭温暖的缺失,使小坤无法得到心理安全需要的满足。

2. 应对措施

对小坤的帮助应该采用家庭治疗的工作方法,通过改变小坤的家庭结构和互动方式,帮助小坤、小坤妈妈和爸爸走出困境。具体方法与技巧如下。

(1)以"贴近立场"进入家庭

社会工作者采用"贴近立场"的方法,在取得小坤家人的同意或在小坤家人的要求下,进入小坤家庭,主要目的是得到家庭成员的接纳,同时表达自己作为一个家庭成员对小坤的家庭结构和互动方式的看法。

社会工作者(面带微笑地):"我先自我介绍一下,我叫君仪,是心语家庭咨询中心的社会工作者,主要帮助家庭和青少年解决他们面临的困难和问题,黄女士一定跟你们说过我要来跟大家见面的事,她告诉你们我们今天的谈话内容了吗?"

---

① 吴铎,马伊里:《社会工作案例精选》,上海,华东理工大学出版社,2007。

社会工作者(在观察到小坤、爸爸、妈妈表情反映出不太愉快后):“啊,看来家里确实遇到了一些烦恼的事情,我们今天可以一起来讨论一下,当然也可以谈一些其他的事情,包括对家里其他人有什么不满,这样听起来是不是公平一些?”

(2)以“中间立场”评估家庭

社会工作者采用“中间立场”的方法对小坤的家庭结构和互动方式进行评估,并运用家庭面谈法中的循环或轮流提问法,了解小坤一家人在权力结构、人际关系和人际互动方面存在的问题、原因以及解决问题的资源与策略。

社会工作者(在观察到小坤与父亲开始相互指责之后,采用循环提问法让家庭成员重演过去的互动模式):“今天我们不开批判会,好吗?我们把目标定在怎样有利于应对我们面临的问题上,好像家里每个人对面临的问题都有自己的看法和想法,让我们一个一个地说,在某个人说的时候,其他人需要耐心地听,可以发表自己不同的想法,但要等对方讲完后再说,大家同意吗?”

社会工作者(在家庭成员都轮流表达了自己对其他人的意见之后,总结家庭存在的问题):“听起来每个人对家里的现状都不满意,爸爸、妈妈认为小坤不喜欢学习、贪玩,而且对父母的教育很反感,要求独立了!而小坤呢,觉得这全是父母逼出来的,我倒是想听你说说,父母是怎样逼你离开这个家的。”

社会工作者(在家庭成员再次表达自己对其他人的不同看法之后,归纳家庭问题产生的原因):“爸爸、妈妈觉得是孩子变了,变得不听话了。有没有想到这是青春期的孩子萌生独立意识,觉得自己已经长大了,对父母的传统教育方法的反叛呢?”

社会工作者(在妈妈表达了自己与孩子的沟通状况之后,进一步帮助妈妈明确自己与孩子存在的互动问题):“看起来妈妈觉得和孩子的沟通有点困难。那么,爸爸呢?爸爸平时和小坤的交流顺畅吗?”

社会工作者(在了解爸爸与小坤的互动方式之后,帮助爸爸明确问题的原因所在):“章先生,我知道你当时一定很生气,有没有机会和小坤谈一谈呢?像小坤这样年纪的孩子,特别需要别人的尊重,需要有一种平等的感觉,如果他觉得父母还是像对小孩一样地教训他,就会产生逆反心理,即使你讲得再对,他也拒不接受。这样我们的教育岂不适得其反?”

社会工作者(在小坤明确表达出自己不喜欢爸爸、妈妈的大道理教育方式之后,通过角色扮演,探求解决家庭问题的资源与对策):“那么,现在我来扮演妈妈的角色,跟小坤交流一下,好吗?小坤,你现在这种学习状态,妈妈真的很担心,也不知道怎么帮你才好。小坤,你如果听了妈妈这样说,会怎么回答她呢?”

社会工作者(在小坤表示如果妈妈用这样的方式交流,自己会努力学习之后,肯定小坤自身是解决问题的潜在资源):“看啊,小坤还是很能理解父母的苦心的,他倒反过来安慰妈妈了。大家有没有从这个例子里受到些启发?父母与孩子的沟通方式对孩子的影响是很大的。”

社会工作者(总结面谈成果,征求工作意见,告知机构服务政策):“今天我们的谈话时间差不多了，我想，我对你们的家庭情况已经有了初步的了解，主要是爸爸、妈妈与孩子在沟通上存在一些困难，孩子的学习问题和想中断学业离开家的想法令家长特别担心，目前家里的紧张气氛我也感觉到了。我想经过刚才的谈话，如果大家觉得我们可以在一起合作，共同来解决所面临的问题的话，那么，我们就开始建立正式的工作关系了，以后每个星期我都会和你们见一次面，一起来寻找解决问题的对策。如果大家不满意我的服务，机构也可以安排其他社会工作者为你们服务，不知大家的意见如何？”

社会工作者（在全家人都同意该社会工作者来为他们服务之后，布置家庭作业给家庭成员，约定下次会谈人员与时间）：“在结束前，我还想布置个任务给各位，在这一周里，妈妈能不能在与小坤讲话时，不要都讲学习方面的事，比如三句话里只讲一句关于学习的？爸爸呢，要注意一下小坤这一周里表现好的地方有哪些。小坤的任务是寻找报纸上的招聘广告，看哪些工作只要初中文化就可以了，把这些广告收集起来，可以吗？……下周五下午五点我想单独和小坤谈一次，小坤，可以吗？”

（3）以“远离立场”介入家庭

社会工作者采取“远离立场”的方法介入家庭，导演家庭成员重演过去的互动模式，指导家庭练习新的互动模式。

①运用家庭雕塑方法，重塑家庭正常关系。在新的家庭面谈中，社会工作者让小坤用代表爸爸、妈妈、爷爷、奶奶和自己的玩具，分别摆出童年时期、现实中以及理想中的家庭关系。小坤将童年时期的家庭关系处理为自己在爷爷奶奶中间，但离奶奶更近一些，爸爸妈妈分开放在很远的地方。现实中的家庭里，自己与母亲靠的稍微近一些，离爸爸则比较远。理想中的家庭是，自己在父母中间，三个人紧紧靠在一起。社会工作者随即启发小坤对父母说出自己的期待，请父母也对小坤说出自己的期待。

②进行婚姻关系辅导，调整家庭夫妻关系。本案中夫妻关系不合是影响家庭母子关系、父子关系、父母与子女关系的根本原因，因此，对小坤父母进行婚姻关系辅导可以帮助他们改善两人的关系，给小坤的成长提供所需要的家庭温暖，并在教育子女的问题上达成一致意见。

③采用理性引导方法，反思亲子教育问题。社会工作者在面谈中采取理性引导方法，有助于帮助家长意识到自己的教养方式和互动方式存在的问题（社会工作者：“章先生，我知道你当时一定很生气，有没有机会和小坤谈一谈呢？像小坤这样年纪的孩子，特别需要别人的尊重，需要有一种平等的感觉，如果他觉得父母还是像对小孩一样地教训他，就会产生逆反心理，即使你讲得再对，他也拒不接受。这样我们的教育岂不适得其反？”社会工作者：“看啊，小坤还是很能理解父母的苦心的，他倒反过来安慰妈妈了。大家有没有从这个例子里受到些启发？父母与孩子的沟通方式对孩子的影响是很大的。”）

④提供亲子教育辅导，改善父母子女关系。由于本案中亲子冲突更主要的责任在于父母不懂得如何与青春期的孩子沟通，所以，给小坤的父母提供亲子教育辅导，

有助于帮助他们更好地了解自己孩子的变化，接受并适应这种变化。

⑤练习家庭角色扮演，引导家庭正确互动。社会工作者在面谈时采取的角色扮演，可以帮助家庭成员练习新的正确的家庭互动模式（社会工作者："那么，现在我来扮演妈妈的角色，跟小坤交流一下，好吗？小坤，你现在这种学习状态，妈妈真的很担心，也不知道怎么帮你才好。小坤，你如果听了妈妈这样说，会怎么回答她呢？"小坤："不用担心，我会用功的，妈妈有这样的态度，我就很开心了。"）

3.3 青少年学校社会工作

案例 3.4

2003 年 4 月 12 日 12 时 25 分左右，重庆某学校初三年级女生丁婷（化名）从教学楼 8 楼跳下，经医院抢救无效死亡。在丁婷留下的遗书里这样写着："汪老师，您说得很对，我做什么都没有资格，学习不好，长得也不漂亮，连当坐台都没有资格。您放心，我不会再给您惹事，因为这个世界上不会再有我这个人，我对您的承诺说到做到……"5 月 13 日，经学校、公安分局、派出所、区教委等部门联合调查，汪老师在对丁婷进行的 1 小时的批评教育中，对丁婷同学有体罚现象，并使用了如"像你这样又矮又丑，连坐台资格都没有"等侮辱性语言，这是导致丁婷同学自杀的直接原因。事件发生后重庆市教育界反响巨大，人们开始对老师的角色定位、教育方式以及挫折教育等问题进行反思①。

在这个案例中，丁婷的跳楼行为显然与老师错误的教育观念和教育行为有关。学校环境由多种因素构成，其中包括教育理念、教育行为和教育方式。如果说学生的自杀行为是错误的，那是因为学校没有为学生提供健康发展的环境。在影响青少年成长的因素中，学校社会工作有什么样的作用？如何开展学校社会工作才能避免或减少这样的情况发生？

3.3.1 青少年常见学校问题与需要

学校是青少年社会化的第二个重要场所，也是青少年大量聚集的地方。作为对年轻一代进行社会化的专门机构、作为一种特殊的社会组织和微型社会以及作为一个社会选拔机构，学校通过有组织、有目的、有计划地向青少年传递主流社会价值观、社会规范，帮助学生形成相应的社会角色，同时，学校通过成绩评定对学生进行社会分层、分流、选拔及淘汰。因此对于青春期青少年来说，学校教育、学校同伴及校园文化对其社会化的影响，远远胜于家庭。与此同时，青少年对学校环境的适应，其困难程度也远远大于家庭。

目前我国实际情况来看，青少年在校期间面临的问题主要包括学业问题、性困

---

① 郑确：《青少年逆反心理》，南京，南京师范大学出版社，2006。

惑、人际交往问题及人生目标问题。

①从小学升初中、初中升高中、高中升大学以及中途转学，都会使学生面临新的学校生活适应性问题。青少年如果不能适应新的校园生活环境，将会产生一系列学习问题，包括学习困难、学习疲劳、考试焦虑、学校恐怖症、学业失败、厌学、辍学和退学。学业失败又会引发情绪和行为问题，比如抑郁症、自杀或校园暴力等。

②初、高中和大学期间，青少年除了面对学校社会环境的融入问题，还要面对自己生理和心理变化的适应性问题。由青春期危机引发的发育恐惧，包括体象危机、恋爱危机、失恋危机等，不仅对青少年造成心理负担，还会影响到青少年的学业成绩和人际交往。

③学校中的师生关系、同学关系、朋友关系、恋人关系等，构成学校最初级的人际关系网络。但一些青少年却因各种原因导致人际关系紧张，或患上社交恐惧症、社交孤独症。

④青少年在面对未来有所憧憬的同时，也存在价值观的统合和人生发展目标选择上的困惑。一些青少年在升学与就业、就业与创业等发展性问题上不知何去何从，要么过于自卑，要么过于自负，产生情绪或行为困扰问题。这些问题的产生每一方面都有可能引发青少年的自我认同和社会认同危机。认同危机又会导致青少年厌学、辍学和退学行为问题的产生，使青少年最终因学校社会化的失败而过早加入社区失学、失业、失管青少年的行列。

如何通过学校社会工作帮助青少年克服学业危机、解决性困扰、克服人际交往障碍、确立人生目标，既是学校提高教育教学质量的需要，更是学生全面发展健康成长的需要。

3.3.2 青少年学校问题的归因分析

青少年学校问题虽然发生在学校空间，但是导致问题产生的原因却是多方面的，既可能是学校，也可能是家庭、社会或学生个人的原因。心理分析理论、人境互动理论、教育社会学以及社会标签理论都可以从不同角度对青少年学校问题作出解释，其中教育社会学理论和社会标签理论，分别从教育和人际互动的角度对青少年学校问题的产生进行了比较好的解释。

①教育社会学将学校看作一个小型的社会，各种教育因素对学生社会化有重要影响。例如，应试教育会引发青少年学业失败和各种心理危机，心理健康教育的缺失会导致青少年人格偏差和人际交往困惑，道德教育的无力和无效会使青少年产生价值混乱或引发校园暴力，性教育的缺失则会引发青少年性成熟危机。

②标签理论从主观层面探讨个人偏差行为的形成，认为偏差不完全是个人品质所决定，而是他人应用规范及制裁于违反者的结果。偏差者是那些被武断地标定为偏差的人，而偏差行为是被加上“偏差”这顶帽子的行为。根据这个观点，如果学校老师或者学生家长随意对偶尔犯错的学生加上坏的标签（如笨蛋、问题学生、不良学生等），这往往会成为日后促成这些学生陷入更加严重偏差行为的有力因素。当这

些学生被贴上坏的标签以后，可能会不知不觉地开始转变他们的自我形象，将自己归属于这些被标定的角色，导致一种“自我应验预言”的恶果。然后，更进一步用偏差行为来防卫、攻击及适应周围环境对他们初次过失行为反应所引起的问题。

3.3.3 青少年学校问题的解决策略

由于学校聚集了大量的青少年，因此学校是发现青少年问题并帮助他们改变的最佳场所，同时也是预防和干预的最佳场所。如果一所公立学校真正为青少年发展着想的话，他们就应该在学校提供相关的服务，发现并预防青少年问题的出现①。这种相关的服务就是青少年学校社会工作。社会工作者可以运用社会工作的原理与方法，分析问题学生的问题所在，找出原因，并帮助他们制定解决问题的方案。

3.3.3.1 明确学校社会工作的主要任务

学校社会工作有两项主要任务，一是通过学校制度为有需要的学生提供专业服务；二是将社会工作的理念与方法逐步引入学校教育，帮助学校领导、老师改变现有的学生观，建立新的教育教学理念与管理方法，为学生成长提供更好的学校教育环境。同时在学校、家庭和社区建立互动联系，合力帮助青少年实现学校教育的目标。也有学者将青少年学校社会工作的任务归结为以下几个方面。

①协助学校对一般学生实现教育功能。对于有特殊困难、特殊问题或有特殊才能的少数学生给予直接或间接的社会服务。

②协助学校领导研究学校中所出现的问题，并与教育行政部门及社区服务部门或单位联系，提出对青少年服务和有关他们的福利问题的意见、建议、方案。

③与老师合作，提高学生的学习兴趣，改善学习环境，发展青少年的独立思考及独立生活的能力。

④发展校外的横向联系，与社区的各种团体机构保持联系，根据社会上的各种需要，定向地培养社会所需要的各种人才。

⑤与儿童福利机构、公安机关、工读学校、精神病防治院、救济院保持联系，为有特殊需要的儿童、青少年寻找解决问题的合适办法或出路。

⑥经常主动地征求心理学、教育学、心理卫生等方面专家以及医生、护士、律师、教育行政工作者的意见和建议，不断改进工作。

3.3.3.2 了解学校社会工作的基本类型

目前我国学校社会工作有三种基本类型。

①问题导向或治疗型社会工作。这类工作主要侧重于对问题学生的辅导，也是传统治疗式的学校社会工作主要采用的一种工作模式。它常常通过个案社会工作方法，为问题学生及其家长提供服务与咨询，先分析其心理行为和造成心理行为异常的原因，然后再加以处理和治疗，且通常运用情绪支持、情绪发泄和理智开导等工作方

---

① [美]苏珊·卡罗尔:《青少年小组游戏治疗师手册》，刘孟，等，译，北京，中国人民大学出版社，2007。

式解决问题。

②学生导向或发展型社会工作。这类工作主要以全体学生为工作对象,对学生的学习、生活进行全面干预,以期为学校教育体系带来某些新的变革,从而使每一个学生获得最大的、最充分的发展。学生导向的工作模式克服了以往学校社会工作只重视问题学生而忽视正常学生发展的倾向。其采用的工作方式常常包括以小组或班级同学为对象的生活辅导、学业辅导、职业辅导在内的全面辅导或兴趣爱好的发展。

③社区导向或预防型社会工作。这类工作将对学生的服务进一步扩大到对社区的服务,是现代学校社会工作的一种主要工作模式。强调学校、家庭及社区之间的密切配合,要求加强它们彼此之间的良好沟通,以充分发挥学校和社区的教育功能。其通常采用的工作方式有为离校学生提供追踪服务,为社区提供服务,将学校教育融入社区服务之中,加强与学生家长之间的联系,密切家庭与学校的关系。

④协调各类教育机构,推行社区教育的大众化发展。

3.3.3.3 掌握学校社会工作的常见方法

与其他社会工作方法一样,学校青少年社会工作方法也采用个案工作、小组工作和社区工作的形式。三种方法既可以独立使用,也可以综合运用。

1. 学校个案工作

学校个案工作是指社会工作者运用社会工作的专业价值伦理、专业知识与技巧,采用个别化的方式,为有特殊需求的学校青少年提供物质、情感或策略方面的支持与服务,帮助学校青少年解决各种问题,实现学校教育的目标。

个案工作可以采用心理社会模式、行为修正模式、问题解决模式、任务中心模式及危机干预模式。

①心理社会模式是指通过分析服务对象问题产生的心理和社会原因,采用理性情绪疗法或叙事疗法,帮助服务对象消除错误认知,提供社会支持,摆脱负面情绪。

②行为修正模式是通过改变社会环境,采取满灌疗法或渐进疗法,帮助服务对象改变不良行为习惯。

③问题解决模式是指通过帮助服务对象预估存在问题并解决问题,教会服务对象学习和掌握解决问题的策略。

④任务中心模式要求通过帮助服务对象在分析、预估问题的基础上,确立工作任务与目标,并在有限时间内完成任务。

⑤危机干预模式是在服务对象面临危机、暂时丧失应对能力的情况下,为其提供必要的心理支持、物质支持和信息支持,帮助服务对象走出困境,恢复常态生活。

无论采取哪种具体工作模式,学校社会工作基本都要经过问题评估、拟定工作计划及介入辅导几个主要程序。

案例 3.5

阿华(化名),男,13 岁,深圳某小学六年级学生,独生子,本人及家人无重大疾病史。父亲为深圳某幼儿园校巴驾驶员,母亲为某企业会计,夫妻关系良好,家庭经济状况一般。因父亲长期在单位开车，离家较远，每周末方能休假回家，家庭事物处理以母亲为主，父亲为辅。祖辈及母亲的教养方式为溺爱型，孩子有什么要求都会得到满足。

2005 年 6 月，阿华从家乡小学转到深圳某一流中学后，第一学期常请病假，有呕吐、肚子痛等症状，第二学期开学后，早晨上学有意磨蹭，经常说肚子痛，恶心、呕吐症状有所加重。在学校里，老师反映阿华对学习无兴趣，学习成绩较差，并且对学校开展的各项活动态度冷淡，与同学关系不好，有时可以看到他的眼神里充满了敌意和恐惧。班主任从责任心和爱心出发，将其转介给学校社会工作者①。

(1)案情预估

案情预估包括明确问题及问题产生的原因。案例中的情况表明，案主患上了“学校恐怖症”。学校恐怖症是儿童对学校感到恐怖、强烈拒绝上学的一种情绪障碍。其认知上的问题主要体现在学校里的老师都很凶，学校很可怕；情绪上的问题在学校里主要表现为在老师面前紧张、焦虑、抑郁，在家长面前发脾气、暴怒，在家里休息时一切正常，准备上学时开始紧张、退缩；躯体上的问题表现为无器质性问题，但一背上书包就胃痛、呕吐、心悸、胸闷、心跳加速等。

接案后，社会工作者初步分析问题原因如下。

①自身因素。案主性格上有遗传及环境所致的缺陷，内向、退缩、敏感、脆弱、自卑以及交往能力不强、环境适应性差、对长辈特别是母亲的依赖性太强。

②学校因素。老师对身为插班生的案主的心理状况了解不够，一开始未予以足够的关心，却给予了严厉的批评。

③家庭因素。案主家庭教养方式存在问题，母亲及祖辈对孩子过于溺爱，母亲的性格比较柔弱及敏感，孩子的问题与母亲的易感素质也有关。

(2)治疗计划和介入策略

根据上述分析，接案社会工作者提出 2 阶段 4 步骤支持性心理干预与理性情绪辅导法。

①收集案主资料阶段。在此阶段，首先初步调查问题产生的具体原因和表现症状。调查对象分别为班主任、任课老师、同学、当事人及其父母。其次，在与当事人建立良好关系的前提下，了解其内心想法，探询其产生恐怖症的根源。

②合作解决问题阶段。具体包括如下几个步骤。

第一步，引导老师改变教育方法和态度。社会工作者首先与班主任探讨问题产生的原因并使其了解发生的问题与自己的疏忽有一定的关系。因此，老师表示将主动与孩子接近，给予他更多的关爱，以建立良好师生关系。其次，社会工作者召开任课老师会议，并达成共识：全体老师应多关心当事人，尽可能不批评他，要努力改变教育教学方法，为全体学生营造宽松的学习环境。

---

① 包俊林：《“学校恐怖症”的社会工作介入》，载《消费导刊》，2008(6)，241 页。

第二步，引导学生与当事人建立良好同伴关系。社会工作者首先让当事人与同班同学一起参加社会工作者组织的小组辅导活动，在“大海中的一叶小舟”等心理游戏活动之后，进行心理分享，内容包括谈谈入学时的体会和当老师批评时该怎么办等问题的讨论。通过小组辅导活动，当事人了解到每个人都有改变环境的时候，每个人都有可能犯错误，受到他人的批评，关键是自己如何认识。其次，引导同学们主动在课间找他玩，与其交流谈话，多发现他的优点并鼓励他，从而使其树立信心，消除自卑和不安全感，并与新同学建立友情。

第三步，引导家长改变教子观念，联手进行教育与训练。社会工作者首先在交流中寻找家庭教育存在的问题。在与当事人父母的谈话中，社会工作者又一次深切地体会到，孩子的问题与父母本身的问题及其教养方式有着密切的关系。其次，明确学校做法，探讨矫治方法，争取家长和当事人的配合。经讨论，家长认识到了家庭教育中存在的问题，并表示愿意坚持把孩子送到学校，接送人由母亲改为父亲。

第四步，引导当事人认识自我，改变自我。在当事人的学校恐怖症状基本消失以后，社会工作者几次与其进行了进一步的心理沟通。通过谈话，帮助他认识过去在认知方面存在的问题，分析认知问题产生的原因，引导他掌握遇到逆境时的应对策略，用积极的心态面对学习生活。

经过一段时间的治疗型辅导，案主的学校恐怖症得到了缓解与消除。社会工作者在对工作效果进行评估的基础上，结束工作。

2. 学校小组工作

学校小组工作是指社会工作者运用社会工作的专业价值伦理、专业知识与技巧，将有同类问题或需要的学生组织起来，采取团体工作的方法，面向学生团体开展工作，通过治疗和预防青少年的问题或发展青少年的潜能，达到学校教育的目的。

(1)学校小组工作的功能

与学校个案工作不同，学校小组工作的功能在于能够使青少年找到认同感和归属感。从发展的角度来说，青少年时期是性意识苏醒，开始对自身与异性发生兴趣的时期，同时，从系统的角度来说，青少年社会化过程中最重要的影响因素是同伴群体，因此，学校小组工作为青少年参与同伴群体互动活动提供了最佳的组织形式，能够为青少年自我认同和社会认同的形成创造或提供条件，由此为青少年所喜爱与接受。

(2)学校小组工作的类型

学校小组工作的类型包括治疗小组、发展小组、学习技巧小组及社交小组等。预防性小组活动，如自信心锻炼小组、性知识学习小组，可以促进学生的社会化人格成长，降低问题的发生率。

(3)学校小组工作的一般流程

学校小组工作的一般流程包括了解和调查服务对象的需要，制定小组工作计划书，收集资料和联系各项资源，以各种方式宣传小组活动，招募组员和接受报名，预备小组工作的全部细节，小组工作过程以及小组工作结束与评估。

(4)学校小组工作的活动设计

学校小组工作的活动设计包括破冰活动(例如,小小岛、我和你、估一估、最佳拍档等活动)和主题活动(例如,自我认识、相互信任、人际沟通、团队合作等活动)的设计。

(5)学校小组工作的生命周期

学校小组工作从开始到结束包括小组形成、小组风暴、小组规范、小组执行、小组结束五个基本阶段。

案例 3.6

学校暑期即将来临,如何为暑期中的学生安排一个健康又有意义的暑期活动,让学生的暑期生活丰富而有意义,是许多学校社会工作者思考的问题。广州"青年地带"赤岗社会工作者站住校社会工作者秉承"助人自助、发展潜能、全面支援、促进共融"的理念,创造性地设计了暑期青少年活动计划——"一人一故事"剧组。小组社会工作的工作程序如表 3.1 所示①。

表 3.1 "一人一故事"小组社会工作的工作程序

小组社会工作设计思路	
明确学生需要	喜欢看电影、对电影拍摄制作有好奇心,缺乏社会生活体验
体现工作特色	通过拍摄写实电影,引导青少年关注现实社会、体验社会生活、增强自我认知、提升社会责任感
制定任务目标	培养青少年编剧、导演、表演、实际操作、后期制作等技能
制定过程目标	提升青少年的合作、沟通、解决问题的能力和自信心
确定小组性质	发展性小组(发展青少年的社会认知、自我认知、社交技能、工作技能等)
小组社会工作实施过程	
制定小组计划	拍摄一部写实电影
招募小组成员	招募 6 人摄制剧组
明确小组任务	组员采用头脑风暴法、实地观察法和街头采访等方法,确定拍摄主题为表现生存意志力的三个人物纪实片(断手修表师傅,少年回头浪子,老年义工)
开展小组工作	组员通过讨论访谈提纲、训练采访技巧、模拟采访和实地采访,获取拍摄素材
实施拍摄计划	拍摄三个人物故事,并在地铁站、麦当劳、肯德基、市民广场及街头巷尾进行社会实地采访与拍摄
小组社会工作效果评估	
通过对小组成员活动结果的反馈信息得知:拍摄电影的过程,使小组成员更加深刻地了解了社会,了解了不同人的人生故事,给予小组成员生命、生活的启迪和感受	
组员 1	"做任何事情都需要反复地练习,最后的结果才是我们想要的。"

① 广州"青年地带"赤岗社工作站驻校社会工作者廖其能:《"一人一故事"剧组记事》,见《中国社会导刊》,2008(11)(下),38 页。

续表

组员2	“遇到任何困难都必须认真地去面对。”
组员3	“如果一个人想在社会上生存下去，他的心理素质必须过硬，必须不怕挫折，有越挫越勇的勇气。”

在上述发展性小组或成长小组的社会工作中，最重要的一个环节是小组任务的确定，一项明确的小组工作任务（在本案例中是纪实片的拍摄）既可以是帮助孤寡老人，也可以是参与社区建设或其他活动，但这些任务或活动本身只是一个工具或手段，真正的目标是通过任务的完成，达到促进青少年自我认知和社会认知的发展。

3. 学校社区工作

学校社区工作是指社会工作者将社会工作的专业价值伦理、专业知识与技术，运用于社区范围的学生工作，促进学校与社区的联系，为学生的发展创造良好的社会环境条件，同时促进社区建设与发展。

（1）学校社区工作的过程与技术

采用学校社区工作模式的基本过程与技术包括如下几方面。

①建立校社关系。学校社会工作者要深入社区，访问社区相关青少年工作部门，例如，街道青少年保护办公室、居民委员会、社区社会工作站等，与各部门的负责人沟通交流，目的是让社区居民知道并了解什么是学校社会工作，学校社会工作者是什么人，同时也让学校社会工作者了解社区居民对学生的教育需求是什么。在此基础上建立学校与社区的良好关系，明确学校社区工作的目标与任务。

②进行社区评估。学校社会工作者需要进一步深入社区，通过问卷调查、访谈或观察的方法，了解社区教育环境、在校生数量与结构、在校生的社会问题、在校生的成长需要以及社区在影响学生成长方面存在的问题和促进学生健康发展方面具有的可用资源。并在此基础上，规划学校社区工作项目，明确学校社区工作的内容。

③制定工作计划。学校社会工作者根据社区调查结果和结论，设计学校社区工作计划和方案，决定学校社区工作的方法和步骤。总目标是利用社区的有效资源，修正社区不良环境，为在校学生的健康成长创造优良的社区环境和社区社会支持网络。

④开展社区活动。学校社会工作者将社区工作计划纳入实践环节，包括组织开展居民参与讨论、协调相关工作部门、争取经费或其他资源支持等，多方宣传以争取社区居民的积极参与。

（2）学校社区工作的基本模式

①友群辅导工作计划。由学校社会工作者对社区内经过选拔的高年级学生进行多元化的辅导培训，合格者可以对初入学校的低年级同学进行学校生活适应辅导，帮助小学、初中或高中一年级学生尽快适应新的校园生活和学习生活，对学校产生归属感。担任辅导的高年级学生不是专业辅导员，他们的角色是低年级学生的大哥哥、大姐姐，是低年级学生的榜样或领袖。

②志愿者训练和服务计划。志愿者训练和服务计划分为培训社区成年人为社区青少年和在校生提供活动和辅导以及培训社区青少年和在校生为社区内有需要的社区成员提供帮助。例如,由志愿者组织青少年和在校生为社区老人提供院舍娱乐活动或居家清洁服务,为学业不良学生提供学业辅导,组织青少年和在校生定期探访养老院,学习助人意识与技巧,并获得满足感。

③青少年成长支持网络计划。青少年成长支持网络计划主要包括帮助不善于社交的青少年建立社会交往网络、联络青少年的父母与老师减轻其学业压力以及协助自卑的青少年建立积极的朋友圈子,提高自我形象与自信心等。

④邻舍关怀行为偏差青少年计划。学校社会工作者和社区内的"青保办"老师、居委会主任等接触、沟通,协助边缘青少年加强与居民的交往和沟通,帮助社区居民采用正面的、积极的态度和言行,看待与对待社区内的问题青少年,减少彼此之间的隔阂、对立及冲突,建立良好的邻里关系和社区人际环境。

案例 3.7

学校青少年最普遍的问题是学习成绩不良:厌学、成绩差、逃学、退学、失学。曼托(Mentor)项目是指大学生与小学生如藤蔓般互相关怀、共同成长,是大学生与小学生一帮一的活动。曼托是指参加活动的大哥哥、大姐姐或长辈。在学校或社区层面开展的青少年曼托项目兴起于 20 世纪 80 年代,目的是为了解决吸毒、酗酒、犯罪、网络成瘾及学业不良青少年的问题。其中,青少年曼托项目在应对学校问题青少年"学业不良"方面成效突出。其基本情况如表 3.2 所示①。

表 3.2　曼托项目的基本情况

曼托项目的理论基础	社会化理论,社会支持网络理论,同伴教育、榜样教育、社会学习理论
曼托项目的基本目标	①降低退学率 ②提高"高危"问题青少年的学习成绩 ③促进健康学生知识与技能的进一步发展
曼托项目的活动内容	①小学生发展性团体活动培训,目的是提高小学生的自信心、培养小学生领袖、培养小学生处理人际关系的能力 ②大学生志愿者培训项目,大学生志愿者不是专业技术人员,但参加曼托的大学生志愿者必须接受专业理念和技能训练 ③系列家庭、社区互动活动(如亲子活动、社区活动等)

① 古学斌:《实践为本的中国本土社会工作研究》,北京,社会科学文献出版社,2007。

续表

曼托项目的活动方法	①青少年曼托是一种一对一的交往关系，在实施过程中融入了各方面的支持和参与，包括父母、邻居、亲属、老师、社区工作人员、小学生的朋辈群体等，为此需要打造网络发展模型 ②曼托关系中，大学生志愿者不是专业技术人员，而是青少年成长过程中的重要家人。大学生志愿者被定位为独生子女的哥哥、姐姐 ③在曼托关系中，曼托可以引导问题青少年接触其往日忽视或偏离的环境，并能成功地扮演一个榜样的角色，这些都可以协助青少年尽可能避免妨碍学习的种种遭遇 ④曼托关系在某种程度上能够弥补独生子女缺少兄弟姐妹关爱与陪伴的缺憾，其存在对预防青少年偏差行为的产生有积极意义
曼托项目的活动效果	①青少年曼托模式可以以学校、家庭及社区为基础，全面构造预防体系 ②大学生将自己的经历与小学生一起分享，使孩子们在成长过程中获得有利于精神、智力、心理及人格健全的良好环境和氛围 ③开发大规模的、面向大多数青少年的曼托项目，是预防青少年问题行为发生的有效途径

上述案例属于学校社区工作比较典型的友群辅导工作计划模式，该模式中，身为曼托的大学生在接受培训后，以大哥哥、大姐姐的身份，用自己的社会阅历和健康人格，作为在校学生的学习榜样，为小学生的成长创立一个良好的社会环境。

3.4 青少年社区社会工作

案例 3.8

某社区地处城市经济不发达地区，社区内居民经济收入低，住房拥挤，服务设施简陋。社区内的青少年初中毕业辍学在家的比较多，他们结成帮派，经常在社区内闲荡，或出没网吧，或进入游戏机房，或聚在小店喝酒嬉闹。最近这群青少年团伙经常与其他团伙发生争执，社区居民对此深感不满，已向附近派出所投诉。社会工作者李老师走访了团伙中的几个青少年家庭，发现他们大都是单亲家庭子女，跟着爷爷、奶奶生活，由于爷爷、奶奶无法管教他们，家庭内常常发生祖孙冲突。李老师也走访了学校、派出所、居委会、街道团工委和青少年保护办公室等部门，发现被访者都已经注意到了这群青少年的问题，都希望能够采取措施改善这些青少年的状况①。

案例中的青少年属于社区青少年。所谓“社区青少年”最早是指处于失学、失业和失教状态的“三失青少年”，或“边缘青少年”、“问题青少年”、“街角青少年”。与学校青少年相比，社区青少年的问题更多、更复杂，因此，在青少年社会工作中，社区青少年社会工作在我国最先得到发展与重视，在上海很早就被纳入城市预防犯罪工

① 费梅苹：《社区青少年社会工作方法与技巧研究》，上海，华东理工大学出版社，2006。

程体系。

3.4.1 青少年常见社区问题与需要

社区是青少年除家庭、学校之外的第三个社会化场所。在社区中,青少年的成长和社会化,受到同辈朋友、邻里关系、街道事务、社区组织与文化教育、各种文体娱乐场所及其活动、大众传媒、商业消费、社区生活方式以及社会政策的影响和制约。

归纳起来,青少年的社区问题大致包括三个方面:缺乏继续教育的机会、缺乏适当的就业岗位、缺乏良好的成长环境。在常常流连于社区的青少年中,"三失青少年"和有行为偏差或社交障碍者居多。这些青少年由于各种原因,很早就辍学。离开学校之后,由于学历低下,没有一技之长,他们被排斥在就业机构之外。学业失败和就业失败,使其丧失生活目标,对社会产生恐惧、厌恨或对抗情绪。一些人蜷缩在家,白天睡觉,夜里通宵上网,与现实社会隔离,患上人格障碍或成为隐蔽青年;一些人或因家庭经济贫困,或因家庭结构不全,或因家庭教养方式不良而丧失良好的成长环境;一些人离家出走,以网吧、酒吧、游戏机房和各种声色场所为家,沉溺于物质和感官享乐,结交不良朋友,夜不归宿;一些人三五成群,白天、黑夜流连于街头巷尾,以某一区域为据点,结合成小团体或帮派,从中寻求社会归属感。为了生存,各小团体帮派之间或违法乱纪,或相互倾轧,常常造成社会治安混乱。一些青少年性格内向、自卑、不善于与人交往、自我封闭,他们找不到展现自我才华的平台,不了解社区、对社区不认可。

对于这些边缘青少年来说,提供充分的社区教育,填补他们的文化知识空白,培养他们的职业技能,为他们提供适当的就业机会,建立以他们为服务对象的社会帮教系统,不仅是促使他们健康成长的需要,同时也是社区平安建设与和谐发展的需要。总之,社区青少年在从学校进入社会之前,需要得到一种正确的引导和良好的过渡环境。

3.4.2 青少年社区问题的归因分析

青少年社区问题产生的原因也是多方面的,社会生态学理论可以对此作出解释。社会生态学借鉴了生态学与系统论关于有机体与其环境之间相互适应和相互作用的观点。生态学认为生物界有机体与生存环境之间是一种相互组合、相互依赖、相互适应、共同生存的关系。系统论认为任何事物都可以被视为一个系统,每一个系统都由一系列子系统构成,各子系统之间相互依赖、相互作用、相互影响。由此出发,社会生态学提出"人在情境中"的观点,认为个人的正面和负面行为与家庭、团体、组织、社区各种社会环境之间的正向和负向影响存在密切联系,是个人与环境互动的结果。

运用社会生态系统论的观点看待青少年社区问题,社会工作者会发现,青少年的社区问题的产生不完全是青少年自身的原因,它有可能是家庭亲子关系不和、家长教育方式不当所致,也可能是学校实施应试教育的结果,还可能是社会劳动与保障制度的不健全以及社区社会服务的不完善。在几个方面的因素中,后者影响更大。由于目前我国社会处于转型期，在计划经济向市场经济转型过程中，医疗、住房、教育体制改革的不完善以及劳动与社会保障制度的不健全，使得社区作为基层社会组织，没有能够为青少年的健康成长提供充分和良好的社会环境条件，从而使青少年的各种社区问题日趋突出。

3.4.3 青少年社区问题的解决策略

根据社会生态学理论对青少年社区问题的分析，社会工作者在解决青少年社区问题的策略上，不能仅仅从青少年本身出发，更应该从社区责任、社区建设和社区服务的视角出发，真正为社区青少年的发展提供各种良好的社区社会支持网络，促进青少年与社区组织及环境的良性互动。

3.4.3.1 明确社区社会工作的主要任务

社区社会工作是指以社区青少年为服务对象，通过确定社区青少年的需求，发动和组织社区青少年参与集体行动，解决青少年的社区问题，改善社区环境，促进青少年的发展与社会的变迁。

针对前述社区青少年存在的几个问题，青少年社区社会工作的任务有四个方面。

1. 开展社区文化教育，为失学青少年提供助学服务

一项对湖南长沙某市区 Y 社区的调查结果表明：在 58 名被调查的“Y 帮街角青少年”中，小学和小学文化程度以下的有 15 人，占被调查者总人数的 25.9%；初中文化以下的有 40 人，占被调查者总人数的 68.9%；初中毕业的有 3 人，占被调查者总人数的 5.2%；高中或高职文化及以上者为 0 人。这些青少年离开学校或辍学的共同原因是“成绩差”，不同原因分别为“升学无望，不想再继续学习”、“学校歧视，被迫离开”和“家庭贫困，无法继续学习”①。这项调查虽然只是反应某个社区的情况，但在全国非常具有代表性。针对社区青少年大多为辍学青少年，学历比较低下的现实，社会工作者应该积极开展社区文化补习教育，为失学青少年提供助学服务，帮助他们提升自信心和对社区建设的认识与参与。

2. 创造社区就业机会，为失业青少年提供就业服务

社区青少年大多由于学历低、工作技能准备不足而处于失业状态。2002 年一项由共青团上海市委对杨浦、长宁和浦东三个区组织的调查表明：三个区的社区青少年中，45.6% 的社区青少年中学毕业后没能升学也没有找到工作，三校（中专、职校和技校）毕业没有找到工作的占 7.7%，中学退学或辍学而没找到工作的占 5.6%，大学毕业没有找到工作的占 4.4%②。还有一些社区青少年是因为健康问题或自我认知偏差而没有找到工作。目前，随着产业结构的调整和就业压力的增大，社区青少年在就业方面面临着更大的压力。因此，创造社区就业机会，为失业青少年提供就业服务，应该成为青少年社区社会工作的当务之急。

---

① 黄海，何绍辉：《街角青年生存调查记》，见《中国社会导刊》，2008(10)(下)，18 页。

② 香港青年协会，上海市青年联合会：《预防犯罪与青年工作》，上海，华东理工大学出版社，2005。

3. 建立社区帮教系统,为失教青少年提供帮教服务

社区青少年的行为失范虽然与家庭人生教育功能和心理交流功能缺位导致的心理素质失范、学校应试教育弊端导致的生存技能失范有关,但更与社区主流社会对社区青少年的歧视有关。社区青少年,特别是"街角青少年"有自己独特的生活方式、生活来源及其附属的社会心理特点和社会流动模式。当这些生活方式、生活来源受到主流社会的否定和排斥时,他们会通过吸纳更多的问题青少年加入其中,扩大其社会基础和反主流社会的力量,以获得和发展自己的生存空间。针对这一现状,如何帮助社区青少年走出街角社会,回归家庭和主流社会是青少年社区社会工作的重点。作为青少年进入社会的缓冲区,社区的作用在现代社会变得越来越重要,建立社区帮教系统,是让街角青年回归主流社会的有效和关键途径①。社会工作者要与社区各个组织部门联系沟通,与家庭、学校沟通,建立健全社区社会帮教系统,为青少年提供帮教服务。

4. 组织社区文体活动,为社区青少年提供成才服务

社区青少年在存在很多问题的同时,也有自己独特的潜能与才华。例如,有的青少年虽然性格内向、口头表达能力差,但喜爱文学、擅长文字表达;有的虽然网络成瘾,但喜欢研究电脑、电脑技术的确高超;有的青少年有社交障碍,但是对未来还是充满向往,有自己的职业理想与追求等等。由于价值观的偏差,也由于缺乏展示才华的社会舞台和进行正常社交的良好场所,社区青少年只好将旺盛的精力、大量的闲暇时间用于上网、泡酒吧,或出于冒险心理寻求刺激的需要,组建帮派、参与群殴,做一些违法乱纪的事情。针对社区青少年的这些特点,社会工作者可以通过组织各种丰富的文化艺术活动,将社区青少年的充沛精力与闲暇时间引导到发展他们的兴趣爱好上来。在这个过程中,让社区青少年认识到自己独特的能力与价值以及自己在社区建设中的责任与地位。

3.4.3.2 了解社区社会工作的基本模式

青少年社区社会工作模式是一般社区社会工作模式在青少年社会工作领域的特殊运用。

1. 社区教育模式

青少年社区教育模式是指社会工作者以顾问、导师或教练的身份介入青少年社区社会工作。社区教育分为三类:补偿式教育、控制式教育和解放式教育。补偿式教育是指通过非正规教育帮助青少年掌握基本的知识技能;控制式教育是指通过非正规教育帮助青少年建立应有的社会行为规范;解放式教育是指通过非正规教育挖掘青少年在知识、行为、态度、价值观等方面的潜能,促进青少年的全面发展。青少年社区教育模式可以是通过个案工作,培养与训练社区青少年领袖;通过小组工作,为青少年群体提供示范、研讨和相互教育的机会;通过社区工作,发动全体青少年参与集

---

① 黄海,何绍辉:《"街角青年"生存调查》,见《中国社会导刊》,2008(10)(下),19页。

体行动、经验分享、社区调查、与居民沟通和政策倡导;通过社区工作方法与策略的综合运用,提升社区青少年的社区归属意识、社区参与热情和社区建设能力。

2. 社区策划模式

青少年社区策划模式是指通过社会工作者以专家身份介入青少年社区社会工作,运用一定的专业理论、知识及技术,发现社区青少年的某一特殊及具体问题,例如,助学问题、就业问题或帮教问题等,采用系统的方法和步骤,规划并制定社区青少年服务计划和方案,监督执行并实施过程评估和结果评估。青少年社区策划模式的实施对社会工作者有比较高的要求。社会工作者必须扮演专家、领导的角色,评估社区青少年的需求,了解社区的不同社会资源和服务网络,制定各种解决问题的方案,协调不同服务团体的利益与冲突。

3. 社区发展模式

青少年社区发展模式是指社会工作者以使能者、协调者和辅导者的身份介入青少年社区社会工作,提升社区青少年的民主决策能力和自我服务能力。社会工作者的任务是以使能者的身份,广泛动员社区青少年参与调查并明确社区青少年自身的需要和问题;以协调者的身份,帮助社区青少年就自身的需要和问题,与社区内的相关部门和组织进行沟通和讨论,并在沟通和讨论的基础上,对问题的解决策略和方案达成共识;以辅导者的身份,帮助社区青少年在解决问题的过程中,学会组织和协调社区资源,最终达成问题的解决和自治目标的实现。

3.4.3.3 掌握社区社会工作的基本流程与方法

不同青少年社区社会工作模式有一些共同的工作流程,同时也有不同的具体工作方法。青少年社区社会工作的基本流程包括如下几条。

①认识社区。是指通过运用观察法、访谈及问卷调查等方法,认识社区的历史、自然环境与设施、社区青少年与居民、社区青少年相关工作组织、社区权力关系以及社区青少年的需要。

②建立社区关系。是指与街道团工委、居委会、社会保障服务中心、青少年保护办公室、学校、企业、派出所、心理咨询公司等社区青少年相关工作职能部门建立良好的互动联系,以方便工作的开展。

③采用社区工作模式。是指根据对社区青少年问题和需要的界定,或采取社区教育,或采取社区策划或社区发展等工作模式开展工作。

④进行服务项目策划和评估。例如,围绕普及法律知识教育的需要,社会工作者可以策划“抵制毒品,青少年在行动”服务项目,并思考如何从过程、效用以及效益的角度对该项目进行评估。

社会工作者不仅需要了解青少年社区工作的基本流程,更需要掌握青少年社区工作的基本方法。青少年社区工作的基本方法包括个案工作、小组工作和社区工作。三种方法既可以独立使用,也可以综合运用。

1. 社区个案工作方法

社区个案工作方法是指社会工作者运用专业的社会工作价值伦理、知识与技巧,采用个别化的方式,为有特殊需求的社区青少年提供物质、情感或策略方面的支持和服务,帮助青少年解决他们的特殊问题,满足他们的特殊需要,实现青少年的社会化目标。

与学校个案社会工作一样,社区个案工作方法也可以单独采用或综合运用心理社会模式、行为修正模式、问题解决模式、任务中心模式及危机干预模式。

案例 3.9

小王(化名),男,自幼父母离异,其后随父亲生活。父亲再婚,给他生了一个同父异母的弟弟,全家靠政府的低保度日,生活上非常艰难。读小学时,小王的学习成绩还算可以,但由于长期缺少必要的母爱和家庭的约束,小王养成了内向、懒散以及无上进心的性格特点。这样,到了初中,加上对新学习环境的不适应和对青春期生理心理变化的不适应等因素,小王的学习一落千丈。学业的失败使他丧失了学习的兴趣,于是,连初中都没毕业,小王就结束了自己的读书生涯。由于只拿到初中肄业证书,小王连最起码的劳动手册也无法办理,最终由失学走向失业。无所事事的他流落于社区,天天逛网吧,痴迷于网络游戏,经常彻夜不归,总是和一群"哥们"混在一起。

(1)案情预估

社会工作者可以采用心理社会模式,对小王目前面临的问题及其原因进行分析。

①心理问题。小王性格比较内向、自卑,对学习、就业缺乏主动性,对将来的生活没有目标。

②社会问题。首先是家庭环境。由于父亲再婚,父亲将更多的关爱倾注在小王同父异母的弟弟身上,对小王的思想和生活关心不够,使小王无法得到比较完整的父爱和母爱。其次是同辈关系问题。由于辍学在家,出于建立自我认同和社会认同的需要,小王与一伙品行不良的社区青少年混迹在一起,受到不良社会环境的影响。第三,也是最重要的问题,由于家庭经济条件困难和学校学业失败等原因,小王初二时就辍学在家,无法办理劳动手册,就业问题十分严峻。

(2)服务计划

根据小王存在的心理与社会问题及其原因,社会工作者可以运用任务中心模式、人本主义疗法、家庭结构疗法为小王提供服务。任务中心模式即帮助小王在分析与预估问题及其原因的基础上,提出工作任务、目标及计划,并在一定时间内完成和实现。人本治疗方法强调社会工作者要以小王的需求为中心,在服务过程中对小王要有真诚的态度,无条件地积极关注小王,尊重小王表达任何意见和情绪的权利,同情和理解小王,最终帮助小王达成自我实现。家庭结构治疗方法要求家长与小王之间建立良性的交流互动模式,为小王的成长提供良好的家庭环境。

①总目标。协助小王找到生活的目标,树立正确的人生观、价值观,培养积极的生活态度。

②具体工作计划如下。

第一,与小王建立良好专业关系。

第二,与社区有关部门沟通,为小王建立良好的社区同伴关系,提供良好的成长环境。

第三,与社区有关部门联系,为小王咨询办理劳动手册的相关政策并报名参加免费劳动技能培训,解决其失学与失业问题。

第四,与社区有关部门合作,鼓励小王参加社区公益活动,提升其社会责任感和自我实现的自信心。

第五,根据现阶段服务效果情况,制定新的服务计划。

(3)介入策略

①运用同理心技巧,以理解小王的个人兴趣为工作的突破口。当案主正沉湎于网络世界难以自拔时,青少年社会工作者走近了他的生活。起初,小王对社会工作者存有戒心,对社会工作者的提问爱理不理,但在社会工作者不厌其烦的多次上门走访,像朋友一样与他聊他感兴趣的网络游戏之后,慢慢消除了对社会工作者的防备心理,道出了自己心中的苦闷:我也想学好,也想学得一技之长,像同龄人一样正常地生活,但由于学历低,又没有劳动手册,困难确实太多,没有人关心,久而久之也就放弃了自己的追求。针对小王对自己的将来感到非常茫然的状况,社会工作者将引导小王建立一个比较积极、正确的人生目标,通过助学帮助他就业,并以此作为此次工作的首要任务。

②针对青少年特点,以鼓励小王参加团康活动为工作的辅助手段。针对小王既自卑又想积极向上的矛盾心理,和寻求同辈认同的特点,社会工作者采取循序渐进的工作方式,安排案主多次参加团康活动。活动中社会工作者积极鼓励案主发言,让他说出自己的所思所想,并给予他充分的肯定。渐渐地,小王从刚开始不合群的被动状态,转变为积极踊跃状态。在一次卡拉 OK 比赛中,他竟主动献歌一曲,博得了在场社会工作者及参加活动的居委会老师的一致好评,这些都大大提高了他的自信心并使其逐渐远离不良同伴的影响。

③针对小王的实际困难,以帮助小王参加职业技能培训为工作的主要任务。在小王整个人的形象和精神面貌都有所改观后,社会工作者鼓励他参加免费职业培训,以掌握一技之长,小王对此表现出了浓厚的兴趣。过了几天,小王主动来找社会工作者询问培训的有关事项。之后,社会工作者陪同小王一起去地区职介所咨询了办理劳动手册的相关政策,并帮他报名参加了免费的电子商务收银员的职业培训。职业培训的助学活动,让小王学到了许多新的知识和技能,增强了他对未来生活的憧憬和信心。

④运用优势视角理论,以吸收小王成为社区志愿者为工作的巩固手段。在社区活动中,小王主动要求帮助社会工作者去各居委会张贴自制的海报,这让社会工作者感到特别的欣慰。在张贴海报时,社会工作者从居委会老师处得知,有一个叫郭某的青少年常到小区附近的杂货店不付钱就拿东西,不仅踢坏小店的铁门,还对前来劝阻的邻居进行辱骂,杂货店老板敢怒不敢言。在一边的小王听到后立即表示他愿意去做郭某的工作。通过这件事情,社会工作者发现小王已有了很大的转变,就邀请他参加社区青少年事务工作志愿者队伍,小王欣然同意了。

在一段时间的服务工作之后,社会工作者对自己的工作成效进行了评估:通过职业培训,小王既掌握了一技之长,又增强他的自信心;通过整个服务工作,小王从没有目标混沌度日，到主动上进乐于助人，成为社会工作者的志愿者回报社区。由此可见，社会工作者对案主的转变工作已见成效。与此同时，社会工作者的工作也还存在一些问题，例如，导致小王问题产生的家庭没有被纳入服务视野，如果社会工作者在工作计划中将与小王的父母沟通，开展家庭结构治疗，改进家庭互动模式，作为其中一项任务，治疗结果一定会更好。

2. 社区小组工作方法

社区小组工作是指社会工作者用社会工作的专业价值、理论及方法，将社区内有相似问题和需求的青少年组织在一起，采用团体工作的形式，为青少年提供专业服务，达到治疗、预防社区青少年问题的产生，促进社区青少年健康发展以及社会化的顺利实现。

目前，在青少年社区小组工作领域，上海市阳光社区青少年事务中心、宝山区社会综合治理办公室、宝山区团区委合作开展了一些工作项目，其中“巧手阁”手工制作社项目，比较好地体现出社区小组工作方法在帮助青少年就业工作中的作用与价值。

案例 3.10

“巧手阁”手工制作社

“巧手阁”手工制作社项目详情如表 3.3 所示

表 3.3 “巧手阁”手工制作社项目详情

项目背景	上海社会工作者在开展社区工作中发现一群性格内向、存在人际交往问题的女孩。这些女孩普遍表现出自信心不足、自我认同低下、社会参与意识和能力不足、社会功能缺失等问题及状况，但同时却很喜欢手工制作。为此，社会工作者在开展相关小组活动的基础上，尝试运用手工艺品编制的方式，为社区青少年开展服务
项目理念	以优势视角理论为基本理论依据 巧手阁的成立旨在让社区青少年通过手工制作，强化自我优势，拓展自我潜能，提高自信心；在活动中疏泄情绪，提高认识和检验现实的水平；训练其集中注意力、提高灵巧性、意向性和持久性；在团队合作中，增强集体主义精神和人际交往能力，最终达到赋权和增能的目的
项目方法	以艺术疗法为主要方法。艺术疗法（Art Therapy）始于 20 世纪 20 年代，是一种运用艺术活动作为心理治疗的工具，帮助患者在内外环境中找到和谐关系的治疗方法

续表

项目运作	(1)成员招募 上门走访宣传,社区成品展示,"滚雪球"方法 (2)服务过程 以学为主,培养耐心;以做为主,重塑信心;以送为主,强化爱心 (3)服务拓展 活动内容创新:从制作丝网花到制作中国结 活动形式创新:从单独完成到团队协作完成 活动经费创新:从接受政府资助到自负盈亏
效果评估	项目设计符合青少年的性别特点和需要 ①从简单手工活动到艺术创作,真正发挥了艺术治疗的作用(创造性和自信心是分不开的) ②从简单治疗活动到盈利项目的转变,不仅达到治疗目的,还为青少年再就业找到一条可行的道路

在上述案例中,社会工作者根据社区青少年女孩的共同问题和需要,将他们组织起来,通过成立"巧手阁",采用艺术疗法,开展小组工作。小组工作以制作手工艺术品为媒介,展开一系列组织活动,青少年在这些活动中获得成长并实现了就业的理想。

3. 社区社区工作方法

社区社区工作方法是指社会工作者运用社会工作的专业价值伦理、知识与技术,将有问题或有需求的社区青少年组织起来,协调并运用社区资源,为部分或全体社区青少年提供专业服务,治疗、预防社区青少年问题的产生,促进社区青少年的健康发展和社区建设的进步。

目前,青少年社区社会工作也更多地采用项目运作的方式进行。

案例 3.11

"瞳歌"俱乐部

"瞳歌"俱乐部项目详情如表 3.4 所示。

表 3.4 "瞳歌"俱乐部项目详情

项目背景	社会工作者在工作中发现社区中相当一部分性格内向、不愿与父母沟通、不愿参加社会活动的青少年有自己独特的爱好:喜欢读书并摘抄优美的诗歌词赋、喜欢写文字优美伤感的心情随笔、喜欢写网上博客。根据这一特点,上海市宝山区杨行镇社工点组织成立了"瞳歌俱乐部"为社区青少年提供服务
项目理念	文学与艺术不分家。把艺术治疗和心理学治疗结合在一起

续表

项目方法	以艺术治疗为主，其他治疗为辅；以自助团体的形式开展团体治疗。"瞳歌"俱乐部以"瞳歌"文学社为核心，以艺术疗法为主，并以自助团体形式出现，旨在提高社区青少年的社会适应能力，并将发展成为由社区青少年自主运营，社会工作者从旁协助的特色项目
项目运作	招募有文学爱好的社区青少年和志愿者，成立"瞳歌"俱乐部 (1)建立"瞳歌"文学社 "瞳歌"文学社是由社区青少年及志愿者组成的文学社，以文学刊物的形式，通过社区青少年自己独特的视角分析社会，面向广大的社区青少年及他们的父母，运用社会工作"助人自助"的理念，使他们有一个说出自己心声的平台。鼓励社区青少年释放由家庭、社会以及同伴带来的压力，展现自我，融入社会 ①开展读书活动，鼓励青少年自己创作诗歌、小说，并自己采集、编辑、排版、发行双月文刊 ②建立小记者自助团，引导社区青少年收集资料，开展小记者培训及进行模拟采访活动，对周边社区成员进行采访 ③结合青少年喜欢上网写博客的特点，通过网上论坛与青少年的博客链接，扩大了社会工作者与青少年、青少年与青少年、青少年与社会之间的沟通和交流面 ④社会工作者通过 BBS 和电子刊物将"瞳歌"文学社由平面运作发展为立体运作，将文学刊物发展为电子刊物。争取以更大更立体的空间将社区青少年的心声和想法推向社会，增强青少年的自信心，同时，也让社会对社区青少年有进一步的正确认识和了解 (2)建立"瞳歌"戏剧社，表演人生百态 通过各种原创剧幕，运用艺术疗法中的角色扮演、空椅子疗法等方法，增添服务对象的兴趣爱好、社会感知力以及家庭归属感 (3)建立"瞳歌"吉他社，用音乐连接你我他 运用音乐艺术疗法，帮助青少年释放压力、舒缓情绪、净化心灵，提升自我认同感
项目结果	"瞳歌"俱乐部现有会员 89 名，其中社区青少年 56 名，青少年志愿者 33 名。俱乐部帮助青少年建立友谊，参与社会工作者组织的各种社会活动。"瞳歌"文学社小记者采访实录在文学刊物上的发表，让青少年体会到了收获的快乐；文字和网络写作帮助青少年表达目前的需求和情绪，帮助他们释放压力并学会自我减压；文学刊物所推出的栏目"家长之音 VS 孩子心声"板块，通过父母和孩子两代人对事物不同想法的比较，从多种角度展现两代人的观点，增进了亲子之间的沟通和了解
效果评估	项目主题鲜明并符合社区青少年的需要 ①从阅读名著到自我创作，变被动治疗到主动发展 ②从文学刊物到电子刊物，反映时代特点和青年文字特点 ③从自我欣赏到面向社会，变艺术治疗为参与社会互动和发展 ④从社工管理到自我管理，变被动受助到主动自助

在上述案例中，社会工作者采取社区策划的工作模式，在了解社区青少年特点与需求的基础上，建立"瞳歌"俱乐部，为社区青少年创造健康成长的社区环境与健康发展的平台。通过吸收广大社区青少年加入"瞳歌"俱乐部，开展文学社、戏剧社和吉他社各种活动，使得社区青少年在活动中得到情绪的舒解、才能的展示、与社会的互动，最终使社区青少年从被动受助发展为积极的团体自助，真正实现了社会工作助人自助的专业理念和特色。

本章小结

本章对青少年社会工作方法的含义、类型及特点进行了分析,并在此基础上重点讨论了家庭社会工作方法、学校社会工作方法和社区社会工作方法的理论基础及其具体运用。

青少年社会工作方法是指为达到青少年社会工作的目的,在青少年社会工作的价值伦理和基本理论指导下,针对不同服务目标、不同服务对象、不同服务场所所采取的专业服务方式。根据不同的划分依据,青少年社会工作可以分为不同类型,每一种类型都有自己独特的服务对象、理论依据、实践模式及工作技巧。青少年社会工作方法的选择和实施受到青少年需求、青少年发展及青少年社会化的限制。当前青少年社会工作的主要类型包括青少年家庭社会工作、青少年学校社会工作以及青少年社区社会工作。

亲子关系冲突,是青少年家庭常见问题。改善亲子关系,是青少年健康成长的重要条件。家庭结构治疗理论认为,亲子关系紧张与家庭结构不良有关,因此青少年家庭问题的解决,可以采取家庭治疗的方法。由于家庭治疗不是一对一的个案工作方法,而是一对多以及一与多之间的互动方法,所以,社会工作者需要通过进入家庭、评估家庭、介入家庭三个层面和环节开展工作。为此,社会工作者要掌握以"贴近立场"进入家庭、以"中间立场"评估家庭、以"远离立场"介入家庭的工作方法和技巧。

学业问题、性困惑、人际交往问题、人生目标问题,是青少年常见学校问题。帮助学生解决这些问题,是学校实现教育目标的需要。教育社会学和标签理论认为,青少年学校问题的发生与教育影响、老师和家长对学生的偏见有关。解决青少年学校问题需要建立学校社会工作制度。做好学校社会工作,需要明确学校社会工作的主要任务、了解学校社会工作的基本类型、掌握学校社会工作的常见方法。其中,学校个案工作、学校小组工作和学校社区工作,是青少年学校社会工作的具体方法。

缺乏继续教育的机会、缺乏适当的就业岗位、缺乏良好的成长环境,是青少年社区常见问题。生态社会学理论认为,青少年社区问题的产生与社区不良环境有关。创造良好的社区环境,为青少年提供社会支持网络,是解决青少年社区问题的根本途径。社区社会工作者需要明确社区社会工作的主要任务、了解社区社会工作的基本模式,掌握社区社会工作的基本流程和方法。社区个案工作、社区小组工作、社区社区工作,是青少年社区工作的具体方法。

课后练习

(1)回答问题

①青少年社会工作有哪些基本类型和特点?当前青少年社会工作的主要方法是什么?

②如何结合青少年的年龄特点和当代网络社会的特点，创新青少年社会工作的理念与方法？

(2)案例分析

案例1.12

小张，男，28岁，初中文化。父亲是军人，母亲无业。父亲在家中是绝对的权威，但不懂得如何与孩子沟通，对小张很少表示关心，多以命令的方式进行教导。母亲虽心疼孩子，但在家里没有什么地位，说的话没有人听。年满18岁以后，小张找了十几家工作单位，没有一家单位愿意接收他，三番五次遭受挫折，他也灰心了。小张认为是自己的外貌影响了他就业。小张身高只有1.6米多，面部眼距很宽，脸型与弱智者很相似。于是小张怨恨父母为何将自己生得那么丑，对父母态度冷淡。同时抱怨社会不公平，不应该以貌取人。自己明明付出那么多，为什么就没有得到回报呢？他觉得自己怀才不遇，平时整天在家中打电子游戏①。

案例中的小张为什么不能接纳自己的相貌？他碰到了什么困难？作为青少年社会工作者，你认为应该怎样帮助他？

案例3.13

学校社会工作者在工作中发现，有些学生进入初中后与原来小学相比在行为和学习上有很大变化，表现为喜欢明星打扮，上课不注意听讲，对异性好奇但又极力避免男女生一起活动。进一步调查发现，这种情况在初一学生中带有普遍性，只是表现程度不同而已。有些学生进入青春期以后，开始产生"同一性"混乱。其表现在于自我概念不明确、生活缺乏目标、时感彷徨迷失，进而影响到生活学习的各个环节，常常出现自卑、低自尊、自律性差、依赖性强、不敢与人交往等②。

初中生的上述行为表现与学习状况反映了他们在这个阶段的何种需求？针对这些状况，学校社会工作者应该采用什么样的工作方法为他们提供服务？

案例3.14

某街道属于城乡接合部，也是动迁安置人口的导入区。该区有一批青少年初中毕业后没有机会立即升学，也没有就业机会，基本上是待在家中自我封闭，几年来与社会联系越来越少，自卑自怨，社会参与能力越来越弱。青少年问题引起了街道政府和青少年服务相关机构的高度重视。为此，街道有关部门专门成立了由街道社会发展科、街道团工委、青少年社工服务站、街道青少年保护办公室组成的青少年工作委员会，以研究在社区中需要做什么以及采取什么样的服务策略来满足青少年的需要③。

作为社区青少年社会工作者，针对社区青少年的上述问题，你认为应该采用什么样的社区工作方法为这些青少年提供服务？

---

① 桑标：《社区青少年心理研究》，上海，华东理工大学出版社，2006，29～30页。

② 全社会工作者职业水平考试教材编写组：《社会工作实务》(初级)，北京，中国社会出版社，2007。

③ 费梅苹：《社区青少年社会工作方法与研究》，上海，华东理工大学出版社，2006。

第二篇

青少年的成长危机及其干预

4

性爱困惑与引导

学习目标

①了解青少年在青春发育期所面临的问题以及社会工作者的职责。

②理解体象危机、恋爱危机以及失恋危机的发生机制和理论根源。

③从社会工作实务的角度，掌握三类危机干预的具体操作技巧。

青春期是青少年身心发展的关键时期。该时期由于身体发育程度快慢不一，使一部分青少年不能认同自己的身体变化而产生体象危机。另外，由于性发育趋于成熟，青少年对亲密行为、性行为充满好奇，但对行为后果没有很深的认识，容易产生恋爱或失恋危机。这些危机的安全化解，需要社会工作的介入。

案例 4.1

小辉，大二男生，22 岁。大一入校时认识一个女生后，迅速坠入爱河，但是面对他的深爱，女生似乎没有那么热烈，两个人的关系时好时坏。最近因为一件小事，女生与他彻底分手了。任凭小辉如何哀求，女生的态度十分坚决。小辉就此陷入失恋状态，整天茶饭不思，身体也一天天消瘦下去。小辉只有一个念头，“如果她不回到我身边，我就什么也不想做，什么也做不了。”小辉妈妈十分担忧，但又无能为力，费尽口舌才最终说服儿子到社区社会工作者这里求助①。

案例中的小辉显然是陷入了青春期的失恋危机。青春期是青少年身心发展的关键时期。在青春期阶段，青少年的身体发育程度快慢不一，由此产生的身体的变化在

① 全国社会工作者职业水平考试教材编写组：《全国社会工作师职业水平考试辅导》（中级），北京，中国社会出版社，2007。

一部分青少年那里不能认同,如嫌弃自己过高或过矮的情况开始出现,有的青少年认为自己不够健美、漂亮,不能很好地接纳自己的身体,往往会产生体象危机的现象。另外,由于性发育趋于成熟,青少年对亲密行为、性行为充满好奇,然而由于青少年在生理与心理发展方面并不平衡,他们对行为后果没有很深的认识,往往不能很好地认识恋爱、性以及婚姻等方面的问题。以上这些问题,都是青少年社会工作的重要领域。

4.1 体象危机与干预

案例 4.2

我是湖南的翔子,一个 17 岁的内斜视患者。听妈妈说,我从小眼睛就是这个样子。6 岁时曾随母亲去长沙治过一回,具体情况已经被时间淡化得一干二净了,只记得最后扫兴而归,这点还是敏感的我从妈妈满脸愁云的脸上体会到的。

随着年龄的递增,我长大了,学会看别人的每一个奥妙的眼神,也会很好地考虑问题了。按理说这是好现象,可是我不愿意这样。我多么希望自己永远不要长大,永远不会想事情。我宁愿自己是瞎子!聋子!哑巴!那样,我就可以无所谓世人瞧我的那种不寒而栗的神情,就可以不在乎一些小孩子对我的害怕和嘲笑,就可以不必感受五官缺陷带来的深深的自卑感,就可以……

无数次暗自躲在墙角里哭泣、悲伤;无数次倚窗发呆、难过,只因为我一直都很自卑,活得太累,太疲惫!我不止一次发现自己来到这个世界毫无意义,甚至觉得这是上帝最大的失误。不是吗?自己从不感到一丝快乐,于别人也从不曾带去过快乐。噢,善良?!真诚?!那又有什么用?这个世界,在我的人生里,唯有那善感敏锐的神经带给我与日俱增的心碎,让我不敢抬头,不敢与人聊天,不敢正视“他”人的目光,我怕“他”们看到我如此的眼睛,怕“他”们不懂我的视线,更怕看到“他”们的反应,或惊讶,或鄙夷,或……这个尘世上有很多事并不是勇气问题,而是勇气之后要随时面临的一切。过程或许可怕了点,但这并不重要,结局才是最令人揪心的,它让我觉得自己仿佛生来说是令人失望和扫兴的。我不知道你们是否有治疗斜视的办法,但我坚信你们一定可以治好我,我渴望“解放”!

案例中的青少年所患的正是典型的体象危机。青少年体象危机都有哪些表现?产生体象危机的原因是什么?如何才能预防和消除体象危机?

4.1.1 体象危机的表现

体象是人们对自己身体的心理感受,是对自己身体的姿态和感觉的总和。简言之,是个体对自己身体所给予的美丑、强弱等主观评价。由于人类的躯体不仅仅是生物学现象,而且也是文化现象,因此,人的身体自然而然地成为文化的载体。世俗的、医学的、宗教的价值观念,均会在人体上得到反映,当然,审美价值观念尤其会得到体现。现实生活中,每一个人的身体都不外乎地表达了特定的审美价值观。同样,这种价值观恰恰是通过自我审美认知来完成的。

体象危机又称为体象畸形症、丑形幻想症、畸形恐惧症、美丽强迫症等。体象危机是指个体在客观上躯体外表不存在缺陷,或者有极其轻微的缺陷,但其主观想象具有奇特的丑陋不能悦纳自我,产生极为痛苦的心理。为改变现状,使用自我伤害的行为,如过度减肥、整形等,长期陷于因无法改变的体象带来的无穷无尽的痛苦之中,常常出现一系列的负面情绪,如焦虑、抑郁、恐惧等,对事物失去了兴趣,缺乏知心朋友,回避公众活动,即使偶尔出现在公共场合,对自己的体象也特别敏感。有的人因此退学或者恐惧出门,一旦整形、增高、减肥失败,就抑郁、自卑,更加缺乏自信,甚至会出现自杀念头、自杀行为。在这里,要明确区分"客观"畸形与"主观"畸形,这是因为"客观"畸形和"主观"畸形常容易混淆。客观畸形是客观存在的畸形,这种畸形是人人可见的;而主观畸形仅仅是想象中的畸形,是个人主观认为的畸形,可能根本不存在。对于完全是主观畸形的病人,其感觉和患有明显畸形的感觉是一样的,甚或更为强烈。

体象烦恼在中小学学生中逐年增多,陷入危机者也不是个别。体象烦恼在青少年各种心理烦恼中占有很大的比例。

中小学生的体象烦恼的发生率以初中为最高,占全部学生总数的 23.49%,高中次之,占 19.39%,小学生较低,占 16.08%。其中异常烦恼且为整形而奋斗的,高中、初中都占 3.6% 以上,小学占 0.72%。体象烦恼有年龄特点,小学生和初中生最为忧伤和担心的是身体的过高过矮,这与他们青春期到来的早晚相关,早发者有形单影只之虑,晚发者有怪异之感。高中生最关心的是体型的魁梧或苗条,2009 年的一次调查中,40% 的高中生说他们都在节食,超过 7% 的高中女生曾服用缓泻剂,或通过呕吐以减轻体重或避免体重增加,8% 的女生曾服用节食药片,25% 的女生患有饮食紊乱。而且患有饮食紊乱的不只是女孩子,越来越多的男青年的全部心思都放在如何使自己健美起来这个问题上,甚至不惜采取危险的方法。这与他们的异性交往、两情相悦十分相关①。

4.1.2 体象危机的归因分析

体象危机诱发因素有很多,主要可以归结为主观和客观两个方面。从主观方面来说,患体象危机的人大都虚荣心强,过分追求完美,特别是对自我形象要求比较高,或者是性格内向,不善言语,容易受外界影响,有自卑、敏感、胆怯、多疑等性格特征。从客观方面来说,体象烦恼不仅是生理现状所引起,同时也受社会风气的影响。随着社会经济的发展,生活质量的提高,特别是在美容热兴起的今天,因体象烦恼而出现的体象危机将会越来越多。但相当一部分体象危机者并不认为自己是心理上的毛

---

① 杨佐廷:《上海市中小学生青春期烦恼的调查研究》,见《中小学心理健康教育》。

病,不会寻求心理方面的治疗,而是到美容和矫形外科、皮肤科等纠正其想象的容貌缺陷。但通过矫形治疗或美容,往往适得其反,危机者更加不满意,会引发更严重的体象危机。

在上述主客观两个方面的因素影响中,认知行为理论更倾向于认为,青少年体象危机问题的原因不仅仅是外在社会环境的影响,或客观生理现状,更是青少年主观认知的结果。根据认知行为理论的观点,为了美丽而感到痛苦的人,并非其有明显的身体缺陷,而在很大程度上,痛苦是由“主观”畸形造成的。正如前面案例所言,翔子仅仅是个内斜视患者,但是这一点点轻微的缺陷,却给他带来无尽的烦恼、悲观、失望,认为自己来到这个世界毫无意义,不敢抬头,不敢与他人聊天,自己从来没有感觉到一丝的快乐,由此陷入了典型的体象危机之中。

4.1.3 体象危机的干预策略

从认知行为理论出发,既然个体的内在认知结果对个体外在行为的改变具有决定的影响,因此,强调认知在解决问题过程中的重要性,强调内在认知与外在环境之间的互动,将认知用于行为修正上,就是消除体象危机的有效途径。在将认知行为理论运用于体象危机的干预过程中,帮助服务对象改变错误的认知,建立正确的认知很重要。认知行为学派认为,帮助他人的关键是协助其自助、自立,使其能够在正确认知的基础上,成为自己的咨询者和帮助者,以达到调节和控制自己情绪和行为的效果。

在案例4.2中,翔子认为别人看自己的眼神都不好,自己被孤立,自己来到这个世界毫无意义等,都是一种错误的认知,是一种关于别人态度的臆想。要改变受助者的行为、态度以及个人的主观感受,必须首先改变其错误的认知。具体而言,其治疗要点如下。

(1)明确青少年对自己身体的不良认知

所谓的不良认知主要是指歪曲的、不合理的、消极的信念或思想,这些信念或思想往往会导致情绪障碍和非适应性行为。让青少年认识到体象取决于遗传、营养和锻炼,后天是很难改变的,对个体体象的完美苛求实际上是“主观”畸形。

(2)不但要接受自己,而且要悦纳自己

对于人的容貌形态而言,美是一个很主观很个体化的东西。存在体象烦恼的青少年,应该心安理得地正视自己的容貌和体象特点,不论自己是高个子还是矮个子,不论是大眼睛还是小眼睛,不论是长得漂亮还是难看,都不要对自己天生的事实感到厌烦和羞愧,不要对自己的外貌多加掩饰或进行人为的改变。应该自豪地接受自己,同时接受他人,因为自己和他人都是极自然的人。人从来都没有十全十美的,人的长相各有短长,各有特色。即使身体在先天或后天存在缺陷,对于个体来说,理性的态度仍然是要接纳自己生命中的不完美,而不应以消极悲观的态度面对。

(3)调试心理,消除臆想丑陋

体象危机者的丑陋大都是自己臆造出来的,尽管有人或伟岸英俊,或沉鱼落雁,或矮小丑陋,但毕竟是极少数,绝大多数人是差不多的、大同小异的。臆想丑陋可以用夸大法消除。如“丑陋那又怎么样? 难道世上除了我,人人都英俊潇洒,个个都貌若天仙?”或“我很丑,丑得谁见了我都会吓个半死,我是世上最丑的,丑得不能再丑了。”直到自己也感到难以置信、可笑无聊时,臆想丑陋便会自我消除。

(4)要挖掘自己的潜能,以特长成才

要相信自己,相信“天生我才必有用”,开发自己的潜能,用自己在其他方面的能力战胜体象危机给自己带来的负面影响。每个人在某一方面都是有特长的,要相信自己的潜能。

另外,体象危机的产生还与青少年的身份危机有关。一般来说,体象危机者常常跟身份没有建立牢固的关系。身份危机是不少人在成长过程中需要加以克服的,健康人的身份不会因心理、社会和身体的干扰而发生变化,但一些青少年会因为体形的变化、身体的发育而出现身份混乱,造成身份危机。在对其进行认知治疗时,要让他建立自信,增加对自己的了解,悦纳自己性身份,通过创设情景,让其得到别人的真实反馈会使治疗更有效。

4.1.4 体象危机干预实务模拟训练

案例4.3

小亮今年正读初二,是班上的学习委员,只是身材瘦长,长相不佳。情窦初开的年纪,他喜欢上了班上的一位女孩子,没想到表白后,女孩转身就逃,一边逃还一边喊:“难看死了。”“我是不是真的很难看?”小亮不停地问自己,当天回去就照镜子,镜子里的他小眼睛、塌鼻子,他越看自己越难看,于是产生了自卑心理。他想“改头换面”,但没办法,于是常常失眠,开始在意别人对他的评价,人多的地方是再也不敢去了,成绩因此而一落千丈。

体象烦恼是一种性心理障碍,一般出现在青春发育期。此时面对性别差异的突然出现,青少年往往缺乏足够的心理准备。他们会不由自主地与他人进行对比,一旦出现较大的差距,其中的一些人就会产生体象烦恼。

男孩更多地忧虑自己的身躯不够高大,女孩则担心自己的形体不够优美。进入初中的学生,随着生理的变化,都渐渐开始注意自己的形象,其中不少青少年甚至由于容貌或生理上的缺陷而产生了严重的精神负担,体象烦恼在青少年各种心理烦恼中占有很大的比例。小亮正是这样的一个男孩,因为女孩说自己难看死了,便产生自卑心理,精神负担极大,甚至产生人际交往恐惧。

在此案例中,首先要帮助小亮认识到什么是错误的认知,并逐渐帮助小亮建立其关于体象的正确认知。看自己越看越难看,这是对自己体象的个人感觉和认知,而且这种认知是错误的。要让小亮认识到,体象上没有十全十美的人,我们不但要接受自己,还要悦纳自己。认识到任何人都有不足,俊男美女也一样。要不断地告诉自己气质才是最重要的,要学会欣赏自己的才华,比如自己虽然眼睛小,但很有神,虽然长相一般,但身材不错,学习也不错,而且在其他方面的能力比较强等等。

4.2 恋爱危机与干预

案例 4.4

多年前,我与她是同班。她是班里气质最好的女生,文静中有几分成熟的美,她与我同桌,学习成绩也比我好,当我有不明白的问题,请教她时,她总是认真热情地解答。她的性格开朗,脸上总是挂着美丽的笑,她笑得很美,有时候,我会为她的笑容想入非非。也许是同桌,彼此交流得多了,也就产生了好感,于是,我主动地提出想与她交朋友。当时我们还是初中二年级的学生,“爱情”过早地闯入了我们的生活。我们开始了“约会”,放学后,我们会躲到河边的柳荫下,开心地聊些不着边际的话题。这样的日子过了一段后,我们的交往被同学发现了,很快全校老师和家长也都知道了。我们都很害怕,在别人眼里,我们是坏孩子,甚至是“下流”的人,其实,我们只是觉得在一起开心,没有什么事情发生,更不像别人想象的那样。

由于学校和家里的压力加上社会舆论,我和她终于“分手”了。后来,我被父母送往外地的亲戚家读书,她也就此没有了音讯。也许她已经成了那次“早恋”的牺牲品,我呢?

随着社会开放,性刺激增加,生理心理发育提前,社会成熟与性教育滞后,青春期恋爱已是愈演愈烈,由恋爱受挫、失败引发的出走、自杀、斗殴、情杀等危机在不断增加,当代中学生恋爱已是人们普遍关注的社会现象。

4.2.1 恋爱危机的表现与特点

青春期恋爱,这里之所以没采用“早恋”一词,主要是由于“早恋”是一个贬义词,具有一种比较明显的道德批判色彩。著名学者、性教育专家李银河在她的《关于青春期恋爱的研究》中指出:“早恋”这个词并不科学,顾名思义,早恋就是过早地恋爱。但是,何谓早?目前一般指中学时期,有的甚至包括大学。西方社会学研究者将 12 ~19 岁的青少年的恋爱行为称为青春期恋爱。相比之下,这一用语既给出了明确的时间定义,又未加以道德评价。

青春期恋爱,一般可分为三种类型:模仿型青春期恋爱——是指性意识发展还处于接近异性阶段的初期的青春期恋爱类型,出于好奇心而模仿成人恋爱,随心所欲而不问后果,带有明显的游戏性特点;天真型青春期恋爱——出于对异性的向往而进行恋爱,只要对某一异性的某些特点好感,认为对方声音好听,球打得好,就会偷偷地眉目传情,或干脆写信约会,带有明显盲目性的特点,这是性意识发展处于接近异性阶段中期的青春期恋爱型;初恋型青春期恋爱——出于对异性容貌、能力、风度、性格等的倾慕而进行恋爱,开始对爱情有了自觉的追求,但还不能全面深刻地理解恋爱的全部内涵,这是性意识发展处于晚期的青春期恋爱类型。

青春期恋爱的特点如下。

①朦胧性，对两性间的爱情似懂非懂，不知是喜欢、爱慕还是爱情，也不知如何去爱，却有“雾里看花”的美感。

②单纯性，跟着感觉走，只觉得和对方在一起愉快，对方有吸引力，没有成年人恋爱结婚的功利性或匹配性的思想。根据李银河一项关于青春期恋爱的研究，只有6.2%的青春期恋爱抱有“寻找终身伴侣”的动机，换言之，93.8%的青春期异性交往是不以结婚为目的的。

③差异性，表现为女生发生恋爱的较早较多，可能与女生发育较早有关，也可能与年龄稍长的男生总是寻求年龄较小的女生有关。

④不稳定性，青春期恋爱只是寻找一时的感觉，不寻求长久性，两个人交往带有很多的随意性，缺乏稳定性。

⑤冲动性，缺乏理智，往往遇事突发奇想，莽撞行事，一时冲动不计后果。

4.2.2 恋爱危机的归因分析

青少年的恋爱问题是个体学生心理与家庭、学校生活、社会风气共同作用的结果。带有特定时期（青春期——第二性特征发育及逐渐成熟时期）的普遍性。少男少女进入了青春期以后，在生理和心理上都有了性的需求，都有了爱的渴望，加上现代社会信息发达，他们很容易从电视、网络和各种平面媒体得到一些似是而非的恋爱和性的诱惑，比起已往的同龄人和他们的父母一代，他们过早地步入了青春恋爱期。

据有关调查，初中生谈恋爱，自我感觉良好，“甜蜜，心情愉悦，当然对学习有帮助”。也有可能如案例4.4中男孩的感受，“我们很开心，没有任何事情发生”。但也有成人说，初中生谈恋爱就像带刺的玫瑰，往往被它的芬芳吸引，一旦身陷其中，便被它刺得遍体鳞伤。2002年6月22日《信息时报》的一篇文章《中学生性行为流行ABCDE》中有一段这样写道：“有一种新说法，据说已在中学生中流行很久了。这种流行语就是ABCDE说法，其中A为接吻，B为爱抚，C为性行为，D为怀孕，E为堕胎。而初中以上的学生大多不同程度尝试过A和B。许多少男少女由于受到社会环境和流行文化的影响，视恋爱乃至偷吃禁果为酷，极容易产生尝试性行为的强烈欲望，‘勇敢’地偷吃禁果后，却无法面对其导致的后果，不少少女因此走上歧途甚至绝路。”可见，青春期恋爱的冲动性还是很典型的。

4.2.3 恋爱危机的干预策略

青少年进入热恋之中，总会遇到父母、老师的阻碍，使恋爱受挫并常常陷入危机之中。无数事实证明，对青春期恋爱的粗暴干预，往往会造成青少年一生的感情压抑，患上抑郁症或与其相关的病症，甚至酿成悲剧的结局。2003年4月15日的《生活时报》有一篇文章写道：“美国《健康和社会行为》杂志对8 000名青少年进行了调查，结果发现，青少年之间的恋爱，很有可能使他们患上抑郁症，一些人还会因此自杀，个别人甚至走上了杀人的道路。”美国著名儿科专家米季亚姆·考夫曼在他最近出版的畅销书《战胜青少年抑郁》中写道:“因青春期恋爱而引起的抑郁症,其实在15% ~20%的青少年身上会有早期症状。如孩子日益孤独、睡眠增加、饮食或行为改变等,这些症状如持续出现两周以上,最好带他们去看心理医生。”

对青春期恋爱危机干预的最好方法是人本主义的“交流无条件积极关注的技术”,这是人本主义心理学家罗杰斯的经典理念。

积极关注是指被别人喜欢、尊重或认可的需要。不管处于恋爱危机中的青少年是什么人,都抱有一种热忱的、积极的和接纳的态度,都对他表现出无条件积极关注。这种态度没有私欲、没有评价、没有保留。不管青少年有什么行为,治疗者总是继续尊重他。治疗者的积极关注总是不变的、不动摇的。积极关注,即不断发现当事人身上的价值和力量,帮助当事人自己去寻找这种价值和力量,把当事人的注意力转向发现自己的长处和谋求个人的成长。要做到积极关注,辅导者就必须建立一种信念:他是有力量的,他是能够成功的,他是有不少优势的。辅导者有了这种信念,就会在不知不觉之中把这种信念传给当事人。对青少年积极关怀,就要在咨询与辅导的过程中,努力引导他思考:我的长处是什么?优势在哪里?哪些因素有助于我的成功,我却没有发现、发掘并开发这些力量去达成目标?

在积极关怀的同时,还要对青少年给予尊重和温情。对青少年的这种纯真感情需要的是爱护、同情、谅解,需要的是设身处地的理解,需要的是理性的引导,而不是蔑视,更不是歧视与训斥。运用“交流无条件积极关怀的技术”这一理论手段,就是尊重热恋中学生的意愿,促进他们不同程度地自我成长,其干预的要点可以从学校、老师、家庭以及青少年自身几个方面入手。但是,无论从哪个角度、哪个方面入手,都要对青少年无条件地积极关怀,充分地交流,给青少年以尊重和温情。

恋爱危机的干预策略主要有如下几方面。

1. 学校活动

采用心理咨询、辅导、谈心等多角度、多层面方式进行青春期教育,化解青少年心中恋爱的神秘感。多开展校园文化活动,以促进学生的异性交往,分散交往,避免单一趋向。如有的男孩子,自己品学兼优却担心没有女孩喜欢自己,担心自己未来陷入恋爱危机中。针对此种情况,学校应充分给予关怀,采用心理辅导等多种形式,将其内心的担忧——这种非理性的情绪转化成理性的思维,并转化成其学习的动力。如不及时的干预,青少年内心的担忧和焦虑积聚起来,往往会影响学习,也可能使其成为潜在的抑郁患者。

2. 老师观念

老师的主要职责是教书育人,帮助学生树立良好的世界观、人生观、价值观……包括培养良好的个性心理品质,对学生进行自尊自爱、自立自强、开拓进取的教育,健康生活情趣和健全人格的培养教育,青春期心理健康、友谊、恋爱、家庭观念的教育和行为的指导,坚强意志品格和受挫能力的培养训练。

从这里出发,初中生对异性的倾慕是正常反应,应该给予首肯,但默许他们谈恋爱有违老师的职责本分。反过来,禁止也决非良方。应该引导他们树立为美好世界作出自己的贡献,培养他们的使命感与责任感,为将来自身价值的展示创造更广阔的平台。

3. 提高学生自我意识

(1)正确认识自身心理的局限性和发展的不完善性

青少年一般都存在以下心理的局限性和发展的不完善性:交往需要强烈,但自尊心强,思想情感、个人秘密不愿意轻易向他人吐露而心理闭锁;独立性强烈,但摆脱不了依赖性;求知欲强烈,但识别力低;情感丰富,但情绪不稳定,往往容易感情用事;富于幻想,胸怀远大的理想与信念,对未来充满美好的向往,但又是急躁的理想主义者,对现实生活中可能遇到的困难和阻力估计不足;机能成熟,性意识觉醒,但思想尚未成熟,道德观念不强,意志力薄弱,强大的生理冲击有时会使他们做出违反道德规范的行为,给身心健康带来严重的不良后果。因此,恋爱会直接危害身心健康成长、严重干扰学习(科学文化知识、人际交往知识、情感技能、责任和义务等)。青少年要在正确认识自身心理的局限性和发展的不完善性的前提下,力争发展和完善自己。

(2)正确处理好男女生正常交往

青春期的少男少女随着生理的成熟和心理的发展,都会开始关注异性同学,并希望了解他们,与他们交往,这是一种正常的心理现象。况且异性交往在人生中必不可少,青少年与异性正常交往获得情感的完善和健全是素质教育的重要组成部分,它不是一件丢人和见不得人的事,也与道德品质问题无关。绝大多数青少年都"恋爱"或"单恋"过一个自己很喜欢的异性,这无可厚非,异性同学之间的正常交往不仅有利于学习进步,而且也有利于个性的全面发展。关键是如何正确处理恋爱、男女生正常交往的关系。正常的异性交往需要把握以下几方面。

①自然交往。在与异性交往的过程中,言语、表情、行为举止、情感流露及所思所想要做到自然、顺畅,既不过分夸张、闪烁其词,也不盲目冲动、矫揉造作。消除异性交往中的不自然感是建立正常异性关系的前提,像对待同性同学那样对待异性同学,像建立同性关系那样建立异性关系,像同性交往那样与异性交往。

②适度交往。异性交往的程度和方式要恰到好处,应为大多数人所接受。既不为异性交往过早地萌动情爱,又不因回避或拒绝异性而对交往双方造成心灵伤害。

③真实坦诚。这是指异性交往的态度问题,要像结交同性朋友那样结交知心朋友。

④留有余地。虽然是结交知心朋友,但是异性交往中,所言所行要留有余地,不能毫无顾忌。比如谈话中涉及两性之间的一些敏感话题时要回避,交往中的身体接触要有分寸等。特别是在与某位异性的长期交往中,要注意把握好双方关系的程度。

4. 家庭生活

创造宽松民主、协调和睦的家庭生活氛围,增加亲子之间的情感交流,不回避孩子有关性生理、性心理问题上的感受和疑问,以过来人的心理历程去解读孩子青春期的思想和行为，以旁观者的姿态参与讨论和指导。总之，如果说青春期的孩子对异性有一些朦朦胧胧感觉的话，这是再正常不过的事情，说明孩子长大了，不再处于对男女的无知状态，对自己的性别有了认同，对异性也产生了强烈的认识欲望，这与寻求数、理、化知识没什么两样。师长应该做的是帮助孩子接受自己的身体变化，接受自己的成长，帮助孩子与异性正常交往，尤其是鼓励孩子和同学广泛接触，共同成长。在群体交往的过程中，既能消除孩子对异性的神秘感，又可防止单独交往的意外。学生时代的交往是成年人交往的基础，不要幻想这时候不交流，大了自然就会交流了，人与人之间的沟通是人类社会存在的必然基础。在现实社会当中，中学生恋爱也存在一定的问题。在中学生恋爱中，多数有肉体和性接触的意向，但不一定都付诸实践，相当多的中学生恋爱满足于温馨的情感交流和卿卿我我的言语交流。当然，也有一部分基于性冲动和欲望而发生性行为。这就要求师长以最佳的策略，引导学生珍藏爱心，明白青春是人生的黄金时期，它之所以宝贵，就在于青春期正处于人生发展曲线的高峰时期，心理向成熟发展的过渡时期。

4.2.4 恋爱危机干预实务模拟训练

案例 4.5

小芳，女，16 岁，在怀孕 6 个月时被母亲发现，母亲痛哭流涕到居委会求助。居委会工作人员了解到，小芳出生在一个不幸的家庭，父亲在她 8 岁时因盗窃被捕入狱，母亲与她相依为命，家里的经济来源是母亲在超市里作营业员的微薄收入。小芳渐渐长大，看到其他同学的父母都在身边，能打扮得很时髦，而自己回到家时，妈妈还没下班，还要自己做饭。妈妈回到家里也累得不愿多说话，因此她感到很孤独，慢慢地与社会上的异性来往了，开始谈恋爱了，最后导致怀孕。在居委会的推荐下，小芳母女来到了社区站寻求帮助。

此案例中的小芳的恋爱从起因上说，与她在家庭生活中没有得到与同龄人一样的温暖有关，由于孤独和攀比小芳开始与异性交往，先不说以 16 岁的年纪谈恋爱是否被允许，很显然这是不理性的恋爱观，如果一个人因为孤独、同情、报恩、满足物质需求而谈恋爱，其恋爱的基础首先就是不牢固的。小芳的恋爱很单纯、很盲目、很冲动，同时也给自己带来了以 16 岁的年龄难以承受的结果。16 岁，虽然生理上成熟了，第二性征趋于完善，但心理上还不够成熟，对面临的社会环境、道德气氛以及行为的后果考虑得不够充分。目前小芳面临的困境主要有如何摆脱怀孕的困境以及如何树立正确的恋爱观和生活观。社会工作者可采取人本主义的“交流无条件积极关注的技术”，与小芳以及小芳的母亲谈心，从身体和心理两方面给他们以尊重和温情、关怀和接纳。当然，无条件积极关注并不等于必须同意当事人的行为，不等于带领者要放弃自己的价值观。其具体辅导过程如下。

①与小芳面谈，了解她的怀孕经过和目前的思想状况，消除她的恐惧感。

②与小芳母亲沟通，了解母亲对小芳怀孕的处理意见，让母亲帮助小芳渡过

难关。

③通过与小芳和她母亲的面谈,按优先顺序列出解决怀孕问题的方法。

④对小芳进行心理疏导,减轻她的压力,帮助她树立正确的恋爱观和生活观。

⑤劝导小芳母亲多关注女儿的成长,使小芳增强生活信心。

4.3 失恋危机与干预

案例4.6

瘦高、文弱的小杨从高一开始就对同桌女同学产生了好感,买雪糕总是买两支,有新书主动借给人家,晚上放学还护送同桌回家。学期结束时,小杨便兴奋地提出"发展恋爱关系",同桌女生虽然没有说什么,但还是默认了这种关系。后来,交往了一段时间后,同桌对他说,"我们分手吧",并让老师给调了座位。小杨觉得很诧异,也很难过,不但没有冷静下来,反而产生了强迫性思维:"她为什么不喜欢我呢?我长得太瘦弱?我对她还不够好?"终日胡思乱想,使他的成绩不断下降,终于有一天,他选择了轻生。

恋爱的一方中止恋爱,另一方就宣告失败。青少年的心理发展和生理发育往往是不同步的,青春期的孩子比较敏感,此时一些微小的事情也容易引发心理问题。失恋往往使他们心灰意冷,心理承受力差的青少年就容易因此产生心理疾病。

4.3.1 失恋危机的表现

一般意义上所谓的"失恋"是指一个痴情人被其恋爱对象抛弃。失恋引起的主要情绪反应是痛苦与烦恼,大多数人能正确对待和处理这种恋爱受挫现象,很快地走向新生活。然而也有一些人不能及时排除这种强烈情绪,导致心理失衡,性格反常。

当代青少年性意识早熟,青春期恋爱现象较为多见,特别是青年学生在校恋爱已较为普遍。他们在恋爱方面一旦遇到挫折,尤其是被对方拒绝或抛弃,便陷入失恋危机,他们往往会产生一种强烈的挫败感和羞耻感,情绪混乱,内心沮丧、愤怒、抑郁,形成心理危机。心理危机表现为以下几种情形。

①多数人有较严重的抑郁倾向,沉默不语、盲目游逛、酗酒,或茶饭不思、如醉如痴、不能自拔,少数人导致精神分裂症。据资料显示,失恋是青少年产生心理障碍和精神疾病的重要原因。初恋时不懂爱情,一旦相爱便奋不顾身,激情澎湃;一旦失恋也奋不顾身,无法自拔。据统计,因为初恋失败而患上抑郁症从而产生自杀念头的青少年占失恋总人数的10%以上,这种现象在注重精神生活和崇尚情感至上的大学生中特别严重。因为忍受不了失恋的痛苦而自杀的占大学生自杀总人数的一半以上。

②攻击性倾向,自暴自弃、不求上进、打人、骂人、摔东西,乃至伤害对方及其家人,有人格缺陷者如自恋和偏执性人格障碍者最易产生这类倾向。

③严重的自杀倾向,全身心的奉献而无结果,深感自我价值丧失,活着无意义,与

美好的人生不辞而别。

失恋危机的程度与倾慕对象的热烈程度,与是否有爱情至上的观念、是否有占有欲等呈正相关。

4.3.2 失恋危机的归因分析

恋爱的原因只有一种,失恋的原因有千百种。或是由于家庭或社会舆论的压力,或是一方变心,或是双方在交往中发现彼此思想、个性不相吻合,情感不融洽等。另外,某些人的人格特征也容易导致失恋,如内向而不把自己的意思和感情表明的人;以自我为中心,只遵照自己的感情行动,而不顾及对方感情的人;梦想可望而不可及的人;自恋感强烈的人;把对方过分理想化的人;受困于劣等感的人。多次失恋的人,很可能有失恋倾向的人格或未成熟的特点。每一个时代的人失恋的原因都是不一样的,根据专家分析归结为以下几种。

①社交的不相容性:因为教育程度和社会文化背景的不同所造成。

②低品质的关系:两个人的沟通不良。

③社会网络的影响:父母或亲朋好友的关系也会成为造成两个人分手的原因。

对于青少年来说,还没有树立起理性的恋爱观念,对事物的发展缺少理性的分析,恋爱基础也不牢固,往往还带有很强的盲目性,恋爱的感觉也很朦胧。因此,失恋往往成为青春期恋爱的必然的结果。

4.3.3 失恋危机的干预模式

爱是一种能力,也是一种艺术,人们祈求爱、渴望爱,更要学习爱。克服失恋带来的心理危机,使爱的能力提高,让爱的艺术升华,是十分必要的。因为人只有通过一次真正的失恋痛苦和折磨,才会开始成熟起来,爱的觉醒即自我觉醒。失恋不等于爱情结束。失恋一次,会对自己是什么样的人,将有什么改变,与什么样的人过一生,产生更深刻的认识。那么,应如何帮助学生对待“失恋”,渡过“失恋”带来的心理危机呢?

4.3.3.1 理性情绪治疗模式

理性情绪治疗模式对人的心理失调的原因和机制进行了深入的分析,提出了比较有影响的 ABC 理论(见图 4.1)。A 代表引发事件,是指服务对象所遇到的当前发生的事件,如案例中的失恋事件。B 代表服务对象的信念系统,是指服务对象对当前所遭遇事件的认识和评价。如案例 4.6 中的小杨的感受,“她为什么不喜欢我呢?我长得太瘦弱?我对她还不够好?”C 代表引发事件之后出现的各种认知、情绪和行为。如案例 4.6 中小杨的自杀行为。D 是指案主通过接受辅导,对自己原有的认知进行反思与质疑,破除旧有认知,建立新的认知。E 是指思想观念的转变最终会导致负面情绪的消除与积极心态和情绪的产生。

根据理性情绪治疗模式的基本观点,信念和认知是情感和行为反应的中介,引起人们情绪和行为问题的原因不是事件本身,而是人们对事件的解释。恋爱失败,这是事件,而由此产生的自杀、无奈和困惑不是失恋本身带来的,是非理性的信念带来的。如案例4.6中,小杨认为自己长得太瘦弱,自己对女朋友不够好等等。因此,在理性情绪治疗模式中,用理性信念替代非理性信念,用自己能接受、能自我超脱、能宽容的理由解释失恋造成的各种心理压力,以摆脱心理困境,获得心理平衡是十分必要的。

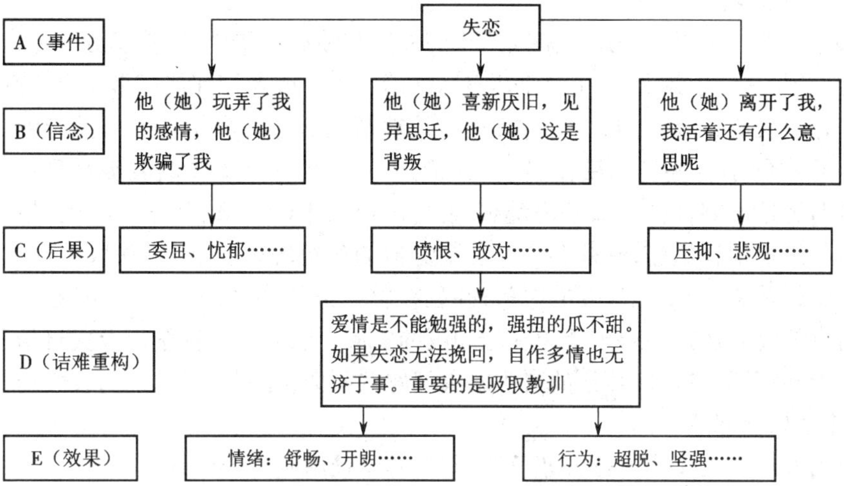

图4.1 理性情绪治疗模式对待“失恋”的基本观点

失恋者的认知重构,或者说,从非理性信念向理性信念的转化,常见的有如下几种。

①“我失恋了,一切都完了”应修正为“这个故事结束了,但我还有事业和乐趣,还有朋友,一切都会好起来的”。

②“他骗了我,我瞎了眼”应修正为“他骗了我,但他曾经有过真诚,他太坏了,但还是有不少优点,曾经有过的一切是美丽的,与一个不爱自己的人在一起是一种折磨”,“他的这些讨厌的缺点,即使这次不分手,早晚我也会忍受不了而和他分道扬镳的”,“既然他有这些恶劣之处,我为分手而感到庆幸”。

③“我爱别人,别人一定要爱我”应修正为“爱是相互的,每一个人都有爱和被爱的自由”,“被倾慕的人拒绝自己的感情,是不愉快的,但也是常有的事,也是正常的,任何人没有理由歧视,自己也不应该自卑”,“你爱他,他也爱你,与之相爱,可以是博爱,也可以是情爱。如果他不需要你,你一厢情愿地去爱,这是侵犯;他转身而去,你不去追,这是文明的爱,是尊重别人,也是尊重自己。失去一个人,不是所有的人,相信‘天涯处处有芳草,何愁无人不识我’”。

④“我什么都没有错啊,他离开我没道理”应修正为“分手就意味着我什么地方错了,让我反省一下,以防下次恋爱犯同样的错误”。通过认知重构,要确立起两条精神支柱,“我是好孩子,没做丢人的事”,“失恋不是爱情的结束,自己将来一定能找

到意中人。"①

理性情绪治疗模式是以服务对象的非理性信念的检查和辩论为中心,形成了目标清晰、要求明确的治疗方法和特点,具体包括五个方面:明确辅导要求、检查非理性信念、与非理性信念辩论、学会理性生活方式和巩固辅导效果。

4.3.3.2 危机介入模式

如果服务对象因为失恋而陷入严重的痛苦和愤懑情绪中,迷茫、无助、焦虑,或者把爱变成恨,采取攻击行为,攻击恋爱对象或第三者,或者抑郁甚至带有自杀倾向时,社会工作者就要在有限的时间内快速、有效地帮助服务对象摆脱危机的影响。比如案例4.6中的小杨整日沉浸在强迫性思维中,"她为什么不喜欢我呢?我长得太瘦弱?我对她还不够好?"终日胡思乱想,使他的成绩不断下降,终于有一天,他选择了轻生。如果在他轻生前,有社会工作者察觉他的危机境地,及时地采取干预措施,给其输入新的希望,调动他改变的愿望;并且在整个危机的处理过程中,能够充分调动小杨自身的克服挫折的心理资源和他周围的资源,他的老师、同学以及父母给予他必要的精神和情感支持,培养他的自主解决问题的能力,克服危机的能力,恢复自尊、自信,那么结果会截然不同。

运用危机介入模式进行失恋危机干预,其干预原则为与当事者充分交谈,指出恋爱和感情不能勉强,也不值得殉情,而且肯定还有机会找到自己心爱的人。同样,对拟采取攻击行为的当事者,应防止其攻击行为,指出这种行为的犯罪性质并可能带来的严重后果。因此既要防止当事者自杀,也要阻止其鲁莽攻击行为。在干预过程中,有效地稳定服务对象的情绪很重要,社会工作者需要借助简洁易懂的语言、专心地聆听、感情的支持等技巧稳定服务对象的情绪。一般持续时间不长,给予适当的帮助和劝告即可使当事者顺利渡过危机期,危机期过后相当长一段时间内,当事者可能认为世界上的女人(或男人)都不可信,产生很坏的信念,但这不会严重影响其生活,而且随着时间的迁延会逐渐淡化。

4.3.4 失恋危机干预实务模拟训练

案例4.7

李春是大学二年级学生,他是以全校最高分进的大学,他一直是家里的骄傲。在大一的时候,他与一个女生相恋了。两人在爱河中共浴了数月,然而突然有一天,李春发现自己全身心投入的这段爱情走向了终结,女孩依偎在了另一位男生的怀抱。在移情别恋之后,女孩告诉他,爱是一种感觉,当爱时那是真爱,当不爱时那就是真的不爱了。女孩自称对李春失去了感觉,然后就绝情地离开了他,没有给李春任何重来的机会。

李春失恋了。由于受到女孩的伤害,他开始上网,到无法自拔,现在他极度颓废,

① 杨佐廷:《心理诊断与案例研究》,上海,上海科学普及出版社。

不愿意上学，感觉放弃了人生，他的家人已无计可施。可以说什么办法都用过了，即使他离开了网络，可是他的消极心理让所有人都很担心。

1. 案例分析

恋爱取得成功，除了社会公认的品质、观念以外，还有许多特殊的心理要求，比如性格和谐、志趣相同、价值观一致、生理特征相配等等。因此，可以说恋爱成功不是一件容易事。李春失恋后的痛苦是可以理解的，也是人之常情。如果不痛苦，那就不是恋爱了。如果经过短期的情绪和心理调节，能够回复到正常的学习生活，就不需要外界的干预。但是像李春这样，无法自拔、整日上网、不愿意上学、放弃了人生，此种症状的出现和持续，就需要外界的干预了。

2. 应对策略

针对上述情况，可以采取理性情绪治疗方法进行干预。

①确定对李春的辅导目标，帮助他走出失恋后的消极的情绪体验，学会理性生活方式，树立起生活的信心，开始新的生活。

②检查李春在失恋后的非理性信念，与非理性信念辩论并修正它。从李春的行为中，可以看出，他在失恋后，什么也不想做，整日陷在网络中，认为网络可以占有他的时间，可以让他逃避失恋的情绪，可以把此种情绪修正为“我要正视失恋这件事情，网络并不能彻底赶走消极情绪”。李春失恋后很颓废，不愿上学，对人生也失去了期盼，将此种观念修正为“无论恋爱还是失恋，都是人生的一种体验，不是失败，从中可以吸取很多经验，可以更清楚地认识自己，也彻底认识对方。爱情不是人生的全部，我还可以拥有更丰富多彩的友情、亲情和事业”。

③帮助李春建立起新的人际交往圈，增加和同学的交往频率，培养自己感兴趣的生活情趣，转移注意力，积极培养理性的生活方式。

另外，在干预过程中，还可以辅之以一定的技巧，具体如下所述。

(1)逆向思考

如果因为某些方面发生矛盾，使恋爱不能进行下去，不妨反过来思考一下，如果勉强凑合下去，造成以后感情不和，爱情又有什么幸福可言？失恋固然不是幸事，然而没有志同道合、个性契合，及早分手也并非坏事，“塞翁失马，焉知非福”？

(2)合理宣泄

失恋造成的情感压抑是十分严重的，如果不及时地合理宣泄，会出现各种不适应症状。比较有效的宣泄方法有以下几种。

①向亲密的朋友或家人倾诉内心的苦闷和悲伤。

②可以闭门痛哭一场。

③寄情于山水之间，向大自然宣泄自己压抑的情绪。失恋后可以与朋友一起外出远游一次，体验大自然之奇丽与伟大、人生之美好，会觉得自己失恋的痛苦只不过是沧海一粟，心胸会变开阔，郁闷的心情就会有所缓解。

④升华。升华是宣泄失恋后心理能量的最理想方式。失恋者应运用理智，把感

情、精力投入到能充分实现自身价值的事业中和对生活的热爱上去，从而将失恋造成的挫折，在更高的升华境界中得到补偿，获得更大、更多的收益。

(3)丢弃自卑

失恋并非羞耻之事，但有些失恋者却认为失恋是令人耻辱的事，是被对方“涮”了、“玩”了，从而感到脸上无光，无地自容，产生强烈的自卑感，甚至因此离群索居。其实，任何事情的发展都面临着两种前途，恋爱也是一样。恋爱一次成功固然可喜，但这毕竟只是可能性，而不是必然性，所以谈恋爱就要有谈不成的心理准备，失恋也是在情理之中，是无可非议的。有思想、有志气的青年不应受世俗偏见的束缚，不能自己看不起自己。如果能从失恋中发现自己的不足，并有所进取，反而从失恋中受益匪浅，就不愁今后找不到称心如意的好伴侣。

本章小结

本章从体象危机、恋爱危机以及失恋危机三个方面阐述了青少年的性爱困惑。体象危机的发生，除了社会风气的影响外，很大程度上是服务对象的性格以及心理因素造成的，可以说是一种“主观”畸形造成的。此种危机的干预可以采用认知行为理论，改变服务对象的认知，并建立起正确的关于身体的认知，从而接受自己并悦纳自己，克服危机状态。恋爱危机的发生，主要是因为青少年生理和心理发育的不同步，不能很好地处理恋爱中遇到的问题，使得青春期恋爱呈现出与成人恋爱相比不同的三种类型和特点。此种危机的干预以人本主义理论为基础，采用罗杰斯的“交流无条件积极关注的技术”，进行危机干预，给予青少年尊重和温情，促进他们不同程度地自我成长。失恋危机往往是恋爱危机发展的结果，由失恋危机导致的某些极端行为表现，更提升了社会工作者的社会责任感。该危机的干预可以以 ABC 性格理论以及危机理论为基础，具体运用理性情绪治疗模式和危机介入模式对失恋青少年加以辅导和干预。在干预中，特别强调服务对象的非理性信念，并与非理性信念进行论辩，从而让服务对象学会理性的生活方式，开始新生活。

课后练习

(1)体象危机案例分析

下面是一封来自体象危机患者的信，阅读信件内容并回答其后问题。

案例 4.8

冒昧给您写信，打搅了，但我不得不写，您能理解一个体形缺陷者的痛苦和自卑吗……我初中毕业后，走进社会才发现自己的两条小腿与众不同。肌肉生得粗大向后弓，小腿不太均匀，非常难看，不管穿什么样的裤子，小腿处的裤型都会扭曲变形，显得难看、滑稽、可笑。您想我还能有什么年轻人的朝气和风度啊！

我同时也明白了:为什么常有同学在偷偷地打量我,为什么父母总是唉声叹气……自己不知道还好,一旦知道,那种痛苦与自卑像洪水一样凶猛地袭上心头。我狂呼,我痛苦,我怨恨,我恨天、恨地,我恨世界,为何天道如此不公,把灾难降临到我身上?我只有20岁啊!我恨父母,为何把我生成这个样子。几年来,小腿的缺陷使我孤独、冷漠、自卑,整天把自己关在家里。我害怕上街,我没有朋友,害怕交朋友,看到他们青春的脚步,潇洒的体形时,我的心羡慕得流血……

我要努力改变现实,哪怕到死……

请问:

①此案例中的患者面临的问题是什么?

②作为社会工作者,你该如何帮助他走出危机状态?(危机干预的理论基础、干预的技巧和方法怎样?)

(2)失恋案例分析

案例4.9

阳阳(化名)是常州本地人,16岁,是常州某中学高一学生。在2007年10月7日,因情感问题而自杀。昨日,躺在病床上的他仍未抛弃死亡的念头。10月7日,那一天他失恋了,子夜钟声敲过12点后没多久,阳阳一骨碌爬起床,他感到这世间没有什么好留恋的了,于是他下床拿起了一把小刀,在自己的手腕上连割了三刀。当准备割第四刀时,他实在下不了手了,那时血已流了出来。于是,他又想到了另一种没有疼痛地结束生命的方法。他走到厨房,打开了瓶装煤气阀门……次日凌晨2时45分,阳阳父亲在房内闻到煤气味后,打开房门,那时阳阳已昏迷在厨房内,煤气开着,阳阳的左手腕有刀割的伤痕。父亲立即打开窗户,关闭煤气阀门,抱起阳阳飞奔至解放军102医院救治。后经医院抢救,阳阳脱离危险。

请问:

①阳阳目前面临的最紧要的问题是什么?

②社会工作者对其辅导的目标是什么?对此进行干预的理论模式是什么?以及具体的操作方法和技巧怎样?

5

情绪困扰与排解

学习目标

①了解青少年情绪困扰的常见表现。

②分析导致青少年情绪困扰产生的认知根源和认同危机。

③学会运用理性情绪认知策略，干预和排解青少年的情绪困扰。

处于青春期的青少年经常会有莫名波动的情绪，由此"情"不自禁地做出一些让人难以想象的事情，尤其是在社会转型、家庭不和以及学习压力下，青少年情绪困扰的现象日益凸显。如何帮助青少年排除情绪困扰，使他们从事正常的学习和生活，获得身心的健康发展，是青少年社会工作的重要问题。

案例 5.1

"不见刘德华，今生不嫁人"的极端追星族见诸报端后，引起种种议论。一位兰州女子 16 岁开始痴迷刘德华，常年不上学也不工作，朝思暮想就是要见心中偶像。家人卖房举债，倾家荡产，甚至父亲要"卖肾"让这位女子到香港寻找刘德华，最后父亲以自杀的方式客死他乡也没有如愿以偿地让女儿与刘德华有进一步的接触①。

生活中，处处可见狂热的"粉丝"，稚嫩的脸庞、激动的泪水、震耳欲聋的尖叫……这些都让成年人感到不可理解，而上述兰州女子案例呈现给我们的是极端偶像崇拜引发的问题思考。偶像成为青少年成长过程中的学习榜样，能满足青少年的心理需要，对偶像适度的追随和模仿，也有助于青少年调节情绪并确立自我认同。但是，过度追星是一种非常情绪化的表现，容易理想化、浪漫化、绝对化，甚至出现极端

① 《你不会懂得我伤悲》，载《南方周末》，2007-4-12。

冲动疯狂的表现，这不仅严重影响到青少年及其家人的日常生活，还直接危害到青少年的身心健康成长。

5.1 情绪困扰的常见表现

情绪是人类重要的心理活动形式，它不仅对个体其他的心理和行为活动起着重要的调节作用，对社会交往和适应具有交流和协调功能，而且对个体的身心健康具有重要的意义。大多数心理问题的产生都是以情绪为媒介，并通过情绪表达出来的。

青少年随着社会适应能力的成熟，逐渐了解到情绪表现的社会意义。成人世界大多鼓励青少年抑制和控制情绪，却没有更好地指导青少年学会疏导情绪，所以，大多数青少年看似能够控制情绪，实则他们的情绪有时候一发不可收拾，造成或大或小的情绪困扰，以下是青少年情绪困扰的常见表现。

5.1.1 焦虑

焦虑是一种害怕、担忧、恐惧混合交织的情绪，大多是因为遭遇到威胁或内心的冲突而引起的，是一种紧张、惊恐和焦躁不安的心理状态，不过这些威胁的想象成分一般多于真实的成分。

焦虑是青少年最常见的情绪问题，多数是一些社会性的焦虑，如考试焦虑、遇到陌生人的害羞和恐慌等。有社会性焦虑的人一般缺乏自信，过分重视他人的评价，容易受到他人暗示、说服和欺骗。从青少年的焦虑实际情况来看，焦虑更多的是压力过大，精神负担过重的结果和表现，也是其他许多心理问题的主要表现之一。

案例5.2

李小乐（化名）出生在知识分子家庭，独生子，平时自尊心极强，情绪易激动。初中阶段，学习成绩名列前茅，并担任班干部。考重点高中时，因分数不够而找关系交费入学，所以思想压力比较大，课间很少活动，假日从来不休息，把精力都用在了学习上，每逢考试前都会学习到半夜2点。身体逐渐变得消瘦，而且经常因为考试前发烧而请假在家中复习，尽管考试成绩一般，但家长和他自己总认为情有可原，而且都觉得如果没有发烧应该会考得更好。为此多次去医院，而做各方面的检查均未发现异常。最后发展为只要临近考试，就会发烧，考试结束，发烧症状自然消退，也无须药物治疗。升入高三，老师宣布准备按高考要求进行模拟考试，并在全市内统一排名，李小乐又开始发烧，几天后出现了严重的脱发现象，为此，他陷入极度的苦恼之中①。

上述案例中的李小乐就出现了考试焦虑的现象，他把学习成绩作为衡量自己的唯一标准，这既影响了他在学校中的表现，也影响了他的日常生活。当他在升学考试

① 本章节的案例除明确引用来源之外的，均为笔者辅导过程中遇到的个案，下文中不再具体注释。为尊重案主，保护其隐私权，隐去真实姓名，文中姓名均为化名。

受挫后，体验到羞愧、失落、自卑、自责等消极情感，进一步造成了考试动机的偏差，对考试的期望值过高，认为好的考试成绩是使自己重新回到优秀学生行列的唯一途径，致使精神负担过重，造成难以承受的心理压力。而这种不良的心境、压抑的情绪反应没有得到及时的、有效的疏导，从而使机体的自我调节功能受损，使人的整个心理状态失去平衡，以致出现了一系列的临床症状。

在很多情况下，焦虑不是单一的情绪问题，青少年的大多数家庭和学校生活事件，如亲子关系冲突、考试不理想、同伴关系不好等，都可以造成情绪的焦虑。焦虑情绪的产生除了环境中的压力以外，也和个体的内部心理状况有关，如人格、气质以及对生活事件的认识和评价等。某些不良的人格特点，如敏感、自卑、自我效能低等容易导致焦虑的产生。外部生活事件和内部人格这两者之间是相互作用的，不良人格为焦虑的产生提供了潜在的可能性，即某种性格更容易产生焦虑反应，而外部环境中过多的压力或不良生活事件使焦虑反应变为了现实。

5.1.2 抑郁

抑郁是过度忧愁、心情低落的情绪体验，一般在认知上表现为自我评价比较低、自责愧疚、无望和无力感、对未来悲观等；在情绪上表现为沮丧、悲伤、闷闷不乐，甚至绝望；在行为上表现为萎靡不振、寡言少语、兴趣减少、行动迟缓等。

抑郁也是比较常见的情绪问题，大多数人都有过抑郁的经历。许多研究证实，青少年抑郁发生的相关因素有家庭环境不和睦；自感学习、升学、选择职业压力大；性格中某些弱点，如易烦躁、情绪波动大、自卑感强、易空想、多疑、敏感、孤僻等；人际关系矛盾，如同学矛盾、异性交往矛盾、师生矛盾等。青少年情绪和行为大多数是由个体如何去建构其世界而决定的，有抑郁情绪倾向的青少年往往对现实世界的认识和评价是偏离和歪曲的，对事件和人物的归因经常是负面的，消极的自我评价也会使得其行为模式僵化、思维狭隘。

案例 5.3

王某是独子，从小在家人的保护和高期望下成长，母亲对孩子非常溺爱。王某从小性格内向、敏感、依赖性强。从幼儿园到高中，王某父母都通过关系与老师建立私人关系，以求孩子受到“特殊关照”。王某小学成绩一般，父亲极要面子，希望孩子能出人头地，对孩子在小学阶段成绩不理想十分不满，感到没脸见人，经常训斥王某，并花重金将孩子送入重点中学学习。王某对父亲花钱让其到重点中学学习感到非常有压力，出现头痛和心悸现象，被迫休息一周。上高二后，王某感到自己应多交朋友，便经常请班级同学吃饭，但人际关系并未改善，对此感到自己不仅在学习上没用，在人际交往上也没用。父亲也更觉失望，经常斥责王某，王某于是又开始出现头痛、心悸等症状，并开始失眠。王某逐渐对学习和生活丧失信心，开始逃课，上网吧玩游戏，感到只有在上网时才能忘掉所有烦恼。他认为自己好像得了心理疾病，前途暗淡，对家庭来说是个累赘，对社会来说是多余的，感到生活没意义，干什么事都打不起精神来。

从王某的案例可以看出：王某家庭的溺爱使得他生活和学习上自立能力差，抗挫折能力不强，依赖性强；学习的压力使他出现逃避心理和行为，产生了抑郁情绪；人际关系处理的失败进一步使其抑郁情绪从学习泛化到整个生活中，对生活失去信心，最终对自我的认知和评价非常消极。

产生抑郁情绪后，青少年的思维、行为和自我感知方式也将发生改变。在日常生活中缺乏兴趣和内驱力，对许多事情漠不关心。有抑郁症情绪的青少年会出现焦虑、缺乏耐心、愤怒、厌烦、懒惰、疲劳等状况，也会出现负罪感、无用感和不安全感。抑郁情绪会使青少年对自己、周围世界和未来感觉消极，难以集中精力和正常思维，日常生活变得没有效率，挫折感和厌恶感就可能出现。

5.1.3 愤怒

愤怒是一种个体受到威胁、外在攻击、限制、失望或挫折等任何一种刺激情境而激起的情绪。其特征是自主神经系统强烈反应，并且可能会引起语言上内隐或行为上外在的攻击行为。

愤怒有时会发挥积极的作用，可以激发动机和能量，作为自我防卫的资源，并提供持续的动力；可以提供机会帮助个体表达负向的感受；可以帮助个体创造一种主宰和控制情绪的感受，同时引起别人的注意和重新调整不平衡的关系。但是，愤怒容易影响身心健康，限制理性思考，阻碍有效的行为，引发过分的自我防卫，严重的会造成攻击或暴力行为，对人际关系具有极大的破坏作用。

愤怒有时候表现得外在，青少年会表现出动不动就爱发脾气，只要稍有不顺心的事，就很难控制自己的情绪，总要拿哪个人或哪件东西来出气，因而总要骂人、摔东西，把他们当成“出气筒”。愤怒有时候表现得内隐，案主阿刚的行为就是这样的例子。

案例 5.4

在阿刚（化名）童年的记忆里，母亲和奶奶之间永远战火纷飞、硝烟不断，他不明白她们到底为了什么争吵，但母亲看起来更嚣张，有时把东西砸在地上，或者扔向父亲。父亲在那时显得特别紧张，四肢僵硬，什么也说不出来只是苦恼地耷拉着脸，任由母亲发作。阿刚看见这时的奶奶不再和母亲吵了，默然无语，双眼泪流。有时，看见在吵架时不能自控的妈妈，他感到非常害怕，不由自主地躲在奶奶身后，这更让妈妈火上浇油。妈妈明显感觉到阿刚在感情上和奶奶更亲近，这更增加了她内心的不满，吵架越来越多。阿刚感觉生活消极，害怕奶奶去世后自己无依无靠，甚至出现了想出家当和尚的念头①。

阿刚在富有敌意的家庭中成长的经历，让他对世界有一种本能的戒备。出于自我保护，在受到伤害时他一般不会直接和明确表达自己的愤怒，而是把怒气压抑在心

---

① 案例来源：http://book.sina.com.cn ,2007-8-2。

里。阿刚表面上看起来怯懦,较少主张个人的意志,在与别人发生冲突时往往采取逃避、退让的姿态,似乎是个没有什么攻击性的人,但实际上他的攻击性隐藏得很深。他没有将愤怒直接表达出来,而是把隐藏的愤怒指向了自己,感觉自己没有价值,产生无能感和抑郁。

在各种类型的负面情绪当中,愤怒是最容易被人认同的。因为愤怒看似能够带来力量的感觉,自我可以借由它暂时得到确立,继而变成了人们比较偏袒的情绪能量,同时也是最容易被合理化的无明之火。实则冲动愤怒的情绪是最无力的,也是最具破坏性的,许多青少年都会在情绪冲动时做出令自己后悔不已的事情。从生理的角度来看,如果长时间怀着未解决的愤怒,身体就无法有效地发挥排毒功能,最后累积的情绪一定会导致身体的疲惫,然后就会形成恶性循环式的抑郁和沮丧。可以说,压抑下来的愤怒是最具有破坏性的。

5.1.4 自卑

自卑是自我评价偏低所带来的以惭愧、羞愧、内疚、灰心、失望等表现为主的情绪体验。有自卑感的人对自己的能力、性格或行为表现等感到不满意,对自我存在的价值明显低估,对自己想做的事情缺乏信心,对应付环境中提出的要求比较悲观,容易否定自己。严重的甚至会脱离现实,造成适应困难,阻碍人格的健康发展。

青少年中自卑感也比较常见,表现为自信心低、缺乏安全感、社交畏缩、自我排斥,不能接受别人的称赞、过于敏感、爱抱怨、容易屈服、依赖,并且情感容易受到伤害、感到自己软弱无法克服自己的缺陷、缺乏动力、无法超越自己等。自卑感产生的原因除了外在环境带来的失败挫折,更多的是青少年自身的认识和评价有偏差,自我期望太高,不符合自己的实际。

案例 5.5

张某是高校大一的学生。由于父母工作忙,他是爷爷奶奶带大的,直到上小学时才回到父母身边。父亲忠厚老实,少言寡语,父子在一起几乎无话可说;母亲是一个性情耿直,很有能力的女性,在外面事业干得红红火火,回到家常嫌丈夫太老实窝囊。张某和母亲在一起时,看到的是她的能干,听到的是她对父亲的数落和不满。由于从小不在父母身边,张某在感情和生活习惯上都不太适应父母。在这个家里,他很少能感觉到快乐和温暖、友善和亲情,他喜欢把自己关在属于他的那间小屋子里,做完功课就蒙头睡觉。在学校,同学们说说笑笑,他却郁郁寡欢,尤其当看到同学谈起父母和家庭那种幸福的神情时,他会感到深深地自卑和无奈。他很少与别人说话,木讷的表情和拒人千里之外的冷漠使同学们对他纷纷敬而远之,这更使他觉得孤独无助,认为在这个世界上没有人能理解和接受自己。

张某的自卑很大程度上来自于家庭的影响。父母对孩子的教育不同于早年爷爷奶奶的教育,这种差距让成长中的张某感到无所适从,不和睦的夫妻关系让张某感觉不到快乐和友善,这也进一步影响到张某自身的人际关系处理方式。在无奈和无助的状态之下，张某的自卑和郁郁寡欢最终使得他不能正确评价自己。

一个人步入青春期后，自我意识逐渐觉醒，开始重新认识和评价自己，心理上常处于一种动荡不安的状态。他们希望了解自己，更希望别人也能了解自己，时常处在不宁静和无依无靠的感觉之中。自卑感是一个人自我封闭的根源，而自卑心理的产生与父母和周围人们对他的评价有十分密切的关系。如果父母和老师对孩子经常挑剔、指责或作否定性评价，就会严重挫伤其自尊心和自信心，使其对自身的价值产生怀疑，形成强烈的自卑情绪。由于他们总觉得自己不如别人，害怕受到排斥，就会尽可能避免与他人接触而退回到自己的小天地里。

5.1.5 嫉妒

嫉妒是一种既羡慕又敌视的矛盾情绪，它混合着焦虑、惧怕、失望、愤怒、敌意等不愉快的情绪，是一种错综复杂的情绪体验，主要源于与他人的不当比较。嫉妒的情绪反应表现在当面或背后口头攻击、讥笑讽刺、贬抑挑刺等，也可能向同情自己的人诉说抱怨，避免和嫉妒对象见面和接触等。一般来说，年龄越小，嫉妒的表现越直接和外露，青少年随着年龄的增加，嫉妒的表现越来越隐藏、含蓄、不易发现。

引起嫉妒的外部刺激一般都是社会性的，涉及自己和他人的利益。当青少年在团体中的地位受到威胁，或者享有的权益要与他人分享或被侵占，或者得到的事物和名誉被他人赢得时，都可能产生嫉妒。青少年嫉妒的对象大多是与自己的性别、年龄、身份、地位及能力等相似的人，嫉妒的内容比较多，可以是母爱父爱、服装、赞扬、荣誉、爱情和权利等。

案例5.6

小童，女，17岁，高二年级学生，曾任班长，学习成绩优秀，工作积极主动。可她为人多疑、爱计较，同学关系极差，以致发展到班上没人理她，有一次班长竞选也落选了。小童认为她的落选是当选为班长的另外一位同学搞的鬼，于是装病请假回寝室，把同学的一条漂亮的白裙子扔到地上踩踏，随后又用剪刀把裙子剪成一条条的……这件事令许多同学和老师都感到震惊和不解。

小童之所以出现这样的行为是因为其不良的家庭环境导致的。小童的父亲是“老三届”，由于历史原因，未能读大学深造，后来凭着聪明与勤奋，积攒下不少钱。但因书念得少，学识不高，难有更大的发展，所以把希望全寄托在孩子身上。女儿继承了父亲的聪明，深得长辈的喜欢，大家都顺着这个小公主。她从小就形成一种思维定式：凡是我想要的，就应该让我得到。这致使小童以自我为中心、骄纵任性。高中学业压力增强，小童内心产生了严重的焦虑和不安，但从小形成的思维定式使她不能正确认识同学和自己，对比她优秀的同学产生强烈的敌对情绪。嫉妒蒙蔽了她的理智，使她斤斤计较、胡乱猜疑，从而导致她与同学关系紧张，小童因而产生了极重的心理负担。

嫉妒被称为心灵的毒药，对于正处于人格形成时期的青少年，危害很大。小童的行为体现了嫉妒的情绪,以自我为中心,不能正确评价别人和自己,认为谁都不如自己,不能忍受别人比自己强,一旦出现这种情形则躁动不安、图谋打击报复、抗挫折能力较弱、不能接受失败等。嫉妒行为表现多种多样,有些人表现出退缩、抱怨或幻想对方失败,更多的人则采用伤害对方、嘲讽对方和指责对方等方式。

5.2 情绪困扰的归因分析

为什么本应美好纯洁、充满活力的青少年会出现如此多的情绪问题,进而生活得不尽如人意,甚至是糟糕透顶呢?从以上的分析不难看出,青少年的情绪问题或许来自家庭生活的不和谐,或许是源于学校学习的压力,上述都是非常重要的影响青少年成长的外在因素。然而,从青少年成长的内在因素考虑,所有这些情绪问题的出现有一个相同之处,即青少年自我意识发展不成熟和自我评价较低以及由此导致的自我认同危机。

5.2.1 自我意识的不成熟

情绪的认知学说认为,情绪的产生受环境事件、生理状态和认知过程这三个因素的影响,其中认知过程是决定情绪性质的关键因素。美国心理学沙赫特(S. Schachter)和辛格(J. Singer)通过实验总结指出:情绪的性质依认知解释的不同而不同。简单地说,人不是为事情困扰着,而是被对这件事的看法困扰着①。

认知是自我意识发展的重要内容,人的自我意识并不是生来就有的。自我意识是一种复杂的心理现象,它有一个萌芽、发生和发展的过程。刚出生的新生儿,并没有意识,也没有自我意识;到1岁左右,产生了自我感觉,这是自我意识最原始、最初级的形态;当3岁左右,人的自我意识萌生;童年期,儿童自我意识模糊,对自己的内心世界没有多少认识;少年期的自我意识发展逐渐清晰自觉,意识到自己的内心活动。人的自我意识的全新发展和最后成熟,是从青年初期开始的,并在青年期内基本完成,它的显著特征是把原来主要朝向外部的认识活动,转向自己的内心世界,探索自己的内心活动。

对于大多数人来说,自我意识发展的敏感期在青少年阶段,但也可能延续到一生。美国学者埃里克森用"自我同一性"这一概念专门对此进行了论述。自我同一性是一种熟悉自身的感觉,一种"知道个人未来目标"的感觉,一种从他信赖的人们中获得所期待、认可的内在自信②。自我同一性还是个体内在自我之间以及自我与环境之间的平衡,通过认知和自我综合来组织、建构统一整体自我。概括地说,自我同一性是指青少年对自己的本质、信仰和一生中的重要方面前后一致及较完善的意

---

① 韦有华:《人格心理辅导》,上海,上海教育出版社,2002,121页。

② 埃里克H·埃里克森(Erik H. Erikson):《同一性:青少年与危机》,孙名之,译,杭州,浙江教育出版社,1998。

识，即个人的内部状态与外部环境的整合和协调一致。它是个人过去经验、未来希望与社会期望之间的协调统一，可能发生在职业、宗教信仰、性、政治观点等各个领域，是一个不断探寻和整合的过程。

青年自我意识发展中的一个突出特征，是自我意识的分化与统一。自我意识的分化，就是自我意识在青年期分化成“主体我”和“客体我”。于是，一个人既是自我的观察者，又是被观察的对象。处在观察者地位的是“主体我”，被自己观察的是“客体我”。这就为青年客观地评价自己和他人，合理调节自身的行为和活动奠定了基础。

在青少年自我意识和认知发展的磨合阶段，充满着紧张、模糊和不确定性，青少年也由此常常出现不合理的认知。贝克、埃利斯等学者曾指出，人们在互动中常见的不合理的认知和想法主要有绝对化要求、过分概括化和夸大等①。

①绝对化要求是不合理想法中最常见的，是指人们以自己的意愿为出发点对某一事物怀有认为其必定会发生或者不会发生的信念。绝对化要求实质是一种自我暗示，无论条件怎么变化，状况会持续不变，做什么都不能改变，排除改变环境造就不同机会的可能性。这种信念在言语中经常表现成“必须”和“应该”等这类字眼，比如“我必须获得成功”，“别人必须很好地对待我”，“生活应该是很容易的”等。怀有这样信念的青少年极易陷入情绪困扰。因为客观事物的发生和发展都有一定的规律，不可能按照某一个人的意愿运转。当某些事情的客观发生及发展与青少年对事物的绝对化要求相悖时，他们会感到难以接受、难以适应，经常会出现无望感和愤怒，而这些感觉明显不符合现实，导致自我挫败。

②过分概括化是一种以偏概全的不合理的思维方式。只对情境中负向的小节作反应，不顾情境中其余的部分，依据个别细节而不考虑其他情况便对整个事件作出结论，这是一种瞎子摸象式的认知方式。埃利斯曾说过，过分概况化是不合逻辑的，就好像以一本书的封面来判定一本书的好坏一样。过分概括化一方面是人们对自身的不合理的评价，当受到一点挫折，就全面否认自我，往往认为自己一无是处、一钱不值等。这种评价的结果往往导致自卑、自弃、自责、焦虑和抑郁的情绪。过分概括化另一方面是对他人的不合理的评价，别人稍有差池就认为他人一无可取，这会导致一味责备他人以及产生敌意、愤怒等情绪。

③夸大是将不重要的状况，赋予超乎实际的重要性，认为如果一件不好的事情发生是非常可怕、非常糟糕的，甚至是一场灾难。比如有些学生出现一次考试失败的情况，就会认为自己成绩一落千丈，这种判断就是夸大，会增加今后的考试焦虑。如果将事件作整体的夸大，就会让某些无足轻重的事情变成一场悲剧。这种想法会导致个体陷入不良的情绪体验比如自责、焦虑、悲观、抑郁等的恶性循环中难以自拔。夸大常常是与人们对自己、对他人及对自己周围环境的绝对化要求相伴而出现的，即在

---

① 钱铭怡：《心理咨询与心理治疗》，北京，北京大学出版社，1996。

人们的绝对化要求中认为的“必须”和“应该”的事物并未像他们所想的那样发生时，他们就会感到无法接受这种事实，无法忍受这样的情景，他们的想法就会走向极端。

从以上学者的分析中，可以清楚地看到，不合理的想法和理念直接影响着青少年的情绪和行为。当处于特殊时期的青少年认知结构，即个体对有关环境、他人以及自己的行为的知识、观点、信念、观念和态度的总和，发生认知元素之间的关系不协调、不一致或相互矛盾时，就出现认知失调。青少年往往对自己提出绝对化的要求，从自己的意愿出发，提出难以达到的目标，认为某一事情必定发生或不该发生，一旦意愿没有达成，就会产生失落、焦虑、抑郁、愤怒等情绪。青少年还经常用以偏概全的思维方式评价自我和他人，具体表现在如下两方面。

①对自身的不合理评价，例如，当遇到挫折或失败后，往往认为自己“一无是处”、“无能”、“笨蛋”，是“永远的失败者”，等等。这种以自己做的某一件事或某几件事的结果来评价自己作为人的价值，往往导致对自我价值和整个人的否定，并引起焦虑、自卑、抑郁等情绪。

②是对他人的不合理评价，即当别人稍有过失或稍有不合自己的心意之处时，会认为他人一无可取，一味地责怪别人，并产生敌意、愤怒、嫉妒等情绪。

由此，对行为和事物不正确的想法和归因导致青少年认知失调，认知失调使人产生不愉快的情绪体验。这正是青少年产生情绪困扰的重要的认知根源。

由于青年不断地进行自我观察、自我分析、自我评价，把“现实我”与“理想我”加以比较，而在青年时期“现实我”往往总是落后于“理想我”，二者之间的矛盾和距离，会使他们感到很痛苦，并产生强烈的内心体验，从此进入一个内心动荡不安、情绪体验错综复杂的时期。青年人的情绪波动有很大一部分是自我意识的矛盾所带来的。为了摆脱这种痛苦和不安，解除自我意识分化带来的矛盾，就要促使青年设法解决这种矛盾，求得自我意识的重新统一。这种重新统一，一般要到青年晚期才逐渐实现。自我意识能统一的，即“现实我”能与“理想我”趋于一致，则往往心情舒畅；自我意识难以统一的，则往往内心苦闷，忧心忡忡，产生强烈的失落感和失败感。这些都会对青少年的情绪和今后个性的形成发展产生深远的影响。

5.2.2 自我认同危机

案例 5.7

“超级女声”是中国湖南卫视从 2004 年起主办的大众歌手选秀赛。此项赛事接受任何喜欢唱歌的女性个人或组合的报名。其某些颠覆传统的规则，使之受到了许多观众的喜爱，是当时中国颇受欢迎的娱乐节目之一。超级女声极高的人气在中国电视节目界造成了很大的影响，2005 年度的超级女声在中国创造了极高的收视率。据电视调查机构央视索福瑞发布的资料显示，超级女声播出时期，湖南卫视收视率在中国排名居第二位。超级女声节目是同时段节目的收视率第一位，以至于有评论认为超级女声是“不分性别，不论年纪，整个中国都为之疯狂，可能是中国历史上最多人参加的 Game”。

超级女声还形成了独有的“粉丝”文化。进入决赛的选手，在全国几亿的观众中有各自拥护的歌迷，这些歌迷自发组成了歌友会，“玉米”、“笔迷”和“凉粉”等想尽办法为自己的偶像拉更多选票，在上海、广州、杭州甚至还出现歌迷为自己的偶像在报纸上包下整版广告的疯狂举动①。

“超级女声”令人痴迷究竟有什么奥秘？一名刚从音乐系毕业的女孩给出了答案。她洋洋洒洒写了 4 000 多字的美文，鞭辟入里地分析了张靓颖是如何唤起了她的共鸣。文章的最后，她写道“从没有为任何一个人写过如此多的文字，说过如此多的话，只因为，我在她的眼睛里看到了自己”。这种心理上的认同感可以说是“超级女声”之所以成为全国性狂欢的最大秘密了。一个女“笔迷”兴奋地给她的朋友挨个发短信说：“你们看到没，笔笔戴的眼镜和我的一模一样！”这是一种典型的认同感，当青少年喜欢上一个明星，就迫不及待地寻找与明星相同或相似的地方，每找到一个共同点，对明星的认同感就增强一分。

偶像崇拜，即“追星”，是个人对其喜好人物的社会认同和情感依恋，是个人认同他人言行及其自身价值的过程，其核心在于个人情感和自我认识需要的满足，其表现形式多样，既有心理上的思慕、喜爱，也有付诸实际行动的追随、购买相关产品、组织和参与“粉丝”组织等等。

现实生活中，偶像崇拜的现象集中存在于青少年群体中，这是与人的心理成长阶段相关的。在青少年开始摆脱父母和老师的管制，独立形成人格的过渡期，以前成长过程中高度信任和依赖的“重要他人”，如父母、老师、儿时朋友的突然缺席使青少年产生失落、孤独和不被认同的心理感受。于是，一些人选择通过对一些遥远人物的依恋和认同来强化自我。偶像崇拜在绝大部分时候是一种单方面虚构出来的感受，却也有它存在的合理性。

偶像人物的形象，可给人树立生活的榜样，给人以积极向上的生活热情；偶像人物的言行，也可给人以极大的力量，使人加倍努力地体会和实践。在此意义上讲，生活中需要偶像人物，偶像人物也为生活增添色彩。这种正面的示范效应对青少年的发展和成长有积极意义。不过另一方面，对偶像人物的神化会导致狂热的个人崇拜及个人的自我迷失。如果将某个偶像人物的舞台、歌坛、屏幕、竞技场或讲坛书籍中的形象过分美化或夸张，极易导致崇拜者的盲目和狂热的追逐，这会对自我的成长带来巨大的负担。因为个人的成长本质上要靠自我的不断探索和努力，任何外界的力量都只能起辅助作用，而不能起主导作用。

进一步说，追星主要源于青少年心理成长中的认同危机。青少年在成长的过程中，缺少自我认同和社会认同，不能很好地实现自我成长和自我接纳，内心感觉压抑和分裂，不能整合。不少青少年在自我认同不足时会试图通过对明星的崇拜来重建

① 资料来源：http://baike.baidu.com/view/2600.htm。

自我，他们模仿明星的服饰、爱好、习惯，有时想象自己也是一个被人喜欢的人，借此渡过认同危机，获得满足感。因为喜欢明星而喜欢自己，因为有一群人都喜欢某个明星，而获得彼此认同、价值和归属感，这就是追星让人痴迷的地方。

自我认同是个体对“过去我”、“现在我”、“将来我”产生内在的连续性，也是个体“现实自我”、“真实自我”与“理想自我”之间一致性关系的体现。人通过形成自我认同知道自己是谁，在社会上应占什么地位。自我认同是自我意识的重要组成部分，是自我意识中核心的自我调节系统。

值得一提的是学者玛西亚(Marcia)专门关注过青少年自我认同的问题，依据“探索”维度和“确定”维度对青少年的自我认同进行了分类。“探索”维度是青少年是否积极参与了寻找认同的活动；“确定”维度是青少年是否已经确定了自己的选择。根据对维度的不同回答，组合成四种自我认同状态：认同获得、认同延缓、过早自认和认同扩散。

①如果一个人既积极探索，也确定了自己的选择，那么他就处于认同获得状态。青少年已经找到了自我认同，并在此基础上作出了教育、职业或个人行为的决定。认同获得的特点是自我坚定感和安全感；确定职业、信仰、性别角色的观念等；充分考虑别人的看法、同时自己做决定。

②如果一个人积极探索了，但还没有确定自己的选择，那么他就处于认同延缓状态。许多研究发现青少年群体中很多人处于这一状态，由于当代社会处于转型期，职业选择、价值观变迁都要青少年独立去面对并作出选择，因而增加了认同延缓期的时间。认同延缓的特点是正经历认同危机，或处在转折点上；对于社会没有清晰的目标；没有清晰的自我认同感；正在积极地争取获得认同。

③如果一个人没有经过积极探索，但似乎很确定自己的选择，他可能处于过早自认状态。例如，有些青少年很早就确定将来要当医生，但如果他只是为了满足父母的愿望，而没有充分思考过是否选择了适合自己的职业，这样的选择在将来可能并不稳定。过早自认的特点是对于理念、观念和职业等有所定位；缺乏自我建构过程，不假思索接纳他人的价值体系；在获得自我认同过程中过早作出决定。

④还有些人没有经过探索，甚至不觉得探索有何必要，对将来的选择不确定，或是无所谓，他们可能还没考虑到人生面临的任务，还处于比较“混沌”的状态，这种情形就是处于认同扩散状态。认同扩散的特点是缺乏方向；对政治和职业等不关心，做事情不问为什么；对其他人为什么要做事情不关心。

测测你的自我认同感：你可以用这一部分来测验一下自己，看一看这些问题是否适用于你，根据下列标准给自己打打分。

1 = 完全不适用；2 = 偶尔适用或基本不适用；3 = 常常适用；4 = 非常适用。

①我不知道自己是怎样的人。

②别人总是改变他们对我的看法。

③我不知道自己应该怎样生活。

④我不能肯定某些东西是否合乎道德或是否正确。
⑤大多数人对我是哪类人的看法一致。
⑥我认为现有的生活方式很适合我。
⑦我的价值为他人所承认。
⑧当周围没有熟人时,我感到更能自由地作真正的自己。
⑨我感到自己生活中所做的事并不真正值得。
⑩我感到我对周围的人很适应。
⑪我对自己是这样的人感到骄傲。
⑫人们对我的看法与我对自己的看法差别很大。
⑬我感到被忽略。
⑭人们好像不接纳我。
⑮我改变了自己想要从生活中得到什么的想法。
⑯我不太清楚别人怎么看我。
⑰我对自己的感觉改变了。
⑱我感到自己是为了功利的考虑而行动或做事。
⑲我为自己是社会一分子感到骄傲。

计分时,先把1、2、4、8、9、12、13、14、15、16、17、18题的回答结果转换一下,如果选择的是1,就打4分;选择2,打3分;选择3,打2分;选择4,打1分。其他问题则保持不变。然后把19个问题回答的得分相加。大多数人的得分在平均得分正负7或8范围内,得分明显高出此范围的人,表明他的自我认同感发展良好;得分明显低于该数字者,表明他的自我认同感还处在发展和形成阶段①。

高度自我认同的行为表现常常是:行为独立,会为自己决定许多生活细节;承担责任,主动负担一些工作,甚至安慰有烦恼的朋友;乐于接受挑战,能承受失败。低度自我认同的行为表现常常是:贬低自己的能力;逃避任何可能产生焦虑的情况;强烈的自我防卫;不能接受批评或失败,不肯面对问题;喜欢以责备他人来隐藏自己的缺点。青少年产生情绪困扰的大都处于低度自我认同状况。

个体形成自我认同是每个人在青年时期所遇到的一个重要任务,是个人发展过程中需要解决的主要矛盾。形成自我认同的人,懂得人生活的意义,生活目标明确,社会适应性强,在人生下一个阶段能够继续向前发展;反之则不知道自己是一个什么样的人,缺乏内在一致性和连续性,甚至产生"自我分裂"。尤其是在社会体制转变、互联网技术发展、城市化等社会变迁的转型时期,当个体面临新的生存和发展环境时,新环境与个体原有自我意识交互作用下往往导致内心冲突的发生,使人产生心理失调。要改变这种不适应、不和谐的状态,需要个体主动进行自我调控、改变自我认知,形成新的自我认同。由于每个人的自我整合能力存在差异,所以,有的人能够在

① [美]伯格:《人格心理学》,陈会昌,译,北京,中国轻工业出版社,2004,http://www.nnsg365.com。

新的情况下形成“自我认同”，而有的人则会失去“自我认同”。

5.3 情绪困扰的排解策略

“危机”说明这一过程既是危险的，又蕴涵着机会。青少年日常生活事件中产生的负向情绪，常起因于个人的想法阻碍他发挥功能，如不合理的期待、错误的信念、不合逻辑的评价和不适当的归因，这些都会使个人无法表现出适当的行为。采用理性情绪治疗认知介入策略，可以达到澄清并矫正这些想法，给青少年的发展提供机会和空间，使其相关的情绪和行为得到有效的改善，促进青少年健康成长的目的。

5.3.1 理性情绪治疗理论基础

最早在治疗中使用认知介入策略的理论之一是理性情绪治疗，由埃利斯在 1950 年开发出来。该理论认为人既是理性的，又是非理性的，人的精神烦恼和情绪困扰大多来自于思维中不合理、不符合逻辑的信念。它使人逃避现实，自怨自艾，不敢面对现实中的挑战。当人们长期坚持某些不合理的信念时，便会导致不良的情绪体验。而当人们接受更加理性和合理的信念时，其焦虑等其他不良情绪就会得到缓解①。

埃利斯用 ABC 的模式来说明情绪困扰：在诱发事件 A(Activating event)、个人对此所形成的信念 B(Belief)和个人对诱发事件所产生的情绪和行为后果 C(Consequence)这三者关系中，诱发事件 A 对情绪和行为后果 C 只起间接作用，而信念 B 对情绪与行为后果 C 则起直接作用。换言之，人的情绪和行为障碍不是由某一激发事件直接引起，而是由于经受这一事件的个体对它不正确的认知和评价所引起的信念，最后导致在特定情景下的情绪和行为后果，这就称为 ABC 理论。例如，两个人遭遇到同样的激发事件——工作失误造成一定的经济损失，产生了很大的情绪波动。在总结教训时，甲认为吃一堑长一智，以后一定要小心谨慎，防止再犯错误，努力工作，把造成的损失弥补回来。甲由于有了正确的认知，产生合乎理性的信念，所以没有导致不适当的情绪和行为后果。而乙则认为发生如此不光彩的事情，实在丢尽脸面，表明自己能力太差。有了这样错误的或非理性信念，再也振作不起精神，导致不适当的甚至是异常的情绪和行为反应。

理性情绪疗法就是以理性控制非理性，以理性思维方式替代非理性思维方式，改变认知，以减少由非理性信念带来的情绪困扰和随之出现的行为异常，帮助青少年群体认清其思想中的不合理信念，建立合乎逻辑、理性的信念，以减少个人的自我挫折感，对个人和他人都不再苛求，学会容忍自我与他人。

ABC 理论的进一步发展是 ABCDEF 理论，A 代表促动事件，B 代表信念，C 代表情绪和行为，D 代表驳斥，E 代表效果，F 代表新的情绪。

---

① Sheldon D. Rose：《青少年团体治疗——认知行为互动取向》，翟宗悌，译，上海，华东理工大学出版社。

ABCDEF 理论表示促动事件 A，透过思考历程、个人信念 B 而导致情绪或行为反应 C。情绪困扰与情绪障碍，关键在于 B 点的运作，所以 A 与 C 并非直接关联，B 才是一个中介的力量。更由于人有理性与非理性思考的可能，B 常常是导致 C 的主要原因。因此要减轻 C 的不良情绪和行为结果，必须对 B 加以驳斥、改变，导致 B 发挥辅导与治疗的效果 E，有了效果即表示当事人有新的情绪或感受 F。ABCDEF 理论如图 5.1 所示。

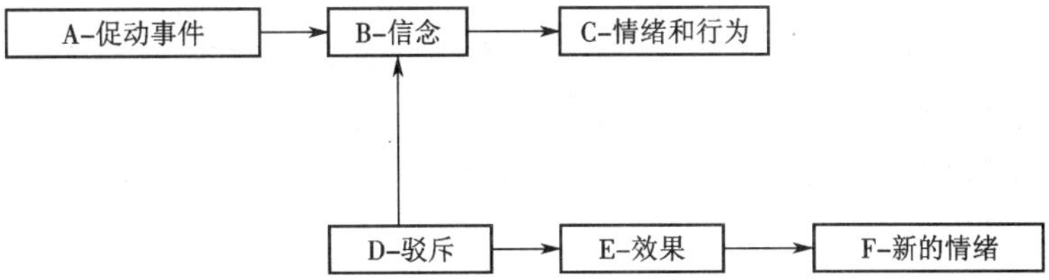

图 5.1 ABCDEF 理论图

5.3.2 理性情绪治疗过程

理性情绪治疗过程包括以下四个基本阶段。

5.3.2.1 心理诊断阶段

心理诊断阶段是辅导的最初阶段，首先社会工作者要详细了解案主的生活史，与案主建立良好的专业关系，帮助案主建立自信心；其次分析案主所关心的各种问题，将这些问题根据性质和案主对它们所产生的情绪反应分类，从其最迫切需要解决的问题入手。

5.3.2.2 领悟阶段

领悟阶段主要帮助案主认识到自己不适当的情绪、行为表现或症状是什么，使其意识到产生这些症状的原因主要是自己造成的，要寻找症状背后或者隐含的非理性信念。在寻找非理性信念并对它进行分析时，要按照如下步骤顺序进行。

①了解有关激发事件 A 的客观证据。

②案主对 A 事件的感觉体验是怎样的。

③要案主澄清为什么会对事件产生恐惧、悲痛、愤怒的情绪，找出造成这些负向情绪的非理性信念。

④分析案主对 A 事件同时存在理性的和非理性的看法或信念，并且将两者区别开来。

⑤将案主的愤怒、悲痛、恐惧、抑郁、焦虑等情绪与不安全感、无助感、绝对化要求和负向自我评价等观念区别开来。

5.3.2.3 认知改变与行动阶段

认知改变与行动阶段，社会工作者主要采用驳斥辩论的方法动摇案主的非理性信念，并用夸张或挑战式的发问要案主回答他有什么证据或理论对 A 事件持与众不同的看法等。通过反复不断的驳斥辩论,案主理屈词穷,不能为其非理性信念自圆其说。使其真正认识到,他的非理性信念是不现实的,不合乎逻辑的,也是没有根据的,最终分清什么是理性的信念,什么是非理性的信念,并用理性的信念取代非理性的信念。这一阶段是理性情绪治疗法最重要的阶段,治疗时还可以辅助采用行为疗法,如布置家庭作业、放松疗法等加强辅导效果。

5.3.2.4 再教育阶段

再教育阶段是治疗的最后阶段。为了进一步帮助案主摆脱固有的思维方式和非理性信念,还要探索是否存在与本症状无关的其他非理性信念,并与之驳斥辩论。使案主学习到并逐渐养成与非理性信念进行辩论的方法和用理性方式进行思维的习惯,这样就达到建立新的情绪的目标。同时可以加强解决问题的训练、社会技能的训练等行为训练以巩固这一新的目标。

5.3.3 理性情绪治疗技术

理性情绪治疗的每一个阶段,都需要运用一些相应的治疗技术。这些技术包括以下几个方面。

5.3.3.1 不合理信念驳斥技术

不合理信念驳斥技术是埃利斯根据自己咨询和心理治疗的实践经验不断摸索总结出来的。这一方法使得社会工作者用科学的方式向案主持有的不合理信念进行挑战和质疑。在驳斥辩论中,首先要找到不合理信念,然后积极提问促进案主的主动思维。从提问的形式看,可以分为质疑式和夸张式两种。

1. 质疑式提问

质疑式提问是社会工作者直截了当地向案主的不合理信念发问,如“你有什么证据能证明你自己的这一观点?”“是否别人都可以有失败的时候,而你不能有?”“是否别人都应该照你想的那样去做?”“你有什么理由要求事物按你所设想的那样发生?”“请证实你自己的观点!”等。

一般说来,案主不会简单地放弃自己的信念,虽然他们往往不加批判地接受了许多现成的看法,但面对来自社会工作者的质疑,他们也会想方设法地为自己的信念辩解。因此,社会工作者要不断努力,借助于这种辩论过程的不断重复,使对方感到为自己的不合理信念辩护变得理屈词穷了,使他们真正认识到他们的不合理的信念是不现实的、不合逻辑的,他们的那些信念是站不住脚的,能够分清什么是合理的信念,什么是不合理的信念,最终以合理的信念取代那些不合理的信念。

2. 夸张式提问

夸张式提问是社会工作者针对案主信念的不合理之处故意提一些夸张的问题,其落脚点与质疑式提问是一样的,仅仅是方式上略有区别。这种提问方式犹如漫画手法,把对方信念的不合理、不合逻辑、不现实之处以夸张的方式放大给他们自己看。

一个患有社交恐怖症的案主说:“别人都看着我。”社会工作者问:“是否别人都不干自己的事情了,都围着你看?”案主回答:“没有。”社会工作者问:“要不要在身上贴张纸写上‘不要看我’的字样?”案主回答:“那人家都要来看我了!”社会工作者问:“那原来你说别人都看你是否是真的?”答:“……是我头脑中想象的……”

社会工作者抓住案主的不合理之处发问,前两个问题均可归入夸张式问题一类。这种提问方式往往优于前一种方式,因为案主在这一过程中自己也感到自己的想法的无道理、可笑、不可取,因此比较容易心服口服。

5.3.3.2 合理情绪想象技术

合理情绪想象技术是在社会工作者的指导下,帮助案主进行想象,通过想象不适当和适当的情绪反应,体验它们之间的差异,及时纠正某些不合理的信念,强化案主新的合理信念,其步骤如下。

①使案主在想象中进入他产生过的不适当的情绪反应或自感最受不了的情境之中,体验在这种情境下的强烈的情绪反应。

②帮助案主改变这种不适当的情绪反应并体会适度的情绪。

③停止想象,让案主讲述他是怎么想,而使自己的情绪发生了变化的,此时社会工作者要强化案主新的合理信念,纠正某些不合理的信念,补充其他有关的合理信念。

例如,有这样一个案主,她对在即将举行的一个会上发言感到恐惧,认为自己肯定不行,会出丑,一切都会变得非常糟糕。社会工作者可以帮助她做下面的想象练习。

社会工作者:好,闭上你的眼睛,想办法使自己坐得很舒服。现在请你想象你到了会场,要想得像真的似的……

案主:……嗯……

社会工作者:想好了吗?(案主点头)好,现在该轮到你发言了,你有点紧张,讲得有点磕磕巴巴……你在想吗?

案主:……是……

社会工作者:现在你感觉怎么样,是不是真正达到像你所说的那样恐惧、困窘了?

案主:嗯,我已经觉得要不行了,要讲不下去了……

社会工作者:对,这正是你担心的情形。现在我要求你把这个场景在脑海中保持,同时,请你把那种觉得要不行了的感觉变成只是有点紧张。想象你仍在会场上发言,只是有点紧张……

案主:……恐怕不行……

社会工作者:要坚持这样做。

案主:……嗯,差不多了。

社会工作者:很好,说说你是怎么想的?

案主:我要是逃走会更糟,反正我得在这儿坚持讲完。

社会工作者:还想了些什么吗?

案主:我已经站在这儿开始讲了,虽然讲得不好人家会笑话我,但我要是中间停下来不讲跑掉了,人家会更看不起我。不管别人说我什么,我也得讲完该讲的话……

社会工作者:说得对,你现在所做的事情正是在用合理的信念代替那些不合理的。这会使你的情绪不再那么坏。不管别人怎么想你,你现在要做的最关键的事,是要完成这次大会发言。而且不管别人会怎样看你,你还是你,可能发言不如某些人讲得好,但并不是个一无是处的人,是吗?

案主:……(点头)

合理的情绪想象技术除像上例那样用于帮助案主改变情绪体验,认清信念 B 与情绪反应 C 的关系之外,还可用于帮助案主找出他对某事所持有的不合理的信念。有时案主谈到某一事件时,往往只记得自己的气恼,却说不上自己的想法,想不起来为何如此气恼了。社会工作者可以帮助对方想象当时的情景,重新进入那种最坏的情绪体验之中,此时再进一步探查案主当时的想法,从而找到其所持有的不合理信念。

5.3.3.3 认知家庭作业技术

理性情绪治疗法是在改变人的认知上下工夫,但要改变人的信念和思维方式是一件非常困难的事。因此,治疗不但需要社会工作者的努力,也需要案主本人的努力,这种努力不仅在会谈时间中进行,也应持续到会谈以外的时间。认知的家庭作业正是为此而设立的。在完成作业的过程中,案主可以更好地掌握会谈之中的内容,并且学会自己与自己不合理的信念进行辩论。

认知的家庭作业主要有理性情绪疗法自助量表、不合理的信念辩论及合理的自我分析。

(1)理性情绪疗法自助量表

理性情绪疗法自助量表是由埃利斯在美国纽约创立的理性情绪疗法研究所特制的一种自助表格。其内容为先让填表者找出 A 和 C,然后再找 B。表中列有十几种常见的不合理信念,填表者可从中找出符合自己情况的 B,若还有其他的不在此列中的不合理信念可单独列出;接下来是请填表者自己作 D,对自己所有的不合理信念,一一进行质疑式的辩论。最后是填写 E,即通过与自己的不合理信念辩论而达到了什么情绪的和行为的效果。

(2)与不合理的信念辩论

与不合理的信念辩论也是一种规范化的作业形式,内容很简单,只需来访者回答一些具体的问题,如"我打算与哪一个不合理的信念辩论并放弃这一信念?""这个信念是否正确?""有什么证据能使我得出这个信念是错误的(正确的)结论呢?""假如我没能做到自己认为必须要做到的事情,可能产生的最坏的(最好的)结果是什么?"

(3)合理的自我分析

合理的自我分析目的与上述作业相同,是一种完全由案主自己完成的报告。其内容为 ABCDE 五项,没有什么特殊的要求和规定,但报告的重点在 D 上。事实上,这种自我分析人人都可以作。按理性情绪疗法的观点来看,人人都可能存在不同程度的不合理的信念。下面是一份合理的自我分析报告。

问题：每次看见母亲严肃的样子，就非常恐慌，担心自己有什么事做错了。只要母亲没有笑容，就感到焦虑，有压力，非常不舒服。一旦母亲笑了，才感到好些。但笑容一消失，一切的焦虑和烦恼又回来了，每天这样，非常苦恼。

诱因(A)：母亲常有不笑的时候；每天看到母亲严肃的面孔。

信念(B)：

①母亲只要没有不顺心的事就必然满面笑容，一个人只要不笑，就必然是在生气。

②我决不能做错事，只要做一点错事，就不是好女儿，就会惹母亲生气。如果不能使母亲笑颜常驻，我就罪大恶极。

③母亲对我的要求必定非常严格，只要我出一点毛病，母亲就一定会板起面孔生我的气。而母亲一旦不高兴，也必定是我惹的。

结果(C)：每日紧张焦虑，唯恐做错什么事，很难受。

辩论(D)：在B中所列的观念符合逻辑吗？请自己回答。

①一个人只要不笑，就必定是在生气，这对吗？

答：好像不对，人在心情平静甚至有高兴的事时，也有可能不笑。人不可能有那么多烦恼，而只要不烦恼就笑，笑肌就会累僵了。所以人们经常是不笑的。母亲与常人没有什么不同之处，所以也会经常不笑。

②即使母亲不笑是在生气，就一定是针对我吗？

答：不一定。母亲的生活中除了女儿，还有许多其他事情，比如工作、家事等。她即使不高兴，也不一定是因为我做错了什么事，有可能是工作不顺心，家务繁重，或在外受了其他人的气，都有可能的。

③即使母亲不笑是因为生我的气，就一定糟糕透了吗？

答：也不一定。应当想到人不可能不出错，如果做错了事，母亲不高兴，也是人之常情，这并不表明母亲就认为我是坏女儿。

效果(E)：通过自己与自己辩论，可以消除一些紧张情绪，但心里仍隐隐有些不通畅。后来，在母亲不笑时问一些“您在想什么？”“您觉得我比别人的女儿如何？”这样的问题，发现母亲通常只是在考虑工作上的事，在动脑筋想问题，所以不笑，而且母亲对女儿感到很满意。这样就比较彻底地解决了问题。现在虽然在见到母亲不笑时仍会不够放松，但这大概是惯性。相信以后会逐渐好转直至焦虑完全消失①。

在生活中，有些事情是无法得到这样的信息反馈的，只有反复与不合理信念的驳斥辩论，才可以达到以合理信念代替不合理信念的目的。

---

① 资料来源：http://www.uncons.cn/viewnews.asp? id=1175。

5.3.4 理性情绪治疗实务模拟训练

案例 5.8

小飞(化名),女生,19 岁,大专在读,困扰她的问题有家庭父母关系不和,意外伤害可能导致的不育,缺乏人际沟通技巧,自卑,自我形象差,抑郁等。这些问题常常让她感觉到生活没有意义,没有人喜欢她,不知道如何表达,感觉自己很笨,意外伤害一定会对今后恋爱婚姻产生影响。

1. 案情分析

案例中的小飞生活中存在一些客观的困难事件,这些困难事件促使她对生活产生了一些错误的认知和负面的情绪。

图 5.2 简要地分析了小飞案例中的事件 A、非理性信念 B、情绪和行为 C。

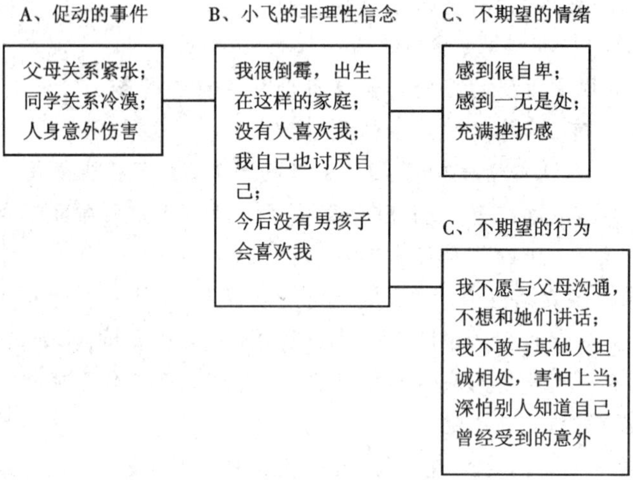

图 5.2 ABC 理论分析小飞案例

2. 治疗目标

理性情绪治疗法认为,人具有改变观念的能力,案主小飞的各种经历令她困扰及痛苦,充满自卑感,产生很多非理性的观念,不能接纳自己,也影响她的人际关系。用理性情绪治疗法可以帮助小飞改变非理性信念,减少她的自我挫折感、羞耻感,重组她的认知及理性思考,并建立理性看法及观念,以致产生适当的情绪和行为。

3. 治疗过程

社会工作者教导小飞通过评估去辨认非理性认知,并通过双方的努力合作,使小飞学会分辨自己的想法和现实之间的差距,进而了解理性认知对感觉、情绪、行为,甚至环境中事件的影响力,教导小飞去认清、观察并监控自己的想法和假设,特别是那些负面的自动化思考。治疗的具体过程如下。

(1)心理诊断阶段

社会工作者与小飞会谈,了解小飞的生活史和困扰她的情绪问题,并建立专业信赖关系。

(2)领悟阶段

社会工作者深入了解困扰小飞的问题,帮助其理清理性信念和非理性信念。

(3)认知改变与行动阶段

社会工作者运用 ABCDEF 模式评量小飞的问题所在,与小飞驳斥辩论其非理性信念,协助小飞发展新的思考模式。

(4)再教育阶段

社会工作者协助小飞巩固其理性信念,促使小飞逐步提升认知能力,强化理性思维方式,并运用行为训练改善其行动能力。

4. 辅导技巧运用

(1)驳斥非理性信念

在辅导过程中,社会工作者发现小飞性格比较内向、敏感、不善于与人沟通,最重要的原因是小飞脑子里经常想象一旦成为朋友就会被人背叛或者出卖,这个世界上没有可以信赖的人,况且自己非常笨,不像别人那样聪明、会为人处世。根据小飞出现的非理性想法,社会工作者主要运用的辅导技巧是驳斥小飞的非理性信念。

图 5.3 是驳斥小飞非理性信念的简要过程。

通过驳斥小飞的非理性信念,达到了一定的效果 E(驳斥效果),从而使小飞出现了 F(适当的理性的信念和行为)。

(2)认知家庭作业

正如我们所了解的,认知治疗法的家庭作业是辅导治疗过程的延续,其目的不仅在于教导小飞学习新技能,同时也促使小飞能够去测试其信念在现实世界里的有效性。家庭作业包括阅读一些相关书籍、在生活中找出非理性信念、改变言语并记录下来。

具体地说,社会工作者协助小飞在日常生活中找出自己的非理性信念,并加以驳斥及改变。观察检视自己,每天写下自己五句非理性信念的句子,并将之改写成理性信念的句子。此外,不明确的语意是扭曲思考的原因之一,而语言会塑造思考,每天发掘自己一个优点,学习欣赏自己,并将之写下,运用此方法改变自己的言语。

5. 辅导注意事项

(1)防止将治疗问题简单化

虽然理性情绪治疗认知介入干预能有效地帮助案主面对人生遇到的种种的挫折和情绪困扰,但是,理性情绪治疗认知介入干预可能会使案主小飞很容易接受社会工作者的立场和意见,而没有真正将意见内化。如果全然将个人情绪的问题归因于个人的认知是否合理化,容易将问题简单化。因此,运用此治疗法的社会工作者,必须具备专业素质,要有客观的态度,对自己本身也须有相当的了解,而且不可强迫小飞

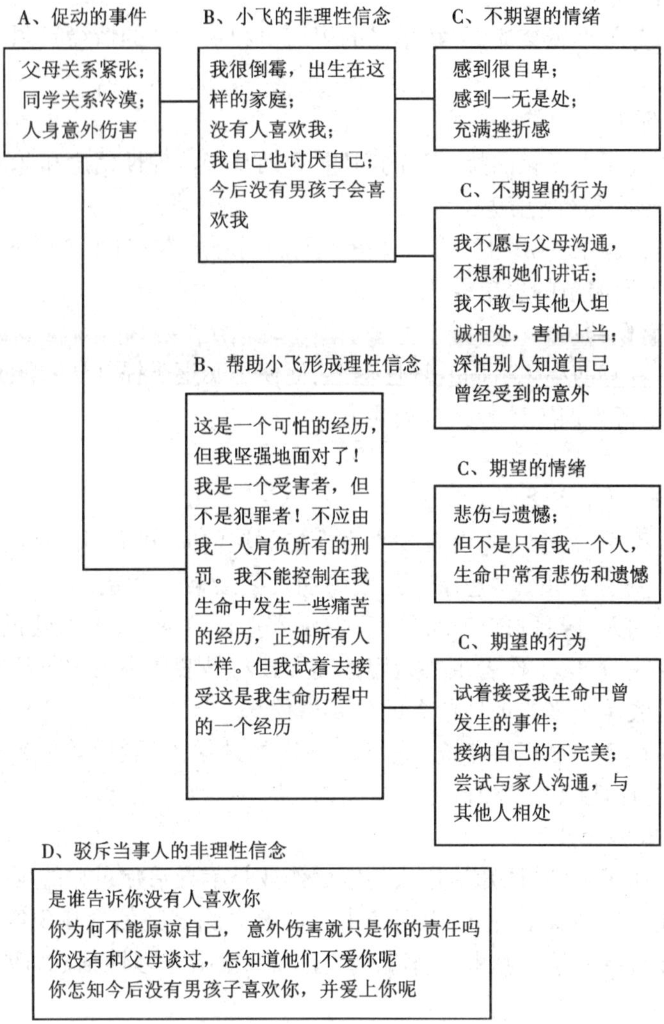

图 5.3　驳斥非理性信念的简要过程

一定要接受自己的看法，同时须有高度的敏感性，能迅速地观察出小飞的问题所在，并能分析其原因并提出驳斥及改变方法。

(2)采取正确的教育方法

理性情绪治疗法在本质上属于心理教育模式，因为它强调辅导治疗是一种学习过程，学习新的思考方式，以便能更有效地处理问题情境，这种教育色彩充斥着整个治疗过程。对于青少年的情绪困扰问题，一方面，积极引导青少年以客观事实为基础来思考和行动，建立合理的期望，防止青少年产生焦虑、沮丧、敌意等自我贬损的负面情绪，并使其持续不断地练习克服影响情绪的非理性想法，客观公正地评价自己，淡化“自我中心”观念，对成败进行正确归因，生活在自我超越当中，才会缓解和摆脱情绪困扰，才能感到幸福和满足。另一方面，引导青少年学会接纳自我，平静理智地看待自己的长处与不足，冷静地对待自己的得与失，既不以虚幻的自我补偿内心空虚，也不以消极回避淡视自己的现实，更不以怨恨、自责以至于厌恶来否定自我。社会工作者在辅导青少年自我评价的时候，要更正确地知觉、评价和解释其经验，方能在自我评价的过程中达到自我接纳。这样，青少年才能性情开朗，对生活乐观，对未来充满憧憬和理想，并以此为激励克服消极情绪。

(3)疏通沟通渠道，宣泄负面情绪

进入青春期的青少年，独立性增强，开始使用新的自我表达方式，与父母的关系紧张，与老师沟通上困难增多。在升学压力下，师生之间的沟通渠道变得越来越窄，师生沟通越来越少，造成师生关系紧张。正因如此，青少年一旦出现情绪困扰，不良的亲子关系和师生关系不仅不能使青少年的不良情绪得以合理宣泄，反而又构成了青少年的进一步心理压力。所以，加强亲子沟通、改善师生关系是减轻青少年心理压力，宣泄不良情绪的重要渠道。

本章小结

社会转型的影响、网络信息技术的发展和城市化步伐的加快，带给处于青春期的青少年的不仅有时代性，还有更多的认同迷失导致的情绪困扰问题。青少年情绪困扰的常见表现是焦虑、抑郁、愤怒、自卑和嫉妒等。这些情绪困扰的产生来自各方面的压力，究其根本是来自青少年成长过程中深层次的认同危机。本章从青少年认知和认同角度出发考察青少年的情绪困扰问题，认为青少年的情绪困扰，一个重要的原因是来自青少年成长过程中深层次的认同危机，而要解决这一问题，应该从理性情绪认知疗法的角度出发，从改变认知、强化认同、调整压力等方面进行干预。

课后练习

(1)回答问题

①青少年情绪困扰的常见表现有哪些？

②青少年不合理的认知因素有哪些？

③请结合实践，分析青少年认同危机。

④从理性情绪认知介入的角度，谈谈如何对青少年情绪困扰问题进行干预。

(2)案例分析

案例5.9

小季，某大学二年级学生，目前正为强迫性思维所困扰。事情起因于高考填报志愿，当时小季就在应该学生物还是学医学之间犹豫不决。在听父亲的一位同事说学医又脏又苦，是服侍他人的工作之后，小季对学医产生恐惧，之后便在第一志愿中填报了某某大学的生物学专业。进入大学之后,小季很在乎自己的前途,却不知具体应该做些什么。他一会儿热衷于社会活动,争取拿甲等奖学金,一会儿又忙于抓学习,事事都想胜人一筹,结果把自己弄得很累,不仅成绩不理想,而且与同学的关系也没有处理好。在挫折面前,小季再次对应该学生物还是学医学产生了疑虑。每天他都停止不了思考学习这两种学科的利与弊,直到想得头疼脑晕、精疲力竭,还是没有办法停止下来,小季觉得再这样下去自己有可能要发疯了①。

案例中小季的困惑在哪里?可以用什么理论来解释他的行为?作为青少年社会工作者,怎样才能帮助小季摆脱目前的困境?

① 杨仲明:《青春期危机与调整》,北京,中国农业出版社,2004。

6 人格危机与辅导

学习目标

①了解青少年人格危机的各种表现与症状。

②理解青少年人格危机产生的原因与理论。

③掌握青少年人格危机干预的策略与方法。

现实生活中，有的青少年总感到自己自卑无助、唯唯诺诺，离开他人无法生活；有的青少年总是猜疑嫉妒、过分自负、对别人的过错无法宽容；有的青少年又总是喜欢和家长、老师对着干。青少年成长中所面临的这些人格危机，严重阻碍着青少年的健康成长。帮助这些青少年寻找危机的根源并摆脱危机的困扰，是青少年社会工作者的职责。

案例 6.1

小琦，女、初中二年级学生，学习成绩偏差，智商属于正常水平。小琦自幼深受父母宠爱，生活无忧无虑，天真活泼，人见人爱。小学一、二年级时，她学习成绩特别优秀。但是在她上小学三年级那年，整日争吵的父母终于离异，她被判给了父亲。父母离异后的半年，母亲还能隔三差五的来看她，嘘寒问暖，后来母亲嫁到广州，从此，小琦几乎与母亲失去了联系。而此时的父亲忙于做生意，极少回家，缺乏对小琦的关爱。不久，父亲再婚了。婚后，继母又为她添了个小弟弟。在家里，小弟弟就是小太阳，全家人都围着他转。从此，小琦变得沉默寡言，终日郁郁寡欢，疑心重重，不愿参加任何集体活动，在班内的人际关系较差。同时，她的学习成绩也每况愈下①。

案例中的小琦为什么会从一个活泼开朗的女孩变成一个郁郁寡欢的孩子？事实上，小琦的一系列行为障碍与其依赖性人格有关。社会工作者要帮助像小琦这样的孩子走出困境，需要对人格危机的含义、特点、产生原因及干预策略有比较全面地了解。

6.1 人格的含义与特点

长期以来，学术界对人格及人格的基本特征的认识存在不同的认识和观点。本书在汲取各家学说的基础上，提出自己对人格及特征的认识和看法。

6.1.1 人格的基本含义

“人格”(personality)一词是多学科使用的概念，内涵十分复杂，迄今为止还没有形成一个为所有学科共同接受的明确的定义。一般认为，人格一词最初来自拉丁文“面具”(persona)，原指一个人在生活舞台上演出的种种行为②。关于人格的定义很多，有伦理学意义的，有哲学意义的，有社会学意义的，有法律学意义的，有心理学和教育学意义的。例如，我们说某人人格崇高，某人人格卑鄙，是从道德伦理意义上对人的一种评价；我们说某人不尊重人，任意污辱他人的人格，这是从法律的观点，说明某人侵犯他人的尊严和人身自由问题；又如我们常说“增进你的人格”或者“培养健全的人格”，这是从心理学和教育学意义上讲的。据早期的统计，国外历史上关于人格的定义已达50多种，人格的现代定义也有15种之多③。以下是几种有代表性的观点。

①人格是个人的心理面貌或心理格局，即个人的一些意识倾向与各种稳定而独特的心理特征的总和④。

②人格是指一个人多方面特质的总和，包括性格、气质、能力等方面的特质，也包括道德品质方面的特质。简言之，人格就是由诸多活跃的心理倾向和稳定的心理特征所构成的，体现个人品格的独特的反应系统⑤。

③人格是个体在遗传素质的基础上在社会化过程中所形成的稳定的具有特色的身心组织⑥。

④人格是西方伦理思想使用语，是个人尊严、价值和道德品质的总和，是人在一

---

① 社会工作者职业水平考试辅导教材编写组:《全国助理社会工作师职业水平考试辅导》(初级)，北京，中国社会出版社，2007。

② 朱智贤:《心理学大辞典》，北京，北京师范大学出版社，1989。

③ 周晓虹:《现代社会心理学》，上海，上海人民出版社，1997。

④ 《中国大百科全书·教育卷》，北京，中国大百科全书出版社，1992。

⑤ 《现代汉语词典》(修订本)，北京，商务印书馆，1996。

⑥ 陈仲庚，张雨新:《人格心理学》，沈阳，辽宁人民出版社，1986。

定社会中地位和作用的统一,亦即作为一个人在一定社会中的资格和品格的总和①。

⑤马克思认为,人格实际上是一定社会的人作为自然主体和社会主体的实际状况的概括,以及由对这种状况的理解所产生的尊严、责任、价值及品格等②。

⑥人格也叫个性,是指一个人的整个精神面貌,即具有一定倾向性的心理特征的总和③。

综上所述,本书认为,人格是人整体精神面貌的反映,是以一定的生理素质为基础,在人与社会的相互作用中形成和发展起来的独特的、稳定的心理与行为特征之和。人格作为一种心理现象,是由人格心理特征和人格倾向性两个相互联系的方面构成。人格心理特征包括能力、气质、性格,这些心理特征在不同程度上受先天遗传因素的影响,比较稳定。人格倾向性包括需要、动机、兴趣、价值观、理想,等等,主要在后天社会化过程中形成,集中反映了人格独特的一面。因为人格是人在与环境相互作用过程中所表现出来的独特的行为模式、思维方式和情绪特征,所以,如果人能与社会环境相适应,就具有正常的人格。反之,如果人的情绪反应、言行举止、态度、信仰体系和道德价值特征等都与周围环境格格不入,人际关系紧张,则可能患有人格缺陷或人格危机。

此外,把握人格概念还应明确以下几层意思。

①人格是指一个人外在的行为模式,即个人与环境(特别是社会环境)的互动方式。例如,一个经常迟到的人,做任何事都喜欢迟到,开会、约会、聚餐,甚至乘火车,都要别人等他;相互协作时,他承担的任务也往往会最后完成。

②人格是指一个人内在的动力组织,包括稳定的动机,如经常起作用的亲和动机和成就动机;习惯性的情感体验方式和思维方式,如习惯于以积极还是消极的方面获得、加工信息并作出反应;稳定的态度、信念和价值观等,正是一个人内部的动力组织决定了其外在的行为模式。

③人格就是这样一种蕴蓄于中、形诸于外的统一体,这种统一体往往由一些特质所构成,如内外向性、独立性、自信心等。当然,表里不一的情况也是常见的,如一个对人怀有敌意的人可能看起来对人特别友好。但这种经常性的表里不一本身也是一种统一体,即一种人格特质。

④动力组织与行为模式的统一体意味着人格具有整体性、稳定性、社会性和独特性等特征。

⑤人格既是各种交互作用的结果,也是各种交互作用的过程。这里所说的各种交互作用,包括身体与心理(身心)之间、心理与环境(特别是社会文化)之间、人性与教养之间、成熟与学习之间、思想—感情—行为之间、过去—现在—未来之间复杂的

---

① 冯契:《哲学大辞典》,上海,上海辞书出版社,2001。

② 冯契:《哲学大辞典》,上海,上海辞书出版社,2001。

③ 朱智贤:《心理学大辞典》,北京,北京师范大学出版社,1989。

交互作用。

6.1.2 人格的基本特征

所谓人格特征，是指一个人经常表现出来的稳定的心理和行为特征。那些暂时的、偶尔表现出来的行为则不属于人格特征①。人格具有整体性、稳定性、社会性和独特性四种基本特征。

①人格的整体性是指个人身心各方面多种特质的整合，从而综合成为一个有机的整体，组成一个完整的人格。人格表现在人的整个精神面貌中，其各种心理特征不是孤立存在的，而是一个相互联系、交互作用的完整体。人格中任何因素的改变都会引起其他因素的改变。例如，一个人从自信到自卑的改变，会引起情绪、认知和行为方式面面的改变，使人们感受到的不仅仅是自信心的改变，而是整个人的改变。因此，人格是--个有机组织，人的任何行为都是整个人的活动，是个人的整体机能的实现。

②人格的稳定性是指人的思想感情和行为具有跨时间的连续性和跨情境的一致性，一个处事一贯很果断的人，偶尔表现出的优柔寡断就不能看作是这个人的人格特征。正因为人格具有稳定性，才能把一个人与另一个人在心理面貌上加以区分，才能了解人和使用人，才能够预测他在特定情况下的行为。但稳定性并不排除人格的可塑性，人格是可以改变的，但这种改变是缓慢的。观点或情绪可能会很快改变，但人格难以在一夜之间发生突变（从那以后，他完全变成了另一个人），即使有，也是极端的或不正常的。某种重大的生活事件可能会导致一个人生活态度突然发生转变，但经过一段时期后，其基本的行为方式还是会朝着原来的样子恢复，人格虽有所改变，但仍保持连续性。所谓跨情境性，是指人在不同情境中的行为往往是相当一致的。一个喜欢交际的人在工作中一定会与很多人交往密切，在健身俱乐部里也会认识很多人，甚至在完全陌生的环境里也很快与大家混熟。当然，情境不同，人的行为也可能不同，一个爱说话的人面对自己不熟悉的话题而又有权威人士在场时，他可能话很少，但在日常情境下，他会比别人的话多。稳定性不是绝对的，而是发展变化的。正是这种可变性使人格结构不断完善。正在形成中的青少年的人格还不稳定，易受环境影响而发生变化，良好的教育对青少年的人格的形成具有重要意义。

③人格的社会性是指个人与他人相互交往中掌握社会经验和行为规范，获得自我的过程。从生物学的观点看，人是一个生物实体，首先受生物规律制约，出生后通过一定的社会活动和社会交往，形成一定的社会关系，才逐渐具有社会性。在人格的形成和发展过程中，既不能排除生物因素的作用，也不能排除社会因素的作用。人作为社会的人是以生物属性为前提，但社会又使自然属性更完善，使人产生改造自然的巨大力量。任何人初生下来都不具有人格品质，它是在先天为儿童提供的生物实体

① 黄希庭：《人格心理学》，杭州，浙江教育出版社，2002。

的基础上,通过社会活动和社会交往而逐渐形成的。马克思指出:“人的本质不是单个人所固有的抽象物,实际上,它是一切社会关系的总和。”①可以说人格既是社会化的对象,也是社会化的结果。

④人格的独特性是指人与人的心理和行为都是不同的,独一无二。世界上没有两片相同的树叶,也没有两个完全相同的人。即使同卵双生子,遗传基因相同,但由于不同的人际关系、不同的经历,人格也会有所差异,尽管他们的相似程度可能较高。除同卵双生子以外的每个人的基因都不完全相同,而每个人所处的环境也是千差万别的,每个人与环境发生交互作用的方式也不同,因此,每个人都是独特的。一个人的人格是由某些与别人共同的或相似的特征以及完全不同的特征错综复杂地交织在一起构成的独特人格。人格结构中含有人们共有的成分。也就是说每个人都是不同的,但每个人又都是人。心身医学的研究表明:许多的生理疾病与一定的人格特征之间有着显著的关联。比如哮喘患者多过分依赖、幼稚、暗示性很高;偏头痛患者多有刻板、好胜、妒忌心强、追求完善的个性特征;而具有矛盾、强迫性、吝啬、听话、抑郁特征的人容易得结肠炎、胃溃疡等疾病。

近年来,人们已经逐渐形成一种共识,对于青少年来说,除了智力因素以外,还有其他非智力因素在影响着其成长、成才。比如,对于通过高考得到进入大学学习机会的大学生,其智力应该是不会低于正常人的,那么,为什么这些我们所认为的天之骄子有时候却往往不能如我们期待的那样顺利成长,发展成高素质的人才呢?特别是近几年来,大学生恶性事件不断发生,引起了社会各界人士的关注和探讨,人们探讨外在的压力,如家庭经济、就业压力等,也讨论内在的原因,其中大学生人格问题逐渐成为焦点所在。健全青少年的人格是一个治本的途径,因为只有内在的基础打好了,才能真正地提高应付外在种种压力、种种变化的能力。

心理学家提出了健全人格的途径,可以作为参考和借鉴。

①对自己和自己生活的世界有积极的看法。把自己看作被喜欢、被需要、被热情接待而且是有能力的、生活在自己能应付的世界里的人。

②有热情的、亲密的人际关系。

③完全冷静地独处反省,使自己有机会揣摩、体验各种人的情感,这有助于更好地理解自己的人格。

④在发展社会性的、智力的以及职业的各种技能方面取得成功,即在学习上、工作上和与人交往上有成功的体验。

⑤接受新思想,与有独特见解的人交往。新的思想可能从读书,及受戏曲、音乐的感染中获得,也可以在旅行中和陌生人的相处中获得。

⑥充分表达自己情绪及与朋友间的亲密关系有助于基本情绪的释放。

⑦提高独立性的程度。逐步减少对他人的依赖,培养自己的独立能力和形成自

---

① 中共中央马恩列斯著作编译:《马克思恩格斯选集》,北京,人民出版社,1972。

己的价值体系。

⑧具备灵活性和创造性。行事不要刻板,不要总是非此即彼,而是要给自己创造更多的选择和机会。

⑨要在关心别人方面达到高水平。

⑩学会和别人在一起时,更人性化一些。

上面提到的十个方面,有助于健全我们的人格,使生活更加快乐、更加充实。但是在当代青少年身上却常会出现一些人格方面的缺陷。人格缺陷又叫人格障碍或称为人格异常。它是指一种或几种人格特质的强度超出了正常范围,从而妨碍了正常的人际交往,表现为持久而牢固的适应不良的情绪和行为反应模式,主要有依赖性人格、偏执性人格和对抗性人格。这些人格特征和缺陷给青少年的发展带来了障碍,同时给青少年本人带来了烦恼,也给同伴和家人带来了麻烦。战胜这些人格危机的关键在于养成自尊、自信、自立的优秀心理品质,这种优秀心理品质的培养,必须建立在对依赖、偏执及对抗性人格缺陷矫治的基础上。干预对于战胜这些人格危机具有十分重要的意义。

6.2 依赖性人格缺陷与辅导

案例 6.2

高三男生王某,被同学称为"六神无主的小公鸡"。如他在商店看中一件衬衫,但买不买拿不定主意,回宿舍征求同学意见,同学根据他的描述,认为挺合适,鼓励他去买。第二天,他去了商店,犹豫了半天还是没买。第三天,同学与他同去,参谋一番,才买下来。他是双胞胎中的弟弟,母亲早亡,父亲忙于工作,要求他一切听哥哥的,从小起吃、穿、玩、学习都是哥哥做主,他什么都听哥哥的安排。哥哥考进大学离开他后,他进入高二,想一切靠同学,但同学不可能像哥哥那样处处照顾他。他不知如何生活,恐惧、抑郁、有想死的念头①。

依赖性是小孩子最突出的个性特征,对于小孩子来说,依赖父母,依赖成人是很正常的事。可是,如果对于青少年(甚至已经成年的青少年)来说,依赖性过强就是一种心理不成熟的表现,也是一种不良的人格特征。

6.2.1 依赖性人格的表现

对于青少年来说,依赖性可以表现在很多方面,比如经济、生活、自理能力和心理上。在经济上,多数青少年尤其是学生一族要依靠家庭的供养,经济上的依赖性是必然的。在生活自理能力上,离开家庭生活的中学生及大学生们,平等地同住宿舍,在生活上必须要求自理,几年的宿舍生活必然会使其依赖性渐渐降低。但是心理上的

---

① 杨佐廷:《中小学生危机预防与干预》,上海,上海教育出版社,2006。

依赖性不像经济和生活自理能力上的那么容易被察觉，有时候甚至连当事人也没有意识到自己身上根深蒂固的依赖性，甚至对于有些人来说，依赖已经成为他们的一种处事方式。例如，一些青少年对个人的自理自立能力感到没有信心，虽然他们能够做得很好，可是却总是对自己充满怀疑，他们总是认为自己不如别人。遇到困难第一个想到的就是寻求别人的帮助，他们需要别人为自己拿主意、做决定，没有自己的判断标准，为了迎合和讨好别人而过度容忍别人的错误，总是害怕被别人抛弃、遗弃，害怕独处。对于依赖性过强的人，刚开始同学、朋友可能还觉得这个人忍让、好相处，日子长了就会觉得这样的人缺乏主见，让人烦，像个随时需要照顾的小孩子。

心理上的依赖有时候会使青少年们觉得痛苦，因为他们总是不由自主地要去附和别人，他们总是不能自己做决定，需要拿别人的标准来评价自己，对于自己的未来，他们缺少方向和目标。不过，有些青少年们却没有意识到自己的这种依赖性，假如任其发展下去，可能就会发展成为依赖性的人格缺陷。依赖性的人格缺陷是日常生活中较常见的人格缺陷。美国《精神障碍的诊断与统计手册》中将依赖性人格的特征定义为如下几项特征①。

①在没有从他人处得到大量的建议和保证之前，对日常事物不能作出决策。

②无助感。大多数是让别人为自己作重要决定，如在何处生活，该选择什么职业等。

③被遗弃感。明知他人错了，也随声附和，因为害怕被别人遗弃。

④无独立性。很难单独展开计划或做事。

⑤过度容忍。为讨好他人甘愿做低下的或自己不愿做的事。

⑥独处时，有不适和无助感，或竭尽全力逃避孤独。

⑦当亲密的关系中止时，感到无助或崩溃。

⑧经常被遭人遗弃的念头所折磨。

⑨很容易因未得到赞许或遭到批评而受到伤害。

只要满足上述特征中的五项，即可诊断为依赖性人格。

依赖性人格对亲近和归属有过分的渴求，这种渴求是强迫的、盲目的、非理性的，与真实的感情无关。依赖性人格的人宁愿放弃自己的个人趣味、人生观，只要能找到一座靠山，时刻得到别人对他的温情就心满意足了。依赖性人格的这种处世方式使得他们越来越懒惰、脆弱，当环境变故时，压抑感、被遗弃感会使他们倍感绝望，于是危机就此来临。

6.2.2 依赖性人格的形成原因

造成青少年依赖性人格的原因主要来自两个方面，一是家庭教育；二是青少年自身的防御机制问题。

---

① 刘建新:《大学生常见心理问题及疏导》，广州，暨南大学出版社，2005。

1. 家庭教育

依赖性人格的形成与家庭教育方式密切相关。当代青少年大多是独生子女，他们是在家庭照顾过多甚至是在溺爱的环境中长大的，有很强的优越感，在爷爷、奶奶、外公、外婆、父亲、母亲、子女的家庭结构中很难摆脱过分娇惯、过分看管和呵护、教育不一致等不良心态及错误教育方式的影响。溺爱型的教育方式容易造成子女对家庭依赖性过大、独立性较差、缺乏人际交往的训练和现实环境的磨炼，难以养成良好的生活、学习习惯和正常的人际交往能力，意志品质薄弱，不易合群，不会关心他人和公益活动等人格缺陷。这种人格缺陷在青少年幼年时并不明显，因为幼年时期儿童离开父母就不能生存，必须依赖他们，总怕失去了这个保护神。但如果父母一直过分溺爱，鼓励子女依赖父母，不让他们有长大和自立的机会，久而久之，在子女的心目中就会逐渐产生对父母或权威的依赖心理，致使成年以后依然不能自主。

案例6.1中，小琦的行为障碍就与她的依赖型人格有关。而小琦的依赖型人格又与家庭教育和家庭变故有关。小琦从小深受父母宠爱，在感情与人格上与父母依恋很深。小琦的父母没有在给予她爱的同时，培养她独立的人格。因此，一旦家庭发生变故，小琦在失去父母关爱的同时，不能独立应对家庭变故这一事实，进而由人格危机引发自我认同危机、人际交往障碍和学业危机等问题。又如当今的一些大学生，离开父母让他们失去了一贯的依赖对象，这时，他们就会把这种依赖性转投向他们周围的人，如朋友、同学或师长等。有一个家喻户晓的民间故事极具代表性。有一对夫妇晚年得子，十分高兴，把儿子视为宝，捧在手上怕摔，含在口里怕化，什么事都不让他干，儿子长大以后连基本的生活也不能自理。一天，夫妇要出远门，怕儿子饿死，于是想了一个办法，烙了一张大饼，套在儿子的颈上，告诉他想吃时就咬一口。等他们回到家里时，儿子已经饿死了。原来他只知道吃颈前面的饼，不知道把后面的饼转过来吃。这个故事讥讽得未免有些刻薄，但现实生活中类似的现象也不能说没有。某报曾载有个学生出国留学后，因吃鸡蛋不会剥皮，衣服不会洗等生活问题，而主动退学回国的事情。

2. 自我防御机制

依赖性也是一种自我防御机制。心理上有依赖性的人通常会表现出顺从、忍让的态度和行为，可是实际上，他们的顺从和忍让并不是自愿的，而是一种讨好他人、保护自己的手段。对于他们来说，似乎只有顺从、忍让他人，才不会得罪他人，才能得到他人的保护和帮助。在心理上，他们就像离不开父母的小孩，随时需要服从权威来得到父母的关爱，在潜意识里，他们非常害怕被抛弃。

心理学家霍妮提出了著名的神经症人格理论，归纳了三种神经症的人格类型：依赖型、反对型和逃避型①。其中依赖型的人格表现出对友爱的赞许、对生活伙伴或者是狭窄空间的神经症需要。霍妮在分析依赖性人格时，指出这种类型的人有如下几

---

① 刘建新：《大学生常见心理问题及疏导》，广州，暨南大学出版社，2005。

个特点。

①深感自己软弱无助,有一种“我很渺小可怜”的感觉。当要自己拿主意时,便感到一筹莫展,像一只迷失了港湾的小船。

②理所当然地认为别人比自己优秀,比自己有吸引力,比自己能干。

③无意识地倾向于以别人的看法来评价自己。

这类人的潜意识就是认为如果自己依从了,别人就不会伤害自己。依赖性,其实在本质上来说,就是霍妮所说的依赖型人格的具体表现。如果依赖性过强,而且总是以这种单一的方式来应付生活问题,那么这种应付方式就变成了问题,当事人反而变得无法解决问题了。

6.2.3 依赖性人格的辅导方法

针对依赖型人格的产生原因,可以采取习惯纠正和行为训练方法。

6.2.3.1 习惯纠正法

由于依赖行为已成为一种习惯,干预就必须帮助其破除这种不良习惯。从青少年自身出发,清查自己的行为中哪些是习惯性地依赖别人去做,哪些是自主决定的。可以每天做记录,记满一星期,将这些事件按自主意识强、中、差分三等,每周作一小结。

①对自主意识强的事件,以后遇到同类情况应坚持自己做。例如,某一天按自己的意愿穿鲜艳又奇特的衣服出门,那么以后就坚持穿鲜艳又奇特的衣服出门,而不要因为别人的闲话而放弃,直到自己不喜欢穿这类衣服为止。这些事情虽然很小,但正是改正不良习惯的突破口。

②对自主意识中等的事件,应提出改进的方法,并在以后的行动中逐步实施。例如,在订学习计划时,你听从了同学的意见,但对这些意见你并不欣赏,就应把自己不欣赏的理由说出来,说给你的同学听。这样,在学习计划中便掺入了你自己的意见,随着自己意见的增多,便能从听从别人的意见逐步转变为完全自主决定。

③对自主意识差的事件,可以采取诡控制技术逐步强化、提高自主意识。诡控制技术是指在别人要求的行为之下增加自我创造的色彩。例如,你从朋友的暗示中得知他喜欢看书,你在他生日的时候送他一本书,似乎有完成任务之嫌。但这类事情的次数逐渐增多以后,你会觉得这样做也会给自己带来快乐。你如果又提议办个生日派对或带同学去郊游,就证明你的自主意识已大为强化了。

依赖行为并不是轻易可消除的,一旦形成习惯,就会发现要自己决定每件事真是很难,如果解决不好,可能会不知不觉地回到老路上去。为防止这种现象的发生,简单的方法是找一个监督者,最好是最信赖的人。

6.2.3.2 行为训练法

从小事做起，选择合适的、能增强自主独立性的任务，让青少年去做。配合代币制①，要求对象的家人给予配合，以保证行为训练取得预期效果。

①第一步：消除童年不良印迹。依赖性的人缺乏自信，自我意识十分低下，这与童年期的不良教育在心中留下的自卑痕迹有关。可以让青少年回忆童年时父母、长辈、朋友对自己说过的具有不良影响的话，例如"你真笨，什么也不会做"，"瞧你笨手笨脚的，让我来帮你做"，等等。把这些话语整理出来，然后一条一条加以认知重构，并将这些话语转告给青少年的朋友、亲人，让他们在其试着干一些事情时，不要加以指责青少年，而要热情地鼓励和帮助他。

②第二步：自信训练，重建勇气。从刻意避免依赖的行为到尝试一些略带冒险色彩的事，每周做一件。例如，独自一人到附近的风景点短途旅行；独自一人去参加一项娱乐活动或一周规定一天"自主日"，这一日不论什么事情，决不依赖他人。通过这些事情，进行自主训练，逐步重建勇气，改变事事依赖他人的习惯。

6.2.4 依赖性人格缺陷辅导实务模拟训练

案例 6.3

某高校中文系一年级学生小赖，父亲早亡，由母亲一手把她带大，妈妈对小赖照顾得无微不至。小赖无论在生活上还是情感上都对母亲有着婴儿般的依恋和依赖。小赖与妈妈之间相互依赖的关系一直维持到小赖上大学离开家。在大学里，小赖碰到了苦恼的事情：她在短短的一年之内换了两个男朋友，而且都是她的男朋友提出分手的。分手的理由都是一样，觉得小赖太过于依赖人，很黏人，跟她在一起很累。小赖觉得自己什么事都听从男朋友，开始的时候男朋友都称赞小赖很乖、很温柔，可是不到三个月，男朋友就提出分手。小赖不知道为什么会这样，为什么自己对男朋友千依百顺还是被抛弃了。

1. 原因分析

在上大学之前，小赖对母亲有着婴儿般的依恋和依赖。到了大学，小赖也没有脱离对母亲那种依恋，而是把这种依赖转移到了同学身上，特别是男朋友身上。她一有机会就找男朋友，让男朋友整天陪着她，见不到面的时候就打电话，让人感觉她就是一个没有长大的小孩，总是在生活中寻找别人的帮助，总是需要被照顾。但是男朋友是成年人，他可能需要一个成年人跟他交流，但小赖不能给予他这种感觉，所以最终提出跟小赖分手。

---

① 代币制是行为主义心理学家进行行为治疗的一种疗法，属于正强化的一种特殊形式。只要患者作出预期的行为反应，就可获得奖励。用作奖励的代币指的是在某一范围内可以兑换奖励品的"证券"，它可以有多种简单的形式，如小铁牌、小红旗、信用卡等。治疗者用代币作为奖赏，强化患者的目标行为，然后患者可以用代币去换取自己所希望或喜欢的东西。一段时间后，患者就能建立起治疗者所期望的行为，并逐步形成习惯。

2. 干预手段

①要从认知上让小赖意识到问题所在。小赖的问题根源就在于她的依赖性，而且小赖也没有很好地意识到自己的依赖性。帮助小赖时，应从其失恋的原因作为切入点，让小赖意识到自己的问题就出在依赖性太强上，并由此让小赖思考自己与母亲、同学及其他人之间的关系和相处模式。让小赖意识到自己已经是一个成年人，必须学会独立，不管是在自我意识上，还是在学习生活上，都必须学会做一个独立的成年人，摆脱以往那种靠依附别人，靠讨好别人来取得安全感的不良心理和行为模式。

②要对小赖进行行为训练，在现实生活中进行锻炼。首先，让小赖列出自己可以独立完成的事情，从容易到困难，比如“我可以自己去打水、自习”，“我可以自己从车站回家，不用妈妈来接车”，“我可以去找一份兼职”等。同时，让小赖学会说“不”，从“别人提出不合理的要求时我要说‘不’”到“别人提出我不喜欢的要求时我可以说‘不’”，逐渐从行为上和心理上培养小赖的独立意识。最后，让小赖不但作一个自理的人，还可以作一个对别人有帮助的人。让小赖主动帮助同学打水、打扫宿舍，在家里分担母亲的家务，告诉母亲自己已经长大了，可以帮助母亲分担一些责任了。

6.3 偏执性人格缺陷与辅导

案例 6.4

小 A，一位刚升入高中读书的男生，18 岁。前半学期由于同学间相互不熟识，由老师指定他暂任班长。半学期后由于他与同学关系不和，被撤掉班长职务。于是小 A 就疑心是某同学在老师那里搞他的鬼，对班长撤换一事耿耿于怀、愤愤不平。认为同学和老师这样做对他不公平。而后常与同学、老师为此发生冲突，有时还状告到校长和家长那里去，并要求恢复他的班长职位，扬言要上告、要把事情闹大。大家都耐心细致地劝他，他总是不等大家把话说完，就急于申辩，始终把大家对他的好言相劝理解为恶意、敌意。最后因为与老师的一次冲突，被建议到学校心理咨询室接受心理辅导①。

偏执性人格缺陷属于中度到重度的人格异常。此类人格缺陷者在家里不能与家人和睦相处，在外面又不能与朋友、同事友好相处，往往成为别人敬而远之的对象。

6.3.1 偏执性人格的表现

可以从《中国精神疾病分类方案与诊断标准》中诊断偏执性人格的各种特征描述看到此类人的人格特征。

①广泛猜疑，常将他人无意的、非恶意的甚至友好的行为误解为敌意或歧视，或无足够证据，怀疑会被人利用或伤害，因此过分警惕和防卫。

① 王玲：《高中生常见心理问题及疏导》，广州，暨南大学出版社，2006。

②将周围事物解释为不符合实际情况的“阴谋”。

③易产生病态嫉妒。

④过分自负，若有挫折或失败则归咎于人，总认为自己正确。

⑤好嫉恨别人，对他人的过错不能宽容。

⑥脱离实际地好争辩与敌对，固执地追求个人不够合理的权利或利益。

⑦忽视或不相信与自身想法不相符合的客观证据，因而很难用说理或事实来改变其的想法。

《中国精神疾病分类方案与诊断标准》中说明，患者的症状至少符合上述项目中的三项，方可诊断为偏执性人格缺陷。

偏执性人格的人很少有自知之明，会对自己的偏执行为持否认态度，在社会上的人数和比例不详。但据1988年上海市青少年心理卫生调查资料表明，偏执性人格缺陷患者中以男性较多见，且以胆汁质或外向型性格的人居多①。虽然偏执性人格缺陷的实际患病率还是较低的，但在青少年中具有偏执性人格倾向者，还是占有相当的比例。若不能对这种人格倾向加以适当干预，势必会影响青少年人格的健全，甚至诱发偏执性人格缺陷的形成。

青少年的偏执性人格倾向主要有两种：一种是狂妄型，表现为自负、傲慢、爱争辩、好斗，对权力、地位有执著的追求而又多疑过敏；另一种是退萎型，表现为胆小怕事、遇事退缩，常背地里窃窃私语，干事偷偷摸摸而又多疑过敏。

青少年中的偏执性人格倾向主要表现为对人不信任，倾向于把别人的好意或者中性态度体会成恶意，倾向于追究别人隐藏的动机而不满足于对别人的行为作常规性的评价，总认为别人对自己“笑里藏刀，指桑骂槐，杀鸡给猴看”，总认为世上好人少而坏人多；行动上过于警惕、保密，甚至采取不必要的防卫措施，想办法考验别人忠实与否；自尊心过强，经受不起一点的批评和挫折，对他人不够宽容，对同学、朋友过分提防，封闭自己；对别人的批评、轻视、拒绝等行为，反应强烈持久；对侮辱和伤害更不能宽恕，长期耿耿于怀，甚至总想报复，也常常采取报复行为；经常担心被别人说道德品质不好而紧张不安；当别人获得重视、获得荣誉时，感到内心隐痛不安；一旦自己的地位被别人取代，会表现出强烈的怨恨或委屈，公开抱怨指责别人；不愿意与竞争者交往，对竞争者幸灾乐祸或者视为仇敌。

虽然偏执性人格倾向具有负面作用，不过，如果从积极方面来看，偏执也是有好的作用的。比如，偏执性的人往往执著，不达目的不罢休，这种特性放在学习上、事业上可能起到很积极的作用。不过，执著过度，就容易出现问题了。

6.3.2 偏执性人格的形成原因

偏执性人格的形成原因比较复杂多样。具体表现为以下几个方面。

---

① 刘建新：《大学生常见心理问题及疏导》，广州，暨南大学出版社，2005。

1. 儿童期家庭环境的影响

比如儿童早期生活在不被信任、常遭拒绝的家庭环境之中。父母经常地斥责、贬低、训斥，使他们心理受挫；缺乏父母的爱，以致情感冷漠、与人交往过少，导致情感上的焦虑、愤怒、好斗。此类环境下成长的青少年若受到某种刺激，易导致偏执狂，或偏执性人格倾向。

2. 青少年的生理特殊性

偏执性人格倾向在青少年中表现突出，因为他们正值青春期，内分泌功能迅速发展，大脑皮层及皮层下中枢的兴奋度常迅速地增强或减弱，从而形成情绪的波动不安，出现偏执认识和冲动行为。

3. 青少年的知识经验不足

由于青少年知识贫乏，生活经验不足，他们辩证思维的发展尚不成熟，不善于一分为二地看问题，往往抓住一点就无限地夸大或缩小，自认为看到了事物的全部，极易出现以偏概全的失真判断，导致错误的结论。而且许多青少年的生活较为单调，生活的重心几乎都是学习，以至于他们很少关注学习以外的事件，视野狭小，为人处事很容易钻牛角尖和呆板化。

4. 自我苛求

有些青少年自我要求标准极高，与自身存在的某些缺陷构成尖锐的矛盾。他们从不公开承认自身的缺陷，如个子不高、长相不出众、才能不突出等，而实际上，意识深层正为此而感到自卑。

5. 人际交往面狭窄

有的孩子，不喜欢与他人交往，把自己封闭在一个狭小的人际环境中，久而久之便养成孤僻、敏感的性格，事事以自我为中心，无视他人的想法和意见，我行我素、主观武断。如果同时又处在异常的处境，就更会使人偏执，如没有学历的人，厌恶别人谈论学历；单亲家庭的孩子，怕别人知道自己的家庭情况。

6.3.3 偏执性人格的辅导方法

由于导致偏执性人格的原因是多方面的，因此，对偏执性人格进行干预也需要从多种角度采取措施。

1. 认知提高法

由于具有偏执性人格的人敏感多疑，不接受任何善意的忠告，所以首先要与他们建立互相信任的关系，在此基础上交流情感，向他们介绍人格缺陷的性质特点、危害性及纠正方法，使其对自己有一个正确、客观的认识，并自愿产生改变自身人格缺陷的要求。这是进一步进行心理治疗的先决条件。

2. 自我疗法

具有偏执性人格缺陷的人喜欢走极端，即偏于一点，不计其余，不看全面；偏于一时，不看过去，不看长远。要改变其偏执行为，就要帮助他们分析认识自己头脑中的超价值观念。对这些观念加以改造，去除其中极端偏激的成分，引导青少年从正、反两个方面看待问题,遇事重事实、重证据、重逻辑,而不是凭主观意愿和某种感受。举例如下。

①我不能容忍别人一丝一毫的不忠。改变为:我不是说一不二的君王,别人偶尔的不忠可以原谅。

②世上没有好人,我只相信自己。改变为:世上好人和坏人都存在,我应该相信那些好人。

③对别人的攻击,我必须立即给予强烈的反击,要让他们知道我比他更强。改变为:对别人的进攻马上反击未必是上策,我必须先确定是否真的受到了攻击。

④我不能表现出温柔,这会给人一种不强健的感觉。改变为:我不敢表示真实的情感,这本身就是虚弱的表现。

每当类似情境出现后,就要把新的合理观念默念一遍,以此来阻止自己的偏激行为,如果不知不觉表现出了偏激行为,事后应重新分析当时的想法,找出非理性的观念,然后加以改变,以防下次再犯。

3. 交友训练法

鼓励他们积极主动地进行交友活动,让其多接触心理健康,品行优良的同学、良师,志趣相投、积极向上的朋友以及有成就的成年人。并在交友中学会信任别人,消除不安全感。交友训练的原则和要领如下。

①注意交友的“心理相容”原则。最基本的心理相容的条件是思想意识和人生观、价值观的相似和一致,所谓“志同道合”,是建立友谊的心理基础。

②真诚相见,以诚交心。明确交友的目的在于克服偏执心理,寻求友谊和帮助。

③交往中尽量主动给予知心朋友各种帮助,尤其当朋友有困难时。

4. 敌意纠正训练法

偏执性人格缺陷者易对他人和周围环境充满敌意和不信任感,采取以下训练方法,有助于克服敌意对抗心理。

①经常提醒自己不要陷入“敌对心理”的漩涡中。遇事先自我提醒和警告,处世待人时注意自省,这样会明显减轻敌意心理和强烈的情绪反应。

②遵从“尊重别人,才能得到别人的尊重”的理念。学会对帮助过你的人说感谢的话,不要不痛不痒地说一声“谢谢”,更不能不理不睬。

③要学会向你认识的所有的人微笑。可能开始时你很不习惯,做得不自然,但必须这样做,而且努力去做好。

④要在生活中学会忍让和有耐心。生活在社会中,冲突、纠纷和摩擦是难免的,这时必须忍让和克制,不能让敌对的怒火烧得自己晕头转向。

5. 兴趣引导及意志力训练法

让青少年眼睛不要只盯在数、理、化、外等功课上。同时,要涉及文学、历史、地理、音乐、绘画等,加强各方面兴趣的培养,从而使生活、学习等有张有弛、有理有序地进行。此外,还要督促青少年积极参加一些高难度的体育锻炼,培养勇敢、顽强、坚韧、机智、果断、团结、互助的优良意志品质,有效地增强自控能力。

6. 消除自卑,扬起自信的风帆

偏执的深层次根源在于自卑,因此,必须想办法消除自卑。

6.3.4 偏执性人格辅导实务模拟训练

案例6.5

小刘,男,22岁,某大学二年级学生。小刘的家住在郊区,在家中是独子,但是小刘并没有得到父母的疼爱。父母都是做小生意的,经常不在家,小刘从小就常到邻居家吃饭,没有感受到父母的爱和关注。父母关系也不好,经常为了一些小事吵闹。在小刘上初二的时候,父母离婚。

小刘的学习成绩很好,在班里是学习尖子。高考的时候小刘想报考外语院校的英语专业,班主任考虑到他的成绩和家里的经济情况,劝他报考师范院校的英语专业。小刘听从了老师的意见。高考成绩出来后,小刘发现自己的成绩可以上外语院校,为此很后悔当时听从老师的建议,并对老师产生了怨恨。

小刘的个子矮小,相貌一般。可是他却从来不允许别人因为自己身材而看不起自己,他说他要为矮个子正名。为了这个,小刘在日常生活中对于世界上身体矮小的伟人很注意,并且加以收集,以此来证明矮个子是聪明的。比如拿破仑只有168 cm,鲁迅只有158 cm。不仅如此,小刘还不断地向别人声称大个子四肢发达,头脑简单,自以为是。

小刘在大一的时候曾经给一个女同学写了一封英文求爱信,遭到了对方的拒绝。而且小刘与宿舍的同学关系很紧张,认为宿舍的同学故意孤立他。有一次,天气很冷,他回宿舍喝水,发现除了他自己的水壶没有水以外,其他人的水壶都是满的。他就越想越气,为了报复室友,便把他们的水壶全打破了。从那件事后,宿舍的人就不再理他了,老师也因为这件事批评了他,其他同学看他的样子也是怪怪的。他觉得在学校里总是不舒服,想退学,甚至怀疑自己活着是否有意义。

1. 原因分析

案例表明,小刘具有一定的偏执性人格倾向,敏感、多疑、固执己见,对他人具有很强的防备心理,人际关系紧张。

小刘从小就缺乏家庭的温暖,父母忙着做小生意,没有真正关心过他。后来父母离婚后,都不大愿意抚养小刘,小刘每次都要自己去求父母给予学费和生活费。所以,小刘对于父母失去了信心,也由此让他觉得每个人都是自私的、不可信任的,他渐渐变得悲观、冷漠、敌视和固执,最后变成偏执性人格倾向。高考的失望和宿舍同学的关系恶劣,加上被女同学拒绝,也大大地加重了小刘的偏执个性。

2. 干预手段

①采用认知提高法,对小刘进行认知分析。因为偏执性人格倾向的人说话总是带着自己的偏见,而且防御性较强。在进行干预辅导时,咨询员不要一开始就揭穿当

事人的问题,必须有一定的耐性,先与小刘建立良好的相互信任的关系,然后再对其进行干预辅导。比如针对打热水事件,咨询员通过慢慢诱导,询问小刘"你为同学打过几次热水"、"同学们为你打过几次热水"等问题,让小刘明白了"我对同学没有付出真心和行动,同学自然也不会总是对我有真心和行动",使小刘认识到自己的人格缺陷。

②在小刘的认知达到一定程度后,对小刘采取交友训练法和敌意纠正训练法。比如可以结合小刘对自己身体的自卑和失恋的经历,纠正了小刘一贯的偏见,帮助他克服对自己身材的自卑。对于小刘的家庭遭遇给予同情,让小刘尽情倾诉自己的不幸和委屈。然后让小刘将他对于父母的不信任和现在对于所有人的不信任和敌对联系起来,使他逐渐明白:在父母身上得不到爱和关心,给他带来了很大的伤害,所以,一旦他觉得在同学身上也得不到关怀,就很容易对对方产生敌意,其实,这正是他自己渴望得到别人的关爱的潜意识表现。从父母身上得不到爱,同样也不知道怎么给予别人爱,所以,就造成自己自私、容易受伤的个性。让小刘明白并遵从"尊重别人,才能得到别人的尊重"的理念,让他在生活中帮助同学。可以从为室友打开水开始,通过同学的真诚和反馈,来加强小刘对上面领悟的理解,消除小刘对别人的偏见。

6.4 对抗性人格缺陷与辅导

案例 6.6

某初三男生,期中考试后的家长会上,其家长未出席。班主任通知他:"请你父亲到我办公室来一趟……"班主任尚未说完,只见他双目圆瞪,满脸涨红,抓起班主任桌上的茶壶、办公室的热水瓶向人砸去,嘴里不断大喊道:"我要杀了你们!"为什么?原来小学四年级时,有一次因为语、数、外考试都不及格,他被班主任叫到办公室训斥,挨了一顿臭骂还不算,班主任还把他父亲叫到办公室接受"教育",说什么"养不教,父之过","养这种猪猡,真罪过"……他父亲气不过,回敬了一句:"老师能不能文明点?"话刚出口,立即遭到办公室全体老师的耻笑、谩骂,父亲气得一脚把他踢倒在地,飞快逃回了家。从此,他认为大人都是恶魔,没有良心,并暗暗发誓,不报此仇决不为人。"现在是你们狠,等我长大会给你们一个交代。"原来他幼年时被压抑的创伤,在新的情景下被班主任一句普通的话激活而引发了这场危机①。

对抗性人格缺陷在青少年生长发育过程中较常见,对抗性人格缺陷在普通儿童中的发生率就达8%②,在整个青少年群体中比例更高。

6.4.1 对抗性人格的表现

对抗性人格缺陷者一般没有智力问题和精神症状,年龄再大一些会出现物质滥

① 杨佐廷:《中小学生危机预防与干预》,上海,上海教育出版社,2006。
② 杨佐廷:《中小学生危机预防与干预》,上海,上海教育出版社,2006。

用、吸烟、喝酒等，产生品行障碍，或形成攻击性人格缺陷。一般来说，对抗性人格缺陷主要表现为对抗、消极抵抗、易激怒、敌意、偏激、令人厌烦的行为，故意对抗或拒绝成人对他的要求，出现报复行为等，具体如下。

①敌视他人。青少年一旦有了对抗倾向，就往往会把父母、老师、朋友的善意批评或帮助看成是和自己过不去，认为周围的人都在轻视自己、伤害自己、与自己作对。在这种情绪支配下，他们对父母或老师的教导轻则置若罔闻，重则报复、破坏。

②对抗行为。在学校，他们经常做些让老师不高兴的事，搞些恶作剧，有的甚至以戏弄或殴打其他同学为乐；把自己功课不好看成是对老师和父母的报复；对优等生持蔑视的态度；在家中，他们以自己为中心，我行我素，爱与父母对着干，越反叛越痛快；如果自己的种种行为遭受了谴责，反而感到快意而不是内疚。

③蔑视纪律和规范。他们认为所有的纪律和规范都是不公正的，所以以各种方式加以违反和破坏。

④不尊重权威。他们喜欢自己是强者，鄙视权威，为了尽力摆脱外界的束缚以及成人过多过细的要求，他们常表现出反感情绪和反抗行为。

⑤破坏公物。他们会暗地里破坏公物，当觉得自己无法应对充满挫折和不公正的外界环境时，就会转而攻击公共财产。

⑥施虐行为。当青少年的对抗心理发展到高峰时，他们会对同学、弟弟、妹妹、小动物表现出一种虐待狂的心理——以野蛮的手段毒打、戏弄别人，从别人的痛苦中寻求开心。

6.4.2 对抗性人格的形成原因

对抗性人格是青少年时期特别容易产生的人格特点。具体原因有以下几个方面。

1. 认同危机期的反应

美国著名的发展心理学家埃里克森把个体一生划分为八个阶段，其中第五阶段是青年期，年龄从 12 岁至 18 岁，这一时期的发展任务是建立同一感，防止同一性混乱，发展自我同感能力。但这一时期的发展是极其复杂、充满矛盾的，又称为“困难期”、“危机期”。处于成熟边缘的青少年在这个阶段独立意识和自我意识日益增强，迫切希望摆脱成人的监护，急于寻求独立和社会认同，他们反对成人把自己当“小孩”，以成人自居。而此时许多家长、老师的观念还来不及或不愿转变，仍把他们当成孩子看待，对于青少年的烦恼、要求不能充分地理解和给予积极引导。于是，青少年因需要不能得到满足，自然产生了很强的逆反心理，而去表现自己的“非凡”，对任何事物都持批判甚至对抗态度。

2. 好奇心的驱使

青少年多数具有强烈的好奇心，他们喜欢新事物和新知识。好奇心过强而形成一种特殊的心理需要，这种心理上的认知需要可以转化为学习活动的动机，诱发学习兴趣，促使和推动学习者去探索有关的事物和认知信息。青少年在学习中表现出来的不迷信、不盲从，其所具有的较强的求知欲和探索精神，正是他们好奇心的具体表现。有些老师、家长禁止青少年做某事，却又不说明不能做的理由，结果适得其反，使"不要吸烟"、"不要早恋"之类禁令达不到预期的效果；对于被禁止、被批判的电影、文学作品、理论文章，青少年却怀着极大兴趣去观看、查阅……好奇心驱使下，青少年有时甘冒受惩罚的风险去尝也许并不甜的"禁果"。

3. 思维品质的不成熟

在认知发展的过程中，青少年思维的独立性和批判性等品质虽有一定程度的发展，但还很不成熟。加之社会经验不足，不懂得用历史和辩证的眼光看问题，认识上容易产生片面性。这些青少年往往自尊心、虚荣心很强，但却不能正确地维护自己的尊严，而把老师和家长的劝说、批评、告诫看成是对自己自尊心的损伤。因而把自己放在与老师、家长的对立面上，出现了在口头上加以反驳，在行动上反其道而行之的对抗性人格倾向。

4. 家庭环境的影响

有学者认为具有对抗性人格缺陷的青少年大都生长在异常家庭环境中。例如，在"严管"型家庭中，父母发现孩子犯了错误或有劣迹，不是说服教育，而是墨守"棍棒底下出孝子"的信条，不分青红皂白对孩子打骂、不让吃饭、罚跪、捆吊、拷打、关禁闭，甚至赶出家门，造成孩子与父母感情破裂，形成情绪对立、互不信任的局面。这时青少年的对抗性人格则成为被剥夺了精神需求和满足后，对成人世界愤怒反抗的曲折表达。

而在单亲家庭中，无论是家庭结构缺损还是职能挫伤，都意味着孩子失去父爱或母爱，失去已有的安全感和幸福感。这种突如其来的打击，使他们异常愤怒，或感到羞耻、低人一等，或不愿与人交谈、喜欢孤独……把生活学习中的一切不幸都归于父母。面对家庭危机，他们冷酷、暴躁，对父母实施威胁攻击，或报复伤害他人，虐待自己或小动物，对社会愤世嫉俗，粗暴地采取破坏行为。

如果有反社会行为的家庭环境，父母或其他成员有偷盗、赌博、卖淫嫖娼等不良恶习的，都会给子女以暗示的影响，并刺激他们模仿大人的不良行为行事，培育出与社会相对抗的人格缺陷。

6.4.3 对抗性人格缺陷的辅导方法

由于青少年对抗性人格的产生一方面与自身的心理发展水平相关，另一方面与家庭环境和社会环境影响有关。因此，对青少年对抗性人格缺陷的干预，应该重在外部环境的调试。

1. 老师、家长管理训练

这是最有效的一种干预手段，主要是利用社会学习理论[①]的技巧，利用积极强化方法促进良好行为的建立和巩固，并且使不良的对立和违抗行为消退。使老师和家长认识到这种社会学习理论在儿童行为发展中的重要性，掌握积极强化技术，并用之与儿童交往和生活中。

2. 消除家长的不良行为影响

对诸如家长的反社会行为或不为社会规则所接受的行为，家长要意识到它对自身和孩子的危害性，通过自身不良行为的消除，给孩子作出榜样，使儿童行为发生改变。

3. 消除日常生活的不良影响

消除日常生活可能影响儿童的因素，增加亲子间的交往，互相理解各自行为的意义，而不是以敌意和对抗的方式进行交往。保持父母教育观点的一致性，要求家庭成员之间相互平等。最重要的是父母消除对子女的敌意、冷漠、挑剔，增进亲子交往、理解及尊重。

6.4.4 对抗性人格缺陷辅导实务训练

案例 6.7

刘帅，男，17岁，高一学生。学习成绩中等，性格倔强，个性刚硬，自尊心特强，对抗心理十分严重，经常和老师发生冲突，有很强的抵触情绪，你越是反对的事情，他就越和你对着干。在学校，他这种反抗行为十分尖锐，每当老师批评他时，他眼睛直对着老师，一副不服气的样子，甚至还和老师顶嘴。

1. 原因分析

该生的对抗行为是进入青春期的一种表现，许多青春期的孩子对大人都有一种对抗或反叛心理，他们往往把家长和老师的批评理解为与自己过不去，认为伤害了自己，因而就会表现出严重的敌对倾向。分析其原因主要有如下两个。

①家庭环境。刘帅的家庭比较困难，父亲重病在身，丧失了劳动能力。母亲是小学老师，家里的经济来源全靠母亲一人。父亲要看病，姐姐正在读大学，自己正在读

---

① 社会学习理论是一种在刺激—反应学习原理基础上发展起来的，美国心理学家班杜拉等人曾证明了这一理论。社会学习理论认为，人类的许多行为都不能用传统的学习理论来解释，现实生活中个体在获得习得行为的过程中并不都得到强化。班杜拉把依靠直接经验的学习（传统的学习理论）和依靠间接经验的学习（观察学习）综合起来说明人类的学习。观察学习是社会学习的一种最主要形式，人类的大量行为都是通过观察他人的所作所为以后进行模仿学习学会的。模仿学习可分为主动和被动两种类型。主动模仿学习是指学习者不仅观看被模仿者的表现，而且参与其中，与范型一起进行学习；被动模仿学习是指只看被模仿的行为表现但不直接参与其活动。班杜拉认为，如果给那些有行为问题的人提供模仿学习的机会，就有可能改变他们的不良行为，建立健康的行为。社会学习理论具有下列特点：强调行为和环境之间的交互作用；强调人运用符号的能力；强调观察学习尤其强调模仿对象及其特征激发特定行为的重要性；强调自我调节过程，认为行为的增强来源于外界反应与自我评价。

高一,都需要钱,家庭经济负担很重。所以,对于刘帅来说,不能放开手脚花钱,于是在其他同学面前就产生了自卑心理,长此以往,对抗心理就特别强。

②青少年半幼稚半成熟的特点,使他看问题容易产生偏见,认为与老师、家长对着干很勇敢,很有个性,是一种英雄行为,因而盲目反抗,拒绝一切批评。

2. 干预手段

主要采取老师、家长管理训练,并加强师生之间、亲子之间的交流和沟通。具体如下。

(1)达成共识,对症下药

首先是老师与家长取得联系,了解刘帅在家中的表现,与家长沟通思想,在孩子教育问题上达成共识,以便对症下药。

(2)动之以情,晓之以理

要正确对待这类孩子,避免直接批评,不要与他发生正面冲突,要注意保护他的自尊心,采取以柔克刚的教育方式。比如,当他犯错误的时候,老师不要当着全班同学的面点他的名字,而是在与他个别交谈时动之以情,晓之以理,耐心帮助他分清是非,意识到自己的错误,并愿意主动去改正,这样可以逐渐缓解紧张的师生关系。

(3)因势利导,扬长避短

老师要善于挖掘学生身上的闪光点,充分发挥其在班集体中的作用,刘帅虽然容易犯错误(迟到,上课爱说话)等,但他也有优点,那就是比较聪明,学习上他的理科要比文科占优势。就鼓励他扬长避短,使他把大部分心思转移到他感兴趣的事情上,有了老师的信赖和同学的支持,他的态度就发生了转变。

(4)持之以恒,谈话沟通

这种顽固的逆反心理不是一次两次说服教育就可以消除的,要反复抓,抓反复,平常老师、家长多留意观察他的情绪变化,经常与他交流、沟通,深入了解他的内心世界,帮助他解决青春期的烦恼。

本章小结

家庭教育、学校教育和社会教育存在的弊端,逐渐成为社会工作者分析青少年社会问题、帮助青少年摆脱困境、制定合理干预措施时必须重视的一个深层次的影响因素。本章在对人格及特征进行内含界定的基础上,对青少年常会出现的三种人格缺陷——依赖性人格缺陷、偏执性人格缺陷和对抗性人格缺陷的表现、形成原因及干预措施给予详细的剖析,并配合相应的案例分析,以帮助青少年、社会工作者、家长和老师们有针对性地把握青少年的人格特点,及时合理地开展辅导干预,让青少年顺利渡过自己的青春期。

课后练习

(1)回答问题

①什么是人格？人格有什么特征？

②结合身边的实例，谈谈什么是依赖性人格缺陷，有什么样的干预措施帮助纠正这种人格缺陷？

(2)案例分析

案例6.8

骇人听闻的马加爵杀人事件，直接起因是室友指责马加爵打牌作弊进而引起争吵。以下的文字来自马加爵的自述，我们可以从中揣摩其杀人心理和动机。

"谁知道那三个我自以为平时没有歧视过我的同学，竟然恶语伤人，蹂躏我的人格，还揭了我以前的许多伤疤。原来每个人长期以来一直这样凶悍地歧视我，残忍地嘲笑我，我的心滴血了。我在这种氛围下再也难以立足了，是他们残忍地对我，是他们不给我活路，是他们没有给我留后路，我没有退路了。我决定玉石俱焚，我决定给那些歧视穷苦人的人一个教训，我决定给那些无情践踏、残忍蹂躏穷苦人人格尊严的人一个教训。终于我买了一把石锤结束了他们几个人的生命……"

案例6.9

在小学曾经担任过班长的孟岭竹，升入初中后简直判若两人，他不仅学习成绩差、不守纪律，还专门找茬、和老师作对。一次语文课上，他又故意捣乱，弄得老师左右为难。老师生气地说："下堂课谁不愿意听就趴在桌上睡觉，别影响别人。"孟岭竹听罢，用手捅了同桌顾大勇一下，两眼一翻，不知心里又出了什么鬼点子。

放学后，孟岭竹去药店买了一瓶安定片。第二天下午第一节课又是语文课，午饭后他在操场上和同学们踢了一会儿球，回到教室后，就给和自己要好的十多名男生每人发了3片安定片，并告诉他们吃完睡觉。上课后，老师见那十几名同学没起立敬礼，很生气，并命令他们马上起来。这时教室里鸦雀无声，没一个人执行命令。老师走到伏桌同学的面前，只见他们早已进入梦乡，还有几个同学不时发出"呼——呼——"的香甜的酣睡声。

正在老师不知所措的时候，孟岭竹从座位上慢慢地站起来，装作很有礼貌的样子说："老师，你不是说过不愿听课可以睡觉吗？他们都是听话的学生，还没等上课就先睡着了。"从这句话里老师似乎领悟出了什么，拿起教案拂袖而去。

分析以上两个案例中马加爵和孟岭竹两人的人格倾向，你能为他们设计什么样的干预方案？

7

学业危机与疏导

学习目标

①了解学业失败、学习抑郁症及学校恐怖症等常见学业危机的表现。

②分析产生学业失败、学习抑郁症和学校恐怖症的具体原因。

③掌握应对学业失败、学习抑郁症和学校恐怖症的社会工作手法。

青少年时期正是长身体、长知识的时期，包括学业失败、学习抑郁症及学校恐怖症等在内的学业危机，是青少年社会化过程中的一个重要障碍。学业危机极容易使学校青少年演变为社区青少年，增加青少年的就业难度和管教难度。干预与疏导学业危机，是预防青少年犯罪和学校社会工作实务的一个重要领域。

案例 7.1

2001 年，王极盛教授对北京市 7 000 多名学生的十个心理健康问题的调查统计发现，学习问题名列第一，占 36.7%。究其原因，在学生总体中，感到学习负担沉重、很沉重的占 15%，上课怕老师提问的占 15.2%，厌恶作业的占 9.8%，讨厌考试的占 13.4%，厌学的占 6.2%，如果加上中度和轻度学业危机者，上述各项指标均超过了 50%。这其中不乏重点学校成绩优秀的学生①。

青少年在学业方面遇到的危机，可以概括为学业失败、学习抑郁症及学校恐怖症。学业危机不仅会引发青少年的各种负面情绪，还会导致青少年的退缩行为、生理疾病、自信心丧失以及自杀、自伤行为。本章将讨论学业失败、学习抑郁症及学校恐怖症的表现特征，并在分析产生学业失败、学习抑郁症、学校恐怖症的原因的基础上，

---

① 杨佐廷：《中小学生危机预防与干预》，上海，上海教育出版社，2006。

结合社会工作的理论和方法,提出有针对性的介入策略。

7.1 学业失败与疏导

案例 7.2

市郊某校有位学习尖子,因搬家转入市区学习,自认为“我过去是最棒的,到新校新班也肯定是最棒的”。但事与愿违,奥数、电脑从未接触过,机器人、钢琴等学校特色活动一样都不会,加上语、数、外教材差异,他首次考试失败,名列班级倒数之中,被同学讥笑为“木头”,成了老师眼中的“差生”。他异常恐惧,深感“我无能”、“我没用”、“学校像个魔窟,要把我闷死”、“我要死了,死了就不用上学校,不用读书”。他躲在家中,怎么也不肯上学,只要一提到上学就惊恐万分,像是在生一场大病①。

学业失败及其危害不仅是学校教育面临的问题,同时也是学校社会工作面临的重要问题。

7.1.1 学业失败的表现及其危害

学业失败最主要的表现是青少年没有掌握学习方法或不适应老师的教学方法、跟不上教学进度、考试焦虑、学习成绩差。其中学习成绩差是学业失败的最主要的表现与特点。

学业失败是教育界面临的世界性难题,诸如美国这样的发达国家也同样存在严重的学业失败问题。在美国,每年的教育机构里都有大量的学校青少年跟不上功课。问题的严重性使联合国教科文组织很早就开始重视对学业失败问题的研究,并发出相关警示。由其组织的“国际21世纪教育委员会”于1996年就提出:“同学业失败现象作斗争应被视为社会的紧迫需要。”该委员会认为:“为了恢复教育在社会动力中所占的中心地位,首先应通过同各种形式的排斥行为作斗争,保护教育作为一个熔炉应有的职能。”②他们认为,学业失败不仅仅意味着教育资源的巨大浪费,更将影响到学习者的学习积极性和进取心,最终影响学业,对个人发展产生极为不利的消极影响,甚至导致社会排斥。

在我国目前的教育体制下,学业失败可能会带来一系列不愉快的学校体验。有研究表明,28.2%的城市闲散未成年犯表示自己在学校经常被同学看不起,比城市普通初中生高出10个百分点,在谈及具体原因时,有62.3%的城市闲散未成年犯和40.9%的城市普通初中生表示是因为自己的学习成绩不好;在与老师相处的过程中,城市闲散未成年犯和城市普通初中生的感觉也有一定的差异,表示在读书期间没有自己喜欢老师的,城市闲散未成年犯占23.7%,而城市普通初中生只占8.6%;在学

---

① 杨佐廷:《中小学生危机预防与干预》,上海,上海教育出版社,2006,1版。

② UNESCO:《教育——财富蕴藏其中》,联合国教科文组织总部中文科,译,北京,教育科学出版社,1996。

校里无法寻觅到愉快体验的少年便渴望到校外寻找快乐，有 76.5% 城市闲散未成年犯和 32.4% 城市普通初中生表示逃学是为了“出去玩”①。在这样的情况下，青少年因为学业失败，从学校进入社会，成为闲散青少年，如果进入到不良的社区环境，结识不良的朋辈团伙等，将进一步导致学业失败，也就极易走上违法犯罪的道路。

中央综合治理办公室和中国青少年研究中心曾在全国 10 个省、直辖市对 2 000 余名未成年犯和 1 000 余名普通未成年人进行了一项调查和比较，分析结果表明，“学业失败是未成年人走上犯罪道路的起点”。2 000 余名未成年犯中有 74.2% 的人在犯罪前是闲散于社会上的少年，许多人是在初中毕业前、甚至在小学时离开学校的；92.91% 的人在上学期间曾有旷课、逃学经历；40.2% 的人明确表示“厌恶学习”；40.9% 的人认为自己在学校因学习成绩不好而受到歧视；79.3% 的人自述“没有”或“很少”受到过老师的表扬②。中国新闻网 2003 年 1 月 8 日报道：全国“闲散未成年人”（指达到法定入学年龄、不在学、无职业的青少年群体）已达一千多万人，中国青少年研究会通过调查认为，他们是少年犯的主要来源。从以上的资料可以看出，学业失败对青少年产生自身发展产生极坏的影响，也由此为社会埋下了潜在的不稳定因素。因此青少年的学业失败问题，绝对是一个不容忽视的社会问题，应该引起高度重视，提出相应的干预办法。

7.1.2 学业失败的归因分析

一般来讲，青少年学业失败的原因主要包括学生自身的问题、学校教育管理问题、家庭问题以及社区社会环境问题几个方面。

7.1.2.1 学生自身因素

1. 生理方面

智力低下或缺乏判断能力，易受他人引诱和影响，产生厌学或逃学行为，荒废学业；身体有缺陷、健康状况欠佳，无法融入学校集体而产生自卑心理，因受冷落而逃避学习。

2. 心理方面

人格发展不健全，抗挫折能力较低，心理素质较差，易受打击；缺乏正确的学习目标和动机，不能养成良好的学习习惯和学习方法，不知道为什么学习、如何学习，缺乏对学习的兴趣，易自暴自弃、随波逐流、逃避学业，导致最终学业失败。

3. 社会发展方面

部分学生由于性格原因，不懂得如何建立良好的人际关系，不能与同学正常交往和沟通，在人际交往方面受挫。容易与同学产生矛盾，却不知怎么处理，易被孤立，感到在学校没意思，产生厌学心理，影响学业，导致学业失败。

---

① 《学业失败和不良小区环境促使闲散未成年人走向违法犯罪》，中国青少年研究网，2007-12-17，原载郗杰英：《预防闲散未成人违法犯罪研究报告》，北京，中国档案出版社，2002。

② 杨金土：《减少和挽救“学业失败”：构建和谐社会须关注的问题》，见《教育发展研究》，2007。

7.1.2.2 学校教育管理因素

学校教育管理不当是导致学生学业失败的重要原因。学校编班不当造成无成就或低成就感，对学生心理造成伤害，造成逃学，导致学业失败；教材教法不当导致学生厌恶上学；作业量过大、考试多，学习负担沉重，学生易产生厌学情绪，导致学业失败；老师对学生管教不当，太严格或太放任或不公平，都可能引起学生不服，产生抵触情绪，厌恶学习，导致学业失败。某报刊登了这样一封高二学生的来信，内容如下。

每天早上6:20上早自习，住校生早上6点就必须到操场上跑步，起床时间一般是5:30，非住校生起得更早。上午5节课，下午3节课，晚上还有2个小时的晚自习，到家一般都已22:30。每天上11节课，睡觉时间少于7个小时，每周只能休息1天，每个寒暑假都要提前10几天到校上课。

在沉重的学习负担和压力下，学生们容易产生厌学情绪，尤其那些在学业竞争中失败的人。

7.1.2.3 家庭教养因素

家庭发生变故、父母离异或一方死亡，或不良的家庭环境，导致青少年缺乏照顾或关爱，影响青少年人格形成和发展，并造成心理困扰，不想上学；父母管教不当，过于严格，望子成龙或望女成凤，造成青少年极大的心理压力和负担，引发不满或抵触情绪；或父母放任不管，青少年随意逃课，荒废了学业。

7.1.2.4 社会环境因素

美国学者 Allen Meares、Washington 和 Welsh 认为，长期的贫困、住房不足的连带问题、健康医疗和营养供给不足以及儿童早期教育方案的不足，都影响到儿童的学习质量。而社会支持系统的分裂、情感和心理问题、贫困、缺乏计划以及缺乏适当的角色模仿等问题，则导致了儿童不必要的学业失败。许多年轻人为了补贴家庭收入而就业，因此而零星就学甚至辍学。还有一些学生觉得教育体制太僵化、沉闷而变成心理上的辍学生①。由欧洲委员会编写出版的《教与学：面向认识社会》指出：美国中小学学生中约有1/3学习失败，被称为"面临危险的学生"，他们大多数来自处境不利的贫困社会阶层②。

就我国而言，社区环境欠佳，对不良活动场所如网吧等监管不力，或是不良帮派或朋辈群体引诱，都易对青少年造成不良影响，误入其中，荒废学业；电视电影中一些渲染暴力或色情的内容，也容易对青少年造成不良影响。

7.1.3 学业失败的疏导

青少年学业失败是多种因素交互影响的结果，因此，对于学业失败青少年的疏导也要采用整合的方法，多方介入。

---

① ［美］Paula Allen Meares：《儿童青少年社会工作》，上海，华东理工大学出版社，2006，原载 Allen Meares, P. Washington, R. &Welsh, B. (1986): Social work services in schools, Englewood Cliffs, N. J: Prentice – Hall。

② 杨金土：《减少和挽救"学业失败"：构建和谐社会须关注的问题》，北京，教育发展研究，2007。

①如果单纯是由于青少年自身原因导致的学业失败,可以采用个案辅导的方式,了解学业失败的内在原因和影响因素,进行个案服务;小组工作的方式则可以引导青少年通过小组活动的媒介融入集体,在团队活动和服务中体会集体的力量和团队凝聚力,形成互助互学小组,提升成绩;培养青少年的责任心和自主意识,激发其内在求知欲望和积极向上的进取心,让他们负起学习的责任,并培养做人的责任感和责任意识。

②如果学业失败是老师教学方法不当或学校的管理和体制问题,则需要学校老师和学生协调解决。可拟请学校社会工作者提供咨询建议或充当协调,教育部门则要端正教育思想,创新教学模式,改进教学方法;要尊重和善待每一位学生,同时对他们也应该严格要求;要善于根据学生特长因材施教,鼓励青少年个性化发挥,激发学习欲望;既防止不负责任地纵容,也不能教条的僵化管理;不轻言放弃一个学生,也不随意放任一个学生。

③如果学业失败是家庭或社会因素造成的,则需要家庭、社会和教育系统共同努力。学校社会工作者要及时介入,让家长意识到家庭系统在青少年成长中的重要作用,并引导家长培养正确的意识,树立对孩子正确的教育观和人才观,建立良好的家庭交往和沟通方式;呼吁社会相关部门,共同关爱青少年的健康成长,避免不良影响。

7.1.4 学业失败疏导实务模拟训练

案例 7.3

张强,男,14 岁,某中学初二学生。张强生活在一个四口之家,两年前父母离异,他和父亲生活在一起。父亲所受教育不多,只能靠一些小买卖或打零工维持生活和供他上学的费用,对张强要求严格,但缺乏适当方法,教育上只会用打骂的方式。

张强个子不高,因缺乏营养体质一般,由于家庭变故,原本成绩不错的他,学习成绩直线下滑,原本最喜欢和擅长的数学也开始跟不上学习进度,上课注意力不集中,做小动作,学习不够专心。老师也觉得无计可施,不再过多关注他。

张强性格倔强,脾气暴躁,不懂得与同学如何相处,一个人独来独往,也没人愿意和他交朋友。放学后,他有时候会到附近的网吧,或在街上溜达,而不愿回家。

针对上述张强的案例,社会工作者的疏导可以尝试以下做法。

①走访家庭。和张强父亲沟通,建议改变对张强的管教方式,对其多给予关心照顾,多沟通,多关注张强的心理变化,营造和谐的家庭氛围;和张强母亲沟通,让孩子在成长过程中能感受到母亲的爱和关心。

②走访学校。和学校相关老师沟通,给予张强适当的关注和关心,帮助他树立正确的学习意识,养成良好的学习习惯和方法,建立对学习的兴趣;鼓励张强参加学校集体活动,安排性格开朗或积极的同学和他在一个小组,带动他融入集体中,感受到集体的快乐和温暖。

③提升自我适应能力,树立自信心。社会工作者可以和学校老师联手,从张强擅

长和喜欢的数学入手,帮助他提高数学成绩,并适时鼓励;成立学习兴趣小组,比如可以在数学小组中让他作小组长,培养责任意识,并帮助其他同学树立自信心,提升自我适应能力,逐渐恢复与同学的正常沟通和交往,建立良好的人际关系。

④培养广泛兴趣,树立责任感。社会工作者在与张强的沟通和辅导中,根据他的喜好,鼓励他发展兴趣;让他逐步理解家长的良苦用心,逐渐消除抵制情绪,学会与家人沟通,培养自我管理的意识和责任心。

7.2 学习抑郁症与疏导

案例 7.4

小军是沈阳市某重点中学的学生,学习成绩一直很优秀,也十分懂事。而因为学习压力大和家庭生活出现暂时困难,他陷入忧虑中。一个多月前,小军患上了抑郁症,总感觉有人盯着他,要杀他。家人领他看过心理医生,也去过大医院就诊,小心护着他,没想到还是出事了。8 月 14 日晚,小军轻生跳进北运河,被民警救上来后,又割破左手腕和脖子,被民警送到医院紧急抢救。幸亏抢救及时,手术成功,才脱离了生命危险①。

案例 7.5

帅帅是青岛五十八中学的学生,开学就要上高二了。为了让帅帅的成绩能再提高一些,最近他的妈妈给孩子找了名家教,并把他关在家里不让他出门。可谁知,自从暑假里找了家教后,帅帅竟然不学习了,脾气变得越来越怪,动不动就发脾气,而且平时一句话也不说。感觉情况不对的妈妈带着帅帅来到儿童医院心理科就医。经过检查,帅帅患上了轻度的抑郁症。……专家表示,如果长期让孩子独自在家或者不顾孩子的感受让其上各类补习班,孩子会较容易患孤僻、抑郁、自闭等心理疾病②。

抑郁症是人类最常见的心理疾患。著名心理学家马丁·塞利曼将抑郁症称为精神病学中的"感冒"。大约有 12% 的人在他们的一生中的某个时期都曾经历过相当严重并需要治疗的抑郁症,尽管大部分抑郁症发作不经治疗也能在 3 ~6 个月期间结束,但这并不意味着当你感到抑郁时可以不用管它。权威人士估计,若将轻型抑郁包括在内,抑郁症在全世界的患病率约为 11% 。在我国,对抑郁症尚无精确统计,但实际上抑郁症随时随地可以在人们的身边出现,只是人们还没有正视这个心理第一疾患而已。青少年正处于人生成长发育的重要阶段,关注青少年成长发育过程中的身心健康,重视和预防青少年抑郁症,是青少年社会工作不能忽视的重要议题③。

---

① 《18 岁少年因学习压力大患上抑郁症,两次自杀被救》,载《沈阳晚报》,2007-8-15。

② 《暑假被逼在家学习,15 岁男生患上抑郁症》,济南大众网,2008-8-7。

③ 《什么是抑郁症?》,新浪分类鹤壁站,http://classadnew. sina. com. cn/user/info_fix. php? f_city =487&f_id =129805。

7.2.1 抑郁症的基本症状

抑郁症是由各种原因引起的以抑郁为主要症状的一组心境障碍或情感性障碍，是一组以抑郁心境自我体验为中心的临床症状群或状态，以显著而持久的心境障碍为主要特征。抑郁是一种不愉快的心境体验。所谓抑郁心境是指在一段较长时间内所体验到的占优势地位的一种抑郁情绪或抑郁心情。抑郁症患者常有兴趣丧失、自罪感、注意困难、食欲丧失及有死亡或自杀观念等特征，其他症状包括认知功能、语言、行为、睡眠等方面异常的表现。所有这些变化的结果均导致抑郁症患者人际关系、社会和职业功能的损害。

7.2.1.1 持久的情绪低落

抑郁症的最初症状如下。

①可以在身处顺境，无客观不良生活事件作用的情况下发生，患者感到莫名其妙就心情不好，情绪低落，令家人亲友百思不得其解，甚至病人自己也找不出原因。

②有些抑郁症情绪发作之前，有社会心理生活事件发生，但这种生活事件与其抑郁的发生并无明显的因果关系。并且患者不因生活事件的消除而情绪好转。

③情绪低落，抑郁往往持续数周、数月，不经治疗可长达年余或数年。

④情绪低落，几乎天天如此，不经治疗难以消除。

⑤一般的安慰、劝解、疏导或改变环境均难以改善其抑郁情绪。

⑥在情绪抑郁期间，高兴的事不能使其情绪得到改善，不能因高兴的事而高兴，感到高兴不起来。

⑦抑郁情绪随着时间的迁延，并不淡化，反而日益加重。

⑧抑郁情绪多影响工作、学习、生活和社交。

⑨具有抑郁症的其他症状，如认知障碍、精力减退或缺乏症状。

情绪抑郁导致的续发症状如下。

①自尊心下降。自己贬低自己，自我评价过低，否定自己已经取得的成绩，否定自己的优点，看到的只是自己的缺点和不足。

②自卑观念。认为自己处处不如他人，是人都比自己好；感觉自己无能，学习、工作、生活样样不如人。

③自信心下降。认为自己干什么都干不好，或没有能力做好工作、学习、社交活动，遇事退缩。

④自责自罪观念。

⑤自杀观念及行为。认为自己活在世上对社会和家人无所贡献，还给人们增加负担，还是死了好；或认为罪大恶极，乃至以死谢罪。

⑥注意障碍。主动注意力易集中，固定在抑郁心境及病态观念的体验之中，即主动注意力增强；而外界事物特别与妄想观念有关的事物也易引起注意，即被动注意力增强。而且因为心情抑郁，注意力兴奋集中也缓慢，故出现注意缓慢。注意集中在抑郁心境体验及病态观念体验上，不易转移到工作、学习、生活上。

⑦记忆障碍。由于情绪低落,易勾起平时回忆不起的、不以为意的回忆,显示远事记忆增强,尤其是不愉快之事的回忆,感到往事均是“错误”、“缺点”,自己一无是处、毫无作为,而自责、自怜、悲伤、叹息。

7.2.1.2 情感体验不能

一方面体验不到令人高兴的事情,另一方面还可能对令人悲伤、哀愁、愤怒、恐惧之事,不能在内心产生相应的感受。虽然理智上知道事件的性质,知道自己理应有相应的内心情感和感受,但事实却无相应的感受。感觉自己好像“没情感了”,或自己“变成无情无义的人了”①。续发症状如下。

①兴趣丧失。表现为对一切娱乐事物、曾经爱好的事物和活动均兴趣索然。

②被动注意力减退。

③社交退缩。表现为不愿意参与社交活动,不与亲友交往,显得孤僻退缩。

④自尊心、自信心下降,自卑、自责观念明显。

⑤自杀观念。

⑥人格解体。由于缺乏内心情感体验,故感觉自己是“行尸走肉”,“只有空躯壳,而无灵魂”,“自己已不存在”。

⑦现实解体。表现为对客观事物也感到不是真实的,似是而非。

7.2.1.3 情感表达不能

表现为对客观事物的高兴、欢乐、悲哀、愤怒、恐惧的性质能认识,并能有相应的内心情感体验,但是却不能将内心的这些情感体验用表情、动作、举止、言行表达出来,尤其是不能用表情表达出来。即情感或情绪的表达障碍。

续发症状如下。

①社交退缩。由于不能表达情感,故不愿意与人交往,怕被人误解,怕受到指责。

②自卑观念,自我评价低。

③自责观念。

④自信心下降。

这种不能够感觉、不能够悲伤的特点是抑郁症的重要诊断性标志,是属于抑郁症症状的核心。

7.2.1.4 精力不足或缺乏

续发症状如下。

(1)认知活动减退

如感知觉能力、感觉综合能力、注意力、记忆力、思考力、活动能力和效力的下降,工作、学习、生活、社交能力和效率的明显下降,情绪的兴奋或振奋能力的下降。

(2)体力、脑力活动的抑制或运动的抑制

体力、脑力或运动抑制表现出以下的症状。

---

① 《抑郁症的表现》,http://zhidao.baidu.com/question/16590576.html。

①体力下降或力气下降。突出表现为易疲劳感、全身无力；稍微干点活，即使做些家务活，也感到疲惫不堪。

②脑力活动下降。突出表现为稍微进行脑力活动即感到累得慌，工作、学习效率下降。

③主动性和积极性差。不论工作、学习、生活、社交活动均缺乏主动性和积极性，变得消极、被动、拖拉、懒散、缺乏热情、干劲和活力。

④生活慵懒。对日常个人仪表、衣着、起居饮食、个人卫生等均懒得讲究整理，动机欲望减退。

青少年正处于心理和生理快速发展的青春期，情绪不稳定，容易出现抑郁等负向情绪，对他们的正常学习、生活以及心理健康造成很大影响。抑郁症如果得不到及时治疗便会反复发作，并逐渐发展为双向障碍，会同时伴有狂躁症。如果发现青少年有与抑郁有关的症状，并持续出现两周以上，一定要及时带孩子就诊，以免贻误治疗和调整的最佳时机。

7.2.2 学习抑郁症的归因分析

最新的一项研究调查了不同程度的抑郁症与学习成绩的关系，该研究论文发表在2007年8月一期的爱思唯尔期刊《青春期杂志》(Journal of Adolescence)上。该研究对芬兰玻里市13~17岁的在校学生进行抽样问卷调查，样本量为2 266，该研究同时也是一项大型青春期心理健康研究项目的组成部分。问卷衡量了抑郁程度和学业表现，问题包括课程平均成绩，与前一学期相比的成绩变化，在集中注意力、读写、人际交往、家庭作业和备考上是否存在困难等。

根据调查的结果，18%的女生和11%的男生被认为处于抑郁状态。通过统计比较抑郁和非抑郁学生的学习成绩，研究人员发现，抑郁的男女学生的成绩明显差很多。另外，研究结果还表明，无论是男生还是女生，比上学期成绩下降得越多，就越有可能陷入抑郁。抑郁学生人群在课堂集中注意力、家庭作业、备考、团体活动、制定学习计划以及读写等方面都存在更多的困难。总之，自报的抑郁症与学业不良有关系，这里的学业是以考试成绩衡量的①。

抑郁症的发病原因在少年时期常由于学业失败或面临不能实现自己的目标而发生。通常表现为情绪低落、自我评价低，有的孩子自暴自弃、不守纪律、与同伴关系不良、学习成绩下降等②。一般来讲，青少年产生学习抑郁症的原因和具体症状表现主要有以下几个方面。

1. 少年抑郁症

少年抑郁症见于初中学生，年龄范围在12~16岁。诱发因素有自尊心受挫、家

---

① 《抑郁症影响孩子学习成绩》，万方数据，http://www.wanfangdata.com.cn/TechnologyNewsDetail.aspx?Id=87253084。

② 褚家炜：《学生易受四大心理障碍侵扰》，中青网，http://www.cycnet.com/cms/2004/xlslnet/hjxl/t20050913_32864.htm。

庭教育方式不良、父母离异、痴迷上网等。特殊表现如下。

①过分自责。当一两次考试成绩下降，别人超过自己时，就持续郁郁寡欢，钻进“自己很差，以后周围的人会瞧不起我”的牛角尖中，任凭家人怎样劝说，始终不能从痛苦中摆脱出来。

②情绪偏激。经常发脾气，见什么都烦。生活节奏变得缓慢和杂乱无章，无论家长指出的问题正确与否，总是以对抗的姿态加以反驳。

③心理闭锁。变得孤僻，少言寡语，一回到家就把自己关在屋子里，不与家人谈话交流其内心想些什么、为何这样，即使说也说不清楚。

④节食减肥。开始注意自己的身体，原本体重正常却偏要减肥，每日三餐小心谨慎、斤斤计较，当减得面黄肌瘦、无法学习时也不思悔改，抑郁与厌食形成恶性循环。

2. 青年抑郁症

青年抑郁症在高中生和大学生中比较多见，年龄范围在17～23岁。

(1)高中生抑郁症

高中生抑郁症的诱发因素有高度紧张的学习气氛、睡眠不足、单调枯燥的生活方式等。异常表现如下。

①学习障碍。记忆力下降，反应迟钝，注意力不集中，容易走神，有时思想一片空白；平时会的知识，有时觉得什么都不会了，大考成绩比平时测验差很多，随着情绪越来越悲观，学习成绩滑落更显著。

②过分猜疑。脑子里经常想着同学在模仿自己，背地在议论或谩骂自己，他们的举动是在向自己挑衅等；认为自己的眼神不正常，不敢抬头见人，说话低声下气；甚至认为自己或家人被监控。

③躯体感觉异常。把正常的生理状态当成病态，每天大部分精力用在想“病”的严重性上；老怀疑自己有病，无论医生怎样解释，他们坚持己见，含泪不停诉说这些病给他带来的痛苦。

(2)大学生抑郁症

大学生抑郁症的主要诱发因素有大学环境不适应、人际关系矛盾、家庭贫困、失恋等。异常表现如下。

①精神萎靡。到大学后感到与想象的不一致，认为所学的东西将来也没什么用；一个人整天沉默不语，独来独往，不参与集体活动，经常回宿舍躺在床上假寐；害怕考试不过关，出现一门或几门课程不及格。

②休学或退学。休退学理由反常，说不清楚为什么，就是不想读了。

③自杀行为。大学生抑郁症自杀率较高，事先不易被发现。自杀方式以跳楼居多，其次是服安眠药、割腕。自杀不成功者经救助后仍有反复自杀意念或行为。

除上述两种抑郁症表现外，儿童及青少年抑郁症还有如下特点。

①有的学生发病有原因，有的学生并没有，当消除了诱发因素，他们的病情并不能随之好转。

②学生抑郁症易与强迫、焦虑、厌食症共病,也可有精神病症状,但主要临床症状是抑郁,抗抑郁治疗会同时治愈其他并发症。

③学生抑郁症大都被家长和老师误认为思想品德问题,长期反复做思想工作不见效,病情反而加重。

7.2.3 学习抑郁症的疏导

除了劝导表现出不良症状的青少年进行抑郁症的评估之外,建议学校开展学校社会工作,促进学生心理健康,包括增强自尊心、倡导高效学习等。

对于抑郁症的治疗和疏导,需要在考虑到个体差异的重要性的同时,采用社会工作整合治疗的介入方法。一般来讲,社会工作者对青少年学习抑郁症干预,主要从以下几个方面进行。

7.2.3.1 心理社会治疗法

心理社会治疗法是社会工作专业最常用的传统治疗方法,其受心理分析理论(Psychoanalytic Theory)、自我心理学(Ego Psychology)、社会学的角色理论(Role Theory)、人类学的家庭理论以及学习理论(Family Theory and Learning Theory)和系统理论(Systems Theory)等的影响,集百家之大成于一身。心理社会治疗法强调"人在情境中"的理论假设,用系统理论观察人的现实状况,认为人受到生理、心理及社会各方面的影响,这三者的互动作用决定着人的现实情况。个体的抑郁情绪与童年经历、来自家庭和学校的心理社会因素、精神疾病、物质滥用等诸多因素有关①。

心理社会治疗法的主要特点有:重视个人的成长经历对当前状况的影响,国外有研究发现童年经历是造成抑郁的重要因素,如童年时非父母亲自抚养、家庭成员有暴力行为、孩子经受虐待、童年生活不愉快等情况下,青少年得抑郁症的几率比较高②;重视从人际交往角度观察人的问题以及在人际交往中改善人的问题;强调专业关系建立的意义和技巧,良好的专业关系将为案主提供新的人际交往的经验,有助于促进案主的成长,并重视自我实现的目标,协助个人健康发展和充实,挖掘和使用其自身潜能,促进自我实现。

心理社会治疗法强调对案主的心理支持、接纳、澄清和讨论的技巧。社会工作者在与案主建立专业关系、提供专业服务的过程中应遵循个别化、接纳、保密、不批判等社会工作的基本原则③。

在运用心理社会疗法进行治疗时,按照社会工作实务过程的基本原则,社会工作者要全面收集抑郁症者的有关资料。从生理、心理和社会环境方面进行心理社会资料的收集和观察,并把观察所得资料进行系统的整合。

①生理方面:社会工作者要了解案主是否有失眠、疾病、伤残或接受医疗治疗等

① 王立娜:《抑郁症的心理治疗(综述)》,见《神经疾病与精神卫生》2005年5(4),325~328页。
② 王立娜:《抑郁症的心理治疗(综述)》,见《神经疾病与精神卫生》2005年5(4),325~328页。
③ 张雄:《个案社会工作》,上海,华东理工大学出版社,2006。

生理问题。

②心理方面:是否有忧虑、恐惧、畏缩等问题。

③社会环境方面:追溯案主的成长经历、家庭关系、价值观念、对自己的看法等,了解案主如何看待、曾经如何处理过、是什么使他遇上这些问题的。

具体治疗采用直接治疗和间接治疗相结合的方法。直接治疗是指案主与工作者之间的沟通,是工作者与案主的直接接触、诊断和治疗等过程;间接治疗是指工作者与案主关系人(主要是与案主有关的人士,如老师、家人、朋友等)、社会工作者与案主以及案主关系人与案主之间的沟通①。

①支持:社会工作者要表现出了解、接受、同情、信任和乐意帮助的态度等;给予案主心理支持、激发和增强案主自信、面对问题的勇气、自我改变的动机;积极倾听、语调温和、笑容友善等开放式的肢体语言等都是表达支持的有效技巧。

②探索—描述—宣泄:协助案主自助,引导案主叙述与其有关的情况,在事件描述中进一步收集资料,并让案主的情绪得以宣泄和疏导,让案主认请自己的问题,积极面对自我,接受现实,积极行动,改变现状。

③健全人格和完善自我:精神分析理论认为抑郁症的产生是缺乏基本的安全感,将挫折转化为针对自己的愤怒,因而颓丧、抑郁。所以鼓励案主运用自己的思考解决问题,了解自己心理动态和病情,洞察自己对困难的反应模式,以促进人格的成长。

④间接治疗获得家庭和社会支持:通过间接治疗的方式,作用于案主的生活环境。社会工作者与案主的关系人,比如家人、朋友、同学等沟通,使案主获得必要的社会支持和精神支持,从而改变患者不良认知和提高其适应能力,改善人际关系。

7.2.3.2 认知行为治疗法

认知行为治疗法是行为疗法(behavior therapy)、认知疗法(cognitive therapy)以及认知和社会心理学(cognitive and social psychology)三种学派的综合体②。认知理论基于这样的概念:在我们想什么、怎么感觉和怎么行动之间有一种相互作用,我们的思维决定我们的情绪,而我们的情绪又决定我们的行为③。在认知领域内,案主和社会工作治疗师之间的关系以合作为基础,社会工作者通过案主的视角看待问题,给案主各种技巧帮助他们改变思维过程,以使他们能更准确地理解现实。经验主义的证据证明了认知理论对遭受抑郁和焦虑等情绪障碍的案主是一种有效的介入方

---

① 张雄:《个案社会工作》,上海,华东理工大学出版社,2006。

② [美]Marlene G. Cooper ,Joan Granucci Lesser:《临床社会工作实务——一种整合的方法》,上海,华东理工大学差出版社,2005。

③ [美]Marlene G. Cooper ,Joan Granucci Lesser:《临床社会工作实务——一种整合的方法》,上海,华东理工大学差出版社,2005。

法①。一种典型的认知行为治疗法包括以下几个步骤②。

①详述问题行为。在详述的问题行为中找到“目标”(主要)行为,成为行为改变的核心。它会指出哪些行为是过分的和需要被克服的,哪些行为是没有得到充分发展和需要发展的。

②收集数据。案主要学会评估他们的行为,分清他们的感受,评估他自己的行为。而日记是有用的工具。

③设定目标。社会工作者和案主通过协同工作,为案主行为的改变设定目标。

④介入治疗。

⑤家庭作业。

⑥行为改变的强化和认同。

⑦防止故态复萌。

适合抑郁症者的一些更普遍的行为治疗的技能有如下几种。

①强化。正性强化是人们想要的东西,比如称赞,它会增加行为再次发生的可能性。行为治疗中,社会工作者要为案主创造机会,以便使案主能因为新的行为获得福利。

②社会技能训练。包括听、说、口头交际和非口头交际③。

③自信性训练。

④放松训练。比如让案主闭上眼睛,一边使精神集中于身体的不同部位,一边使肌肉紧张和放松 15 ~20 分钟。

7.2.3.3 家庭治疗法

案主问题的产生不只是个人,也有环境的因素,特别是家庭环境对人的影响尤其大。家庭治疗法的基本观点认为,个人的许多问题是由于不良的家庭交往产生的,只有改变家庭的交往方式才能解决案主的问题。家庭治疗法以整个家庭为治疗单位,通过改变家庭的结构和交往方式发挥家庭的功能,从而使抑郁症青少年能够通过家庭支持,解决个人问题。

每个人都有基本的生理和心理需要,特别是爱与被爱的需要、被人欣赏与重视的需要。当人的基本需要在成长过程中被残酷拒绝时,就会引发一系列的问题,最终结果就是人的自尊心的低落和丧失。通过家庭治疗的方法,建立家庭成员间良好的交往和沟通方式,营造温暖的家庭氛围,确立正确的父母管教方式,给抑郁症患者营造良好的、安全的、和谐的家庭氛围,给予其适时的鼓励和肯定,有利于帮助抑郁症患者走出阴影。

---

① [美]Marlene G. Cooper ,Joan Granucci Lesser:《临床社会工作实务——一种整合的方法》,上海,华东理工大学差出版社,2005。

② [美]Marlene G. Cooper ,Joan Granucci Lesser:《临床社会工作实务——一种整合的方法》,上海,华东理工大学差出版社,2005。

③ Pryor K. D. (1985):Don't shoot the dog . The new art of teaching and training, Bantam。

7.2.4 学习抑郁症疏导实务模拟训练

案例 7.5

小王,男,18 岁,独生子,性格内向,好强,某县城重点中学高三学生。出身农民家庭,家庭经济状况一般,但家庭关系和睦,父亲外出打工赚钱养家,母亲在家照顾家庭。父母非常疼爱孩子,期望小王能好好学习,考上名牌大学,出人头地,不再在农村受苦。小王懂事聪明,从小学、初中一直学习优秀,中考成绩优异,考入县城重点高中。因为所在高中是县城的唯一重点高中,成绩优秀者很多,所以,小王成绩不如以前一样总是名列前茅,而处于中上水平,基本保持在班级前 10 名。

临近高考,学习气氛异常紧张。小王没忘父母的嘱托和自己的理想,告诫自己一定要好好学习,考上名牌大学,让父母也不再过那种苦日子。所以,小王虽然远离父母到县城读书,但他依然对自己要求很严格,学习也更加努力。但是最近,小王总觉得学习不能集中注意力,精神差,晚上休息不好,失眠多梦,莫名其妙情绪低落,常常坐在教室发呆,上课经常走神。

眼看着时间一天天过去,高考一天天逼近,小王内心更加痛苦。他自我感觉越来越坏,食欲变差,也体验不到学习的快乐,几次模拟考试成绩都不理想,学习成绩开始下滑。他担心自己不能考上理想的大学,愧对父母,因此常唉声叹气,人也变得孤僻、暴躁,与宿舍同学的关系也开始变得紧张,有时候会觉得不能实现自己的愿望和父母的心愿,还不如死了算了。后来班主任老师发现了小王的异常情况,带小王去看医生。经诊断,小王患上了青少年常见的学习抑郁症。

针对上述小王的案例,社会工作的具体介入可尝试采用以下干预方法。

社会工作者要根据所掌握的资料,从生理、心理和社会环境方面对案主小王的资料进行搜集和整理。案主的主要症状为悲观、自我感觉很差、失眠多梦、食欲差、忧虑、情绪低落、自责心理严重、消极想死;对自己要求过于严格,家庭期望值高,高考临近学习压力大;同时不良状态导致同学关系紧张,成绩下滑。

根据小王目前的心理状态和特征,社会工作者依据社会工作的相关理论和实务技巧,确定治疗目标是帮助案主小王改善情绪状态,控制病情,使之朝良性方向发展,尽快恢复正常的学习,形成正确的自我意识,树立自信心,形成健全的人格。

1. 宣泄情绪,释放心情

社会工作者在与案主建立专业关系的前提下,要以接纳的态度,本着理解、尊重、真诚、信任的态度与案主沟通,要以合作、平等的态度与案主互动,给予案主心理支持和面对问题的勇气,使案主在感觉安全的氛围中将压抑的情绪宣泄出来。启发案主将自己内心的苦闷、压抑,学习的压力以及家庭不堪重负的压力和责任都诉说出来,如果想哭就大哭一场。也可建议案主每日课间操时间到学校后面的山上跑步,尽情地呼喊,把压抑的情绪宣泄出来。课外活动抽出一定时间和同学们一起活动,玩玩自己喜欢的、但因为担心浪费时间而很久没玩过的篮球,培养开放的心态和积极的性格特征,重拾自信心。

2. 改善认知,改变行为

在与案主的进一步沟通中,在案主能有意识地宣泄自己的情绪、改变压抑状态的同时,改善认知,影响案主行为,提倡以优势为本的实践。优势视角①认为面对压力的人总是会产生一些诸如思想、能力、特性和动机之类的东西,这些对于他们寻找更好的生活将会起到积极的作用。治愈、改变、重生和问题的解决总是在一个充满人性、友好、支持性、对话性的关系和氛围里发生,Edward Sampson(1993)称其为"别人的赞扬"。无论是朋友、亲密的伙伴、医生、社会工作者或者老师,我们赋予我们所帮助的人的关怀性、平等性关系的权利越多,对他们和我们自己就越有利②。

①对案主进行自信心训练,使之积极面对目前的状况,正确看待父母的期望。社会工作者可以这样跟他说:"我很能理解你目前的感受,高考临近,面临升学压力,怕父母失望,担心自己梦想落空,这都是极为正常的考前心理反应。但是如果过分压抑自己,就会造成相反结果。只要你认真、努力、尽了力,那么我们就不会有什么遗憾。根据你一贯的成绩,如果能摆正心态,以平和、积极、乐观的心态面对高考,我相信你一定能发挥出你自己的最高水平。所以,一定要相信自己,好吗?"

②对案主进行认知行为训练。在调整心态的前提下,希望案主能重新摆正自己与他人的关系,学会理解和包容,学会接纳自己和原谅别人,建立良好的同学关系。

③对案主进行放松训练。教案主学会放松,每天中午可以午休30分钟,保证下午上课的充沛精力和高效率。也可以教案主作一些放松训练,每日晚上一次,一次30分钟左右。

3. 寻求家庭支持

对其父母进行家访,以便沟通案主的情况,劝说他们不要经常在孩子面前谈论学习,不要经常谈起"高考一定要考名牌大学"、"我们就指望你了"之类的话。希望能营造轻松的家庭氛围,让案主在家里能感到放松和支持。

4. 获取同学情感支持

社会工作者可以走访案主的室友,与其室友们谈话,为案主获取同伴情感上的支持,希望他们能对案主情况表示理解,不要过多议论和指责他的一些行为,在平时生活中能相互理解包容。

5. 争取老师的支持和配合

争取老师的支持和关心。小王有一个关心他的班主任,这对小王状况的改善是极为有利的。社会工作者可以拜访小王的老师,让他了解小王的家庭情况以及小王因为面对过大的压力而导致目前的状态。希望在接下来的时间里,小王的老师能和

---

① 优势视角:一切以案主为出发点,相信人可以改变,每个人都有神圣不可侵犯的尊严,都应该受到平等的尊重。

② Dennis Saleebey:《优势视角——社会工作实践的新模式》,上海,华东理工大学出版社,2004。

社会工作者一起，在学习上多关心小王，帮助他补上落下的功课，并在适当时候给予公开鼓励，充实他的自信心；并和他探讨学习方法，争取有效利用高考前的有限时间，提高学习效率。

7.3 学校恐怖症与疏导

案例 7.6

学生小 A，小学六年级时从农村小学转学到某城镇一流中学。上学第一天因为将字典放在课桌下面查生字，受到语文老师的批评。从此看到语文老师就害怕，总担心老师会批评他。他觉得过去学校的老师好，现在学校的老师都很凶。现在学校的同学都很优秀，自己比不过他们。一个学期下来，他只认识两个新同学，不敢与新同学玩。他感到胸闷、憋得慌，要求回到原来的学校读书。每天上学前他都说胃痛，不肯到学校。经医生检查他的胃没有器质性问题，属于心理障碍。第一学期，他陆陆续续到校上课不满 50 天。父母出于各种原因考虑，还是希望他留在现在的学校上学。第二学期开学后，第一天一切还比较正常，但第二天早上他就不愿进校门，勉强进入教室后哭了一天，中午饭吃不下，手冰凉。第三天依然如故。家长请求学校帮助。

小 A 的表现是学校恐怖症的主要症状。那么什么是学校恐怖症？产生学校恐怖症的原因是什么？如何帮助患学校恐怖症的学生走出困境？

7.3.1 学校恐怖症及其表现

我国社会心理学工作者一般将学校恐怖症定义为“由于某种内部的或外部的原因而对学校产生恐惧、厌恶心理，对学习产生冷漠、不感兴趣的心理以及相应的逃学行为”①。费卡拉（Ficula，1983）指出，学校恐怖症是一个多方面的与众多社会性情感因素有关的“问题情结”②。卡恩（J. H. Kahn）和 J. 勒斯滕（J. P. Nursten）也指出，学校恐怖症不只是对个别儿童的心理行为诊断问题，它也是家庭问题、学校教育问题和社会问题，应引起整个社会的关心③。

学校恐怖症属于情感障碍，发作时有明显的焦虑症状，有的还兼有多动、过分害羞、退缩等行为。学校恐怖症主要表现为不愿意上学，勉强要其去上学就出现强烈的情感反应，如焦虑、哭闹等，有的在上学路上逃学；患者常在上学的清晨出现头痛、腹痛、呕吐、腹泻等不适，而不去上学就一切正常。学校恐怖症与逃学不同，患有学校恐怖症的孩子常伴有较明显的情绪障碍，一般是学业上问题不大或品学兼优者。学校恐怖症是父母知道孩子拒绝上学而留在家中，而逃学往往是父母不知道孩子不去上

---

① 俞国良：《差生教育》，吉林教育出版社，1992。

② Ficula，T. V.：Factors associated with school－phobia in adolescents：Some Preliminary results，American Psychological Associationannual conference paper，1938。

③ Kahn，J. & Nursten，J.：Unwillingly to Socool，Pergamon Press，1974。

学。学生一旦出现学校恐怖症倾向,其学习成绩就会受到很大影响,会导致考试成绩的直接下降。简单来说,学校恐怖症与逃学的区别主要表现如表 7.1 所示。

表 7.1　学校恐怖症与逃学的区别

	学校恐怖症	逃学
不愿上学的表现	愿一个人待在家中,常得到父母的允许	在外面游荡或玩耍,父母并不知情
身心症状	头痛、腹痛、恶心、呕吐等	几乎没有
情绪	常有焦虑、抑郁、惊恐、脾气暴躁等	偶尔有焦虑
平时表现	常为品学兼优的好学生、听话的乖孩子	学习不好,品行不佳,常有说谎、打架等违反校规行为
不上学原因	不愿与家庭分离,害怕与老师和同学相处	厌恶学习,反抗老师或家长,贪玩
家庭环境	一般生活在经济条件好的小家庭,家人对其照顾过多,养成了被动、依赖的人格	一般生活在大家庭中,家庭气氛不好,父母教育意见不一,对孩子关心不够,常打骂孩子,或者父母离异

7.3.2　学校恐怖症的归因分析

学校恐怖症的直接诱因常常是学习失败,在学校遇到某些挫折和侮辱,或者是遇到家庭变故。有学校恐怖症倾向的学生在上学时感到很勉强,该去上学的时候不去或提出苛刻条件;有时表现出要去学校或准备去学校,但一旦到学校或接近学校就逃走,坚决拒绝上学;有的学生宁愿在家受皮肉之苦也不愿意去学校①。一般来讲,青少年出现学校恐怖症不只是其本身的问题,也与家庭、学校和社会环境有关,产生的原因比较复杂。总体来讲,青少年学校恐怖症的原因和特征主要有以下几方面。

①不正当的家庭教育方式和家庭交往方式的影响。有的孩子从小受到父母过分的保护和溺爱,依赖性强,父母对其顺从有加、娇宠惯养,养成了孩子感情脆弱、缺乏毅力、爱面子等性格弱点。孩子不能习惯和适应集体生活,不懂得与其他同学相处,既不习惯于课堂纪律,也不习惯与同学分享一切,对学校产生恐惧,而父母无原则地迁就同情,为其辩护,可强化其恐怖。有的父母对孩子期望值过高,苛求孩子考高分,忽视劳逸结合,用不科学的方法迫使孩子放弃所有兴趣去学习,使其心理上承受巨大的压力,以致心理失去平衡,逐渐产生焦虑,害怕上学,对学习产生恐惧和厌恶心理。父母对孩子期望值过高,往往超过孩子心理所承受的程度。此外,有的家庭缺陷、功能失调、父母感情破裂对孩子心理造成影响,使其没有安全感,担心父母会离开自己,所以不愿意上学等。这些因素都可能引起孩子产生"学校恐怖症"。

②从青少年本身来说,有些孩子性格内向、懦弱胆怯、心理脆弱、过于敏感,缺乏

① 褚家炜:《学生易受四大心理障碍侵扰》,中青网,http://www.cycnet.com/cms/2004/xlslnet/hjxl/t20050913_32864.htm。

抗挫折能力和人际交往能力，恐惧感特别重，持续的时间比较长，陷于恐怖之中无法自拔，伴有的焦虑反应和强迫症状，严重影响了正常的学习和行为。有的则具有其他生理上的缺陷。

③学校方面，体制僵硬、应试教育明显、管理僵化或过于教条以及片面追求升学率、学业负担过重、考试过严，导致学生之间竞争激烈，学生压力沉重，适应不良；老师教育方法失当，不能与学生建立良好的沟通和互动，师生关系紧张；校园生活单一，校园氛围过于严肃和教条等也是诱发青少年学校恐怖症的一个重要因素。

④社会环境因素方面。社会规范失调，过于看重学习成绩、注重升学率、偏重重点学校，而忽略对青少年自身素质的培养和重视，都容易引发青少年学校恐怖症。

7.3.3 学校恐怖症的疏导

对出现学校恐怖症倾向的青少年进行社会工作的干预和介入治疗时，首先要了解出现此症状的诱因，治疗时则需要青少年自身、家庭和学校三方面的充分配合与合作。当然，对于严重的患者，就需要药物的配合治疗，但对一般患者，还是在社会工作者的指导下进行社会工作的干预和辅导，进行整合治疗效果更理想。学校恐怖症的矫正和治疗可整合社会工作的治疗模式，采用行为疗法、认知疗法和家庭综合治疗的方法。

1. 塑造良好、正向的人格特质

塑造良好、正向的人格特质，避免孩子形成内向、孤僻、自卑、多疑、固执、胆怯、虚荣、自我中心的性格，培养孩子的独立、自主能力、适应能力及抗挫折能力。培养责任感，让其明白学习目的，树立自主学习意识，培养主动学习、快乐学习的习惯和思维。

2. 建立老师与学生之间良好的沟通渠道和友好的师生关系

老师要在学校社会工作者的协调和帮助下，建立与学生良好的沟通互动方式。要学会与学生用友好平等的方式谈话，学会倾听，特别是对青少年内心的感受以及他童年经历的诉说，借此寻求隐藏在青少年学校恐怖症行为背后的深层原因，探索造成其恐怖心理的各种因素，以便从根本上解决问题。

3. 学校转变教育观念，进行素质教育，营造良好的学校氛围

学校社会工作者可以协助老师一起，积极开展课外活动，让学校恐怖症的青少年能在集体活动中感受到团队互帮互助的氛围和同学们的关爱，建立集体的归属感和荣耀感，从而提高对学习的兴趣，建立对学校的感情，积极回归校园，较快建立自信心。

4. 营造良好的家庭氛围，建立良性的家庭交往方式

个人问题的产生并不是单一的个人因素，环境因素中，特别是家庭环境对人的影响尤其大。在对学校恐怖症青少年的治疗中，尤其要注意家庭环境和父母管教孩子的方式。父母要注意在生理上满足孩子需要，营造温暖和谐的家庭氛围，给予孩子好的正面评价和鼓励，建立自主、自立、正向的人格形象。

从根本上来说，要有效预防和治疗学校恐怖症，就必须从教育改革入手，着眼于

教育观的改变。只有科学化、民主化、人性化和个性化的教育才能使学校真正成为学生的乐园,学校恐怖症也会随之消失。教育的科学化要求教育工作者本着实事求是的科学态度,对教育现象进行深入的科学研究,使教育活动和方法真正适合青少年的身心发展规律;教育的民主化要求老师在教育教学活动中,平等地对待每一个学生,给予学生充分选择、合作和积极参与的机会;人性化的教育强调教育以人为本,不仅重视学生知识学习,也重视其能力培养和人格发展;个性化教育则强调教育的多样性和因材施教。所以,教育改革实质上是教育观念的改造和革新,只有当素质教育真正落到实处,教育改革才算真正的成功①。

7.3.4 学校恐怖症的实务模拟训练

案例7.7

小芳,女,13岁。性格内向,文静,敏感而好强,从小学到初中,各门功课都名列前茅。在家父母、爷爷、奶奶对其都十分宠爱,任性依赖。在一次数学课堂上,数学老师让她到黑板前演算一道数学题目。那天,刚好小芳身体不舒服,前几天生病刚刚好,状态不是很好,整节课都迷迷糊糊,所以,并不是很难的题目小芳却做的一塌糊涂,连最基本的公式都没能写出来,在老师的提醒下她也毫无反应。数学老师当场训斥她说:"也不知道怎么搞的,真是狗熊掰玉米棒子,掰一个丢一个,没用。"

这件事情给小芳造成了很大的打击,她一直耿耿于怀,觉得她在全班同学面前丢尽了面子;小芳从此情绪低落,吃不下饭,睡不着觉;慢慢开始变得烦躁、焦虑、易怒,与同学很难相处;功课也日渐下降,特别是一看到数学课本就头晕、恶心,产生恐惧感;整天浑身酸痛无力,精力不足,感觉昏昏沉沉,总担心自己患了绝症,快要死了,并拒绝上学。

小芳的表现是学校恐怖症的主要症状。根据以上情况,假如你是社会工作者,面对小芳目前的情况,你能够为她提供哪些方面的服务?

针对小芳的案例,社会工作者的干预可以尝试以下方法。

①帮助小芳克服恐惧心理,进行心理疏导,树立学习自信心。社会工作者要在取得小芳信任,在建立良好专业关系的前提下,让小芳重拾学习的信心。在了解事情发生前因后果的基础上,和小芳进行深入的沟通和交流,让她理解当时数学老师的教育和话语并非是针对她个人,而只是针对这种行为,换了其他同学他也会这样说,老师可能当时并不知道她身体状况不好,所以才说了那样的话。小芳的成绩一直很好,要给予其信心和鼓励,相信她可以恢复到以前的那种状态。

②与老师沟通,争取老师的配合和理解。学校社会工作者可以与数学老师进行沟通和交流,希望数学老师能在以后的课堂上多给小芳表现机会,进行表扬和鼓励,让小芳重拾信心;并和老师交流与学生的沟通方式,帮助其建立良好的师生互动,促

---

① 冯建华:《试析学校恐怖症》,见《教育研究与实验》,1997-2。

进教学效果的提升。

③与班主任沟通，在小芳的恢复阶段要给予鼓励，引导她参与学校集体活动，让性格开朗、乐于助人的同学多帮助她，让她加入到班级活动中，产生集体归属感和荣誉感。

④与父母沟通，注意家庭教育方式和家庭成员的交往方式。不要过分溺爱孩子，避免养成孩子脆弱、敏感的性格，要培养孩子正向、积极、乐观的性格以及抗挫折能力，并避免给她过多的压力。

本章小结

本章描述了几类作为目标群体的青少年，针对青少年学业危机和疏导方面比较重要的三个领域：学业失败、学习抑郁症和学校恐怖症展开。采用以实务案例导入的方式，提出问题，分别介绍了青少年产生学业失败、学习抑郁症和学校恐怖症的表现与原因以及社会工作的介入和具体干预方法，最后以实务模拟训练的方式，结合具体案例，运用所学知识原理和方法技巧，达到对社会工作理论、方法和技能的掌握。

课后练习

(1)回答问题

①青少年学业失败的原因和表现有哪些？

②如何针对青少年学业失败进行社会工作干预？

③请简要阐述针对青少年学习抑郁症的社会工作干预方法有哪些。

④请简要阐述学校恐怖症与逃学的区别。

⑤青少年产生学校恐怖症的原因有哪些？

⑥如何针对青少年学校恐怖症进行社会工作干预？

⑦针对青少年学业失败和疏导的社会工作干预模式，可以归纳为哪几个方面？

⑧确定一个你感兴趣的功能脆弱而又正存在问题的青少年群体，比如学业失败、患学校恐怖症的、离家出走的、沉迷网络的，等等，尽可能地查阅关于这些功能脆弱群体的相关资料；考虑哪一种介入(个案的、团体的或方案性的)最为有效；并根据群体特征，依据相关具体案例写出你的介入计划。

(2)案例分析

案例 7.8

兰兰，女，今年 18 岁，生活在一个四口之家，有一个小她一岁的弟弟。兰兰性格内向、敏感而好强。喜欢绘画，并且画得非常不错。读书以来，从小学到初中，成绩一向优异，不幸中考没发挥好，没能进入她渴望的重点高中，后进入一所职业高中，读绘画专业。

兰兰父亲是某大学历史系教授,治学严谨,为人敦厚老实,不喜言语,在家也比较严肃;母亲在公司上班,任部门主管,能言善辩,收入还算不错。

兰兰因为家里没给她交赞助费读重点高中而有情绪。以前成绩不如她的同学都读了重点中学,这让她感觉很没面子,也不愿意再和以前的同学有来往。在校期间,有一次兰兰在绘画室无意间听到其他同学讲有关男女之间的事情,她感觉很丑恶,心理上受到严重影响,并开始讨厌包括爸爸和弟弟在内的一切异性。

兰兰渐渐变得不敢与人交流,上课不敢抬头看老师,后来发展到不敢出门,不敢上街;异常敏感,觉得别人小声说话都是在讲她坏话。现在兰兰休学在家。兰兰的这种状况已经持续了近三年,家庭倾其所有为了给她治疗,家里的经济状况因此受到严重影响,母亲几乎放弃了工作,人也变得非常憔悴,父亲变得更加不善言语。

①请根据以上案例,就兰兰的状况进行资料收集和诊断。

②你对于这个案例最先考虑的是什么?说出每一项的合理理由。

③这个家庭可能存在的一些优势是什么。

④略述你可能为案主及其父母提供的有用的社会工作介入方法。

(3)抑郁自评量表(Self-rating Depression Scale,SDS)

如表7.2所示,这是一个含有20个项目,分为4级评分的自评量表。其特点是使用简便,能相当直观地反映抑郁病人的主观感受。

①项目、定义和评分标准。SDS采用4级评分,主要评定症状出现的频度,记分标准为:没有或很少时间(为1分);小部分时间(为2分);相当多时间(为3分);绝大部分或全部时间(为4分)。然后根据最近一星期的实际情况,在分数栏适当的分数下划"√"。

表7.2 抑郁自评量表

	偶无	有时	经常	持续
1. 我觉得闷闷不乐,情绪低沉……	1	2	3	4
* 2. 我觉得一天之中早晨最好 ……	4	3	2	1
3. 我一阵阵哭出来或想哭 ……	1	2	3	4
4. 我晚上睡眠不好 ……	1	2	3	4
* 5. 我吃得跟平常一样多 ……	1	2	3	4
* 6. 我与异性密切接触时,和以往一样感到愉快……	4	3	2	1
7. 我发觉我的体重在下降 ……	1	2	3	4
8. 我有便秘的苦恼 ……	1	2	3	4
9. 我心跳比平时快 ……	1	2	3	4
10. 我无缘无故地感到疲乏……	1	2	3	4
* 11. 我的头脑跟平常一样清楚……	4	3	2	1
* 12. 我觉得经常做的事情并没困难……	4	3	2	1
13. 我觉得不安而平静不下来……	1	2	3	4
* 14. 我对将来抱有希望……	4	3	2	1
15. 我比平常容易生气或激动……	1	2	3	4
* 16. 我觉得作出决定是容易的……	4	3	2	1

续表

	偶无	有时	经常	持续
* 17. 我觉得自己是个有用的人,有人需要我 …………………………	4	3	2	1
* 18. 我的生活过得很有意思…………………………………………	4	3	2	1
19. 我认为如果我死了别人会生活得更好些………………………………	1	2	3	4
* 20. 平常感兴趣的事我仍然照样感兴趣………………………………	4	3	2	1

注:前标“ * ”者为反序计分

②适用对象。SDS 主要适用于具有抑郁症状的各类人群。除了对有严重阻滞症状者评定起来有困难外,一般来讲,无论对门诊还是住院病人都是可以接受的。

③评分方法。作为精神科的一种自评表,在自评者评定之前,一定要让他把整个量表的填写方法及每条问题的含义都弄明白,然后作出独立的、不受任何人影响的自我评定。评定时,须根据最近一星期的实际情况,在适当的分数下划勾(√)。如果评定者的文化程度太低,不能理解或看不懂 SDS 问题的内容,可由工作人员念给他听。逐条念,让评定者独立地作评定,一次评定,一般可在七分钟内填完。

填表注意事项如下。

①评定的时间范围,应强调是“现在”或“最近一星期”。这一时间范围必须十分明确地告诉自评者。

②在评定结束时,工作人员应仔细地查一下自评结果。除有特殊情况外,一般应提醒自评者不要漏评某一项目,也不要在同一个项目里打两个钩(√),即不要重复评定。

③SDS 应在开始治疗(或开始研究)前让自评者评定一次,然后至少应在治疗后(或研究结束时)再让他评定一次,以便通过 SDS 总分的变化来分析该自评者症状的变化情况。如在治疗期间评定,其时间间隔可由研究者自行安排。

④结果分析。SDS 的分析方法比较简单,主要的统计指标是总分,但要经过一次转换,将粗分化成标准分。待自评结束后,把 20 个项目中的各项分数相加,即得到了粗分。用粗分乘以 1.25 后取整数部分,就得到标准分。分数越高,症状越严重。也可以通过表 7.3 查得标准分。

表 7.3 粗分→标准分换算表

粗分	标准分	粗分	标准分	粗分	标准分
20	25	40	50	60	75
21	26	41	51	61	76
22	28	42	53	62	78
23	29	43	54	63	79
24	30	44	55	64	80
25	31	45	56	65	81
26	33	46	58	66	83
27	34	47	59	67	84

续表

粗分	标准分	粗分	标准分	粗分	标准分
28	35	48	60	68	85
29	36	49	61	69	86
30	38	50	63	70	90
31	39	51	64	71	89
32	40	52	65	72	88
33	41	53	66	73	91
34	43	54	68	74	92
35	44	55	69	75	94
36	45	56	70	76	95
37	46	57	71	77	96
38	48	58	73	78	98
39	49	59	74	79	99
				80	100

⑤需要说明:SDS 的 20 个项目中,第 2,5,6,11,12,14,16,17,18,20 共 10 项的计分,必须反向计算,反向计算即按与其相反的频度计分。

⑥应用评价。抑郁自评量表能全面、准确、迅速地反映被试抑郁状态的有关症状及其严重程度和变化。本测验为短程自评量表,操作方便,容易掌握,不受年龄、性别、经济状况等因素影响,应用范围颇广,适用于各种职业、文化阶层及年龄段的正常人或各类精神病人,包括青少年病人、老年病人和神经症病人,也特别适用于综合医治早期发现抑郁症病人。

8

道德缺失与重建

学习目标

①了解青少年攻击性危机、逃避性危机和自毁性危机的表现与特点。

②分析产生攻击性危机、逃避性危机和自毁性危机的原因。

③掌握应对青少年道德危机的相关社会工作理论、方法和技巧。

道德观是个人价值体系中的核心观念,直接支配着个人的行为规范。转型期中国社会道德的多元化与冲突在青少年身上也有所表现,具体反映为青少年因为道德缺失而导致的攻击性危机、逃避性危机与自毁性危机。运用社会工作的理念和手法,化解青少年的道德危机,对促进青少年的健康成长和社会稳定具有重要的意义。

案例 8.1

某高一男生,幼时学习成绩不好,常受到母亲的打骂,母亲告知"我们这种人家(父母分别是渔民和纺织工)只有靠书包翻身","你呀,不打不成才";父亲告知"你不是读书的料,只有靠拳头打天下","看看电视里的人,成则为王,败则为寇"。他对父亲的"做人就要强出头,无论如何不能当乌龟"理论十分认同,从小学四年开始,要同学代做作业,谁不肯就打谁的耳光;谁不跟他玩,就用脚踢;初中时,变得"谁烦我,我就烦他",经常殴打同学,成了一方霸王,人称"老大";高中时认为"他们(指同学)一个个都很坏,欠揍","打还不行,要用刀子划手割脚才服","我感到打人后特爽!不打人真难过"①。

案例中的男生显然因为受到幼时父亲的不良教育,形成不良的道德价值观,才产

① 杨佐廷:《中小学生危机预防与干预》,上海,上海教育出版社,2006。

生道德危机和攻击性行为。

道德危机是指青少年在通过学校、家庭和社会的教育，学会必要的现代社会知识，掌握符合现代社会习俗和规范的行为方式，在形成适应现代社会价值观点个性的整个过程中，面对学业挫折、青春期烦恼、人际冲突、家庭剧变，由于道德观念学习失误或受挫、道德价值偏离或扭曲，导致道德失衡，进而使个体心理品质、行为发展受阻，而产生严重的社会适应困难。道德危机主要表现为攻击性危机、逃避性危机和自毁性危机。

8.1 攻击性危机与干预

案例 8.2

某初二女生，父亲早年病故，母亲今年又因病住院治疗，生活靠亲戚接济。她要求进步，申请入团，相信雷锋精神，做好事不留名。一次，她在校园拾到一钱包，当即把它放到教导主任桌上，转身就走，谁料丢钱包的人先报案，她被怀疑是贼，说她"是怕被查出来才上交的"。她的同桌，学习习惯不良，她经常暗中相助，为之准备学习用品，一次在用自己削好的铅笔更换同桌未削的铅笔时，正好被人发现，恰巧同桌过去放在铅笔盒里的钱曾遗失过，于是班主任和同学认为"铁证如山，她是贼"。任她如何争辩、说明，谁也不信。她自己 100 多元生活费夹在书中，在教室丢失，她要求班主任帮助查找，同学说她"贼喊捉贼"。她气愤万分，拿起美工刀追杀同学，嘴里喊着"好人难做"，"你们没良心"，"我要杀了你们，让恶人有恶报"①。

案例中的女生面对挫折导致原来信奉的价值观念发生冲突和变化，最终陷入道德危机，引起行为的过激反应。

8.1.1 攻击性危机的表现与特点

攻击性危机指面对挫折而采取对抗、迁怒、报复等攻击他人身心健康的行为，并由此引发了自身发展的危机。它既表现为直接暴力，如殴打他人，伤害他人身体健康，造成他人身体损伤、残缺，甚至剥夺他人生命；也表现为造谣诽谤、恶语中伤，损伤他人的名誉、地位、友谊等，造成心理上的痛苦和危机。

攻击行为都有明显的充满敌意的身体动作，如施暴、踢打、掷抓等；或敌对的人际交互行为，如羞辱、恐吓、胁迫、拒绝等；或敌意的损害他人身体、心理、物品。行为有明显的非道德性，程度不等地受非道德认知的支配。攻击者常常演绎出一系列的校园暴力，道德缺失，违反社会规范，违法犯罪，表现出道德价值的失衡，严重陷入道德价值危机之中。青少年攻击性危机的特点如下。

①道德价值反应。这类危机有道德价值歪曲与攻击的性质（如迁怒、义气、需

① 杨佐廷：《中小学生危机预防与干预》，上海，上海教育出版社，2006。

求、敌意、报复、嫉妒、习惯性等）密切相关，如义气性攻击常见“为朋友们两肋插刀”；报复性攻击常见“以眼还眼，以牙还牙，以其人之道还治其人之身”；习惯性攻击常见“打人特爽”。

②行为反应。野蛮、残忍，甚至会干出泯灭人性、令人发指的行为。如为了报复泄愤而私设公堂、拷打侮辱、敲诈绑架、杀人或造谣诽谤、恶意中伤、意欲置人死地。

③情感反应。受特定情境诱发、激惹失控、爆发猛烈、历时短暂但后果严重。

8.1.2　攻击性危机的归因分析

攻击性危机的产生主要是由于道德价值偏离或扭曲。道德价值是一个人对道德问题的基本看法和所持的观点，是一种关于真、善、美的价值的看法，也是直接导致个人认知、判断、推理、行为的观念支持系统。所以，它不同于一般的道德认知，它包含着知情意行，是一种心理活动。研究表明，青少年的道德价值观是发展变化的，结构是不完整的，正处在一个变化、调整、完善的时期。在这个时期内，道德价值偏离是不可避免的，这种偏离必然导致心理困扰或心理障碍，严重的将引发心理危机。

攻击行为绝大多数是习得的，与遗传相关极小。常认为家庭是制造攻击行为的摇篮，产生暴力的根据地。据有关资料显示，暴力犯罪的中小学生中，家庭缺损者占60%以上，家庭职能特别是教育职能挫伤的占80%以上，父母惯常用消极、敌对、打骂来惩罚或教养子女；父母人格有缺陷，如素质低下、道德败坏、行为不端或违法犯罪，给子女起了示范作用，是耳濡目染所致。学校教育失当也是中小学生产生攻击行为的重要原因，一些老师对差生歧视、打击、讥讽、体罚，使他们心理难以承受，由逆反而报复。社会宣传中的负效应是另一方面的重要诱因，如社会名人攻击他人而未受惩罚常起到示范作用，又比如影视中警察除暴安良的夸张表现。

归结起来，青少年产生道德危机的原因有以下几个方面。

8.1.2.1　个人心理因素

1. 人格特质

个体的人格具有暴力、攻击倾向，或情绪不稳定、冲动易怒，或具有自私倾向，从小骄纵任性，事事以自我为中心，稍有不满就会表现出破坏行为，或爱管闲事，爱煽动斗气。

2. 抗挫折能力

青少年期是从童年向成年发展的过渡期。该时期，随着生理加速发展，心理却不能得到同步发展，造成了身心发展的不适应和不平衡。青少年的心理能力明显滞后，面对困难准时自我意识容易呈现难以应付的“危机感”。他们在缺乏准备的条件下，面对许多矛盾和困惑，常常会处于焦虑的情绪中。受到挫折时，会出现很大的情绪波动，导致攻击行为的发生。

3. 价值观念

英雄主义作祟，或受到不良同辈团体价值观念的影响，或不良同学的挑拨，本身判断力又不强，不了解问题的严重性，或受到大众传播媒体过度渲染暴力的影响。

8.1.2.2 家庭因素

青少年是一个特殊的群体，他们正处于人生的"心理断乳期"，气质、性格、情感和认知模式尚未完全定型，心理脆弱，分析事物、辨别是非以及抗干扰的能力较差，禁不住外界的刺激和诱惑，情绪不稳定、感情容易冲动而不能自我调控。加之自身心理发展的不成熟和感知事物的模糊性、思想行为的盲目性，最容易受到周围不良倾向尤其是家庭消极因素的侵害。主要表现为如下几方面。

①父母管教态度不当。对待子女过分严厉或过分保护以及不合理的期望，造成子女情绪的不稳定，进而借着打架、破坏等攻击行为发泄情绪。

②家庭关系不和谐。父母亲经常吵架、打架或任意体罚，造成子女模仿这种粗暴行为。

③亲子间缺乏沟通。亲子关系不和谐，促使子女反抗权威的心理。

④父母情绪不稳定。父母情绪不成熟、不稳定，无法控制自己的脾气，并采用粗暴方式发泄情绪。

⑤家庭破碎。没有亲情的温暖，使子女无形中对社会产生不满和敌对的心理。

8.1.2.3 学校因素

不少研究发现，攻击性行为的发生率因学校不同而存在很大差异，这显然不是学生个体或家庭因素造成的，而与学校教育有重要关联。具体体现在如下几方面。

①不同的学校准则和风气不同程度地制约着学生攻击性行为的发生。当学校具备反攻击性行为的教育策略时，会在一定程度上直接影响到攻击性行为的普遍性。

②老师的教育态度也影响到该行为的发生。一般地，课余时间老师监督得越多，攻击性行为的发生率就越低。如果老师不认真听取学生的申诉，对受攻击的学生漠不关心或者偏袒对方，便会助长该行为的发生。另外，老师在教学方法上未能有效配合学生的个别差异，致使学生丧失学习兴趣，对课业倦怠，并衍生出不良行为。

③学校教育重视智育的灌输而忽略了德育的陶冶。在升学主义至上的前提下，学校只重视知识的传播，而忽略了生活教育及德育的陶冶。中学生特别是初中生因其身体的急剧成长使得他们心理上的矛盾处于激化状态，在外界不良诱因的影响下，极易表现出攻击性等不良行为。

④教导方式的不良。消极的训导态度或训导执行方法太过严厉，学生动辄被罚，而奖励太少且不易得到，致使学生心生不满，乃至与校方对立。

⑤活动空间和设备不足，活动不足。因为学校的活动空间、设备及举办的活动太少，致使青少年充沛的体力无处消耗。

8.1.2.4 社会因素

导致攻击性危机产生的社会因素包含以下几方面。

①同伴的影响。在同伴群体中，一些非攻击的青少年会因其他青少年的攻击性行为受到某种奖赏或得到较少的否定评价而减弱自己对行为的控制，也会因人参与而减轻自己的责任从而对攻击性事件产生较少的负罪感，也由于被攻击者经常遭受

攻击和消极评价，使得攻击者周围的伙伴对受伤害者的感知发生变化，认为其本属无用之辈而该受到攻击。

②大众传媒的影响。美国心理学家班杜拉通过一系列实验证明，攻击是观察学习的结果。由于青少年的模仿性强，是非辨别能力差，因此，孩子很容易模仿其周围的人或影视镜头里人物的攻击性行为。特别是大众传媒对诸如格斗、凶杀、绑架等暴力行为的渲染，必会给青少年以潜移默化的影响，为青少年的模仿提供了鲜活的"榜样"，致使中学生攻击性行为明显增多。

③社会环境的影响。校园周边的游戏厅、歌舞厅等营利场所诱发校园暴力。一些学生经常出入游戏厅、歌舞厅等场所，一旦花光身上的钱，又找不到新的生财之道时，便滋生了向同学收取"保护费"的违法犯罪念头。根据犯罪社会学的理论，青少年暴力行为是在社会中学习得来，一些学生经常与社会上不三不四的人混在一起，受其影响，相互勾结，敲诈同学。

8.1.3 攻击性危机的干预

青少年暴力攻击行为受多重因素的影响。因此，相应的矫治措施也是多种多样的。

1. 示范法

把具有攻击行为的青少年，有意地放在团结友爱、文明礼貌的同辈集体之中。研究表明，当其看到榜样采取非攻击的方式也能妥善解决冲突时，会有利于他们纠正关于暴力的认识。为了更好地达到减少攻击行为这个目的，应同时教会学生在遇到冲突时可以用哪些非攻击的方式来解决。

2. 冷处理法

有些青少年偶尔打架斗殴，只是为了自我显示，目的是想引起旁人注意。其实，在这类青少年身上也有不少优点，他们也经常表观出良好的行为。对此，可以暂时不加理会，使他们的攻击行为得不到他人的注意，受不到强化。同时，去表扬他们的其他有积极意义的行为。

3. 社会认知矫正法

是根据青少年社会认知发展模式，通过对青少年进行认知训练、结果价值、结果预期矫正训练以及自我控制训练，矫治青少年的社会认知偏差。整个训练分为如下几个连续的步骤，并要求青少年严格按照步骤解决社会冲突问题。

①考虑发生冲突的原因。

②排除敌意性归因。

③冷静面对冲突。

④抑制攻击反应。

⑤考虑多种解决策略。

⑥考虑行为后果。

⑦选择处理问题的方法。

⑧实施评估自己的行为结果。

在对青少年进行训练时,采用故事情境法或道德推理法设置冲突情境,并按上述步骤逐一对其进行训练,会取得极为明显的矫治效果。

4. 行为训练法

行为训练法主要是指运用多种心理诊断技术和心理矫正手段,同时配合其他处理方法,对青少年进行矫正或转化的过程。莱斯特通过自己所接触的实际案例,总结出了矫正青少年暴力攻击行为的几个步骤。

①训练青少年在感到自己要失去控制的时候,随时找成人或心理治疗人员帮助解决,不要耽误。

②训练青少年尽可能用语言表达自己的愤怒,而不要付诸暴力攻击行为。

③教育青少年在付诸冲动性暴力攻击行为之前,要认真考虑其后果。

④教育青少年充分认识自己的情绪变化,并掌握情绪变化的规律以及相应的控制方式。

⑤帮助青少年寻找引起其暴力攻击行为的缘由,并据此做青少年心理矫正工作。

葛尔德斯坦根据社会学理论,结合自己的经验,提出了结构性学习的心理治疗方案,该心理治疗法主要包括四个环节。

①帮助青少年建立良好的行为模式和行为倾向。

②角色扮演。即要求青少年在特定情境中,按要求完成角色行为,并使之产生强烈的心理体验。

③作业反馈。即通过三种奖励形式——物质奖励、社会奖励、自我奖励来矫正其暴力攻击行为倾向。

④训练迁移。即对青少年的新塑行为进行反复训练,增强熟练程度,使这种行为能够延续到以后的现实生活中。

5. 现实疗法

现实疗法主要是针对青少年的不良人格因素进行矫治的方法。通过组织青少年开展各种各样的助人为乐、互助互爱活动,使青少年能够切实体验到爱和自身价值。同时,创造没有攻击的环境,在学校每天给这类学生确立当天的学习任务和行为目标,并且指定模范学生与其做伴,以督促影响他。定期组织青少年针对这些活动进行讨论,诉说自己的感受,并对他们进行鼓励和积极引导。

6. 家庭治疗

家庭教育失误是导致攻击性道德价值危机的主要因素,所以进行多种形式的家庭治疗,创造爱的氛围,鼓励合作是干预的重要措施。同时在家庭中,家长妥善安排好青少年的课外活动内容,用良好的环境来消除他们的攻击行为;还可以建立"情况联系卡",及时与学校联系,对其没有发生攻击行为的表现进行表扬和鼓励,教育他们坚持下去。

8.1.4 攻击性危机干预实务模拟训练

案例 8.3

王明是家中独子，因父母生意繁忙，从小由祖母抚育长大。在幼儿园时，曾经发生一次车祸，脑部稍受损伤，住院多时方出院。父亲是猪肉商贩，每天早出晚归，忙于生意，对王明采取权威的管教方式，事情做不好就打骂，如果王明犯错，立刻给予严厉训诫、处罚，且规定王明必须按时回家，不准放学在校外逗留，更不许其随意和同学去玩耍。平常也不给王明零花钱，所要购买的学习用品等由家人购买。母亲协助父亲贩卖猪肉，又得料理家务事，整日非常忙碌，对王明虽没有父亲那么严厉，但也没有多余时间关照他的生活起居及学业问题。虽对王明的表现相当不满，但并没有积极去关照他。从小抚养王明长大的祖母对他溺爱有加，因此面对父亲的严厉管教方式，祖母便成为良好的避风港，而且祖母也时常暗地里给他零花钱。

在班级上，甚至在学校内，王明是有名的校园小霸王。同学们看到他无不避而远之。因为在学校校园里，王明常常带领一群同伙横行霸道，欺负弱小，打群架，严重违反校规，甚至时常在假日到校破坏学校公物，如剥离门窗、毁损物品等。在班上问题更是层出不穷，上课不专心，时常惹邻座同学，也会偷同学的学习用品，如橡皮擦等；下课时，无故欺负其他同学，殴打及勒索等。

根据以上情况，作为社会工作者，面对王明的攻击行为，你能够为他提供哪些方面的服务？针对王明的状况，你将如何介入和干预呢？

1. 案例分析和诊断

针对上述案例，分析并归纳引起案主攻击性行为的若干方面如下。

①引人注意。案主的行为如破坏学校秩序、与同学打群架、毁坏学校设施等，可能是家中无适当的人与之沟通及分享情绪的缘故，故希望在校中引人注意，让别人关心他。

②管教方式不当。父亲过分严厉的管教态度，母亲无法配合，加上祖母过分溺爱，造成案主种种不良适应行为的产生。

③人际关系欠佳。由于案主的种种行为，不但老师不喜欢他，同学们也都不喜欢和他来往，运用社交关系测量更可得知案主的孤独和无助。

④环境的不良因素影响。案主的父亲虽然管教极严，然而案主仍然利用放学时间、假日或借故涉足不良游戏场所，不但沉迷电动玩具，而且结交了不良朋友。

⑤自我防御。案主的父亲管教严格，若有犯错即严厉处罚，案主为了逃离惩罚，便以说谎来搪塞，求得平安，久而久之，便养成说谎的恶习。

⑥缺乏自觉的精神，学习被动，上课不专心。因此功课比别人差，每次在班上的成绩都是倒数几名，因此自尊心麻木，一副无所谓的样子。

2. 辅导策略

根据上述案例诊断，制定辅导策略如下。

①利用课余时间多与其接触。案主的人际关系欠佳,课余时间常与少数同伴做违反校规的事情。因此,利用课余时间与案主会谈,建立良好沟通关系,一方面可了解其种种不良适应行为的原因,一方面减少其犯规的机会。

②家庭访问。借着家庭访问与案主父母及祖母进行沟通,共同帮助案主,使案主的行为有所改变。这样学校对案主在家的生活、行为有所了解,家庭也知道案主在学校的一切,对案主的辅导方能对症下药。

③调整座位。将案主的座位,调整到较中间并靠前,安排与成绩优良、品行好的同学为其同桌,以作为案主模仿的对象,同时这位同学也可充当小老师指导案主的功课。

④行为改变技术。多鼓励赞美,少责骂和惩罚,并且利用案主所喜欢的活动、行为及物品等作为奖赏,以鼓励性的"代币"来增进案主的优良行为,而改变其不良行为。

⑤请案主担任午间秩序的维持工作。一方面加重案主的责任,使他能对不良行为有所收敛,一方面借以增进其与同学间的互动而建立良好的人际关系。

8.2 逃避性危机与干预

案例 8.4

高三女生婷婷忍受不了高考前的学习压力,离家出走。在外流浪两个月之后,婷婷被找回学校接受心理辅导时,透露了自己离家出走的心迹:"我离家出走基于下述想法。一是我无法忍受越来越沉重的学习压力,无法面对老师的冷眼,无法承受父母的训斥、打骂。学习太苦,没有自由、没有快乐、没有幸福。我不读书,离开你们照样能独立生活,不必饱尝读书苦,还会玩得痛快,享受青春,生活得更幸福。二是'人生在世,投机冒险','外面的世界真精彩',我憧憬未来,不甘心于日复一日的寒窗苦读,不愿束缚于一隅之地,决定冒险一试,背着父母去闯荡自己的幸福人生。"①

案例中的婷婷认为幸福就是不读书,不受寒窗之苦就是快乐,就是享受青春,正是这种价值观的偏离,使她在盲目的独立意识驱使下,陷入了出走的危险之地。

8.2.1 逃避性危机的表现与特点

逃避性危机主要是指由于道德价值偏离或扭曲,面对挫折而采取厌学、逃学、逃离家庭及浪迹社会的行为,或自我封闭、自暴自弃、不愿与人交往,以致孤独、抑郁的行为。回避性危机具有以下特点。

①道德认知缺乏。思维简单,面对危机事件,缺乏道德评价,常常仓促决定,缺乏周密思考和谨慎计划,对许多问题是一问三不知。如回答"为什么要逃?"时表示"不

① 杨佐廷:《中小学生危机预防与干预》,上海,上海教育出版社,2006。

读书,不遭罪”,“不挨打,不挨骂”,“活一天是一天”;又如对“准备何处去? 打算呆多久? 吃住怎么办?”的回答是“走一步算一步”;再如对“闯江湖失败了怎么办?”的回答是“没想这么多”。

②行为的二极性。逃学、逃夜、逃离家庭者有明显的团体性,根据1995年上海市《特殊儿童思想品德教育》课题组调查,有逃避行为的学生中,共同逃避者占70.8%。退缩孤僻者有明显的个体性,把他们放到集体中,会很快地自动分离出来,把伙伴、父母、老师推到一边,做自己感兴趣的事,且动作单调、刻板。

③不同情感反应。面对危机事件,出逃者常常是彼此感染、怂恿、从众,以致结伙出逃;社会退缩者,在与人接触中表现得胆怯、害羞、孤僻、退缩。

8.2.2 逃避性危机的归因分析

逃避性危机的产生原因有多个方面,可以从学校、家庭、社会以及学生自身加以分析。

8.2.2.1 学校教育的主导作用减弱

学校教育作为一种有目的地培养人的活动,给中学生以全面、系统和深刻的影响,在中学生的成长过程中,起着主导作用。但一些学校教育应有的主导作用却因教育的部分功能减弱,而呈减弱趋势。

①学校教育被简单化为教学,而教学又往往忽视教学目的,把教学搞成应考教学、升学教学。从而把主要精力集中在少数成绩好的学生身上,放松甚至放弃对多数学生的教育,使他们成为教育的弃儿。

②片面追求升学率,置学生的个性发展于不顾,忽视甚至取消体育、德育、美育、劳技教育,从而使部分学生的才能受到压抑,无用武之地。

③把学生封闭在狭窄的生活空间:从课堂到课堂,从读书到读书。没有精彩纷呈的课余生活,只有单一化的读书生活。

④忽视学生的思想工作,对犯有错误的学生采取经济制裁,甚至采取高压政策,怒斥、责骂、体罚,使学生如同惊弓之鸟。

⑤部分老师教学质量偏低,教学枯燥乏味,课堂死气沉沉,气氛压抑,令学生敬而远之。

长此以往,不少学生因没有青春乐趣,没有自由时间,没有健全心态,成年累月忧心忡忡,产生“学习厌恶症”、“学校恐怖症”。从某种角度上说,是学校把部分学生推出了校园,造成学生逃学。

8.2.2.2 社会环境的负面作用增强

社会环境,围绕在学生周围,对学生必然产生影响。“蓬生麻中,不扶自直”,社会环境的潜移默化作用,在学生成长过程中,是一个重要的外因。目前的社会环境中,导致学生逃学的情况大致如下。

①社会娱乐设施的日趋多样化,诱惑着广大中学生。随着社会的进步,特别是改革开放以来,各种娱乐项目如电影、录像、舞厅、电子游戏机、桌球等如雨后春笋,遍及

社会的各个角落。部分学生感到学校无聊和寂寞,一旦发现外面精彩的世界,便一发不可收拾地逃学以满足精神需求。

②社会治安秩序混乱,威胁着广大中学生。受社会大环境的影响,学校也并非安全区,社会上的邪恶之手时常伸入校园,使学生没有安全感,有的学生甚至于不敢上学。

③大众传媒的影响。当前的媒体和网络给青少年学生带来了太多的负面信息。一些不负责任的媒体经常报道今天张同学离家出走了,家长如何焦急;明天李同学离家出走了,家长如何焦急。结果青少年感到"离家出走的现象比比皆是,我出走也没有什么大不了的,法不责众嘛",还得到一种心理暗示:离家出走是吓唬家长的好工具。另外,当前的影视剧给青少年学生带来了过强的刺激和诱惑。过分宣传帮派组织、流氓习气、哥们义气的影视作品被炒得沸沸扬扬,正唤起了男性青少年那种"持剑闯天涯"的"英雄气概",他们把这些人物奉为楷模,也想闯荡江湖、结交朋友。

8.2.2.3 家庭教育的配合作用疲软

家庭是人生的第一学校,是学校教育的基础和重要补充。学校教育与家庭教育只有互相配合、互相支持,才能促进学生健康全面发展。然而,部分家庭教育的配合、支持作用却没有很好地适应学生发展。

①有的父母支持学校片面追求升学率的倾向,学生在校已对学习负担、心理负担难以承受,回家后父母还要在学习上施压。不少学生因难以实现父母对自己的期望,产生逆反心理,破罐子破摔,以逃学来对抗和报复。

②传统的婚姻和家庭的价值逐渐削弱,有些学生父母不和,经常吵架,甚至离婚。家庭解散,学生无人教养,无人监护,缺少温暖,缺少乐趣,对前途丧失向往。他们流落街头,出没于各种娱乐场所,寻求精神寄托。

③部分父母对子女娇宠,过分溺爱,过分袒护,过分放纵,有求必应。这些家庭,对子女用钱不予监督,要多少给多少,这就为学生逃学提供了物质条件。从这个角度来说,是家庭纵容使学生逃学。

8.2.2.4 学生主体作用衰退

学校教育、家庭教育、社会教育,都是影响学生发展的外因。我们会发现相同的学校教育、相似的家庭教育、相同的社会环境下,大多数学生能坚守校园规则,认真学习,而另一些学生却逃学在外,这无疑是逃学学生的主体作用衰退。其特征有如下几方面。

①文化基础较差,失去学习的信心。这些学生,由于文化基础较差,在当前的教学形势下,如老牛负重,尝尽了学习的艰辛,而没有学习的乐趣。只看到学习的艰苦,看不到光明的前途,自暴自弃,逃学以自寻乐趣。

②没有正确的人生观。对前途、理想很淡薄,不懂得热爱生活、热爱科学,没有责任感、义务感,"做一天和尚撞一天钟",糊糊涂涂地打发时光。

③没有正确的价值观。在当前市场经济的新形势下,各种人涌向商海捞钱,一些

人发了大财要啥有啥，神气得很，使一些学生认为读书无用，经商能赚钱，赚了钱什么都有了，赚钱是人生价值的体现，因此，把闯世界、赚大钱当作奋斗目标，不安心在学校读书。

生活中常见的中学生逃避行为有四种类型。

①贪玩型。受到父母的宠爱，吃、喝、玩、乐，应有尽有，物质享受并没有使他们热爱学习，反而使他们放任自由，养成贪玩的习惯，以致影响学习，由贪玩发展成逃学、离家。

②虚荣享乐型。虚荣心强，追求享乐，同时害怕艰苦的学习，往往在逃学的同时，还有欺骗等行为。

③被逼型。父母对子女的期望高，采用高压措施，严重伤害少年学生的自尊心，使学生产生自暴自弃的心理，以逃学离家来逃避压力。

④心理障碍型。这是一种由于心理疾病引起的拒绝上学症，患者不仅不愿上学，甚至连从家里外出也感到讨厌。拒绝上学症，易出现在父母文化教养高、经济宽裕家庭的子女中，父母往往严加训斥，或强制送子女上学，结果引起孩子强烈反抗，继而拒绝上学。

8.2.3 逃避性危机的干预

①对于出逃者的应对，首要的是在出逃后立即组织各方力量全力寻找，以防造成不良后果。其次，大力提高行为者的社会责任心，使之对自己、家庭及学校负责。最后，最根本的是消除导致自我消极的原因，如严重的学习焦虑、与教育者的对立违抗障碍、家庭失爱和依恋感缺失以及冒险、探索、闯荡世界、寻求独立等心态，以防反复。

②对于社会退缩者的应对。通过示范和系统脱敏让他们回归集体，增强自信和塑造新的形象投入社交等被一些学者认为是最有效的方法。

8.2.3.1 学校方面

①经常举办教学观摩会或研讨会，改进教材、教法。

②课程内容力求多样化，减少焦虑和紧张。

③加强个别辅导，了解逃学、逃家的原因，协助解决困难。

④加强学校与家庭联系。

⑤辅导善用休闲时间及参与社交生活，开拓生活圈。

⑥对人际关系不良者，以小组团体辅导方式协助改进。

⑦建立良好的师生关系。

8.2.3.2 家庭方面

父母对子女管教态度、亲子关系、夫妻关系都不可忽视。

①家长应关心子女平日的生活及交友情况。

②参与子女的活动，时时给予鼓励和赞赏。

③发现子女有不良行为时，应立即予以辅导。

④加强与学校老师的联系。

⑤家长应以身作则，为子女作表率。

8.2.3.3　社会方面

①请有关方面配合，加强不良场所的巡逻。

②净化大众传播媒体，给青少年以健康的空间。

③严格取缔不良刊物及营业场所。

④增设青少年活动中心、图书馆等机构。

8.2.3.4　个人方面

①鼓励青少年自我比较，确立努力目标，安排适宜作息时间并实行。

②找出不满的因素，如学校或家庭的因素，予以辅导。

③利用个别谈话，让学生了解逃学、逃家所造成的后果，对自己可能产生的害处或不利。

④找出逃离行为的动机，并了解离家期间的情形。

⑤应用“行为改变技术”。

⑥应用“读书疗法”。

8.2.4　逃避性危机干预实务模拟训练

案例 8.5

2005 年 4 月某个下午，许亮的班主任报告说，许亮又逃课，跳围墙出校了。

许亮不仅是常跳墙逃课在外游荡，且自二年级下学期开始就时有发生逃学，对不感兴趣或不喜欢的学科或老师的课，就不进教室，而在校园内东躲西藏地游荡，甚至到校外去打电子游戏。并且自二年级寒假开始，常有夜不归宿的记录，最后是自己或经家长带回。同时，伴有以上行为的还有其他一些不良行为，比如说谎、偷窃等。因此，逃学、离家问题，不仅仅是会对学业成长、亲子关系造成妨碍，更值得注意的是所造成的不良后果。老师和家长的规劝以及校规的处置对其似乎起不了作用，许亮已被列为“行为偏差”需要辅导的对象。

1. 个案背景

①家庭背景：许父小学文化，在渔船上当船员；许母在市区某市场贩卖鱼货；上有两个姐姐都已出嫁结婚，还有一个哥哥，中学毕业未升学，在渔船上工作，许亮在家排行老小。

②社会关系：许亮在家时，就经常与一些没有上学或已就业的邻居伙伴一起玩；在学校也经常与一些功课中下等的调皮同学为伍。

③休闲活动：许亮对校内各项活动，如田径项目或球类运动，虽有喜好，但却未见有何专长；偏爱观赏电影，尤其喜欢租些武侠电影带回家与三五好友一起看；喜欢溜冰并经常与同伴去市内冰场溜冰，经常流连三、四个小时，乃至半夜。

④学校生活：学习成绩很差，最近两个学期考试主课程基本上都不及格，但体育成绩、团体活动成绩还不错。

根据以上情况，假如你是社会工作者，面对许亮目前的情况，你能够为他提供哪些方面的服务？又将如何介入和干预呢？

2. 分析与诊断

针对许亮的案例，分析并归纳引起案主逃避性行为的若干方面如下。

①个人方面：许亮心性尚未成熟，是非善恶判断能力欠缺，耳根软，自认富有正义感，曾为某事向友人表示为朋友可以两肋插刀；又容易受人唆使，再加上年少血气方刚，心浮气躁，容易冲动，曾表示所有问题如用文的方法无法解决，则用武的方法定可迎刃而解，由此可见，他是个单纯而又无知的孩子。

②家庭方面：许父是位长年累月在海上从事打捞工作的渔船船员，受教育不多，且个性也较刚烈，加上爱子心切，期望甚高，自责受教育不多，希望孩子能多读点书，将来可获得一份待遇较高的好工作。因为大儿子已经在渔船上工作，所以将全部希望都寄托在小儿子许亮身上，因此对其各方面，尤其是学习成绩要求甚严，但是由于所受教育的限制，在管教子女的方式方法上都欠妥。如果孩子犯了错误，不是辅导指点，而是痛打一顿。许母则上午在鱼市卖鱼，其他时间经常外出打牌而不在家，导致许某放学回家，父母均不在，没有家人约束管教、指导功课、辅导家庭作业等，而使其有机会在外面闲逛游荡，并染上抽烟、打牌等不良行为。

③学校方面：许亮自二年级开始上课不认真，学习成绩下滑，上课时与同学讲话、吵闹等，所有任课老师都对他很头疼；至于同学间的关系只和那些与他相似者为伍。

④社会方面：由于社会中某些功利主义流行，人际关系冷淡，也影响到学生。孩子们在不良环境中耳濡目染，再加上放学后无人约束管教，随意留在外头浪荡，与不良少年为伍，久而染上不良习性。

3. 辅导策略

综合许亮各种资料以及其偏差行为——逃学、离家的成因，可以归属为讨厌某学科、某老师，学习成绩不佳，对课堂内容听不懂，并认为其枯燥乏味，与同学间相处也不良；另外在家里得不到他所盼望的关爱。也就是说，许亮需要获得在学校或家庭里得不到的兴趣。因此，在辅导和治疗上，可针对二者一并处理，既要检查其亲子、师生、同辈间的人际关系，又要检验其强化物系统，也就是要了解有哪些诱因可促使许亮逃学、离家，又有哪些诱因可促使其不敢逃学、离家。

在了解了许亮偏差行为的可能原因后，辅导决定从环境的改良着手，特别是家庭方面、学校生活、课程安排等，方式如下。

①与家长保持密切联系。许亮的父亲长年生活在海上，与之联系不易，所以选择许亮的母亲为第一联系人。许亮的母亲除上午在市场经营鱼货生意外，其余时间，劝说其尽可能在家，使孩子放学在家可获得充分照顾，免除一些不必要事端的发生，并请她随时与辅导员联系。

②改变学习管理方式。请各科任课老师在课程安排上，力求生动、活泼、有趣，并主动接纳、接近并随时鼓励、奖励许亮，使他在课堂上不致感到枯燥无味，并对老师态

度改观。并请家长务必全力配合学校,对许亮的出席、学习表现等给以关照和鼓励,好的表现则给予肯定和适当的奖励。

③改善亲子关系。尤其请家长重视及改善亲子关系,加强沟通,消除不满的情绪,改变动辄打骂的管教方式,而改用温和、关爱的教导方式,使孩子体会到父母爱的温馨。

④给予相关叙述保密的保证。许诺对许亮陈述的其有关逃学、离家的原因及期间如何解决衣食住行的生活情形加以保密,以取信于他,用以了解其行为是否涉及其他不良行为,以便及时诊断、治疗。

⑤鼓励参加社团活动或服务队。鼓励参加校队或指导许亮参加学校的修理、维护工作,如为学校或同学修理桌椅、门窗等。做得好,则给予肯定或奖赏,使许亮一方面有工作成就并获得承认,另一方面也感到处处在帮助人而获得他人的关心和感激的快感。

⑥鼓励勇于说出困难,共谋解决之道。只要许亮主动说出困难、发出求助,不管任何事物,学校和家庭都需要全力帮助其克服困难。

⑦以各种正负强化物来约束行为。即由家长、老师、同学、许亮自己收集探知其最希望或不希望的事物,再订立行为出现与否标准为最希望或不希望事物的出现率。

⑧鼓励学习自我控制。即鼓励许亮当学习行为偏差要出现时,即刻自我控制,并加以记录,以及自我强化。

⑨善于应用激励。即请家长、老师对许亮多鼓励、少责罚,只要许亮能循规蹈矩,有好表现,即刻给予口头奖赏或抚慰,增强所期许行为的再出现,即是运用社会性的增强作用。

8.3 自毁性危机与干预

案例 8.6

某高一学生小王,学业不良,因考试作弊受过警告处分。自感在父母、老师、同学眼里低人一等,但不服输,梦想能够有所成就,让全国人民都对自己崇拜不已。由于身体强壮,小王想去少林寺学武,但被父母发现,计划落空。一日偶然进入网吧与同学玩游戏,没几天便大获成功,他在同学中的地位和威信一下子高涨起来。从此,他不再去学校读书,整天泡在网吧里研究游戏,对学校的劝告和处分置若罔闻。他感到自己的价值就在网络世界里,在那里他无所不能,他还坚信自己会成为中国的比尔盖茨。他说:"只要玩,不吃、不喝、不睡都行;一刻不玩就十分难过,头昏眼花、想吐。我的生命、我的价值都在网吧里,离开网吧,我会死的。"①

① 杨佐廷:《中小学生危机预防与干预》,上海,上海教育出版社,2006,1 版。

案例中的小王由于对学校学习和网络游戏认识的偏差，陷入道德缺失引起的自毁性危机之中。

8.3.1 自毁性危机的表现与特点

自毁性危机主要是指由于道德价值偏离或扭曲，面对挫折而采取慢性的自我毁灭的行为，主要是嗜烟、酗酒、吸毒以及对电视、电脑、游戏、药物等成瘾的行为。自毁性危机具有以下特点。

1. 道德价值认知反应

认为成瘾行为"更具男性美或女性美"，"是成熟的标志"，"是人际交往的必需，可多交朋友，巩固友谊"，"休闲自由，更显个性"。

2. 行为反应

成瘾行为的频率（次数，时间）、强度等越来越大，并获得更大满足；曾企图停止或减低频率、强度，但未成功；严重危及学习、社交、娱乐活动，生活无法正常进行。

3. 躯体反应

食欲减退，睡眠障碍，植物神经功能紊乱，血压升高，内脏器官不适。

4. 人格反应

出现说谎、偷盗等品行问题。

5. 戒断症状

一旦戒断成瘾行为，立即烦躁不安，情绪激惹、抑郁。

8.3.2 自毁性危机的归因分析

8.3.2.1 青少年自身的原因

1. 满足青少年的心理需要

马斯洛的需求层次理论告诉我们，人的需求依次由较低层次到较高层次可以分成生理需要、安全需要、归属和爱的需要、尊重需要和自我实现需要五类。青少年的心理需求也同样有这五类。青少年处于人生发展的关键期，认为自己已经成熟，渴望被看作大人，渴望被尊重、被理解。因此，在青少年身上，社交和尊重的需要体现得最明显。但青少年时期是由儿童向成人过渡的特殊成长阶段，有着既不同于儿童、又不同于成人的心理活动方式和内容，因此在这一特殊的人生阶段，青少年的认知、能力、情感等方面都显示出特殊性，其心理需求也具有特殊性。并且由于年龄不足，社会经验和生活经验不足，及知识的局限性，其在思想和行为上往往盲目性较大，思想和行为比较幼稚，致使有些青少年的这些需求无法在现实生活中得到满足。于是他们会寻求另外的方式来满足自己的心理需求，比如吸烟、玩电脑游戏、吸食毒品等。

2. 满足青少年的好奇心理

青少年正处于求知欲旺盛的时期，他们对于外界的各种新鲜事物充满了好奇。很多相关调查都显示，不少青少年开始吸毒时，是出于好奇、试一试的心理，以为试一两次也不会上瘾。据有关青少年网瘾调查的研究，互联网的平等、开放和互动，大大激发了青少年的尝试和猎奇心理。在网络世界里,他们可以毫无顾忌,不受任何约束地畅所欲言,展现自我,他们在虚拟的网络世界里获得的快乐和自我成就感比现实世界来得要容易许多,这又成就了他们的自我满足心理和减压心理的要求。

3. 青少年缺乏自控能力,认知能力有限

青少年正处于心理、行为上的变动期,价值观和行为方式尚未定型,与成年人相比,其自制性和自律性较差,在认知方面也还很有限。有研究指出,第一根香烟来自同学、朋友者占吸烟人口的61%之多。

4. 青少年情感宣泄和倾诉需要

当代青少年大部分是出生在独生子女家庭,他们强烈地追求个性,具有强烈的主体意识,他们渴望他人的尊重,希望在群体中有一定的位置,获得良好的社会评价。同时他们也很容易走极端,当社会评价与自身的需要相一致时,往往会得意忘形、沾沾自喜;如果社会评价与其自身需要相矛盾,他们就会情绪低落、妄自菲薄。青少年尚处在情感不稳定的时期,生活中经常会遇到自我情感与社会现实发生冲突的情况,而这个时候,他们往往选择不适当的方式宣泄内心的苦恼,比如沉溺网络、吸烟、喝酒,甚至吸毒等。

8.3.2.2 家庭的因素

1. 家庭功能缺陷

家庭是社会的细胞,是青少年生活的主要场所和第一学校,家庭结构不健全,家长的行为不检、家庭教育方式不当等,都会促使青少年违法犯罪。

2. 家庭结构残缺或破碎

犯罪学理论认为,破碎的家庭是青少年犯罪的重要原因之一,尤其是父母离婚后没有妥善安置子女的家庭,弃子女于不顾,致使依赖性很强的孩子,过早流入社会,得不到父母的抚爱,心灵受到创伤,感情受压抑,导致逆反心理,甚至产生反社会行为。如广州市一位女中学生,曾经获得全市手风琴大赛的冠军,后因父母离婚,得不到父母的爱抚和家庭的温暖,感情无处寄托,便流入社会,结识社会上一些不三不四的人,而走上吸毒之路。

3. 家庭教育方式不当

有些家长对子女过分放任、宠爱、娇纵,使这些孩子在娇生惯养和放任自流中成长,养成为所欲为,无法无天的性格和习惯,容易导致吸毒犯罪。有的家长以简单、粗暴,甚至歧视、虐待的方式对待子女,造成他们与子女之间的感情隔阂,子女得不到家庭的温暖,形成孤僻、固执、冷漠、好斗、表里不一的性格,导致蛮干、冒险、不顾后果,以至吸毒。广州市精神病院对吸毒者进行的调查中发现,被调查者与其家长之间感情破裂、关系紧张、经常发生争执乃至暴力行为的占多数。

4. 家长行为不检

家长从负面给子女造成不良影响,家庭成员之间缺乏互相约束、互相监督的正常功能,一些家长自己吸烟、酗酒甚至吸毒,导致孩子模仿学习。

8.3.2.3 学校教育的缺陷

有些中、小学思想政治工作薄弱，片面追求升学率，把主要精力放在少数成绩较好的尖子学生的培养上，忽视了对大多数学生，尤其是品行差、学习差的所谓双差“学生”的培养教育。不少学校还将成绩差的学生编在一起，安排一些水平较低的老师给他们上课，使他们的自尊心及学习积极性受到严重挫伤，产生自暴自弃心理，无心向学，乃至逃学，退学，过早进入社会。有些学校为了甩包袱，将“双差学生”强行劝退。这些辍学和被劝退的学生进入社会后，往往萌生报复念头，产生反社会的心理，在社会的不法分子的利诱下，容易走上犯罪的道路。

8.3.2.4 社会不良因素的影响

近年来，“金钱万能”、“享乐至上”的腐朽观念以及超前消费的社会风气，严重影响了青少年的道德观念、是非标准和价值观，并严重腐蚀着青少年的心灵。不少青少年信奉“活着就是为了享乐”的信条，因此“拼命地赚、拼命地享受”，吃必讲铺张，穿必讲名牌，用必讲排场，玩必求刺激。

8.3.3 自毁性危机的干预

1. 认知辅导

认知辅导是以纠正和改变患者适应不良性认知为重点的一类心理治疗的总称。它以改变不良认知为主要目标，继而带动患者情感及行为的变化，以促进心理障碍的好转。对于具有自毁行为的青少年，首先要从认知上使其意识到行为的弊端，比如对于沉溺于电脑游戏的青少年，采用辨析区别法，使其认识到玩电脑游戏不等于学电脑。

2. 行为矫正

行为疗法认为人的不良行为是在长期生活经历中通过学习过程固定下来的。既然如此，通过学习，训练改变过去的不良行为，建立良好行为，便可以达到治疗不良行为的目的。主要的技巧有：强化，也就是增加人际交往，强化学校生活，培养良好兴趣；系统脱敏，逐渐减少成瘾行为的频率、强度，直至终止等。

3. 支持疗法

支持疗法就是社会工作者应用心理学知识和方法，采取劝导、启发、鼓励、支持、同情、说服、消除疑虑及保证等方式，帮助和指导当事人分析并认识当前所面临的问题，使其发挥自己最大的潜在能力和自身的优势，正确面对各种困难或心理压力，以渡过心理危机，从而达到治疗目的的一种心理治疗方法。对某种问题入迷，它常常是对现实生活的某种回避，如学习压力大，去寻找放松；家庭矛盾尖锐，去找解脱等。只有解决这些具体困难，才能摆脱危机。

4. 家庭治疗

家庭治疗就是社会工作者通过与全部或部分家庭成员的治疗性会谈以及其他专业技巧，协助家庭成员改善家庭关系，建立良性的家庭互动模式，从而在根本上解决整个家庭及其个别成员的问题，促进家庭的良性运转和家庭成员的身心健康的一种专业社会工作方法。

8.3.4 自毁性危机干预实务模拟训练

案例8.7

小丁,13岁,市某中学初二年级学生。其性格较为内向,聪明,但学习成绩一直平平。小丁家庭环境较为优越,父亲是某局正处级干部,母亲从事服装生意,均无暇管教孩子,委托保姆全权照顾。初一下学期,小丁迷上了网络,放学后常和同学一起流连于网吧,平均每天上网6个小时以上,有彻夜不归的经历,并为此屡遭父母毒打。小丁的逆反心理不断加剧,多次和父母发生言语上的冲突。据班主任反映,小丁在校期间情绪波动极大,学习态度更加消极。父母曾先后聘请医学、教育界人士进行治疗,但效果均不明显。

根据以上情况,假如你是社会工作者,面对小丁目前的情况,你能够为他提供哪些方面的服务?又将如何介入和干预呢?

1. 介入策略

①以平等、接纳的原则,与案主进行沟通,建立专业关系,切入点可选取其兴趣,比如网络,逐步取得对方的认可和信任。这是整个治疗过程的基础,也是突破口。在与案主认识之初,其表情冷漠,逆反心理严重,对父母和社会都缺乏理性的看法,而且极其排斥外人,甚至强烈要求父母将社会工作者拒之门外。社会工作者以耐心和毅力,坚持与其交流,沟通中发现案主对网络极其精通。整个交流过程,笔者始终以微笑面对,不厌其烦地用心倾听,在部分问题上赞同其观点,同时还适时地发表自己的看法。后来,案主逐渐对社会工作者产生好感,几次交流以后甚至把社会工作者当成了知己。可以说,这是整个介入过程的前提,也是一种"破冰"行动。

②在获得案主的接纳和认可以后,进一步全面了解其思想观念、心理和情绪问题,比如对父母的真实看法,有哪些心理需求、情绪上的变化等等。这是制定针对性目标和改变计划的必要基础。然后,通过深入沟通,采取多种方法纠正案主错误的观念、不当的心理等,以循循善诱的方式增强其对家庭的归属感。

③在了解案主的现实需求的同时,也需要介入父母,了解他们的观念和心理,并且使其逐步改变错误的教育方式,给予孩子正确地引导和关爱。

④以服务对象的需求和实际情况为基础,在征得案主同意的前提下,协助制定改变计划,比如业余生活计划、学习计划、上网时间控制计划等,并且在家长的配合下,监督实施。

2. 辅导计划

针对案主的实际情况,为其制定了以下计划和具体内容。

①提供心理咨询和辅导。随着青少年的生理、心理迅速发育和成熟,他们对独立的诉求和渴望日益强烈,希望自己被看作是成年人,但却又不具备独自承受压力和进行决策的能力。当这种需求得不到满足时,他们就会感到迷茫、束手无策,或者选择

逃避,并会不断地尝试通过其他途径获得心理上的满足和精神上的慰藉。因此,首先需要为其提供心理辅导,辅导的内容和形式是多种多样的,例如,可以策划一些情景模拟演练活动,目的是改变青少年对家庭和社会的看法,逐步增强责任感。

②提供学习辅导。不可否认,当前教育体制存在种种弊端,升学、考试等给青少年带来了巨大的身心压力,而且一旦学习上遇到障碍,就极有可能造成情绪和行为失控,学习态度骤然改变。因此,需要协助他们树立正确的学习动机,掌握正确的学习方法。案主成绩一直平平的原因实质上应归咎于学习方法不当,尤其是缺乏父母的引导,并且很少与同学进行学习上的交流。为此,社会工作者在提供心理辅导的同时,还应为其提供学习方法上的指导和帮助。

③提供人际交往辅导。自身性格内向,加上成绩一般,使得案主与同学或同伴的交往存在着一定的障碍,以至于除了几个“铁哥们”以外,很少与其他人交往,而正是这几个“铁哥们”的引导使案主开始上网,直至成瘾的。社会工作者可以通过适时的引导,比如和其一起看足球直播,共同分享激情时刻,进球时一同喊叫等等,目的是协助其克服人际心理障碍。

④娱乐方式。运用团体工作的方法,鼓励案主加入一些学校的社团组织,比如书画社、足球拉拉队等等,提供健康的休闲娱乐方式。休闲娱乐是青少年社会化的必然要求,也和青少年的身心健康息息相关。除了鼓励案主积极参加学校社团的各种活动以外,社会工作者还亲自和他一起进行一些业余活动,比如打乒乓球和羽毛球、去书店购书等等。这样一来,健康的休闲娱乐方式逐渐占据了小丁业余生活的绝大部分时间,上网的时间减少,显然,小丁对网络的依赖性也相应地减少了。因此,应该正确引导并提供给青少年一些健康的休闲娱乐方式,避免他们受到不良文化的影响。

⑤积极调动可利用的资源。青少年的许多自毁行为往往还涉及学校、家庭和社会等因素,因而这些环境因素也同样需要改变。

本章小结

青少年道德危机的成因错综复杂,一般认定较倾向于是由个人因素、环境因素及其交互作用所造成的。究其原因,大致可从个人、家庭、学校和社会等几个方面去探究。

对处在道德危机中的青少年的辅导原则,可以遵从以下几个方面。

①找出问题的症结。

②了解问题的因果关系。

③资料的收集要完整。

④以协同的方式处理。

⑤整合运用个别辅导和团体辅导技术。

⑥辅导个案要有持续性。

因为个体的差异性，因此辅导策略应因人、因时、因地、因事而有所不同，但一般的策略大致可以从以下几个方面着眼。

①对不同的对象，实施不同的辅导。

②依处理情境，实施不同的辅导。对攻击型，可应用明显的规范，要求或限制案主的行为；对逃避型，可用和蔼、亲善、关怀的态度，引导青少年作善意的接受和反应；对自毁型，引导案主重回现实，接受现实，然后实施自我认知调整。

③认知改变策略包括读书治疗、理性情绪治疗、意义治疗等技巧。

④行为改变策略包括增强、处罚、削弱法、系统脱敏法、示范、角色扮演、厌恶疗法、了解与接纳、回馈、澄清法等方法和技巧。

⑤自我管理策略。

⑥改变环境策略。

课后练习

(1)回答问题

①青少年道德危机的表现有哪些？

②什么是攻击性危机？造成青少年攻击性危机的原因有哪些？

③对于青少年攻击性危机，主要的干预措施有哪些？

④青少年逃避性危机的干预措施有哪些？

⑤自毁性危机的干预措施有哪些？

(2)案例分析

案例 8.8

阿天，男，16 岁，3 年前开始沉迷网络，经常不回家，偶尔回家，都是丢下大堆衣服让家人帮他洗。阿天初二被开除学籍，已经 1 年多没有读书了。其网瘾的形成过程如下所述。父亲因为工作关系自阿天出世以来很少和他交流，又由于年龄上的巨大差距，父子之间的代沟十分严重。母亲基本包办了对儿子的家庭教育，一向宠爱阿天，使阿天缺乏责任感、独立性和判断力。阿天在和同学朋友交往的过程中接触到网络游戏，走上了沉迷网络、离家出走之路。

①根据阿天的情况，从哪些方面进行资料的收集和诊断？

②作为一名社会工作者，可以从哪些方面进行介入？具体方法如何？

9

网络成瘾与干预

学习目标

①了解目前我国青少年网络成瘾的状况及其影响。

②分析目前我国青少年网络成瘾的各项基本原因。

③掌握目前我国青少年网络成瘾的干预和预防措施。

目前由网络成瘾而引发的心理障碍或社会适应障碍,正随着网络的普及逐渐增多。作为“网民”的主体,青少年由于自我防护意识和自我控制能力相对薄弱,容易为色情信息和暴力游戏所迷惑而沉溺于网瘾。对青少年网瘾进行干预与预防,是防止青少年犯罪和做好青少年社会工作的一项重要任务。

案例 9.1

小堂,男,17 岁,高中二年级住宿学生。小堂的父母在他 4 岁的时候就离异了,小堂一直跟着奶奶爷爷生活。小堂的父亲是一个不务正业的人,还染上了毒瘾。他常常向小堂灌输“不用读书照样能够混口饭吃”的不健康思想。高一年级下学期的时候,改嫁多年的母亲与小堂重逢并送给他许多礼物,小堂为此开朗了许多。然而好景不长,一个月后,小堂与母亲又失去了联系。从那以后,小堂变得很颓废,加上非典期间不上晚自习,小堂就和几位同学整晚泡网吧玩游戏。

自从沉迷网络后,小堂每天凌晨三、四点钟才从网吧翻墙回到学校睡觉或第二天早上才从网吧直接回到学校上课。由于精力不济,小堂的成绩一落千丈,从原来的中等水平下降到最后一名。小堂也因此自暴自弃,干脆彻底放弃学习。

沉溺网络后,小堂不仅放弃学习,而且疏远了与同学的关系。除了与同年级几个经常上网的同学联系密切之外,小堂从不参加集体活动,对同学的主动接近反应冷漠,同时脾气暴躁,常常用暴力手段解决自己与同学之间的冲突。

小堂身材高大,喜欢篮球,原来的梦想是成为职业篮球选手。但沉溺网络后,小堂就放弃了这一梦想,很少参加体育活动。为了省钱去网吧,他常常不吃饭,弄得身体虚弱,面色苍白,一副营养不良的样子①。

案例中沉溺网络已经给小堂的学习和生活带来了严重的影响,造成他精力不足、学习成绩下降、情绪不稳、放弃理想、身体虚弱等等。网络成瘾是怎么一回事?为什么青少年会网络成瘾?如何才能帮助这些网络成瘾的青少年恢复正常学习与生活?这正是本章内容要解答的问题。

9.1 网络成瘾综合症概述

9.1.1 网络成瘾的界定

网络成瘾综合症,也称网络成瘾,简称 IAD。这个概念是由美国心理学者、网络成瘾研究领域的先驱者金伯利·杨教授于 1994 年首次提出的。金伯利·杨认为,IAD 与沉溺于赌博、酗酒、吸毒等上瘾者无异。网络成瘾者对上网有一种心理上的依赖感,主要表现为网络游戏成瘾、网上聊天和交际成瘾、网上收集信息成瘾等多种形式。随后,网络成瘾症很快引起了精神病学家和临床心理学家的关注。哈佛大学医学院附属的麦克莱恩医院在 1997 年初就专门开设了一个治疗计算机和网络成瘾症的诊所,而在 1997 年的多伦多和 1998 年的旧金山两届美国心理学会年会上,研究者们专门讨论了网络成瘾综合症成为正式诊断的可能性。就这样,这种高科技条件下的新的"网络成瘾综合症"开始引起心理学家、精神病医生、心理咨询师、教育学家、上网人员和有关网络研究者的广泛注意。

9.1.2 网络成瘾的区分标准

如何区分正常的上网和上网成瘾呢?目前,学界较多的是借用美国金伯利·杨教授设计的一种测评方法,对上网者进行测评。这个方法是由 10 个问题构成,被测试者回答"是"或者"否",答一个"是",得 1 分,最后得分 5 分以上(包括 5 分)者为上网成瘾。还有一种判断的办法,就是列出 7 种症状,如果上网者在过去 12 个月内表现出其中的两种以上,就可以说是上网成瘾了。

但是,当前国内著名的挽救成瘾青少年的学者陶宏开教授对此法并不十分赞同。他认为,这是国外的研究成果,主要针对的是成年人,且其基础是把上网成瘾当作一种心理疾病来看待。陶宏开教授结合自己挽救成瘾青少年的丰富实践经验,提出了上网成瘾的以下 10 个等级。

①偶尔上网,对正常生活和学习基本没有什么负面影响。

---

① 王玲:《高中生常见心理问题及疏导》,广州,暨南大学出版社,2006。

②时间比第1级稍长，但基本上自己可以控制。

③自己有些控制不住了，但在家长的提醒下可得以控制，对学习已经产生一定的影响。

④开始对家长的限制有些反感，逐步对学习失去兴趣。

⑤有时瞒着家长上网，并且用说谎的方式为自己掩饰，开始厌学。

⑥已产生对网络的依恋，一天不上网就不舒服。

⑦与父母有公开的冲突，父（母）子关系紧张，上网成了生活的主要目的。

⑧对父母强烈厌恶，经常逃学，连续上网，通宵不归；并有其他很不理智的行为，如开始在家里有暴力行为，敲打或毁坏东西等。

⑨不顾一切也要上网，若父母干涉，非骂即打，不但毫无亲情，甚至伤害亲人、逼父母分居或者离婚。

⑩为了上网，不惜走上犯罪的道路。

5级以上，就可以说是上网成瘾了，8级以上是程度严重的成瘾。

9.1.3 网瘾的类型与表现

网络成瘾者，通常并非毫无目的地在网上漫游，而是有其特定的关注对象。我国青少年网络成瘾主要表现为以下四种类型：网络游戏成瘾、网络交际成瘾、网络色情成瘾和网络信息收信成瘾。

1. 网络游戏成瘾

网络游戏成瘾是指青少年在登录网络游戏时所产生的一种生理和心理的依赖，通常伴随着对网络游戏的过度使用（在时间的表现上尤为明显）和对个人生活、社会交往以及工作、学习上的障碍。网络游戏（多数为在线游戏），是借助网络平台独立操作或与其他团体共同操作的娱乐活动，它把对人们个体生活的虚拟演变发展成对社会生活的虚拟。

网络游戏成瘾表现为经常长时间地沉迷于网络游戏中而不能自拔，一上网玩游戏就兴奋异常，不玩则“玩瘾难耐”，明明知道自己应该控制玩游戏的时间，但就是无法控制自己上网玩游戏的欲望。平时在脑中不断反复出现游戏中的情景以及与游戏有关的事情，比如，如何升级、如何修炼更强的武功等等。严重者整天沉溺于网络游戏中，甚至可以不吃、不喝、不睡，以致生物钟紊乱、情绪低落、思想迟缓、自我评价降低。

网络游戏成瘾大致有以下几种类型。

①网络游戏关系成瘾。是指玩家将全部精力投注于在线游戏关系中，在线朋友比现实生活中的家庭成员和朋友更为重要。

②网络游戏剧情成瘾。是指玩家沉迷于生活在虚拟的世界中，将大量的时间、精力和金钱花在练功升级、购买装备，或是经营、购物等活动中，并随剧情的变化而出现情绪的波动。

③计算机成瘾。即成瘾者沉迷于研究网络游戏的程序，寻找游戏程序的不足，以

至于影响了正常的学习和工作。

2. 网络交际成瘾

网络交际成瘾是指青少年成瘾者将全部精力投注于在线交际中,以虚拟空间的网络聊天室或以网络社群的人际关系取代了现实生活中的亲朋好友,甚至在线朋友很快变得比现实生活中的家庭成员和朋友更为重要。

网络交际成瘾表现为成瘾者在互联网的聊天室、BBS 新闻组里,或者使用如ICQ、QQ、网络寻呼机等聊天工具进行同步(非同步)交流,并到了成瘾的程度,发生网恋、网络黑交易、发表反动或愚昧言论、网络欺诈或愚弄等错误行为,甚至诱发犯罪。

网络交际成瘾可分为交友成瘾和网恋成瘾两种。与网络交友成瘾不同的是,网恋成瘾者交谈的双方通常是异性,并在网上确立了恋爱关系,享受着恋爱情感带给他们的欢乐,不可遏止地越陷越深。网恋可发展成现实的恋爱,但往往成功的可能性比较少。据调查显示,网络聊天占上网学生的比例均在 40% 以上,是学生上网的主要目的之一,且以女性居多。

3. 网络色情成瘾

网络色情成瘾是指青少年由于自控能力差,对于性需求强烈却又阅历不足而迷恋网上的色情音乐、色情图片、色情影视、色情笑话以及网络色情文学作品等,甚至长时间漫游于色情网站无法自拔。有专家指出,每周花费 11 小时以上用来漫游色情网站的人,就有色情成瘾的嫌疑。

4. 网上信息收集成瘾

网上信息收集成瘾者总是不能自制地在网上搜索或下载过多的对现实生活没有多大意义的资料或数据。由于网络所固有的广泛性和开放性,导致了网上信息的海量性,可以说是应有尽有。有的青少年就不停地浏览网页,观看并收集各种无关紧要的、无用的或者不迫切需要的信息,导致信息崇拜和信息焦虑或者超载,对海量的信息形成难以摆脱的依赖。

除此之外,还有计算机成瘾,是指对计算机知识特别感兴趣,沉溺于电脑程序,对那些新鲜的软件有强烈的兴趣,迷恋网络技术包括黑客技术,热衷于自建和发布个人网页或网站等;其他强迫行为,如不可抑制地参与网上讨论、BBS 发表文章、购物、拍卖等活动。成因不同、类型不同的青少年网络成瘾者的症状是不一样的,其身心所受的影响也是大不相同的。实际上网络成瘾者多是以上几种类型的混合体。

9.1.4 网络成瘾的各种危害

9.1.4.1 对青少年自身的危害

网络给人们带来丰富信息资源的同时,也对一些上网者产生了不可忽视的负面影响,使他们出现了不同种类、不同程度的网络心理障碍。由于青少年是网络最主要的用户群之一,所以他们也是“网络成瘾症”受害者的主要人群。

1. 使青少年身心健康受损

从心理上讲，网络占据成瘾者几乎所有的时间和注意力，使个体智力及自我控制能力下降，一旦停止上网便会产生强烈的上网渴望，难以控制对上网的需要或冲动。这种冲动使其不能从事别的活动，经常出现严重的动机冲突和情绪困扰，致使青少年对日常学习和生活兴趣减少，个体参与现实生活和集体生活的意愿和动力都会减弱，逐渐与现实疏远，为人冷漠，常常处于上网与不敢面对现实的心理冲突之中，情绪低落、悲观、消极。许多青少年由于上网过多而变得沉默寡言，行为怪异，冷漠无情，有的患上心理疾病，如"自我封闭症"、"网络孤独症"等，有的甚至消极自杀，还有的丧失理智走上犯罪的道路。网络成瘾开始是出现精神上的依赖现象，如发怒、精神不振、做事无兴趣等。到后来可能发展为躯体上的依赖，出现一系列的躯体症状，如情绪低落、头昏眼花、双手颤抖、疲乏无力、食欲不振等等。从生理上讲，这些症状的出现是由于上网时间过长，大脑中相关的神经中枢长时间处于亢奋状态，引起肾上腺素分泌异常，交感神经过度兴奋造成的。这实际上是一种过度疲劳，严重者可能导致免疫功能降低，诱发种种疾患，如心血管疾病、肠胃神经官能症、紧张性头痛、焦虑、忧郁等。

2. 造成青少年的道德感弱化

网络是人类有史以来最大的信息库，但是其中良莠不齐，掺杂着各种各样数量繁多的反动、暴力、色情及其他不良信息。青少年因人生观、价值观尚未定型，道德意识正在培养，意志行动的自觉性还不完善，辨别是非的能力较弱，具有较大的受暗示性，在不良诱因的影响下，极易产生不正当的要求和行为。而且他们对各种东西都比较好奇，喜欢追求刺激。许多网站就是利用了这一特点，向青少年散布垃圾信息，使大部分青少年的道德意识弱化。另外，青少年网络成瘾者缺少现实社会中以老师、家长为核心的人际关系对他们行为的监督，外界对网络的使用者不易实施有效监督，传统社会道德规范的约束力在网上相对减弱，也不易形成系统的法律道德规范。社会对于许多行为的不许可，在网络上都可以进行，从而容易造成青少年道德意识的弱化。据调查，有31.4%的青少年并不认为"网上聊天时撒谎是不道德的"，有37.4%的青少年认为"偶尔在网上说说粗话没什么大不了的"，还有24.9%的青少年认为"在网上做什么都可以毫无顾忌"。对于法律以及道德观念淡薄的青少年来说，这些因素容易引发网络犯罪。据统计，网络犯罪的主体以青少年为主，且大多数是精通电脑的学生。在网络上肆虐的"黑客"中，多为年龄在14~21岁的中学生或大学生①。

3. 使青少年产生人际交往障碍

Kraut等研究指出，网络成瘾者上网越多，程度越深，和家人沟通越少，社交圈子越小，抑郁和孤独感越高，从而产生网络孤独症、人际信任危机和其他更多的人格障碍，面对现实社会，会变得越来越不适应，一心想上网逃避现实，从而陷入恶性循环。

---

① 黄巧玲:《论网络对青少年思想道德素质的影响》，载《河北师范大学学报》(教育科学版)，2000(4)。

网上交流过程不是人与人的直接交流，而是用文字和符号表达自己的心情和情绪，对外界刺激则缺乏相应的情感反应，面部表情呆滞，内心体验缺乏，这些必然造成青少年基本交际能力的下降。由于网络世界极易让人获得自我实现和心理满足，与网络中人的沟通比与现实世界的人沟通容易很多，因此青少年更倾向于在网上寻找虚拟完善的人生。随着网瘾青少年对网络交流越来越依赖，就会对正常的社会交往产生恐惧，如此形成恶性循环，使网瘾青少年的交际能力下降，他们会变得更加依赖互联网，不愿接触现实、逃避现实。特别是一些社交障碍者、失恋者、孤僻者，更喜欢到互联网上寻找心灵的慰藉。如果他们长期处于虚拟的网络世界，体验着一种虚拟的情感，沉醉于一种虚拟的满足之中，逐渐失去对现实世界的感受力和积极参与意识，这就导致孤僻、冷漠、不合群，造成现实生活中的人际交往障碍。我国的调查显示，在上网的青少年学生中，有20%的人有情绪低落和孤独感，12%的人与亲人、朋友疏远①。

4. 使青少年学生的学业受挫

计算机网络挤占了青少年阅读书本和思考问题的时间，对青少年的学业有极大影响。目前，我国青少年网络成瘾者多因迷恋网络而无心学习，学业不佳，这已形成恶性循环。在校生因迷恋网络游戏造成学习成绩下降，甚至旷课、逃学的现象日益普遍。调查数据显示：认为容易上瘾，很难控制自己的占65%；玩起来就没完，自己控制不了的占18.1%；总想玩游戏，不想上学也不愿做作业的占5%；认为花很多时间和精力玩游戏会使学习成绩受影响的占73.4%。一份针对北京市4所正规高校的调查表明，一所招生规模在5 000人左右的大学每年约有50人左右退学，其中80%的退学大学生都与网络成瘾有关，主要表现为长时间沉湎于网络，导致旷课或者所“挂”科目过多②。调查显示，现在中学生因网络成瘾辍学在家的不乏其人，且数量呈上升趋势，引起社会各界广泛关注，且已经有了专门为帮助学生摆脱网瘾而设立的戒网基地和组织，其中一家比较权威、有代表性的是由共青团中央和北京军区总医院共同创建的中国青少年心理成长基地，其宗旨是对青少年心理或行为障碍进行综合干预，尤其针对青少年网络成瘾行为的矫治，是国内首家也是唯一一家从心理、行为、教育、医学全方位对青少年成长问题进行综合干预的机构。

9.1.4.2 青少年网络成瘾的社会危害

1. 导致青少年社会责任感的缺失

近年来，像“17岁少年沉迷于网络，亲手杀死奶奶”，“中学生网吧里打游戏，还要提刀砍亲娘”，“沉迷网络游戏不能自拔？昔日学习尖子服毒身亡”等报道，屡见报端，触目惊心。青少年为什么会沉迷网络不能自拔，学校、家庭、社会又应如何引导他

---

① 刘加艳：《大学生孤独感与网络使用特点关系研究》，见《中国临床心理学杂志》，2004(3)。

② 《退学大学生8成有网瘾》，北京拟制定首个治疗方案，http://www.bj.xinhuanet.com/bjpd_sdzx/2005-02-24。

们趋利避害？这些疑问，日益成为全社会关注的焦点，也以此看到了培养青少年社会责任感工作的必要性和紧迫性。社会责任感从广义上说是指个人、组织对自己、他人、家庭及社会所应承担的责任；从狭义上说是指个人、组织对社会的责任。著名特级老师司霞说过这样一句发人深省的话："智育不好是次品，德育不好是危险品，身体不好是废品，心理不健康是易碎品。"而责任心是孩子健全人格的基础，是能力发展的催化剂，所以责任心的培养正是解决这许多问题的关键。然而，在网络这个虚拟的世界里，人与人的交流环境是非常宽松的，你可以选择与别人交流，也可以拒绝，可以骂人而不用考虑后果，也可以说谎而不用承担责任，不必害怕别人的嘲笑，也不必囿于一定的规则。长此以往，如果没有社会、老师和家长加以及时正确地引导，必然会造成青少年社会责任感的缺失，对社会造成危害。

2. 引发青少年犯罪心理倾向和犯罪行为

青少年长期生活在虚拟世界中，会混淆网络和现实的界限，模糊青少年的道德意识。有些青少年已经在潜移默化中将血腥暴力合理化和常态化了，导致他们"游刃有余"地将网络中的偷盗、抢劫，甚至杀人行为，搬到现实生活中来，并最终在现实生活中实施犯罪行为。专家指出，继父母离异、海洛因、电子游戏等成为引发青少年犯罪的主要原因后，互联网络中的不良信息也是诱发青少年犯罪的重要因素。据中国青少年犯罪研究会的统计资料显示，目前青少年犯罪总数占全国刑事犯罪总数的70%以上，而70%的少年犯因为受到网络中色情、暴力等内容的影响而诱发盗窃、抢劫、强奸，甚至杀人等严重的犯罪行为。中央电视台《今日说法》栏目2005年末播出的两起案件都是关于青少年网络犯罪的问题：一个平均年龄不足18岁的盗窃团伙成员，均在网吧相识，在短短两个月内疯狂盗窃76起；另一高中生为了偷钱上网，深夜潜回村庄，用斧头砍死了自己的奶奶、伯父、伯母，两天后，警察在当地县城的一家网吧里找到了若无其事的他。这些触目惊心的数字和事实，正反映出青少年因网络引发犯罪问题的严重性和必须对其展开研究并寻求解决途径的紧迫性。

9.2 网络成瘾的归因分析

案例9.2

16岁的中学生王某就读于天津市红桥区一所普通中学，父母双双下岗。在校外几个小哥们的"唆使"下，他迷恋起上网。为了跟父母要钱，他撒谎说自行车丢了，要了七百多元钱买了一辆高档自行车，没一周时间，就把自行车卖了进网吧，又跟父母要钱。从家里弄不到钱后，他就到外面行窃。

"我总是受人欺负，只有网络游戏能让我找到尊严。"15岁的少管人员小刘曾因盗窃被收容教养1年6个月。他对自己迷恋网络的经历追悔莫及："上小学4年级时我成绩优秀，5年级时接触到网络游戏'传奇'，从此一发不可收拾。后来我又迷上了CS，游戏里那种见面就打的气氛，那种你死我活的感觉让我欲罢不能。为了找钱上网,我骗父母、偷东西,各种办法都想。我不喜欢现实生活中过的那种被人瞧不起的日子,因此想尽一切办法上网。我 13 岁那年就从老家山东流浪到北京,做了很多坏事。”

为什么青少年容易患网络成瘾症呢?我们很有必要对青少年网瘾的成因作一个系统的分析,为下一步的干预和预防提供参考依据。由于青少年群体的特殊性,我们不妨从青少年自身和外界环境两大方面对其进行分析。

9.2.1 青少年网络成瘾受青少年个体特征的制约

青少年学生身心发育尚不成熟,在这一时期特殊的生理特点和心理需要是导致他们易上网成瘾的主观原因。因为青少年正处于心理、行为上的变动期,价值观和行为方式尚未定型,认知能力有限,与成年人相比,其自制性和自律性较差,因而他们面对网上新奇、刺激的信息极易受诱惑。另外,由于青少年处于特殊的生理阶段,心理发展尚未成熟,许多心理诉求在现实生活中得不到满足,他们便借助互联网满足自己的种种心理需要,许多学者认为这也是青少年网络成瘾的主要原因。

9.2.1.1 交流与宣泄情感的需要

处于发育期的青少年的生理和心理正发生着剧烈的变化,他们渴望友谊和理解,有强烈的交流与宣泄情感的需要。但是,随着年龄的增长,他们不再像以前那样愿意与家长、老师亲近,现实生活中很难找到适合倾吐心声的地方。特别是自身性格内向的青少年,社交羞怯或缺乏社交技巧,使其在现实生活中交往的需要得不到满足。而开放性、交互性的互联网正好为他们提供了一个自由表达内心层面的场所。网络世界里的交流形式避免了面对面交流时因沟通不良而造成的尴尬和难堪以及因此而产生的对自己形象损害的不良后果,因此能使青少年畅所欲言,使他们在现实生活中渴盼有人共鸣的愿望不断得到满足。青少年正处于少年期和青春期的交界,内心的骚动和情感的渴望无法得到满足,互联网的出现无疑为他们提供了一个情感交流与宣泄的极好渠道。

9.2.1.2 自我实现的需要

自我实现,希望得到关爱和尊重,是所有青少年共同的心理需求。青少年处于特殊的生理阶段,生理发展状况还不稳定,并正在形成完整的人格。这一阶段,青少年体会到了自身的能量,开始试图更好地把握世界,渴望表现自己,即有表现自我的需要。他们感到自己不再是小孩而是大人,产生了强烈的独立意识,不想再事事依赖成人,希望能够充分体现自己的能力、价值。他们希望能得到别人的肯定和赞扬。渴望成功是青少年群体的普遍心理,成功也是他们追求的人格品质。然而,在现实生活中,外貌、成绩、能力等往往是获得肯定的重要因素,这就限制了一部分学生表现自我的机会,造成了他们自信心低落。由于家庭和学校教育的偏差,不少学生在家庭和学校中缺少关爱和尊重。青少年网络成瘾问题与此紧密相连。网络这样一个虚拟的空间正是他们施展才华,发挥想象的大好空间,让他们可以更加开放地呈现真实的自我,或者塑造一个与现实截然不同的自我,为他们表现自我提供了机会。他们可以重新设计与塑造一个理想的自我,并以此来获得在现实生活中所缺乏的关爱和尊重,实现心理上的满足。在网络上所获得的成功和满足感弥补了其在现实生活中的失败。正如马斯洛的需求层次理论指出,在人的基本需要满足以后,还有一个更高级的需要,即自我实现的需要。在网络上虚拟实践和成功,在某种形式上反映了青少年网络成瘾者自我实现的需要。

9.2.1.3 满足好奇心和求知欲的需要

青少年学生具有强烈的好奇心和求知欲,并且精力旺盛,容易接受和追求新事物,这是青少年的一个共同特点。他们什么都想知道,什么都想尝试,对社会上的新奇事物充满好奇。网络的丰富、新鲜、动感和立体化传播,毫无疑问对青少年充满吸引力,很多人最初就是出于好奇和赶时髦的心理而“触网”。同时,青少年学生正处在思想和行为的发展阶段,对书本以外的各种知识充满好奇,互联网则展现了一个无限广阔的新奇世界,内容丰富、包罗万象的互联网一出现,便受到他们的热爱和痴迷。正是这种好奇心和求知欲的需要促使他们迅速进入互联网,同时互联网环境又进一步刺激、拓展了他们的求知欲和好奇心。

9.2.1.4 性心理成熟的需要

性心理的成熟也对青少年网络成瘾行为有着重要影响。青少年在生理上发生着剧烈变化,身高、体重、肌肉、骨骼等都迅速发育,生殖系统也逐渐成熟。由于性器官的发育,引起性心理的成熟。他们产生了了解异性,追求异性的欲望。但处于青春期的青少年性心理发展的需要往往与社会认可的道德规范发生冲突,在客观上又不允许他们为所欲为。于是在他们无法自我调节和得到有效指导的情况下,他们就把精力转移到了网络的色情内容上,在网络的虚拟世界中尽情发泄,以满足他们无法得到社会认可的本能的欲望。由于一些学生自我控制能力差,从而面对色情内容难以自拔,甚至痴迷。

9.2.1.5 舒缓压力的需要

青少年时期是人生的一个重要转折时期。在这个阶段中,学习、工作和家庭等各方面的压力都加在了他们的身上,他们背负家长、学校和自我等众多角色期望,这些已经远远超出了他们所具有的承载能力。除了面对越来越大的升学压力、日益繁重的功课,还有可能要面对来自现实生活中的其他烦扰,比如父母的下岗、离异,家庭不和,老师的批评,朋友的疏远等等。面临各种巨大的压力,他们在现实中又很难找到可以舒缓压力的方式,负担十分沉重。于是他们极力寻求一种解脱的方式以逃避现实的压力。五光十色的网络世界正能让青少年暂时麻痹自己,忘记烦恼,逃避现实生活的压力,所以青少年最终选择了它。但一些缺乏自制力的青少年变得越来越依赖互联网,把它当作解决问题的唯一途径,日益沉溺于其中而不能自拔。

9.2.2 青少年网络成瘾受社会外界环境的影响

外界环境因素主要包括社会因素、学校因素和家庭因素三个方面。

9.2.2.1 社会因素

1.不良的社会环境

青少年网络成瘾实际上是暴露了目前现实社会环境存在的问题,网络成瘾的症结不能完全归咎于网络的使用者。在接触媒介时,青少年不是被动的接受者。他们使用互联网是出于某种需要,因此要治理青少年网络成瘾问题就要了解青少年的发展需求,积极采取各种途径满足其正当需求,创建利于青少年健康成长的社会环境。然而,当今社会上提供给青少年娱乐、休闲的资源贫乏,特别是符合他们年龄特点和兴趣爱好的,具有时代感的娱乐场所和设施缺乏,家庭和学校提供给青少年的业余活动功利性又太强,唯有上网冲浪能够满足他们寻求快乐、缓解压力的需要。所以,全社会要树立科学的成才观,不但关注青少年的学习和工作,更应关注他们的身心健康,满足他们心理和成长的需求。要努力为青少年创造一个快乐成长的客观环境,特别要重视为青少年提供丰富的网外文体活动。对正处于身心发育阶段的青少年来说,网络外的生活尤其重要。要积极引导青少年开展丰富多彩的实践活动,让青少年将生活的热情投入现实中,而不是沉溺于虚无缥缈的网络世界中。针对未成年人活动场所不足、有些场所又不够完善等问题,政府应鼓励社会力量兴办未成年人活动场所,实施公益性文化设施向未成年人免费或者优惠开放等相关政策。

2.社会舆论导向作用缺失

营造有利于青少年成长的良好环境,是事关国家与民族未来发展的大事。而在当代社会,舆论环境的好坏,既是能否引导青少年健康成长的重要因素,又是在倡导社会主义荣辱观中迫切需要重视的现实问题。改革开放以来,我国在经济社会飞速发展的同时,传媒事业也日新月异。从绝对数量以及覆盖率来讲,我国已经跻身于传媒大国的行列。当代青少年的成长,对媒体的依赖程度越来越高。舆论环境的好坏与广大青少年成长有着更加密切的联系。应该肯定,我国青少年成长的舆论环境总体上是好的。但在媒体越来越市场化、网络等传播手段越来越现代化、生活环境越来越时尚化的同时,一些不健康的舆论正泥沙俱下、混杂其中,给青少年的成长环境制造了不可回避的污染,对其产生了严重的误导。比如,对于一些不良的社会现象,不以为丑,反以为美,不以为耻,反以为荣,这既暴露出当前某些引导舆论的媒体和从业人员社会责任感的缺失,也透射出在追逐市场利益中值得警惕的道德滑坡现象。如何构建与和谐社会相适应、与网络时代相适应的新的舆论道德观、价值观、伦理观和文化观,营造有利于青少年健康成长的绿色舆论环境,是一个值得全社会共同深入探讨的大课题。

3.政府监管不力

专家指出,由于网吧和网络游戏等行业以新兴产业的形象出现,看起来创造了巨大商机和财富,从而“网络产业”的负面影响得到人们极大宽容,它对青少年的潜在侵害也被严重低估。当前的“网络产业”单纯追求利润,放弃了起码的社会道德,通过设置永无止境的游戏升级、赌博、色情情节来吸引青少年,让人出现毒品上瘾一样的病态症状。黑网吧和网吧违规经营问题屡禁不止，含有暴力、赌博、色情等不良内容的网络游戏大行其道，导致越来越多的青少年深陷其中，难以自拔，最终发展成为上千万的青少年上网成瘾，甚至精神崩溃、犯罪、自杀，导致无数家庭破裂。虽然我国三令五申强调要加强对网络信息资源和网络游戏的健康管理，加强对网吧的规范管理，但在实践中尚缺乏有效的监控管理和有效的管理措施，执法部门执法不严、监管不力。目前，我们尚无一套行之有效的网络管理机制，对网上信息的生产、信息的监督、信息的预警、违规的处理等缺少有效监管，特别是对一些"打擦边球"的垃圾信息和通过间接渠道、办法出现的国外非健康的网站信息，更感到束手无策。无证和证照不全的网吧占总数的30%，有的地方甚至达到50%以上。网吧行业中存在的不规范经营、非法经营更是毒害青少年网民的一大公害。一些网吧业主为了赚钱，主动提供国内外一些游戏、色情网络的地址，青少年可以随时访问，并为所欲为地从事一切活动而安然无事。这种不利的社会环境为青少年网络成瘾的形成提供了便利条件，是导致青少年易上网成瘾的客观原因。

9.2.2.2 学校因素

就网络成瘾而言，学校在教育教学方面也存在着一定的问题。青少年迷恋网络固然有其自身原因，但学校教育引导上的失败也是不能忽视的重要原因之一。

1. 学校教育体制存在弊端

目前，国内的教育现状可谓"先成才、再成人"，这是应试教育的产物。虽然我国从2001年开始在基础教育阶段推行素质教育，但由于应试教育的影响根深蒂固，其成果并不令人满意。应试教育的核心是知识教育，目的在于升学。一方面，家长、学校和社会铺成了一条"只有上大学才能改变命运"的"羊肠小道"，课程设置、专业设立、教育和沟通方式都以应试为中心，与学生的兴趣、学生的主动性及创造性无关，父母与孩子无法建立一种良好的亲子关系，老师与学生也无法建立起良好的师生关系，一切都被成绩取代了。另一方面，学生对学习不感兴趣，对学校生活感到厌倦、枯燥、单调。著名教育者许继霖对应试教育的总结是："除了分数，还是分数，分数面前人人平等。于是那条通往大学的应试小道，犹如一条标准的流水线，无论你是什么样的性别、个性、兴趣和才华，经过数年的应试培训，统统改变为同一个模式塑造出来的标准产品：善于适应、拙于创造，长于技术、缺乏想象，表面顺从、内心分裂。"在应试教育的指挥棒下，青少年学生无暇交友，无暇游戏，无暇感受和欣赏生活中的真善美。学习之余有限的上网时间在他们看来无疑是最好的减压休闲方式。于是青少年在特有的好奇心、挑战性、时尚为表征的鼓噪下，对网络中的新鲜、刺激、冒险趋之若骛，把虚拟世界中的力量、权威和成功作为精神的寄托和港湾，最终滑出正常的学习生活轨道，放任自流，沉溺其中。著名的青少年网瘾专家陶宏开教授尖锐地指出：应试教育是导致青少年网络游戏成瘾的罪魁祸首。

2. 学校的网络教育滞后

在电子信息时代的大环境下，电脑和网络成为青少年不可或缺的学习工具，如果学校不对学生使用电脑和网络加以及时、正确的引导，并加强监督和管理，那么缺乏有效引导且自制力差的学生就会更多地把电脑和网络单纯当成一种娱乐工具。

①学校网德教育缺失。学校的网络教育内容多为技术操作，缺少网络安全教育、网德教育。学校在计算机课上的设置往往只是侧重知识性、技术性方面的内容，课堂上很少涉及网络信息素养方面的内容，很少谈及应具备怎样的网络道德，对于青少年网络行为不能给予及时、正确、科学的引导。因此，造成学生在网络与现实中言行不一、知行不一。老师应不断提高自身的素质，能够运用网络技术手段和网络德育资源开展学校网络德育工作，对触网学生进行正确引导和正面教育。

②学校的网络教学内容单一，缺少娱乐方面的内容。学校中的网络应用的教学全部集中在与课堂知识有关的方面，对于应用网络娱乐则基本不会触及。未成年人在学校以外缺乏约束和指导的环境中进行网络娱乐的时候，很容易发生行为扭曲。

③学校对校园网和机房的监督和监管不严。全国许多学校都已建立了校园网，有的还铺设了宽带网。校园网本来应该是学生学习、受教育的工具，但由于学校缺乏有效引导和科学管理，网上冲浪已成为学生课余生活的重要组成部分，使校园网反而成了学生们娱乐的玩具。

9.2.2.3 家庭因素

有研究显示，家庭因素是青少年网络成瘾的直接原因之一。同济医学院公共卫生学院心理卫生研究中心调查表明：网瘾孩子中，有90%是因家庭教育环节出了问题。该调查涉及1 200名中小学生，80%的孩子认为他们无法与父母沟通，家长除关心他们的学习成绩外，其他方面不太过问，网络虚拟世界成了他们释放压力获得平等的好去处。青少年学生绝大部分时间是在家庭中度过的，对他们来说，家庭环境的好坏、教育方式及亲子关系等起着决定性的作用。

1. 家庭教育方法和观念落后

中国的家庭教育体系存在着很多弊端，有很多不完善的地方。很多家庭在教育孩子的方式上容易走两个极端。一种是父母对孩子过分地溺爱、放纵，尽其所能提供一切物质条件，却忽视了孩子的心理需要和变化，对孩子心理变化缺乏敏感性，最终导致孩子性格不成熟，幼稚化，独立处理问题能力和自制力较差。其直接后果就是当孩子独立面对外界事物的时候往往不能应对，面对种种诱惑也无法控制自己的行为，直到有一天突然发现孩子只会面对网络而无言面对自己时，才发出“我的孩子怎么会这样了”的感慨，而这时已错过了最佳的调整时期。另一种极端的教育方法就是对孩子严加看管，甚至关在家里，不准出门，一旦发现问题，便恨得咬牙切齿，对孩子粗暴武断，恨不能将孩子一棍子打死，方法简单没有弹性，不能从孩子的角度来看待问题、思考问题，从而加剧了亲子冲突和隔膜。这些错误的教育方式是导致网络成瘾的高危因素。

2. 家庭结构病态

有调查显示，90%的网络成瘾青少年都是不良的家庭环境造成的。病态家庭主要包括父母感情不和的家庭(占80%)、行为举止不当的家庭、父母有不良心理问题的家庭、父母对孩子过于苛刻的家庭、把孩子当作私有财产的家庭、父母望子成龙的心理过于严重的家庭。

①家庭出现问题,孩子往往会成为受害者。由于父母感情不和,孩子感受不到家庭的温暖,感受不到父母完整的关爱,只有上网才能感受快乐,忘掉烦恼忧伤。而这些问题中,最突出的就是父母离异,孩子得不到正常的父爱和母爱,上网就成了他们唯一的精神寄托。

②家庭暴力给孩子带来的也不仅是皮肉之苦,更多的是心灵的创伤。调查显示,在有家庭暴力环境下成长的青少年更容易网络成瘾。

③家长对孩子期望值过高也是导致许多孩子网络成瘾的家庭因素。目前,社会竞争异常激烈,青少年学业负担重、压力大,巨大的压力需要在宽松的家庭环境中排解,但很多家长望子成龙,对孩子寄予了太高的期望,给孩子过高的压力。一项调查显示,96%的家长都希望自己的孩子能考上大学,高期望导致的压力很容易让孩子觉得没有出路,最终用网络来麻醉自己。

3. 家庭网络教育缺失

目前,大多数家长缺乏对网络的正确认识,导致在网络问题上的家庭教育缺失。有调查显示,网络成瘾青少年中,其父母文化程度高中以下的占了65%,而父母亲学历在本科以上者,成瘾率明显偏低。另外,工人家庭、农民家庭的学生成瘾者比例偏高,这表明青少年网络成瘾与父母了解、指导孩子使用计算机上网的认识及能力相关。有的家长对网络的认识存在一定误区,要么盲目崇拜网络,认为上网总比看电视强,既可放松心情又可增长知识,过分支持孩子上网;要么对网络知之甚少,放任孩子的网络行为,缺少有效地引导和监管;要么视网络为洪水猛兽,坚决禁止孩子上网,而孩子因逆反心理偏要偷着上网。

9.3 网络成瘾的干预策略

青少年网络成瘾的干预和预防是近年来出现的一个新课题,还处于初步的摸索阶段,综合分析各家的做法,归纳出干预的策略和基本程序①。

9.3.1 与网络成瘾者建立良好的关系

由于青少年网瘾者是很少自己主动前来求治的,大部分是被父母或老师等强制进行心理治疗,因此来访者往往对于社会工作者有很强的抵触情绪,因此建立良好的关系,对网络成瘾者充满爱心从而使他们相信、配合社会工作者,是干预网络成瘾的前提和基础。不少人矫治网络成瘾获得了成功,究其原因主要是社会工作者与网瘾

① 吴增强,张建国:《青少年网络成瘾预防与干预》,上海,上海教育出版社,2007。

青少年建立了良好的关系。正如陶宏开教授所言:“因为我具备了这种爱心,用自己的眼神、语气、肢体语言表达这种爱心,让孩子感到,我是发自内心关怀他。这就是沟通的最好切入点,这才会有真正的感染力。交谈气氛宽松了,我才能了解、观察到孩子的特点,走进他的心灵,以后的转变就顺理成章了。”

9.3.2 评估网络成瘾者对于网络的使用情况和程度

在社会工作者和网瘾青少年建立了良好关系、相互接纳的情况下,社会工作者才可能了解网瘾者对于网络的使用情况,网瘾者才有可能认识自己的行为对自身和周围人的危害程度。如喜欢什么时候上网,在什么场所上网,每次上网大概需要多少时间,上网时主要做些什么等,这一过程可以帮助社会工作者发现一些与上网行为有关的关键信号,如上网行为的引发条件和维持条件。同时社会工作者还要了解来访者的情绪状态、网络成瘾行为对来访者日常学习和生活的影响程度等。下面是一位社会工作者在第一次辅导一位小学五年级的网络过度使用者(由母亲带来)时的一段话。

为消除男孩的戒备心理,首先从一些无关的小事谈起。

社会工作者:你对自己上网怎么看呢?

男孩:我上网一般是玩玩游戏、查询资料,也没有过分的玩电脑,这有什么不好呢?

社会工作者:你每天上网多长时间呢?

男孩:现在没有上网了,因为爸爸妈妈限制的。

社会工作者:那以前呢?

男孩:一般是1小时多一点,周末时间长一点,也不是每天都上网的。

社会工作者:你上网打游戏时感觉怎么样?

男孩:很开心,但是……

社会工作者:哦,最近有些烦恼?

男孩:是的,因为学习成绩不好,老师、父母总是教育我,并且不让我用电脑了。

……

经过近半小时的交流,建立了较好的专业关系,因为他们有着共同的兴趣爱好——上网,同时,社会工作者对男孩的状况也有了大致的了解。

这里,社会工作者在与被辅导者间建立良好关系的基础上,大致了解了男孩上网的一些情况,并帮助男孩确认目前存在的主要问题:上网影响了学习成绩,老师、父母因此限制自己上网,并由此造成自己精神不佳、情绪低落等。

9.3.3 探讨网络成瘾行为的深层次问题

探讨网瘾行为的深层次问题主要是分析、探讨来访者网瘾行为的产生原因,使来访者能真正认识到自己的问题所在。很多情况下,来访者之所以沉溺于网络,是为了逃避生活中面临的问题和压力,比如,考试失败或学习碰到困难,对学习提不起兴趣;

失恋、与父母不和等情感上的挫折；被周围的人排挤、没有知心朋友等人际关系上的问题；父母离婚、父母失业等家庭变故，等等。通过对话让来访者真正面对自己的问题，并在社会工作者的帮助下解决了这些问题才能消除网瘾行为的引发条件。为了达到以上目的，社会工作者可与来访者一起探讨，究竟是什么使自己从日常生活逃离，近期现实生活中是否遇到了什么麻烦或巨大的压力，应该怎样去解决它，生活中有谁可能会支持帮助自己解决这些问题，网络中是什么吸引了自己，让自己沉溺其中不能自拔，等等。

紧接着上面的辅导案例，社会工作者开始就男孩上网的原因和围绕此问题的内心想法展开一番对话。

社会工作者：听你妈妈介绍，你经常用网上的资料代替作文交给老师？

男孩：网上查资料是现成的，速度很快，它可以让我省下时间做其他的事情。网上的作文很好，用起来不累，我们不用动脑子就能写出一篇好文章。

社会工作者：可是你作文考试的成绩并不好，这是怎么回事呢？

男孩：我知道写作文要自己想，但我养成了习惯，自己已经想不出来了，总想到网上去找。

社会工作者：你爸爸妈妈是怎么看待你上网的呢？

男孩：他们以前是鼓励我上网的，还专门给我买了一台电脑。最近因为我成绩下降，所以就禁止我上网了。

社会工作者：你觉得这样好吗？

男孩：爸爸自己一直在网上，却不让我上网。爸爸妈妈的制止我觉得太过分了，我为什么不能适当地玩呢？

……

9.3.4 缓解网络成瘾者的压力并调整其认知

根据上一阶段所探讨出的网络过度使用行为的产生原因，面对当前学习和生活的压力，心理辅导员要帮助来访者去面对并着手解决，而不是逃避。因为通过上网来逃避问题，也许可以一时忘记它，但这样做并不会使问题消失，相反往往会强化问题，使问题变得更加严重。这个环节主要是缓解网瘾者的内在压力，并初步调整其认知。例如，对于那些因为父母离婚，感觉自己受到了伤害，被父母抛弃，而成天通过上网聊天来寻求心理上的支持和安慰的来访者，可以通过家庭治疗以缓解家庭变故给来访者带来的压力，并鼓励其在现实生活中结交朋友以获得支持和帮助。同样的，对于很多因为认知问题而导致的网络成瘾行为，辅导员首先应帮助来访者调整认知，改变其对网络以及其他问题的不正确看法，进而纠正其网络成瘾行为。

案例 9.3

高一女生小莉认为，网络是虚拟的，他人也不了解你是一个怎么样的人，所以什么都是可以掩饰的，网络比现实生活更能满足自己的需要，网友也比周围的人更懂得关心人,只有在网络中才不会被人欺负,不会自卑,再说也可以打发更多的时间……显然其中的不少观念都是相当片面的,在对小莉的辅导过程中,社会工作者发现作为一名职校(综合高中)的女生,小莉的学习成绩一般,周围没有很好的交流伙伴,生活中不太被别人关注和喜欢,有时还会受到同学的讽刺嘲笑。于是社会工作者采用情绪排泄法,通过提问引导她将内心的感受书写出来(网上辅导),逐渐将自己恢复到理智状态,能较为平静地看待所发生的事。同时给她布置了一个家庭作业——每天写日志,把一天中的重大事情和自己的感受写下来。进而与她交流对网络(主要是网络交友)的看法,帮助她认识到网络社会是虚拟的,有些东西是不可信的,而正是前面的片面想法导致她沉迷于网络被网友所骗。

9.3.5 协商制定克服网络成瘾行为的具体方案

为保证网瘾行为矫正的顺利进行,心理辅导员与来访者协商制定克服网瘾行为的具体方案是非常重要的。它可以将一些空洞的说理转变为可操作的具体指标,让来访者清楚自己首先应该做什么,从而帮助来访者一步一步克服网络成瘾行为。下面是一位班主任老师在建立良好关系、分析造成沉迷于网络的原因和初步进行认知调整后与来访者共同制定的克服网瘾的方案。

案例9.4

我和小祁一起分析造成这种现象的原因,然后,用认知疗法让他懂得了交往是人的基本心理需要。"人之生也,不能无群"。人都有爱别人、被别人爱的需求,希望认识别人、了解别人、关心别人,并对别人负责。如果不能满足这一心理需要,人就会感到孤独和寂寞。这是一种令人极不愉快的感觉。缺少知心朋友的人,会有无聊感、无目标感和边缘感——总在事情的边缘部分,不能深入到自己从事的事情的中心。

同时我和小祁达成共识,认为结交网友也具有加强人际交往的功能,也是人际交往的一种形式,它的积极意义不可否认,但它的消极面一样也不可忽视。这种网络交往方式中,交往双方的真实身份、动机、背景等具有隐秘性和不安全性;交往双方丰富的面部表情、声音讯号等沟通方式受到限制,影响人际交往的一般能力的发展;青少年自控能力差,上网时间等问题难以把握,直接影响学习。

最后小祁懂得了改变自己目前状况的原则是保证学习时间和质量,及改变和建立亲密的同学关系。为此,我和小祁共同制定了一个方案。

①按时就寝,保证学习时间。规定合理作息时间,并严格遵守。

②下定决心,远离网友。仅可在周末等特别规定的时间上网。

③克服害羞心理,与班级同学普遍建立正常往来的关系。试着从同桌、前后桌开始。

④积极参加班级的各种集体活动,关心学校、班级的公益活动。时刻告诉自己:"贵在参与!"

⑤试着习惯以赏识的目光看待自己,"要让别人喜欢我小祁,先让我小祁喜欢

自己。”

⑥试着学会以赏识的目光看同学，这是建立友情的基础。心理学家说，人类最深切的渴望是拥有他人的尊重。

⑦学会关心、关怀身边的同学，这会使自己赢得友谊。别忘了，同学和小祁一样，都有被“爱”的需要。

⑧面对较要好的同学，可以适时适当地袒露自我。友谊进展的一个标志是相互之间的自我表露。

具体方案中应该明确来访者的具体目标是什么，在什么时间做什么事情，怎么做好这些事情，做完以后又如何，等等。方案的制定必须与来访者共同探讨、协商完成，不能由社会工作者单方面直接拟订，也不能完全依从当事人拟订。同时还要考虑方案的有效性、可行性，应首先设想多种可能的方案，然后对这些方案的优劣进行权衡、评估，最后选择一个合适的、有效的、可行的方案作为行动计划。

9.3.6 建立双方认可的监督评估机制

为了使矫治网瘾方案顺利实施并保证其实际效果，在作心理辅导前应该建立社会工作者与来访者双方认可的监督评估机制。双方要明确各自的职责，认真完成各自的目标。监督评估的内容包括来访者的上网时间变化、方案中各个具体目标的完成情况、不同矫治阶段的自我感受，来访者要定期记录矫治过程评估表，并请家长、老师或社会工作者签署意见，社会工作者也要随时注意评估进展情况，不断鼓励来访者，并创造一种积极的氛围，保持双方良好的关系，推动矫治的顺利进行。矫治过程评估表如表9.1所示（仅供参考）。

表9.1 网络成瘾行为矫治纪要及过程评估表

<table>
<tr><td>来访者姓名</td><td></td><td>性别</td><td></td><td>年龄</td><td></td><td>联系电话</td><td></td></tr>
<tr><td>家庭住址</td><td colspan="3"></td><td colspan="2">E-mail</td><td colspan="2"></td></tr>
<tr><td>家里是否可以上网</td><td colspan="3"></td><td colspan="2">每周平均玩电脑的时间
（小时）</td><td colspan="2"></td></tr>
<tr><td colspan="4">矫治具体目标</td><td colspan="4">完成时间表及完成状况</td></tr>
<tr><td colspan="4"></td><td colspan="4"></td></tr>
<tr><td>日期</td><td colspan="6">每日小结与个人感受</td><td>家长签名</td></tr>
<tr><td></td><td colspan="6"></td><td></td></tr>
<tr><td></td><td colspan="6"></td><td></td></tr>
<tr><td></td><td colspan="6"></td><td></td></tr>
<tr><td></td><td colspan="6"></td><td></td></tr>
<tr><td></td><td colspan="6"></td><td></td></tr>
<tr><td></td><td colspan="6"></td><td></td></tr>
</table>

续表

阶段成效评估：
来访者签名：　　　　　　　　年　月　日
社会工作者签名：　　　　　　年　月　日

9.3.7 具体实施矫治网络成瘾计划

有了计划后还必须具体落实和实践，这是整个干预的最重要环节——克服网瘾行为，也即根据拟订的计划，采取行动，达到矫治目标。因为暂时改变行为是容易的，但如果网瘾者内心没有改变的话，其效果是不会长久的，很多家长采取了各种方法而孩子的网络过度使用行为却依旧的原因就在于此。所以应将改变网络过度使用行为放在最后阶段，在来访者的认知有所改变并内心认可的基础上再进行，以求水到渠成，并维持长效。

这一阶段可采用前面论述的所有方法，其中的关键是获得网瘾者的认可，即所拟方案不是社会工作者强制要求的，而是与网瘾者共同探讨、协商的结果，是网瘾者自己选定的方法，他能够自己去实施并加以监控。可以通过控制网瘾行为的引发和维持条件，来改变网瘾行为。例如，实施时间管理，打破原来的上网习惯；设置提醒卡，当又动了玩电脑的念头时，不断提醒自己"不行，现在不是时候！现在应该学习！等周末再说"；寻找支持群体，有意识地参加各种兴趣小组，通过恢复、扩大与现实生活的接触，逐步减少对网络的依赖；积极地自我暗示，每当自己又抵御住了诱惑，不上网而认真学习，渡过了一个充实的夜晚后，就进行自我鼓励："今天学得有收获，很投入！坚持就是胜利！"

同时，在实施矫治网瘾行为的过程中，社会工作者要适时介入到来访者的行动之中，对其遇到的困难之处予以及时指导，并根据监控中发现的问题对矫治方案作必要的调整。

9.3.8 效果评估与随访

效果评估与随访是对青少年网瘾干预的最后环节，主要是根据矫正目标和矫治方案对干预效果作一评估：通过对辅导过程的总结，社会工作者和来访者双方共同填写《网络成瘾干预效果评估表》，帮助来访者回顾整个矫治过程的要点，检查干预目标的实现情况，指出来访者的进步、成绩和应注意的问题，其中要突出对来访者的鼓励、赞赏和支持（如你现在表现得越来越好了，你能够控制自己的行为、管理好自己了，等等）。网络成瘾干预效果评估表如表 9.2 所示（仅供参考）。

表 9.2 网络成瘾干预效果评估表

来访者		性别		年龄		联系电话	
干预前主要问题症状							
干预后基本行为表现							
辅导时间	主要内容						
对辅导效果的认识							
由社会工作者填写				由来访者填写			
我觉得本次辅导： 其主要原因是：				我觉得本次辅导： 其主要原因是：			
社会工作者签名：							年 月 日
来访者签名：							年 月 日
备注：							

此阶段要注意处理好结束关系和跟进巩固等问题。成功的辅导关系在结束时会使来访者感到一些不情愿和焦虑，因为来访者已经与社会工作者建立起了一种积极意义的关系，他担心失去一位值得信赖的朋友，去独自面对新的生活、新的挑战。这时社会工作者应表达自己对来访者的信心和期望，说明心理辅导室的大门随时为他敞开，今后仍然会关心他的情况，还会有一些跟进辅导（随访），并随时提供一些必要的支持。

该阶段还要为来访者将来能独立地处理不同情境下的各种问题作好准备。针对来访者的个人特点和当前状态，社会工作者要与之讨论在离开辅导后的一段时间里如何自我控制而不依赖他人，并逐步过渡到自我依赖（即一切都自我思考，自己做决定，自己动手），运用在咨询与辅导中学到的知识和技能处理新问题，或应用到以后的生活里，从而扩大辅导效果，促进成长发展。

总之，青少年网瘾干预的进程由不同的阶段或步骤构成，每个阶段都有各自的任务和侧重点，它们相互关联并可能互相重叠。对于从事这一实际工作的社会工作者来说，重要的并不在于搞清整个进程究竟是几个阶段，而是要明白对青少年网瘾干预的每个过程、每个环节、每个阶段和步骤都是极其重要的，都需要引起高度重视，都要认真、耐心、严格地做好它，只有这样才能使矫治取得真正的成功。

本章小结

本章在对网络成瘾综合症的定义、区分标准和类型界定的基础上，深入探讨了网络成瘾对青少年的危害，并剖析了网络成瘾的成因。再按照社会工作的特有方式，有针对性地提出了对青少年网络成瘾的干预策略和预防措施。引导青少年正确使用网络、解决青少年网络成瘾问题。

课后练习

(1)回答问题

什么是网络成瘾综合症？它对青少年的危害表现在哪些方面？

(2)案例分析

案例9.5

张某，大二学生，平时不善言谈，性格内向，常被同学忽视，可在网络天地里，却思维敏捷，谈古论今，滔滔不绝，人称“才子”。现在一离开电脑他就心不在焉，自述“除了电脑，我什么都不想要，除了上网，我对别的再也提不起兴趣”。

请分析张某网络成瘾的原因，并有针对性地为他提出一套干预策略。

10

犯罪行为与矫治

学习目标

①了解并熟悉诉前考察、监内矫正、社区矫正以及刑释服务的基本概况。

②掌握社会工作的价值理念、方法和对以上四个领域的介入技巧。

③具备对青少年司法社会工作实务案例的分析和处理能力。

随着青少年犯罪率的不断上升,传统的监禁改造模式受到挑战,包括诉前考察、监内矫正、社区矫正以及刑释服务在内的青少年司法社会工作开始逐步受到重视。青少年司法社会工作在帮助犯罪青少年改过自新、重返社会的过程中,具有重要地位和作用,是青少年社会工作的重要实务领域。

案例 10.1

小李今年 17 岁,初中毕业后辍学在家无所事事。他对网络比较狂热,经常与朋友一起出入网吧。由于学的是计算机专业,小李称得上是一个网络游戏高手。一次他在游戏中猜中了一张银行卡的密码,用卡上的部分金额为自己和朋友进行网络游戏点数充值,由此而触犯了法律。由于小李尚未成年,检察院未检科本着“教育、感化、挽救”的工作方针,综合考虑其在校的良好表现,作出了三个月的诉前考察决定,考察期满后再视情况决定是否起诉他。未检科会同区事务办、青少年社工站以及其法定代理人组成考察小组,具体落实考察教育计划。社会工作者充分运用“以人为本”、“助人自助”的理念,给予小李在心理、认知、行为、家庭关系、同伴关系、就业资源整合等多层面的辅导。三个月的诉前考察工作结束后,小李表现良好,被免予起诉①。

案例中的小李因为一时失足而触犯了法律,但司法社会工作的介入使他有了免于被起诉的机会,同时在社会工作者的帮助下重获新生。可见,司法社会工作对青少年的健康发展和社会稳定具有重要作用,是新形势下青少年社会工作的重要拓展与新的服务领域。

10.1 司法社会工作概述

司法行政工作具有基础性、预防性、综合性、服务性和长效性等特点,在构建社会主义和谐社会中发挥着重要作用。而司法行政系统中的社会工作,对于充分发挥司法行政工作构建社会主义和谐社会服务职能则具有十分重要的意义。近年来,我国司法行政系统社会工作得到逐步发展,在监狱、社区矫正、劳教戒毒、帮教安置以及人民调解、诉前考察等工作领域都有一定数量的社会工作人员介入,在推进司法行政改革发展、参与司法行政系统社会管理和服务工作、维护社会和谐稳定中发挥了重要作用。这些领域也都成为司法社会工作的重要领域。

所谓司法社会工作是指专业社会工作者和志愿人士坚持以人为本的精神,运用专业理论和方法,动员一切有关个人、家庭、团体及社区等资源,帮助罪犯或具有犯罪危险性的违法人员在审判、服刑、缓刑、刑满释放或其他社区处遇期间矫正错误、修正行为模式、适应社会生活并积极地发挥其潜能的一种专业福利服务。

未成年人,作为成人社会主导下的一个相对独立的社会群体,其生活状况、受教育状况及权益受保护的状况,直接影响到其成长。未成年人是祖国的明天,与国家、民族乃至整个人类社会的未来息息相关。但他们的群体是一个明显的弱势群体,许多事情均要依附于成年人,其权益最容易遭受外部力量,尤其是成人社会的忽视和侵犯。有违法犯罪行为的未成年人是未成年人权益保护工作中更应该给予特别关注的群体。随着社会的发展与进步,未成年人的权益保护问题,已得到全世界越来越多的有识之士的关注与重视,有违法犯罪行为的未成年人的权益保护,同样也受到了法律界人士的关注。自 19 世纪以来,各国均致力于建立一套不同于成年人,有未成年人自身特点的独立法律制度——少年司法制度,以专门保护和挽救那些违法犯罪的未成年人,并使其在整个司法程序过程中,合法权益能够得到有效的法律保障。但是,我国虽然自 1987 年以来颁布了一系列未成年人权益保护的法律、法规及地方性法规,但未成年人的行为矫正、思想矫正,并未得到政府和社会各界的足够重视。在近一段时期,犯罪的低龄化,未成年犯的不断增加以及不少未成年犯的重新犯罪,使越来越多的人感到建立一套完整的未成年犯的矫正制度和体系,是目前未成年人权益保护工作中最具紧迫性的任务之一。

---

① 费梅苹:《社区青少年社会工作方法与技巧研究》,上海,华东理工大学出版社,2006。

本章将探讨如何从社会工作实务的视角，切入青少年的矫正工作。司法社会工作领域包括：诉前考察、监内矫正、社区矫正、刑释服务。

10.2 诉前考察社会工作

案例 10.2

摩托车手“再行驰骋”

17 岁的阮俊曾是驰骋街头的一名飙车族，对摩托车的酷爱和对飙车的迷恋，令他难挡诱惑。一年前，他把手伸向了别人的车，结果被公安人员人赃俱获。

案件移送到了上海市卢湾区检察院未检科，承办检察官发现，小阮是某职校辍学学生，闲散在家时，就有违法行为，根据这次的盗窃金额完全可以追究其法律责任，要对他进行诉前考察有一定风险。但检察官也了解到，其父为了有更多时间教育和陪伴儿子，干脆辞去了收入颇丰的工作，而小阮的真心表白“在公安局的两天终身难忘，请你们看我的行动”更让大家看到了希望，未检科最终决定对其实行诉前考察。

检察官与社会工作者一起向小阮伸出了关爱之手，与他促膝谈心，安排他参加公益劳动，列席入团仪式。渐渐地，小阮就像变了一个人。不久，小阮在一家外资企业找到了工作。他钻研业务，勤学外语，出色的表现加上朝气蓬勃的形象，令他成为企业的服务明星，单位还准备送他出国培训。去年 8 月，检察院向圆满结束 3 个月考察期的阮俊作出了不起诉决定。

如今，阮俊依然酷爱摩托，他已经拥有了用自己工资购买的摩托车并考到了驾照，他说：“骑自己的车，心里特别踏实！”

案例中的阮俊属于青少年司法社会工作之诉前考察的受益者。

10.2.1 诉前考察概述

在上海，由青少年事务署和检察院建立的一项针对未成年人的特殊检察机制，名为“诉前考察”已经开始实施。这意味着对未成年人刑事案件进行非监禁化处置。诉前考察制度的建立，标志着预防和减少青少年犯罪的实践探索，进入了少年司法制度创新和青少年外展矫治社会工作结合的新阶段。

诉前考察是指人民检察院针对某些应当起诉的案件，本着预防、挽救、教育、感化与打击并举的原则，考虑到公共利益，为体现刑事政策，根据案件自身条件对一些特殊群体在一定考察期限内不作处理，期满后再视具体情况作出起诉或不起诉决定的一项制度。诉前考察不是不起诉，而是附有一定条件的暂时停止起诉的程序，诉前考察并不是一个程序上的终局性处理决定，当考察期满后，它有可能导致起诉和不起诉两种结果，因此它只是阶段性的处理结果。诉前考察期一般为三至六个月。

“诉前考察”适用范围和条件如下。

①未满18周岁的未成年人，犯罪情节较轻，社会危害性小的。

②未成年人涉嫌的罪行其宣告制刑可能在有期徒刑3年以下的。

③犯罪情节较轻的未成年人和其监护人自愿，并具备有效监护条件或者有条件落实社会帮教措施，能够保证诉讼顺利进行的。

案例10.2中17岁的阮俊，属于未成年人，犯盗窃罪，认罪态度好，社会危害较小，并且在公安局一再表白，让大家看他的实际行动，自愿接受考察。因此属于诉前考察的适用范围。

确立未成年人刑事犯罪案件诉前考察制度，对于预防犯罪、感化青少年以及社会治安的综合治理具有不可或缺的价值。

对处于懵懂状态的未成年犯，试行诉前考察，给其创造了反省过去、积极悔改、把握命运，争取从轻处罚的机会，发挥他们自我矫正的主观能动性，无疑会对完善我国青少年司法制度起到积极而深远的作用。在对这部分人进行处理的同时，还可以感化其他未成年人，从而起到预防犯罪的作用。未成年犯作为一个特殊的犯罪群体，应与其他犯罪群体区别对待，不能一味把普通刑事司法制度和审查方式机械地套用到未成年犯身上。必须采用与其主体特点相适应的特殊的刑事司法制度和审查方式，只有真正找到适合未成年犯的刑事司法制度，改变斗争与改造的策略，才能逐渐强化对他们的保护，才能更好地维护他们的权益。

另外，诉前考察制度有利于社会治安的综合治理。对于已构成犯罪并符合起诉条件的未成年被告人先暂不起诉，设置一定的考察期，让其继续就业或就学，对其进行考察帮教，待考察期满后再根据犯罪事实、情节、悔罪、悔改情况(即结合其在考察期的表现)予以不起诉。这样使其在良好的社会大环境中，自觉改正。同时，通过有效地社会监督，用宽大的政策，唤醒其感恩心理，培养其做人良知，使其改邪归正，成为有利于社会、有利于人民的人。不仅如此，还避免了由于进入监管场所而导致的交叉感染，并遏制了恶性循环的形成，又可以使他们从此慎交朋友，分清是非，做到预防、挽救、教育、感化与打击并举，更好地维护社会的稳定。另外，法院对于这些犯罪情节较轻，社会危害和影响较小，主观恶性不深的未成年犯罪嫌疑人，极可能最终判决免刑或仅处罚金等刑罚，从诉讼成本角度来说，实行诉前考察制度也可以节约诉讼成本，缩短诉讼时间，从而提高诉讼的效率。

事实证明，诉前考察教育对于改造处于懵懂状态的青少年效果很好。如案例10.2中的阮俊，经过社会工作者以及检察官的帮助，不但找到了工作，而且在工作中勤奋、踏实、肯干，用自己辛勤劳动的工资购买了摩托车并考到了驾照。

10.2.2 社会工作介入诉前考察制度

社会工作介入少年司法，是在预防和减少青少年犯罪的大背景下开展的。诉前考察只是创新内容之一，由社会工作介入诉前考察，体现了情、理、法的兼顾结合，也是国际社会的趋势。让社会力量进入司法程序，意义价值远比单一的司法措施、监禁来得长远有效，经过实践后，这样的做法有广泛的指导和推广意义。在诉前考察制度的实施过程中，青少年事务署还将探索与法院的合作，对法院发出“社会监管令”和“社会服务令”的未成年人，将指定专业社会工作者为其提供社工服务，在未成年被告人“社会监管令”和“社会服务令”执行期间，将由社会工作者全程监管，开展矫正帮教。在对罪错青少年的考察期间中，将由青少年事务社会工作者与社区民警、青年就业援助员、社会工作义工、青年干事、共青团检察协理员、优秀青少年维权岗等若干青少年工作队伍建立联系，最大限度网聚社工力量，组成帮教群体。

诉前考察的制度设计，委托社工帮教考察，把司法机关的权威性与社工工作结合，有助于树立社工权威。

①诉前考察第一阶段，通过社会家庭互动法，了解考察对象内心世界，精心设计考察计划，并要考察对象向检察院和社工站书面汇报思想状况。

②第二阶段，通过任务中心介入模式，分析犯罪成因根源及教训，社会工作者每周上门家访，带考察对象进行3小时公益劳动，并且进行有针对性的法制、人生教育和心理、思想辅导。另外，还通过联系家长、社区，确定帮教小组，通过分析犯罪，制定帮教措施。

③第三阶段，用分类考察法，帮助他们树立信心，为立足社会打好基础。

10.2.3 诉前考察社会工作实务模拟训练

案例 10.3

年初，有3位同学给好朋友王某过18岁生日。从未沾过酒的他们，醉后犯了拦路抢劫罪。他们的青春本来将有几年在大墙内度过，但一项新制度使之得以改变，那就是某市青少年事务署与检察院共同建立的一项针对未成年人的特殊检察机制，名为“诉前考察”。这意味着对未成年人刑事案件可进行非监禁化处置。罪错青少年由社会工作者进行3个月的诉前考察，表现良好者将免予起诉，反之则进入诉讼程序。

①什么是矫正社会工作，它的工作对象是什么？

②作为社会工作者的你决定采用哪些社会工作方法进行服务？请简要说明。

矫正社会工作是指社会工作实施于矫正体系中，是专业人员或志愿人士在社会工作专业价值观指引下，运用社会工作的理论、知识和方法、技术，为罪犯（或具有犯罪危险性的人员）及其家人在审判、监禁处遇、社会处遇或刑释期间提供思想教育、心理辅导、行为纠正、信息咨询、就业培训、生活照顾以及社会环境改善等，从而使罪犯消除犯罪心理结构、修正行为模式、适应社会生活的一种福利服务。

对于这3位青少年，在诉前考察阶段，可以采取如下一些社会工作方法来进行服务。

①个案社会工作的服务。了解服务对象的背景资料，分析其犯罪的原因，协助其在思想、心理和行为方面矫正和重建。

②小组社会工作的服务。运用小组工作的模式,可以组织3名服务对象通过小组分享与讨论来认识自己的错误并重建人生规划;也可组织"社区服务令",通过为社区居民提供服务的方式来体验人生。

10.3 监内矫正社会工作

案例 10.4

邓某(女,19岁,抢劫,原判刑期三年,初中文化)主诉入狱后不适应狱内的监管改造生活,觉得自己没用,什么事情都做不好,感到个人的一切都很糟糕,前途暗淡无光,觉得自己实际上什么本事也没有,任何事也干不了,伴有深深的内疚和罪恶感,表现为情绪低落、自卑、不合群、失眠。心理测试结果显示其处于强迫、焦虑、抑郁等不良心理状态。

10.3.1 监内矫正概述

在监内矫正的罪犯中,还有一部分属于青少年,他们有的已经成年,有的尚未成年。我国未成年犯是指年满14周岁不满18周岁,实施了犯罪行为,依法被判处刑罚的罪犯。其中,年满16周岁的人触犯《刑法》所规定的罪行都应负刑事责任,都可能成为罪犯;但年满14周岁不满16周岁的人,只有犯故意杀人、故意伤害、致人重伤或者死亡、强奸、抢劫等罪才负刑事责任,才可能成为罪犯。未成年人犯罪,必须是经法院判决生效后,才会成为未成年犯。

在新形势下,这部分未成年犯呈现犯罪低龄化、文化程度偏低、财产型犯罪突出、被判短刑期的占大多数、农村流窜到城市犯罪的增多等特点。他们在监内改造期间往往表现为自控能力差,行为具有盲动性,容易感情用事,缺乏自我控制能力,遇事容易冲动,行为不计后果,经常违反所规队纪;在生活中,他们贪图享受,追求高消费,多数未成年犯是由于追求享乐腐化或受淫秽书刊的侵蚀走上违法犯罪道路的,判刑入所后仍贪图享受,追求高消费;他们反复无常,思想稳定性差;但恶习不深,改造具有可塑性。未成年犯犯罪经历短,犯罪恶习不深,世界观尚未定型,政治观念和道德观念未形成体系,改造的可塑性较大,只要正确引导,采取正确的方法,能够实现思想转化和恶习矫正。

监内矫正是一种刑事司法活动。刑罚执行具体兑现对犯罪人的惩罚,最终完成刑罚的组织实施。监狱行刑所兑现的惩罚和剥夺、限制罪犯的人身自由,罪犯由此体会到刑罚的真正含义。监狱执行刑罚的对象特定,包括被判处死刑缓期两年执行、无期徒刑、有期徒刑的罪犯;地点特定,即在监狱内执行刑罚。监内矫正具有刑罚执行的特点,同时兼具矫正的职能。在我国监狱工作中,本着惩罚与改造相结合、教育与改造相结合、人道主义原则、个别化原则、社会参与原则等五个原则,加强对罪犯的改造和矫正工作,这五个原则在监狱行刑过程中相互融合、贯通,共同发挥作用。另外从教育的内容上看,对成年犯和未成年犯区别对待,真正贯彻了改造教育工作的个别化原则。对未成年犯进行思想教育的内容主要包括法律常识、法规纪律、形势政策、道德修养、人生观、爱国主义、劳动常识等方面。思想教育的目的是使未成年犯逐步增强法制观念,提高伦理道德水平,树立正确的人生观和价值观,抑制和消除犯罪意识。

监内矫正与社区矫正相比,两者的区别有四个方面。

①矫正环境不同。监内矫正是在监狱环境中进行的矫正,它以剥夺罪犯的人身自由为前提;社区矫正是将矫正对象放在社区即社会上进行矫正。

②管理主体不同。监内矫正的管理主体是监狱人民警察;社区矫正的管理主体是基层司法所。

③矫正对象不同。监内矫正的对象主要是依法判处有期徒刑、无期徒刑、死刑缓期执行的罪犯;社区矫正的对象主要是管制、缓刑、假释、暂予监外执行和被剥夺政治权利且在社会上服刑的罪犯。

④矫正方式不同。监内矫正主要是通过狱内管理,采取三课教育、辅助教育、心理咨询和矫治、生产劳动等方式实施矫正;社区矫正依托并充分利用社区资源对矫正对象实施教育矫正。

10.3.2 社会工作介入监内矫正工作

监狱是国家刑罚执行机关。监狱的客观环境造成了罪犯与社会和他人的隔绝,在监狱中又存在着各种罪犯混杂居住的情况,容易给罪犯产生思想和行为上的负面影响。社会工作者为监狱服刑人员提供的服务,主要是调动罪犯自身的潜能以及社会资源,引导罪犯向积极的方向转化,以达到改过自新、回归社会的目的。监狱社会工作应贯彻“惩罚与改造相结合,以改造人为宗旨”的监狱工作方针,将社会工作的理念、方法和技巧介入监内矫正工作中。在大力开展心理健康教育的同时,对服刑人员进行心理测评,因人而异地进行心理咨询和心理疏导,对服刑人员的整个服刑过程进行跟踪指导。这些在稳定服刑人员情绪、调动改造积极性等方面起到了很好的作用,使服刑人员的心理健康水平逐步提升,从而提高了他们的改造质量,减少了重新犯罪。

对在监服刑人员所开展的社会工作一般采用个案辅导的方式,其具体方法如下。

①面谈,即社会工作者通过与服务对象的当面晤谈,一方面从人、问题和环境三个方面了解和把握受助者的情况、问题成因以及发展轨迹,另一方面也让受助者有一个宣泄情绪的机会,从而促使其更加冷静地面对现实。

②诊断,即社会工作者在充分搜集资料的基础上,帮助服务对象分析犯罪的成因并制定矫治方案。

③辅导,即社会工作者根据矫治方案并运用有关社会工作辅导模式,帮助服务对象纠正偏差的价值理念,矫正错误的行为方式,学习符合社会规范的生活模式以及学习做一个合格的社会成员。

④联络，即社会工作者随时和监狱管理部门保持紧密的联系，随时协商、改善矫治服务对象的最佳方案和最好手法。

如案例10.4中的邓某，对于她在监狱中的服刑，完全可以采用社会工作的方法、价值观、理念以及社会工作的技巧，增强和改善其监内矫正的效果。针对邓某的消极、悲观、焦虑的情况，可以采用社会工作的理念和方法，充分激发她个人的潜能，使之认识到自己与他人一样，都是有价值的。激励她多参加集体活动，参与“监区文化一角”活动的筹备，学习“心理保健操”、“八段锦”、“工间操”、“女子韵律操”，组织其狱内傍晚集体散步等措施，通过系列情景激励的方式使其在潜移默化中将不良的情绪排解、升华，保证心理环境良性健康。

10.3.3 监内矫正社会工作实务模拟训练

案例10.5

朱进平，男，现年20岁，高中文化，未婚，1996年因盗窃被送劳动教养两年。2002年又因盗窃被判处有期徒刑6年。

朱进平在矫正期间经常在监内小偷小摸，如牙膏、肥皂，而将自己的东西存着不用。虽说事情并不是太大，但对监管秩序影响较大，管教人员虽然多次对其进行教育，但好一阵后又复发。有一次，朱进平竟潜入监内的管教人员备勤值班宿舍，偷得皮鞋一双，内衣等物，被送严管集训。

1. 案例分析

朱进平的偷窃已有一定的心理定式，有些偷窃行为并不是为了生活的需要，而且是为了心理满足，存在较典型的“偷窃癖”。另外，朱进平在偷窃行为上存在着错误的认知。朱进平长期认为，小偷小摸并不是什么大的违法行为，因此在心理上给予认同，有一定的心理安慰和支撑，并以此来放纵自己的行为。

2. 应对策略

此案例可以采取个案工作的方法，对朱进平给予个别的辅导和帮助。首先，要使朱进平认识问题的严重性，除正常的道德教育外，还应强力灌输法律法规知识，使其真正认识到其行为后果的严重性和法律法规的强大约束力。另外，也可以对其行为可能产生的后果进行“案例后果复制”，对其产生震慑效果。

矫正的具体方法如下。

（1）制定严格的威慑学习计划

在严管集训期间，专门为他制定了一套“威慑型”的学习计划，即一个月为一个矫正单元。第一个月主要学习古今中外放纵小恶逐渐演变成大恶而走向刑场等典型案例，以对其进行警示震慑。要求朱进平每三天写一篇学习体会或思想汇报。到了第二十天，他的思想有了很大触动。他在学习体会中写到：“我原来一直以为小偷小摸不会给自己带来灭顶之灾，看了这些活生生的案例，我的犯罪经历与他们有许多惊人的相似，如此发展下去，犯罪思想就会像滚雪球一样越滚越大，最后一发不可收拾，只有重蹈他们的覆辙,走向刑场,到天国去与他们相见了。”有了一定的认识后,在严管劳动时,也比在监区时要积极主动一些。

(2)学习法律知识

第二单元主要学习法律知识,主要是《刑法》、《刑事诉讼法》等,每两周学一部,要求掌握这些法律的主要精神,并对其进行常规知识的考试。他在写给管教人员的思想汇报中谈到:“以前虽然也学过这些法律常识,但没有什么压力,只是了解了几个法律名词而已,但这一次是比较系统地学了一遍,认为法律是规范人们行为的有力武器,如果没有这些法律规范,整个世界将会变成一个罪恶的、野蛮的世界,人们虽然有各种各样的欲望,但都应以法律的范围活动,越学对自己的震慑越大,越学越怕,越觉得自己过去的想法、行为是极端荒谬的,如果不下决心改掉身上的恶习,早晚会出大问题。”并主动到图书室借阅有关法律方面的书籍,对法律知识的学习呈现出一定的热情。

这样,经过3个月的严管集训后回到监区,矫正效果已显示出来。朱进平一有时间就看法律书籍,一些矫正对象有些什么法律上的疑惑愿意向他请教,他也十分乐意地为别人解答,遇到不懂的问题,或请教管教人员,或查阅法律书籍,成了矫正对象中的“小律师”。他还成功说服了一名长期无理缠诉的矫正对象,并对几名自认为轻罪重判,对法院有抵触情绪的矫正对象进行了成功说服。第二年,朱进平被评为监狱“改造积极分子”,被人民法院认为确有悔改表现,获得减刑1年6个月。

10.4 社区矫正社会工作

案例10.6

有位母亲因丈夫早逝,10年来含辛茹苦地把两个子女拉扯成人,可是没有想到两个孩子长大成人后误入歧途,走上犯罪道路。兄妹两人因迷恋网吧,在其他人诱使下,设计圈套引诱网友见面,抢劫其钱财。后来事情败露,兄妹两人被公安机关抓获,哥哥被判刑2年,缓刑2年;妹妹因情节较轻而被实施社区矫正服务。

如果你是一名社会工作者,你将如何着手负责对这对兄妹的服务?

10.4.1 社区矫正概述

社区矫正是一种不使罪犯与社会隔离,并充分利用社区资源来教育改造罪犯的方法,是所有在社区环境中管理教育罪犯的方式的总称。它是与监狱矫正相对的行刑方式。社区矫正的特殊性在于它体现了以人为本的精神,是一种更人性化的监管方式,它能充分利用社区、民间组织、专业工作者、志愿者等力量,更好地发挥社区的社会整合功能,还能有效避免犯罪人员的交叉感染,有利于犯罪人员的社会化。青少年犯罪社区矫正是指将已满14周岁,不满25周岁,被判处管制、被宣告缓刑、被裁定假释、被剥夺政治权利并在社会上服刑、被暂予监外执行的青少年犯置于社区内,由专门国家机关在相关社会团体、民间组织以及社会志愿者协助下，在判决、裁定或决定的期限内，矫正其犯罪心理和行为恶习，并促使其顺利回归社会的非监狱监禁的刑罚执行活动。

利用社区矫正制度对青少年违法犯罪行为进行调控，是当今世界各国刑罚制度的发展趋势。随着社会政治、经济各方面的发展，人们的刑罚理念也出现变化，目的主义的刑罚执行逐渐替代了过去的报应刑罚理论的观念，以监禁刑和非监禁刑相结合的刑罚执行方式也逐渐取代了以往的监禁刑为主的刑罚执行。这种新的刑罚理念更加重视维护罪犯的人权、行刑的效益和效果。美国著名犯罪学家格雷沙姆·赛克在其《囚犯社会》一书中认为：监禁刑剥夺了犯人的自由、物品和服务、异性关系、自主性、安全感，这使犯罪人员遭受身心损害，导致了犯罪人员社会化过程的中断，违背了人道主义的基本原则。美国学者埃德温·桑斯兰在其差别交往理论中认为：违法犯罪行为的产生根本上是不恰当的社会化的成果，并提出了“犯罪行为是习得的”著名论断。如果将被判刑的青少年犯长期监禁在监狱与社会隔离，一方面会使其脱离社会的发展，另一方面，由于狱内犯人之间的交叉，也会使他们受到各种不良影响。因而在监狱刑罚执行再社会化的过程中，犯罪青少年不仅没有弥补社会化中的缺陷，而且在刑罚执行过程中又会产生新的问题。等他们刑满释放后，有些青少年犯由于适应不了社会，而又重新走上犯罪的道路。于是社会上就会出现一些“二进宫”、“三进宫”或“四进宫”的青少年惯犯和累犯。青少年是一个特殊的社会群体，说他们特殊是因为青少年正处于由未成年到成年的转化过渡时期，他们的思想、行为已由幼年的依赖心理变得相对独立、成熟。他们正处于心理上的“断乳期”，模仿、独断、逆反等心理是青少年特有的心理特征。社会的飞速发展和青少年特有的心理特征呼唤着更为科学和人性化的矫治方式。

为此，作为我国刑罚制度改革的产物，青少年犯罪社区矫正无疑为探索教育、挽救、改造违法犯罪的青少年提供了有效的途径。

目前试点地区青少年犯罪社区矫正的做法，与原来公安机关的监督管理并没有太大的区别。很多地方不仅缺乏拥有对犯罪青少年进行专业矫正的知识和技能的社会工作者，而且连实际管理矫正对象的人员也是从监狱抽调的司法警察，很少受过司法社会工作的专门训练，他们大多沿用的是监狱管理的办法。除此之外，这些试点地区青少年犯罪社区矫正工作还缺乏专业社会团体和志愿人员的有效介入。正因如此，在当前社区矫正实践经验的基础上，对社会工作介入青少年犯罪社区矫正进行探讨就显得尤为必要。

10.4.2 社会工作对社区矫正的介入

社会工作最根本的价值理念是“助人自助”。社会工作认为案主的能力和潜能才是助人过程中的最重要因素。由于社会功能的改变很大程度上依赖于人们自身，所以社会工作者完全有必要去帮助案主认识并提高他们的能力，社会工作的价值理念为青少年犯罪社区矫正提供观念支持。

10.4.2.1　坚持社会工作的基本理念

青少年犯罪社区矫正具有刑罚执行和矫正的双重性质,其重要理念和目标就是“促进矫正对象回归社会”。所谓的“回归社会”是指矫正对象生存于社会并且成为主流社会中的正常人员,其引发犯罪的诱因得以消除,其问题得到了相应地解决,社会功能得到了相应地恢复,形成新的生存方式而且具有了自我改变和自我发展的能力。青少年不用失去自由,但必须承担一些社区工作。社区工作人员通过对他们的思想、法制、社会公德的教育,矫治其不良的行为和心理,使他们悔过自新,成为守法公民。同时还对他们进行咨询服务、身心恢复服务和让他们进行社区服务来帮助教育自身,以利于顺利地回归社会。社会工作以社会公平为基础,以社会进步为目标,致力于解决人们在成长和发展中所遇到的各种困难,谋求人的发展和社会的进步。

10.4.2.2　恢复青少年的正常社会功能

一般来说,青少年问题的成因在于社会正常功能的缺损。由于被矫正青少年自身的能力和拥有的资源有限,他们仅靠自己是无法解决这些问题的。社会工作的功能恰恰补足了这些条件。

①社会工作具有治疗功能,社会工作者以专业的知识和技巧解决服务对象的困难,使受助者具备参与正常社会生活的条件和能力。

②社会工作具有预防功能,一方面可以强化个人或群体的功能,包括提高他们对面临问题的认识能力和思想准备,鼓励他们进行必要的资源积累;另一方面强化环境支持体系,健全和强化社会环境中的助人系统,形成社会支持网络,对可能出现的问题作出及时而有力的反应。

③社会工作具有促进人发展的功能,社会工作者有责任发掘外在的经济、社会支持网络等社会资源,也有责任发掘受助者内在的智力和其他能力的个人资源,并合理利用这些资源更有效地完成任务。

④社会工作具有促进社会稳定和进步的功能,社会工作者通过对受助者的服务,满足他们的需要,从而避免因社会成员正当需要得不到满足而引起的社会混乱和动荡。

10.4.2.3　采用社会工作的基本方法

社会工作已经形成了较为成熟的工作方法,如个案工作、小组工作、社区工作等,可以与被矫正青少年建立互动关系,有针对性地开展工作,帮助他们解决诸如就业、就学等问题,使他们更好地回归社会。

1.个案工作方法

个案工作方法是由专业的社会工作者通过直接的、面对面的沟通方式,运用有关人际关系与个人发展的专业知识和技术,针对个人和家庭的特殊情况和需要,提供心理调整和环境改善等方面的支持和服务。其目的在于协助个人和家庭充分认识自身拥有的资源和潜能、改变原有态度、增强适应社会生活的能力。运用个案工作方法可为被矫正青少年提供一对一的服务,深入了解他们的身体、心理等状况,为他们个人和家庭提供物质或情感方面的支持，帮助个人及家庭减轻压力，重塑信心。从青少年的生理和心理特点来看，青少年大多正处在身体发育期，情绪、情感的社会化还很不完善，行为易受情绪的影响和左右，难以有效地控制自己的心理冲动。认知上的是非不清、情绪上的起伏不定、意志上的脆弱、行为上的模仿叛逆致使他们容易走上违法犯罪之路。从青少年成长的家庭环境看，导致青少年走向犯罪道路的家庭因素主要表现在家庭功能不全、家庭教养方式不当以及受父母不良行为的影响。在社区矫正中，社会工作者通过诊断工作，了解被矫正青少年的个性特征、犯罪原因、犯罪的心理结构以及他的问题所在，在诊断的基础上，制定有针对性的矫正工作方案。同时通过运用个案工作方法，在帮助被矫正青少年分析导致其犯罪行为的基础上，可以协助那些社会功能失调的家庭，使其更好地发挥家庭的积极作用，从而有效地帮助被矫正青少年更好地认识自我和周围的环境，提高被矫正青少年与环境协调相处的能力。消除青少年思想、观念、心理、情绪、行为中存在偏差的部分，建立正确的思维模式和行为模式，以促成青少年达到人格的统一以及良好的社会适应性，完成矫正任务，顺利回归社会。

2. 小组工作方法

小组工作方法是以团体为对象，通过团体动力过程以及团体工作者的协助使参与团体的个人获得行为的改变、社会功能的恢复和发展并达成团体目标及社区发展，进而促进整个社会的发展。运用小组工作，可将特征相近的被矫正青少年聚集起来形成小组，通过有目的的小组活动，让他们分享经验，发展面对问题和解决问题的能力，学习如何改变环境，增强适应能力，恢复和提高自信，协助个人增强社会功能。差别交往理论认为青少年犯罪是在同辈团体相互作用的情境中学会的，因此将一个由于与违法群体接触而产生犯罪理念并实施犯罪行为的人放到一群违法的人中进行改造，毋庸置疑，只会造成交叉感染和犯罪升级，从而不断印证“监狱是培养罪犯的学校”这一观点。因此，对青少年罪犯的矫正，必须将他们吸收到强调有助于遵守法律的行为价值的团体中去，同时，使其背离强调有助于犯罪价值的团体。青少年正处于生理、心理两方面逐渐由不成熟转为成熟的过渡时期，可塑性强，喜欢模仿，易受感化，与父母、师长的关系逐渐疏离，乐于接触同龄群体，喜欢在与同辈群体交往的过程中获得认同，寻求归属感。正因为群体对青少年有特别的吸引力，一旦步入犯罪团体就可能导致效仿而形成犯罪，所以用团体工作法，即用一种新的团体来吸引他们，将其带到一个新的同辈环境，有利于他们向理想的方面转化。被矫正青少年很多问题的产生往往是因为对自身、对他人、对社会缺乏正确的认识，缺乏和环境协调相处的能力，情绪易怒，冲动而不计后果。在团体工作中，通过开展各种各样、短时间、密集型的小组活动，使其接受不同的训练，通过训练使其在特定的情境中重新发现自己，学习欣赏自己，对自己作出正面的、多元化的评价，意识到他人的重要性和建立良好的人际关系的重要性，培养其责任感和自律精神。同时通过训练，使其掌握社会所需要的技能，减轻其无能、无助感，产生自我控制的能力，增加自我控制的感觉。小组活动能有效地帮助青少年修正和澄清各种错误认识,调节不良情绪情感,形成正确的道德感、理智感,改变不良行为,养成良好的行为习惯,从而重新获得做人和生活的信心,获得重新投入生活、追求成功的勇气以及对社会的重新认识。同时也为帮助他们发挥自我潜能、建立社会支持网络、重塑自我形象提供广阔的空间。

3. 社区工作方法

社区工作方法是以社区和社区居民为工作对象或服务对象,通过专业社会工作者的介入,旨在确定社区的问题和需求,发掘社区资源,动员和组织社区居民实现自助、互助和社区自治,化解社区矛盾和社区冲突,预防和解决社会问题,从而促进社区服务质量、福利水平的提高和整个社会的进步。运用社区工作,可将社区中的被矫正青少年组织起来,有计划、有步骤地开展活动以解决问题。美国学者艾伦·科菲在《青少年犯罪预防》一书中提出:“司法体系(包括警察、法院、矫正机构)只能控制犯罪的一部分,而不能控制全部犯罪。有相当一部分犯罪的预防和控制需要取得公众的理解和支持,取得社区的参与。”被矫正青少年普遍存在心理上的无能感,对过去的行为表现出深深的自责。同时存在着普遍的不信任感,一方面是对自己的不信任,面对生活更多地采取躲避的方式;另一方面是对别人的不信任,不敢和社区中的其他成员进行交往,担心被歧视。这样一来,很有可能重新和不良人群进行交往。社区和社会工作者要给被矫正青少年参与相关社区服务的机会和条件。让犯罪情节较轻的青少年留在原来的社区中正常生活,并参加社区组织的活动,使其接受不同内容的培训,增加其重新融入社会的技巧和能力,获得改善自我形象、树立信心的机会,并建立和强化参加者的社区支持网络,为他们正常融入社会奠定基础。一般情况下,青少年在犯罪被起诉之后,他们遇到的是更多的挫折和排斥,比如被学校勒令退学、找不到稳定的工作、得不到社会的支持等。通过社区参与,一方面使青少年矫正对象在真实的环境中肯定自我;另一方面也使社区人士重新认识被矫正青少年,改变对被矫正青少年负面的评价,逐渐建立起平等的、相互尊重的关系。

针对案例10.6,可以采用社会工作的理念和方法展开对这对兄妹的帮助,对待这对兄妹的态度应遵循社会工作基本原则:接纳、尊重、非批判、个别化、保密、自决。在遵循上述社会工作价值理念的基础上,采取介入行动。

(1)增强服务对象的能力

①帮助这对兄妹进行就业辅导和职业培训,增强他们的职业能力。

②改善其认知和行为,帮助其形成正确的人生观和价值观。

③对他们进行心理辅导和情绪支持,使其形成良好的心态和处理压力的能力。

(2)修正环境和拓展资源

①强化社会支持系统,协助母亲与兄妹之间建立良好的关系。

②整合社会资源,通过社会保障和社会福利等机构为他们提供社会资源。

10.4.3 社区矫正社会工作实务模拟训练

案例 10.7

陈某家住农村,父母以务农为主,家中生活较为拮据。陈某本人初中未读完就中途辍学,为了摆脱家庭贫困和自己的现状,他努力奔波过,但总是收入微薄。他数次行窃,由此一发不可收拾,在犯罪的道路上越陷越深,直至犯下了抢劫罪被判处无期徒刑,剥夺政治权利终身。陈某因在狱中表现良好,先后获减刑。

在陈某刑满释放后,为他设计一份社区矫正方案,程序如下。

①预估及建立专业关系。根据其性格和人生历程,分析其心理缺陷,挖掘其产生犯罪问题的根源,可以运用同理心、尊重、真诚等技巧及接纳、非评判等原则和陈某建立良好的专业关系。

②制定工作计划。有针对性地对陈某提供个别化的服务,掌握陈某家庭、就业、工作、生活、居住等方面的情况,进行跟踪服务,动态管理,及时纠正偏差,修正方案,制定措施,因势利导。

③矫正介入。建立档案和签订合同,实施目标管理;争取社区相关部门的支持,充分运用社会资源,借助社会力量对其开展帮教;每月邀其加入集中教育学习,以学习法律为主要内容;组织其参与公益劳动,培养其为社会服务、为他人服务的观念;请其亲戚对其进行教育和感化。

④根据个案的情况,选择结案。结案后,及时跟进,做好相应的跟踪、评估和总结工作。

10.5 刑释服务社会工作

案例 10.8

真如镇刑释解教人员乐某,20 岁,自 2006 年回归社会后,一直不愿就业,整日游手好闲,贪图享受,为了要钱威胁、恐吓和毒打父母。父母只得搬到其他地方居住,从此不敢再与他相见,并通过乐某的姑姑每月给他 1 000 元生活费。独自生活以后,乐某开始将“魔爪”伸向周围的邻居——白天将生活垃圾等丢在公用部位,深夜大吵大闹,扰得居民无法入睡。社区民警多次对乐某进行教育,但是他不但不悔改,甚至还扬言:“我又没做违法的事,你们能拿我怎么样呀? 有本事就把我抓进去啊!”

然而每月 1 000 元的生活费根本不能满足乐某的消费需要,于是他多次到姑姑家中闹事,威胁姑姑说出父母的住处,还几次拆坏姑姑家的大门,直到其姑姑报警才逃走。在多次威胁未果的情况下,乐某将家中所有可以变卖的物品变卖,连钢制的门窗也拆掉变卖了。

由于乐某常常彻夜不归,社会工作者多次上门都找不到他。

10.5.1 刑释服务概述

凡是被裁定假释或刑满释放人员都已在监狱中呆了相当一段时间，这就造成了他们在获得释放后，反而对社会正常生活不适应，会遇到一些心理上和生活上的障碍。在心理方面，被假释者会产生"回归者的迷惑"，表现为负疚、苦闷、自卑。由于社会环境与监狱环境大相径庭，在各种复杂因素的刺激下，被假释者在出狱后会表现出一系列的心理障碍，如人格变态、认知紊乱、规范失调、心理负重等。在生活方面，虽然他们已不是罪犯，但也不同于社会中的正常人群，往往容易受到社会歧视、家庭拒绝、同伴疏远、就业困难、学习中断等多重压力和困扰。

青少年刑释解教人员由于年龄关系，感性高于理性，故遇事易冲动，情绪易失控，偶发性强。他们中多数人性格外向，有较强的自我显示倾向，喜欢"秀"自己和得到赞赏，对批评、指责则反感、抵触；有强烈的物质欲望，寻求精神刺激，讨厌循规蹈矩；对帮教不愿接受，有抵触情绪，有的甚至顶撞工作人员。这类人极易受外界影响，心理上的消极因素与外界的不良影响往往一拍即合，帮教成果不易巩固，往往反复多、周期短。青少年刑释解教人员在回到社区后，往往也不能得到家庭的支持和理解。有的父母总认为家里有这样一个犯过罪的孩子很给他们丢面子，在人群中抬不起头。

因此对刑释解教青少年的安置和帮助工作显得尤为重要，这部分人能否顺利渡过释放后的最初阶段，对本人今后的生活及社会的安定关系重大。

10.5.2 刑释人员的社会工作矫治和介入途径

抓好刑释解教人员的安置帮教工作，特别是刑释解教人员中重点对象的教育管理工作，使他们顺利融入正常的社会生活中去，是一项系统化的社会工程。矫治社会工作者对刑释人员提供的服务称为更生保护。这是一项起源于美国费城面向刑满释放人员的社会福利措施，其内容如下。

①提供住宿场所。为暂时不被家庭接纳或无家可归的青少年解决安身问题，同时在住宿中提供监管和辅导服务，帮助刑释青少年顺利完成由监禁环境向开放社会的过渡。

②提供就业或就学辅导。寻找工作或继续求学是刑释青少年回归社会的重要途径和手段。社会工作机构和人员在这方面的服务包括对刑释青少年进行工作技能培训，帮助联系介绍职业，帮助联系就读学校等，同时还要通过监管督促帮助养成良好的工作学习意识和习惯。

③提供医疗保健服务和生活辅导。刑释青少年中有相当一部分人具有不良生活习惯，社会工作者的职责也包括为其提供生活辅导和医疗保健服务，帮助其养成良好的生活习惯。

④提供物质援助。刑释青少年大多数缺乏生活、工作的物质条件，为帮助其尽快建起正常的生活、工作秩序，社会工作者应发动和利用社会资源对其进行物质援助。

另外，作为一名矫正社会工作者，对刑释解教人员实行分类教育管理也是比较可行的办法。将刑释解教人员评估为高危人员、中危人员、低危人员三类，实行分类管理。并且由专人负责帮教，责任分明，做到一般帮教与重点帮教相结合。对高危人员的重点管控由社会工作者负责，每月访谈一至二次；中危人员和低危人员的帮教原则上由居委会治保主任负责，对中危人员进行一般帮教；对低危人员原则上只要求做到情况必知，登记备查。在工作中如发现突出问题和可能激化的矛盾，应及时与社区民警联系并向司法所报告，根据司法所领导的指示，可以联合起来共同解决。在分类管理的过程中，还应该做到人性化。

①家庭给予温暖。刑释解教人员最终能否成功回归社会，除了其自身的表现外，很大程度上还取决于家庭和亲朋邻居的接纳程度。因此，社会工作者应尽量帮助刑释解教青少年要做好家庭成员的工作，劝导他们多给刑释解教人员一些温暖和关心。

②学业和生活上给予保证。对于有的青少年来说，刑满释放回到社区，除了生活上要给予关照，帮助其获得家庭的支持外，更重要的，对于处于读书年龄的刑释解教青少年，社会工作者还应该积极联系各方面的资源，充当好经纪人的角色，让青少年尽快返回学校；对于已经走出校园的刑释解教青年来说，就业是解决生活来源最好的方法，但目前就业难的问题依然存在，要想方设法为刑释解教人员解决就业问题，同时还要尽可能地协助他们办理低保和医疗补助，保证刑释解教人员的生活需求得到满足，解决他们的后顾之忧。

③社会给予关注。我们要多做工作，让社会都来关心，让部门都来重视，让人们都来理解，改变人们对刑释解教人员的歧视心理，从心理上真正接纳刑释解教人员，创造一个良好的社会环境，达到让刑释解教人员在心理和行为上完全融入社会的目的。

④建立社区矫正志愿者队伍。通过社会帮教，利用社会资源，调动社会力量形成工作合力，共同参与到帮教工作中来。

针对案例 10.8 中的乐某，在社会工作者开展工作之初，虽然遇到了小麻烦，但是社会工作者通过积极真诚地沟通和交流逐步取得了乐某的信任。为了与乐某取得联系，社会工作者在他家的信箱里留便条，希望他能够到社工点来。一张张的便条如石沉大海，但社工并未因此而放弃，不间断地上门和留条。终于在 2007 年的春节，乐某主动来到社工点，交流自己的想法："每次你们留的便条，我都认真看过，一开始我认为你们是想教育我、管束我，我偏要和你们作对，就故意躲起来。没想到你们始终没有放弃我，还为我送来了帮困补助金，我相信你们是真心实意地要帮助我！"当乐某与社会工作者的信任关系建立起来后，乐某开始对社会工作者讲自己的心里话了。乐某还告诉社会工作者其实自己很想重新开始，做一个好青年，也想找一份工作自食其力，只是没有办理过身份证和劳动手册，根本无法就业。为了能让乐某成功转变，社会工作者一方面传授他人际沟通的技巧，辗转帮他找到父母的住处，向父母认错，使他与父母之间的关系发生了极大的改善；另一方面，社会工作者陪同他前往相关部门办理了身份证和劳动手册，为他顺利就业做好了准备工作。经过社会工作者的协调和努力，乐某现已在所在区的过渡性就业基地就业，他本人也十分珍惜这个机会，表示一定好好工作。

10.5.3 刑释服务社会工作实务模拟训练

案例 10.9

杨某三年前没有考取初中，父母希望他补习，但是杨某没有听取父母的意见，而在社会上游逛，结交了一些不良的同伴，最终因盗窃罪被判处三年有期徒刑，今年刚刚释放。

针对他的情况设计一份服务方案如下。

①杨某可能遇到包括社会歧视、家庭拒绝、同伴疏远、就业困难、学习中断等多重压力困扰。

②社会工作者为杨某提供更生保护。

③具体内容和方法包括中途宿舍、安排就业等。

④针对就业升学辅导、家庭关系重建、远离不良群体三个方面开展工作。

⑤在开展工作的过程中，要秉持接纳的理念，不能歧视工作对象，要根据年轻人的特点提供服务。

本章小结

本章从诉前考察、监内矫正、社区矫正以及刑释服务四个方面阐述了青少年犯罪行为和矫正。社会工作者介入青少年司法，是在预防和减少青少年犯罪的大背景下开展的。诉前考察、社区矫正、刑释服务是我国刑事司法制度的创新。诉前考察的制度设计，委托社会工作者帮教考察，把司法机关的权威性与社会工作者工作结合，有助于树立社会工作者权威。社会工作介入诉前考察，主要通过三个阶段展开工作，其中介入模式以任务中心模式为主。监内矫正也具有刑罚和矫正双重属性。监内矫正是一种刑事司法活动，社会工作介入该领域，主要采用个案工作的手法开展面谈和辅导，挖掘青少年的潜能，培养其自主解决问题的能力。在社区矫正领域中，社会工作已经形成了较为成熟的工作方法，如个案工作、小组工作、社区工作等，可以与被矫正青少年建立互动关系，帮助他们解决诸如就业、就学等问题，使他们更好地回归社会。在刑释解教领域中，矫治社会工作者对刑释人员提供更生保护以及分类管理，并且在管理的过程中提供人本主义的关怀和帮助。

课后练习

(1) 回答问题

某小区现有十几个青少年缓刑人员在社区服刑。作为社区矫正社会工作者，你将如何开展工作？

(2)案例分析

案例 10.10

孙某,18 岁,因犯抢劫罪被判有期徒刑 3 年。期间恰逢孙家动迁,孙的父母特意选择独自将住房购到宝山区以避人耳目,孙某刑满释放后回到家中,社会工作者和居委会帮教志愿者立即找上门对他进行帮教。这下他的父母认为新环境的邻居也知道他家有一个"吃过官司"的儿子,脸都丢尽了,于是整天没好脸色。特别是孙某因顺手牵羊偷了一辆未上锁的助动车被派出所拘留 15 天后,其父母更加怨恨说他不争气、没出息,与他分开吃饭,导致双方矛盾激化。

作为矫正工作者,针对孙某的情况,你将如何开展工作?

11

流浪青少年与救助

学习目标

①了解流浪青少年与社会救助的基本问题。

②分析导致青少年流浪的社会、家庭和自身成因。

③掌握流浪青少年的社会救助方式、方法和技巧。

外出流浪也是青少年在成长过程中可能出现的重要问题。这一问题的产生既受到社会结构变迁、家庭功能失调的影响,也是青少年个体适应不良的结果。运用社会工作的理念和方法,帮助流浪青少年回归家庭和社会,是避免青少年向着乞讨人员、社会无业人员等负面方向发展的重要途径。

案例 11.1

小刚,男,14 岁,安徽人。小刚进入初中不久就越发讨厌读书,认为在学校天天要做作业,放学回家还要做到晚上 12 点。因为学习成绩不好,老师总是当着同学面批评他。由于自觉不是读书的料,在一次老师威胁他要开除他的时候,小刚将所有的学习用书扔到了河里。小刚退学后,父母为避免他受到不良环境的影响,成天将他关在家里做家务,并为小刚的不争气经常打骂他。一天,不能忍受这种生活的小刚偷偷溜出家门,与街上另一个男孩爬车到县城火车站,登上了去上海的列车。

来到大上海的小刚居无定所,食不果腹。公共广场、街边、马路以及火车站就是他的家。为了填饱肚子,小刚捡过垃圾,卖过瓶子,做过乞丐,并结识了一帮流浪少年拾荒人。在为生活所迫的时候,小刚也为街头黑社会老大干过活,偷过钱包、被子、硬纸板、公用电话里的硬币,甚至别人捡来的瓶子。他稍有不服,就受到黑社会老大的欺侮、打骂。闲来无事的时候,小刚也和朋友们做过诸如放火烧花园、砸毁商店橱窗的坏事,目的只是为了取乐和发泄心头的不平。但是,小刚觉得偷无辜者的手机或助动车这类事情并不能够给他带来快乐,原因是这些东西太贵,那些被偷的人会很可怜。小刚说,等长大了,他要多赚些钱专门捐献给流浪儿童。

2004 年底,小刚在参与一个黑社会行窃的时候,被警察抓到。由于当时小刚只有 13 岁,够不上治安管理处罚的条件,所以警察把他转送到上海流浪儿童保护教育中心。在流浪儿童保护教育中心生活了一段时间以后,小刚对中心的“静坐”生活很不满意,一直想找机会逃出去。尚未开始行动,父亲就从老家来到上海把他带回老家。小刚回家当天就被父亲痛打一顿,作为对其外出流浪的惩罚。但是,习惯了流浪生活的小刚对此不以为然,第二天上午,小刚再次偷偷跑到县城,爬上通往上海的火车,重新开始他的流浪生活①。

案例中的小刚可以说是流浪青少年的一个典型代表。那么,青少年为什么会流浪?流浪青少年有哪些个体需求和社会需求?流浪会给青少年的发展带来怎样的影响?社会工作者能够对流浪青少年提供一些什么样的帮助?如何提供帮助?对这些问题的解答,是青少年家长、学校老师关心的问题,同时也是社会工作者必须了解、理解和掌握的问题。

11.1 流浪青少年的现状和问题

近年来,青少年离家出走、流浪的现象呈上升快、低龄化、集体化的趋势。如果对青少年外出流浪不重视、不管制、听之任之,那么作为可塑性很强的青少年,将会受到外界不良因素的影响,朝向乞讨人员、社会无业人员等负面方向发展,而破坏社会的良性运行及和谐发展。因此,加强对流浪青少年的社会救助和管理意义重大。

11.1.1 流浪青少年的界定

我国对流浪人员有着明确的界定。《城市生活无着的流浪乞讨人员救助管理办法实施细则》规定,“城市生活无着的流浪乞讨人员”是指因自身无力解决食宿,无亲友投靠,又不享受城市最低生活保障或者农村五保供养,正在城市流浪乞讨度日的人员。而流浪青少年,首先是从年龄层次界定,是指处于青少年时期的人群,这些青少年离开家庭和自己所依赖生活的场所,过着一种没有固定工作、没有经济保障和安全保障的生活。他们区别于一般意义上的流浪人员,首先他们大多没有自力更生的能力,其次他们自我保护的能力普遍欠缺,相对于成年流浪者来说,他们自谋生计以及掌控自己行为和人生方向的能力更差。所以在研究讨论流浪青少年问题的时候,要着眼于这一群体的特殊性,以制定解决方案。

11.1.2 流浪青少年的群体特征

走上流浪道路的青少年,其原因可能是多样复杂的。这样一个群体在目前有日

① 何式凝:《中国社会工作案例》,格致出版社,上海,上海人民出版社,2008。

渐扩大的趋势，要了解这个群体的特征，才能找到具有针对性的解决方式。

据民政部门统计，目前我国约有 15 万人次的流浪青少年儿童。从性别上看，男性占 70%，女性占 30%；从流出地看，来自农村的占 83%，来自城镇的占 17%；从受教育程度看，文盲占 20%，小学以下的占 65%，初中以上的占 15%；从年龄分布上看，7 岁以下的占 10%，8 至 12 岁的占 23%，13 至 15 岁的占 63%，16 至 18 岁的占 4%；从离家次数看，初次流浪的占 60%，有两次以上流浪经历的占 40%①。

可以看出，大多数流浪青少年的年龄都是处于教育的黄金时期，且是其心智发展的重要时期。这样的关键阶段，如果青少年选择走上流浪的道路，而不能得到应有的教育和指引的话，对青少年本身乃至社会的影响巨大。有些青少年出走流浪甚至不只是一次，数据显示有不少流浪青少年在返家之后不久又走上流浪的道路，这些都是不容忽视的。

11.1.3 青少年流浪街头的危害

流浪青少年有别于成年的流浪乞讨人员，他们在本该待在学校学习知识、为以后成功走向社会作准备的阶段，却离开家庭和学校，走上街头，过着衣食无着、颠沛流离的生活。这些青少年失去保护，无论是对他们自身，还是对整个社会的安全都是一个巨大的隐患。

对于青少年自身来说，假设他们长期处于流浪状态，没有接受到该有的教育和知识，若干年后，欠缺生存的他们自然无法成长为一个具有正常社会属性的成人。

①流浪对于青少年的身心健康影响极大。和谐的环境有利于青少年的健康成长，而流浪不定的生活会使青少年心理、行为等发生偏差。青少年正处于身心发育的重要时期，流浪青少年居无定所，缺乏父母和亲友的关爱，本身生活没有着落，生活没有保障，甚至温饱都成问题，这些不仅对他们的健康影响极大，而且会对他们的心理造成影响。人的心理健康主要表现在具有健全的人格，因此，人格教育对于青少年来说极为重要。目前的人格教育主要是在学校完成的，青少年流浪街头，身心本就容易处于脆弱孤独的状态，又加上缺乏学校的教育及相应的心理疏导，有了问题不知道如何解决，就会积压成更为严重的心理问题，长期的自尊受损造成了他们的人格缺失，人性中“恶”的一面被张扬。社会化过程被异化，流浪青少年对于主流社会和群体方式有着复杂而无知的情绪，独立、敏感、封闭、自我、多疑、固执、缺乏合作意识，自我保护意识非常强烈②。他们往往抑郁、困惑、迷茫、法律意识薄弱、容易轻信、情绪难以控制，这些都严重影响了流浪青少年的身心健康。

②流浪青少年容易受不良社会环境影响，染上不良习气。缺乏学校和家长的教育，没有相应的约束，加上自身控制能力的薄弱，街头流浪的青少年往往容易被一些

---

① 《我把童年交给谁?》，国际在线新闻中心，http://gb.cri.cn/8606/2006/08/29/1806@1194643.htm。

② 魏金环：《多种原因促成儿童流浪》，国际在线新闻中心，http://gb.cri.cn/8606/2006/08/29/1806@1194061.htm。

不法分子或者社会不良现象所利用和误导,走上犯罪等歧途。

③流浪青少年的存在,对于社会安定是一个很大的威胁。流浪青少年对于物质有着常人难以想象的渴望。物质的匮乏激发了他们求生的本能,为了这个目标,他们可以运用各种方法和手段①。很多流浪青少年由于生计所迫,或者由于其他不良分子的影响,会做出一些危害社会的行为,如拉帮结派进行抢劫、盗窃,甚至会侵犯他人的生命财产,对于社会的安定团结造成很大危害。

11.2 流浪青少年离家原因分析

生活在父母怀抱和关爱中的孩子无疑是幸福的,那究竟是什么原因导致了一些青少年选择走上流浪的道路呢?据中央综治办督导室有关负责人介绍,家庭贫穷、被拐卖、父母离异或被家庭遗弃是造成未成年人流浪的三大原因,这些主要体现为家庭的原因。但不可否认青少年流浪是有内在和外在各方面的综合原因的,包括社会、家庭、学校、青少年个人等各方面的因素。归纳如下。

11.2.1 猎奇心理

所谓猎奇心理,是指对新奇事物和现象产生注意和爱好的心理倾向,或称为好奇心。每个人都有一定的猎奇心理,喜欢探寻和尝试新鲜的、未曾接触过的事物和领域。相对于成年人,青少年往往有更少的人生经验及更多的好奇。于是,猎奇心理往往成为青少年选择外出流浪的一个诱因。

对流浪具有猎奇心理的青少年,觉得外出流浪的生活是一种充满乐趣、刺激且吸引他们去尝试和追求的生活方式,有些青少年会觉得能够流浪是一种展现自己、标榜个性的方式,甚至是一种很前卫、很酷的状态。总之,在猎奇心理的驱使下,他们往往会较少考虑流浪的实际后果以及种种的具体困难,而走上了流浪的道路。

11.2.2 家庭因素

家庭是青少年成长以及性格形成的一个重要场所,家庭环境的影响也是一系列青少年问题产生的重要因素。因家庭因素而离家出走的青少年,可能是由于缺乏家长的关爱,也有可能是家长对孩子过分宠爱。究其具体原因,可以有以下几点。

①家长对子女过分溺爱。现在的孩子大多是独生子女,他们过惯了娇生惯养的生活,他们是整个家庭的中心。随着眼界的拓宽,他们的欲望会越来越膨胀,而家长的宠爱又导致了这些青少年比较任性,做事冲动,缺乏考虑,一旦家庭不能满足他们的欲望,他们便会有闯荡社会的想法,从而走上流浪的道路。

②家庭缺少温暖。有些家庭父母双亡,或离异,或是父母长年外出做生意、打工,

---

① 魏金环:《多种原因促成儿童流浪》,国际在线新闻中心, http://gb.cri.cn/8606/2006/08/29/1806@1194061.htm。

使孩子缺乏成长过程中所必需的父母的陪伴和关爱,物质和精神渴求难以得到满足,感觉不到家庭的温暖,从而产生自闭或厌倦心理,于是采取一些诸如离家出走等方法来逃避现实。

③家长与子女缺乏沟通、理解,双方产生误会难以解决。孩子和家长在思考同样的问题时,确实会有认识上的差异,因而难免在一些问题上出现分歧。若长期不沟通,问题得不到解决,使得孩子与家长分歧越来越深,一不顺心,孩子便会离家出走。

④家长教育方法不当。"望子成龙,望女成凤"是很多家长的心愿,他们希望孩子能按照自己所要求的那样做,取得自己所期望的成绩。若是家庭对孩子期望过高,要求过严,而忽略孩子的情绪及承受能力,当孩子做错了事,或是学习成绩达不到父母的要求,害怕父母批评,从而就可能选择离家出走,成为流浪青少年。

11.2.3 厌学情绪

厌学情绪是目前学生心理障碍中最普遍、最具危险性的问题,是青少年最为常见的心理问题之一。从心理学角度讲,厌学情绪是指学生消极对待学习活动的行为反应模式,主要表现为学生对学习认识存在偏差,情感上消极对待学习,行为上主动远离学习。严重者会发展成厌学症。患有厌学症的学生往往学习目的不明确,对学习失去兴趣,不认真听课,不完成作业,怕考试,甚至恨书、恨老师、恨学校,旷课逃学。

厌学情绪是由于学生学习行为获得的内外反应不同而造成的。其内在原因是由于学生在学习过程中的消极情绪体验和自我认识存在偏差;外在原因是外部环境不良因素的影响和他人的消极评价。另外,心理适应能力差也是产生厌学情绪的一个重要原因。有厌学情绪的青少年,会产生排斥学校和上学的心理,对关于学习的一切都非常抵触。此时若受到一些来自学校的刺激,如受到老师批评、考试成绩不理想、与同学相处不融洽等问题,就有可能会选择旷课逃学进而走上流浪道路。

11.3 流浪青少年的社会救助方式和技巧

案例 11.2

在郑州市火车站等流动人口较多的地段,郑州市儿童保护中心建立了固定的街头救助站,接待前来求助的生活无着落者,其中包括流浪儿童。在街头救助站的"摊位"上,备有饮用水、食物及药物,以对前来求助的流浪儿童给予及时帮助。另外,"中心"也通过上街巡回的救助车了解流浪儿童的情况,并及时对流浪儿童进行救助。在街头救助站,"中心"工作人员一般拉起醒目的横幅,向人们昭示救助流浪儿童工作。工作人员向前来求助的人提供有关儿童问题的法律咨询,帮助有救助需要的流浪儿童填写调查表,以对求助或救助儿童的情况进行基本了解①。

---

① 全国社会工作者职业水平考试教材编写组:《社会工作实务》(中级),北京,中国社会出版社,2007。

本案例所反映的是郑州流浪儿童社会救助的工作方式之一：街头救助。流浪青少年作为社会特殊群体，他们的救助、保护和管理一直受到社会的广泛关注。解决青少年流浪这样一个复杂的社会问题，不是哪一个部门和哪一个部门的规章就可以完成的，必须建立和完善相关部门共同参与的救助体系和措施。青少年的社会救助工作涉及的各种方式和内容如下。

11.3.1 流浪青少年的社会救助方式

目前，对流浪青少年的社会救助主要分为街头救助、机构内救助与后续服务几种不同形式。

11.3.1.1 街头救助

对于街头流浪的青少年来说，街头救助是一种直接易行的方式。目前很多流浪街头的青少年，之所以继续在街头流浪很大一部分原因是他们不知道可以寻求帮助解决自己的问题，结束流浪生活。街头救助可以让青少年得到及时有效的帮助，避免问题进一步加重。

街头救助主要通过各地社会救助机构开设的固定救助亭和巡回救助车实现。对流浪儿童的街头救助遵循“自愿”原则：对于无监护人的流浪儿童，工作人员将用救助车把他们接到中心接受救助；对于有监护人或暂时不愿意到中心接受救助的流浪儿童，工作人员将对他们实施临时救助，为他们发放食品、饮用水和衣物，使他们生活得到基本保障。

目前我国各省市一些社会救助机构开展了专门针对流浪儿童的街头救助工作，其中河南郑州已经形成流浪儿童“全天候街头救助”的郑州模式①。全天候街头救助点是郑州救助保护流浪儿童中心在流浪少年儿童活动较为集中的郑州火车站地区建立的为流浪少年儿童提供全方位服务的儿童“温馨之家”。2004 年 2 月全天候街头救助点开始正式运作。建立救助点的目的是利用固定救助和流动救助相结合的形式，在充分尊重流浪少年儿童的权利和意愿的基础上，使更多的流浪少年儿童能够得到及时的帮助和服务。“全天候救助点”实行完全开放式，有 2 名辅导员，不仅为流浪儿童提供饮食、休息、洗澡等服务，而且有电视、电脑、儿童读物等多项娱乐活动。全天候救助点的建立使流浪儿童得到了及时有效的救助保护。

正是因为街头救助在流浪人员社会救助工作中的重要性与时效性，2009 年 3 月国家民政部出台《关于在全国开展救助管理机构规范化建设的意见》，要求大力开展街头救助，提高街头救助的主动性，实现街头救助经常化②。其中包括对流浪儿童的街头救助。

---

① 郑州模式：郑州市救助保护流浪儿童中心。民政部出台意见要求实现街头救助经常化，人民网，时政频道，http://politics.people.com.cn/GB/1027/8985592.html。

② 民政部：《我国将大幅提高对流浪未成年人救助能力》，人民网，中国妇联新闻，http://acwf.people.com.cn/GB/8404182.html。

11.3.1.2 机构内救助

对流浪青少年救助教育一个重要手段是机构内救助，救助中心的救助职责与工作包括几个方面。

①为流浪儿童提供紧急救助和临时性生存保障，例如，提供食物、住宿的地方、简单的衣物、其他生活用品以及医疗保健和救治。

②对流浪儿童的偏差观念与行为进行引导与矫正，例如，开展心理咨询及非正式教育。

③积极与流浪儿童的家庭取得联系，让流浪儿童尽早返家。

④以中心为依托，辐射社区，预防流浪儿童的产生和安置现有流浪儿童。

截至2003年底，全国共有130家流浪儿童救助保护中心。这些中心主要分布在大中城市和经济发达的城市。根据国务院妇女儿童工作委员会办公室的一项抽样调查推算，目前我国流浪未成年人大约有100万～150万，但流浪未成年人救助床位仅有5 000多张，只能为11.4万人次的流浪未成年人提供不超过16天的简单吃住服务，救助能力远远滞后于实际需求。针对此情况，为大幅提高对流浪未成年人救助能力，2008年11月国家民政部下达《流浪未成年人救助保护中心建设标准》，并要求2008年12月1日开始执行。根据该标准，到2010年，要基本实现全国90%以上的地级城市和流浪未成年人救助工作任务较重的县级市拥有流浪未成年人救助保护设施；将新增救助保护床位3.5万张，每年为50万名左右的流浪未成年人提供救助服务，以减少街头流浪未成年人数量 。可以预见，今后我国流浪青少年社会救助机构将会不断增多以适应形势发展的需要。

目前，我国流浪青少年的机构内救助工作正处在探索之中，有多种不同形式。其中，针对流浪儿童最渴望"有一个家，有父母般的关爱"的心理需求，鞍山市流浪少年儿童救助保护中心尝试建立了"家庭式开放型"的管理模式①。中心设立班主任制，每个班主任就是每个班流浪儿童的家长。进入中心的儿童可以自由活动，他们遇到问题可以随时与家长沟通，家长满足他们的合理要求，对他们的不良行为提出批评并帮助改正。此外，在教育流浪儿童方面，中心工作人员摸索出"用真情感化孩子"、"进行道德和日常行为规范教育"、"采取课堂与社会、文化与劳动技能相结合的教育方法"、"开展文体活动，激发孩子们对美好生活的热爱"等有效的教育途径与方法。河南郑州救助与保护流浪儿童中心则针对年龄较大的流浪少年儿童文化程度低、缺乏实用技术知识等基本情况，为给流浪提供直接有效和实用的服务，帮助他们树立热爱学习、劳动光荣的思想，学习掌握一技之长，引导他们成长为自食其力、自谋生路的劳动者或社会建设的有用人才，中心结合少年儿童日常教育课程和儿童个人特点，充分利用中心人力物力资源及社会力量对流浪青少年儿童进行实用技术培训。

---

① 《鞍山市探讨流浪儿童救助保护工作的特殊管理与教育方式》，辽宁民政信息网，http://www.lndca.gov.cn/Content.aspx? id=4054。

11.3.1.3 后续服务

对流浪青少年的救助工作不是把他们送到机构内或者送回家庭中就达到目的了,他们返回正常的生活前,心理等方面需要一个适应过程,这也是极为重要的。若是不能及时融入所处的环境和生活中,他们往往会很轻易地选择再次出走流浪。所以,对流浪青少年的救助工作要有后续服务,即在一定的阶段内对其心理及生活等各方面进行关注,这样有助于及时发现他们的问题,为其回归主流社会作好准备。

目前我国在帮助流浪儿童离开救助机构回归家庭前的过渡性服务有两类。

(1)"类家庭"服务

类家庭是指由2名辅导员和10名年龄在8~14岁之间的智力正常、身体健康的屡送屡返的或无"家"可归的流浪儿童在社区中建立住所,使流浪儿童得到寄养、看护和教育。类家庭由流浪儿童救助保护中心负责,中心的管理人员定期检查、指导工作,随时解决工作中遇到的问题。建立类家庭的目的是对屡送屡返流浪儿童的旧有行为与思维方式进行短期而非永久性的干预。通过培养流浪儿童独立的生活能力,以及合作、协作精神,帮助他们养成良好的生活习惯,为今后融入主流社会独立生活作准备。进入类家庭的儿童,可以就近入学,可以安排接受职业技术培训,如送到正规的专业技术培训学校学习,使他们掌握一技之长,提高自食其力、自谋生路的能力,为很好地融入主流社会作准备。

(2)家庭寄养

民政部于2003年10月29日颁布的《家庭寄养管理暂行办法》规定,儿童家庭寄养是指经过规定的程序,将民政部门监护的儿童委托在家庭中养育的照料模式。寄养儿童是指监护权在县级以上地方人民政府民政部门,被民政部门或者民政部门批准的家庭寄养服务机构委托在符合条件的家庭中养育的、不满18周岁的孤儿,查找不到生父母的弃婴和儿童。为给流浪少年儿童提供一个正常的生活、成长环境,使他们重新获得家庭的温暖、父母的关爱,郑州市流浪儿童救助保护中心对被遗弃并且无家可归的年龄较小的流浪儿童实施了家庭寄养。目的是利用家庭寄养工作方法,探索流浪儿童回归社会的一条新路。具体做法是将少儿中心救助的、年龄在8~12岁的流浪儿童,委托在社会正常家庭中养育。其运作目的是通过正常家庭、学校的良好照顾和文化教育,促使他们养成良好的生活行为习惯,促进少年儿童全面发展,为其回归主流社会奠定坚实的基础。

11.3.2 流浪青少年的社会救助技巧

对流浪青少年的救助介入,需要有一般的专业社会工作方法和技巧,同时应该考虑到救助对象的特殊性——流浪青少年,所以应该注意以下几方面的技巧运用。

11.3.2.1 与救助对象接触技巧

对流浪青少年的介入工作,首先要有接触技巧。很多青少年都有一定的戒备心理及抵触心理,往往很难主动接受外界的支持和帮助。这时就要注重初期的接触技巧。

①要在接触初期就要表现出非常相信他们,愿意倾听和帮助他们的意愿,建立起互相信任的关系,投入地倾听他们的问题和心声,让他们有安全感,消除戒心,能够敞开心怀,接受帮助。无论他们的问题或者行为怎么样,都应该尊重他们,因为流浪青少年往往非常脆弱和敏感,必须有足够的尊重,他们才会信任工作者。救助者要充分相信并让流浪青少年也相信自己有足够的资源和能力帮助他们解决问题,接受他们的优点、缺点、情绪以及思想,这样流浪青少年才能无保留地将自己的想法、问题、行为、表现等流露出来。社会工作者的表现会让他们觉得自己作为一个基本的人,受到了尊重和关爱,自己并不是没有价值和尊严的。通过这样的接触技巧,社会工作者与流浪青少年才能建立起稳定的关系,以便于进一步的救助工作的开展。

②在建立起基本的信任关系之后,社会工作者要注意表现出认同感,宽容地对待自己的服务对象,这样可以让流浪青少年感觉到自己可以被理解,自己所做的并非大逆不道,从而敢于自我剖析,同时这样也有利于他们的自我了解,进而能够深入到其内心世界。救助者要注意到每个人都有其特殊性,也有一些可能犯错的地方,社会工作者要接纳流浪青少年的过去和问题,设身处地考虑他们的需要和问题,特别是他们极力隐瞒、想逃避和没有意识到的问题,要引导他们倾诉出来。

通过这样的接触技巧,流浪青少年在整个被救助的过程中就会处于一种信任的状态,消除自己的戒心,愿意把自己的问题摆出来,这样有利于达到良好的救助效果。

11.3.2.2 与救助对象会谈技巧

与流浪青少年进行交谈,要善于运用一些会谈技巧。恰当的交谈方式、提问方式及引导方式,可以使他们消除戒备心理,更容易说出自己的问题和想法,从而有利于问题的解决。

会谈技巧主要包括以下几方面。

1. 口头语言符号技巧

①把话说得悦耳,悦耳的声音会令人心情舒畅,会谈时要注意使语音柔和,语速适中,这样有助于使青少年感到亲切,愿意继续交谈下去。

②把话说得清楚,必须让救助对象明白所要传达信息的意思,这就要求沟通者思维有条理,吐字清晰,把意思说明白。

③把话说得准确,要完整地表达句意,说话用词尽量科学准确,避免因为说话内容含混不清而造成误会。

④把话说得恰当,说话必须符合特定的身份和场合。因为流浪青少年的心理往往是比较脆弱的,容易受到外界环境以及谈话对象的表情态度等影响。

⑤把话说得巧妙,救助者事先要了解青少年的基本情况,知道需要问清楚的问题以及青少年比较回避的问题,例如,如何说好第一句话,怎么才能开启对自己有利而又令对方愉悦的话题等。一般的原则是寻找对方感兴趣的谈话区域和自己有所认知的区域,而要避开对方忌讳的区域和自己的无知区域。

2. 身体语言符号及支持性技巧

身体语言符号包括人的眼神、面部表情、身体的姿势、动作及仪表等。专家认为，在人面对面的信息沟通中，有65%的信息的社会意义是通过身体符号传递的。身体语言符号具有无伪装性的特点，人可以言不由衷，但强装笑脸总要露出破绽。人们可以通过恰当的身体符号向沟通对象表达自己对对方的尊重、接纳、关心，更可以通过细心地观察对方的身体符号解读其内心世界。

这里包括一些基本的技巧，称为支持性技巧。支持性技巧是指工作者通过身体及口头语言的表达，令案主感到被尊重、被理解、被接纳，从而建立信心的一系列技术。支持性技巧主要有专注、倾听、同理心、鼓励等。

(1)表达专注

专注是指工作者面向案主、愿意和案主在一起的心理态度。在某些人生的重要时刻，有人陪伴是非常重要的。当工作者以专注的神情面对青少年，青少年就会感觉"他与我同在"、"他在专心地陪伴我"，这无疑会给青少年带来心理上的支持，增强面对困难的勇气和信心。专注行为的品质，反映着工作者知觉能力的敏感程度，优秀的社会工作者都会注重培养自己专注的能力。专注技巧既表现为通过生理上的专注行为来表达心理上的专注，也表现为心理上的专注带动生理上的专注。生理上的专注行为主要表现在如下几个方面。

①面向青少年：工作者以一种参与的态度面对青少年，这种表现意味着"我愿意帮助你"、"我愿意留在这儿陪你"，使其感到可以依赖工作者。

②上身前倾：坐在椅子上，上身略微前倾。前倾的姿势意味着"我对你和你说的话感兴趣"、"我对你是友好的"。

③开放的姿势：双手放开而不是抱住双肩，否则会使青少年觉得是被排斥的。

④良好的视线接触：会谈中工作者应与案主保持稳定、坦诚的视线接触，而不是眼睛盯在别处或四处巡视。

(2)主动倾听

主动倾听是指工作者积极地运用视听觉器官去搜集流浪青少年信息的活动。专注与倾听是不可分开的，是同一种行为的不同侧面。完全主动地倾听包括以下三方面的内容。

①倾听青少年的话语信息。工作者在会谈中的两个重要职责就是鼓励青少年多说话和自己多倾听。工作者的倾听不是盲目的，而应该是有目的的，在倾听时要注意分辨青少年叙述中的经验部分、行为部分和情感部分。

②观察青少年的身体语言信息。有声语言不可能完全独立地传递信息，总有身体语言相伴左右，人在说话时，脸上总有一定的表情或手势、动作，身体语言往往起着对有声语言的辅助和强调作用。比较有声语言，身体语言在传递信息中有更大的优势，如身体语言可以独立传递信息，从案主双腿不停抖动的动作就可以知道会谈对象内心的紧张和不安。而且，身体语言还可以起到戳穿有声语言伪装的作用。

③解读青少年其人。倾听的最深层意义是要解读流浪青少年这个人——包括他的生活、行动及与其问题相关的内容。工作者在用眼睛观察了案主的身体语言,耳朵倾听了他的话语信息后,还必须在此基础上动用自己的大脑,迅速地进行思考判断,解读青少年整个人。

(3)同理心

同理心是指工作者进入并了解案主的内心世界,并将这种了解传达给案主的一种技术和能力。同理心包括情绪同理和角色同理两个层面的内容。情绪同理即同感,是指工作者如同亲身体验一样感受案主的感受,是一种受他人状况感动的能力;角色同理是指工作者了解案主的情境、参考构架及观点的能力,角色同理要求工作者尽量放下自己的参考构架和文化背景,站在案主的角度去理解案主的问题及其相关的行为。同理心作为一种会谈技巧,由三个层面的要素组成。

①觉知的能力,包括被感动的能力和理解能力。要想同理青少年,就得先了解他、懂得他、理解他。正确觉知的基础是培养自己对事物的敏感性,提高感受能力。

②语言表达能力,包括说话能力和身体语言能力。一般来说,陈述句和征询式、不确定式的语气效果比较好。

③传达的及时性,同理心的传达必须是及时的,迟到的表达可能完全失去意义,而提前、急于的表达,会影响同理的准确性、正确性和全面性。什么是传达的最好时机,这要依具体情境而定,需要工作者自行把握。

(4)鼓励支持

鼓励是指工作者通过恰当的话语和身体语言,鼓励案主继续表达他们的感受和看法的技术。在救助流浪青少年过程中,鼓励的技巧可以起到让青少年表达、支持青少年去面对和超越心理上的挣扎、增强他们的自信及创造彼此信任的专业关系的目的。鼓励应该在工作者觉察了青少年的退缩行为之后运用。工作者通过专注和倾听,发现会谈对象沉默、逃避目光接触、避免直接对话、吞吞吐吐等情形时,应当给予及时的鼓励。鼓励他继续表达可以用话语如"请继续"、"你说得很好",也可以用身体语言的支持,如身体前倾、微笑地注视、点头、用手示意、眼神鼓励等。

3. 环境符号传递技巧

环境符号是指能够传递信息的时间因素和空间因素。时间因素在传递信息中具有不可替代的作用。与人约会姗姗来迟,传达给对方的可能是不认真、时间观念不强、对对方不重视等信息,进而会引起对方很多的心理活动,如失落、不信任、不愿意合作等;空间因素是指人与人之间的距离、位置及沟通场所的气氛,谁都知道远远地打招呼表示热情与友好,与人擦肩而过没有任何表示说明彼此的敌意或冷淡。一般而言,人与人之间相隔0~15厘米是亲密距离,其语意是亲密而热烈;15~75厘米是个人距离,语意是亲切友好;75~215厘米是社交距离,语意是严肃而正式;215厘米以上是大众距离,表明彼此之间没有心理的联系,但在一些特殊的场合如拥挤的公共汽车上则是例外情境。由此可见,应该视交往对象的关系,把握与人沟通的距离。在与流浪青少年会谈时，工作者要控制好环境因素，尽可能在一个安静的环境中，每次会谈的时间都要控制好，初次会谈时的距离要控制好，等等。

11.3.2.3 与监护人谈判技巧

救助流浪青少年的工作，不只是针对流浪青少年本身。要让流浪青少年回归家庭，回归正常的生活方式，在其监护人的照料下生活，社会工作者要与其监护人进行会谈，消除监护人方面对流浪青少年可能的不良影响及刺激，以使青少年能够更好地适应生活，避免再次发生问题。

流浪青少年的监护人可能是有各种类型和各种心态的，有的监护人也即青少年的家长，对青少年关爱有加但可能方式不对；有的监护人对青少年不理不问；有的监护人可能由于各种原因不能照顾青少年，等等。针对这些不同的情况，社会工作者要有针对性地与其监护人进行谈判，从而保证救助工作的效果。

与监护人的谈判，不是简单的会谈，除了要注意运用以上的接触技巧、会谈技巧等方式以外，还要促使其重视对青少年的关心和照料，帮助其尽快回归正常生活。在必要的时候要运用谈判技巧，如与家长谈判时要尽可能地掌握对方的情况，站在对方的立场上，真诚地帮助对方分析利弊得失。让对方感到你是来帮助他解决难题的，这是一次机不可失、失不再来的难得机会。这样更容易说服对方，打动对方，从而掌握谈判的主动权。更有助于使家长与工作者合作，互相协助解决流浪青少年的问题。

11.4 流浪青少年的社会救助优化策略

案例 11.3

郑州市流浪儿童保护中心对 15～17 岁、愿意学习某种谋生技能的青少年儿童给予初级的职业技能培训服务。按照最初的设想，技能培训的服务对象是到“中心”求助的、来自贫困农村、年龄偏大、文化程度偏低、渴望经济独立的流浪儿童。服务方式是根据孩子的兴趣，向他们提供一些基本技能的培训。最初，培训工作在“中心”内部，主要依靠内部资源进行，培训科目有汽车修理、厨师和缝纫等，而培训者主要是“中心”工作人员。后来，培训工作向外扩展，有的儿童被送往技校进行技能培训，技能专业也扩展为裁剪制衣、厨师厨艺、无线电维修、糕点制作、汽车修理、美容美发等。无论是在“中心”内部，还是在“中心”外部进行的培训都由“中心”支付费用并进行管理。

技能培训工作着眼于流浪儿童的长远发展，但也必须考虑到孩子的意愿。在进行这项工作前，“中心”通过一般课程向孩子介绍技术，接着了解他们参加技能培训的意愿，对于那些有意参加技能培训者再根据各种条件进行遴选，从而确定进入技能培训的人选。

关于技能培训结业后孩子的安置，由于“中心”机构的功能是流浪儿童的短期安置，且孩子们不到正式就业年龄，所以他们还只能从事非正式的工作，有的孩子在

“中心”服务，有的孩子在日后找到了工作①。

流浪青少年儿童的社会救助工作不仅包括街头救助，还包括机构内对流浪儿童思想和行为的矫正以及对流浪儿童的教育和技能培训工作。几方面相比，应该说，从流浪青少年儿童的长远发展着想，后者更为重要。流浪儿童生活经济问题的解决，有助于他们接受思想和行为教育，早日回归社会并巩固教育成效。

据了解，我国自2003年开始实施《城市生活无着的流浪乞讨人员救助管理办法》以来，流浪青少年救助保护工作不断创新。各级民政部门、流浪儿童救助保护中心按照《未成年人保护法》的有关规定，根据流浪青少年作为无民事行为能力人或限制民事行为能力人的特点，创造性地开展流浪青少年救助保护工作，推出了许多好的做法。目前全国已经成立了130个青少年救助中心，为流浪青少年提供紧急救助和临时性生存保障，帮助查找家庭、开展心理咨询及非正式教育等，并通过各种方式使其尽早返回家庭②。而真正要解决流浪青少年的问题，使之能够回归正常的生活，就需要社会、学校、家庭及其个人各方面的努力。

11.4.1 将流浪青少年救助纳入社会救助的体系

现行流浪乞讨者救助管理制度运行中存在一系列的问题，对流浪青少年的救助措施和办法都比较少，有很多情况不能包括其中，不能真正考虑到青少年的实际情况，不能发挥其应有的功能和效果。针对这种情况，应该将流浪青少年真正纳入社会救助体系，进行系统化管理，才能更好地解决青少年流浪问题。

11.4.1.1 扩大救助范围，实行专门救助服务

现行《救助管理办法》运行中突出的问题就是救助条件过于狭窄，许多具有临时性困难的流浪青少年等人员，会由于不符合条件而无法获得救助。所以要放宽范围，只要是确实遇到了应急性困难，自身无力解决的，在查证属实后救助站均可予以救助。这样可以更好地利用救助站的资源，很大一部分流浪青少年也可以更容易得到帮助③。

11.4.1.2 建立信息化、网络化救助管理系统

在目前互联网的时代，网络因其信息更新速度快、信息交流方便而备受人们的关注。救助管理网络化既能提高救助站的运作效率又可以防止重复救助现象出现。全国各地救助管理站统一建立流浪乞讨人员救助信息网，尤其是流浪青少年的资料库。此举一是可以向其家庭、有关地方政府及单位提供相关信息，帮助这些人与亲人团聚；二是可以向各地救助站提供有关流浪儿童的信息，帮助确认他们的身份、识别欺诈性求助行为，有效防止某些人钻制度空子谋求重复救助；三是网站可以循环播报受助人员被拒绝接回的有关资料，敦促流出地政府做好受助流浪青少年亲属的工作，使

① 全国社会工作者职业水平考试教材编写组：《社会工作实务》（中级），北京，中国社会出版社，2007。

② 求助在行动，国际在线，新闻中心，http://gb.cri.cn/8606/2006/08/29/1806@1194264.htm。

③ 怪怪风景线，乞讨旅游和乞讨网站，http://bbs.taoyo.cn/viewthread.php? tid=6863

其努力尽到抚养义务，推动救助工作的展开。

11.4.1.3 明确部门职责，设立统一协调机构

在流浪青少年的救助治理中，要明确公安、城管、民政、卫生、交通等各部门的工作职责，同时设立协调机构对各部门的工作进行协调，既能防止部分职能部门推诿扯皮，又可以整合资源，有效治理流浪乞讨现象。在民政机关内部，明确各地民政、救助机关职责，设立流浪青少年转送统一协调机关，确保他们的接回渠道顺畅。其中，特别要明确受助人员流出地民政部门的责任，对不与流入地民政部门、救助管理站配合的，流入地救助机关送回受助人员往返交通费、差旅费由流出地民政部门负担。

具体说来，各部门应建立良好的协调及负责机制，携手共同解决青少年流浪问题。

①社会治安综合治理部门要将流浪青少年工作纳入社会治安综合治理工作的考核内容，对预防未成年人违法犯罪工作不力、街头流浪乞讨青少年数量庞大或青少年外出流浪乞讨严重的地区下达督查通知书，对造成严重后果的实施一票否决，并追究有关领导的责任。

②民政部门下设的流浪青少年救助保护机构，要为流浪青少年提供全面服务，保障受助流浪青少年的生活、教育、管理、返乡和安置。组织适合青少年需要的活动，通过文化知识教育、职业技能培训等帮助流浪未成年人获得谋生技能，为回归社会、独立生活作好准备。协同教育、公安和司法行政等部门，对有不良行为的流浪青少年进行法制教育、行为矫治和心理辅导。对监护人无法履行职责的服刑人员子女，也可由流浪青少年救助保护机构提供生活照料。

③公安机关、司法部门，对于执行职务时发现的流浪、乞讨青少年，打击犯罪行动中解救的青少年，应及时将他们护送到流浪青少年救助保护机构接受救助。并且要严厉打击诱骗、拐卖、残害流浪青少年和组织、操纵、教唆青少年流浪、乞讨等违法犯罪行为。有条件的地方公安机关可在流浪未成年人救助保护机构内设立警务室，协助该保护机构进行管理。而司法部门要坚持青少年利益优先的原则，及时受理并依法办理涉及流浪青少年权益保护案件。

④教育部门门应该及时接收返籍安置的流浪青少年入学。对于返回原籍安置的适龄青少年，要及时接收其入学，并给予教育资助和特别关怀。积极支持流浪青少年救助保护机构内部的教育工作，逐步探索适合受助青少年特点的特殊教育模式，对其进行心理辅导和行为矫治。将流浪青少年救助保护机构专职老师的职称评定工作，纳入老师职称评聘体系。

⑤卫生部门要设定点医院，以救助突发急病的流浪青少年。要指定定点医疗机构对突发急病的受助的流浪青少年及时进行治疗，救治费按照相关规定及时予以解决。疾病预防控制机构应对流浪青少年救助保护机构内的防疫工作加强监督和指导，及时处理流浪青少年传染疾病疫情。

⑥劳动保障部门要能够提供免费职业培训，使流浪青少年回归后能够较快、较容

易地学习到有用的职业技能,以利于他们以后的生活。负责将流浪青少年救助保护机构内开展的流浪青少年职业技能培训纳入管理,对年满16周岁有就业能力并登记失业的流浪青少年提供免费的职业介绍和职业培训补贴,为他们回归社会创造条件①。

11.4.1.4 设立流浪乞讨人员救助专项基金

救助制度改革后,收容站变为救助站,由吃“杂粮”转为吃“皇粮”。而目前各地经济发展水平不一,在一些落后地区甚至连许多群众的生活都难以保证,更不用说对流浪的青少年进行无偿救济了。因此,国家设立流浪乞讨人员救助专项基金,使各地流浪乞讨人员的救助得到最基本的财政保证,然后地方视自己的经济发展水平决定对流浪乞讨的财政支持。

采取开放性政策,即鼓励和引导民间参与对流浪青少年的救助工作以及资助。国外许多国家的流浪乞讨人员的救助大多数是民间救助,民间救助也是未来的发展方向,但在我国为时尚早。在现代社会,政府往往是和民间一道从事这种福利事业的。没有政府的支持,民间从事这项事业,可能会因为缺钱或其他条件缺陷而发生各种困难。所以,针对已有的救助机构普遍面临资金、设备、人力不足的问题,一方面,政府要加大资金投入,增加救助机构的数量,改善救助机构的工作环境;另一方面应改革我国的儿童福利工作模式,由完全的政府责任模式转变为社会福利模式,尽可能吸收国内外非政府组织、民间组织、社会团体以及个人的资金投入,发展资金渠道多元化。从而进一步保障我国流浪人员特别是流浪青少年救助工作的顺利开展。

11.4.1.5 建立有效的救助管理监督机制

无监督便无行政,是现代法治国家普遍设立的一项重要的行政法治原则。建立健全高效的流浪乞讨人员救助管理监督机制,能有效防止和及时纠正行政违法行为,保障行政机关依法进行救助管理和公民合法权益免受损害。毕竟,救助管理站是从原先一个对流浪乞讨者在内的流动人口采取收容、遣送等强制措施的行政管理机关转化而来,救助管理人员的自身素质、工作思路、工作方式需要很大的转变,这就更需要一种监督机制来确保角色转变顺利完成。再者,鉴于收容遣送制度的弊端,有效的监督能防止这一人道的社会救助制度再次出现异化,确保新的救助制度真正发挥其临时救助作用,实现生活无着的流浪乞讨人员应有的权益。

11.4.1.6 建立早期干预和救助保护服务方法

通过对问题家庭的社会干预,救助困难家庭,指导父母家庭教育方法,协助营造安宁、幸福的家庭环境,从根本上预防流浪儿童的产生。对于已经发现的流浪儿童,提供及时、有效的服务,减少和缩短流浪儿童在外游荡的时间,使流浪生活对他们的负面影响降到最低程度。只有从救助工作所涉及的方方面面来进行完善,形成一个机构与个人互相协调结合的救助体系,才能有效地解决流浪青少年的问题。

---

① 《陕西规定未成年人流浪乞讨严重将追究领导责任》,百度,http://tieba.baidu.com/f? kz=147294548。

11.4.1.7 成立流浪儿童青少年心理救助中心

大多数流浪儿的心灵相当脆弱和敏感，只靠物质的救助无法抚平其心灵的创伤。所以在对他们开展物质救助的同时，应加大心理救助，如成立流浪儿心理救助中心，聘请社会上一些懂得儿童心理学、有爱心、有耐心的人士组成救助队伍，帮助儿童走出心理创伤的阴影，树立生活的勇气，找回生活的信心，让他们从心理上尽快回归家庭和社会。

11.4.2 加强对监护人和学校的事先预防

1. 家庭和监护人的事先预防

对流浪青少年的家庭和监护人，也要进行适当的教育、管理以及救助，从而解决因为家庭原因而离家流浪的青少年的问题。采取宣传教育的手段，使青少年的家庭能够重视当今青少年的心理发展状态，使家长提高警惕及关注度，以便从源头上解决由于家庭原因导致的青少年离家出走问题。

针对拥有正常家庭的青少年，家庭的正确教育是避免青少年离家出走的最好药方。父母和孩子的关系亲密、友好，家庭环境宽松和谐，孩子不可能离家出走。家长要作孩子的知心朋友，和子女平等相处。当孩子遇到烦恼、挫折的时候，家长应主动与孩子交谈，安抚他们的低落情绪。如果动辄打骂、讽刺挖苦，只能使孩子对生活产生悲观情绪，最终选择逃避。当孩子犯错误时，不能一味地横加指责，应当帮助其分析事理，引导孩子意识到自己的不足。在学业上，父母"望子成龙，望女成凤"的心态可以理解，但一定要根据子女的实际情况，以平和心态对待，顺其自然，不要勉为其难。家长要经常和孩子一同外出，扩大孩子的接触面，创造孩子与外界接触的机会，让他们从正反两方面了解社会、了解人生，在感受到家庭温暖的同时，知道外面的世界虽然很精彩，外面的世界也很无奈，他们现在还没有能力独立面对。

而对于家庭贫困、父母离异、父母长期不在身边的青少年家庭，就要对其监护人进行教育甚至法律约束，使之了解到监护人对于孩子所应尽的义务及孩子的心理状态，并且要让他们清楚青少年流浪的后果，教育他们重视对青少年的关爱和照顾，从而使这种家庭状况下的青少年能够保证生活在一个拥有正常关爱和约束的家庭中，体会到家庭的温暖，从而避免出走问题的发生。

2. 学校和老师的事先预防

从学校方面来说，学校和老师要将孩子从"一切为了分数"、"一切追求升学率"的怪圈中放出来。不能将分数作为对青少年的唯一的评价标准，一味追求升学率，使成绩成为学生们的心理负担，影响了学生的全面发展，甚至使其产生厌学、逃学情绪。学校不能一味采取填鸭式的教学方法，一定要加强教学改革，以创新的方式活跃学习气氛，培养学生的学习兴趣，变学生被迫学为自觉学。同时老师要增加亲和力、责任感，对一些不正常的现象要及时发现，及早采取防范措施，耐心开导，这样，离家出走就会被制止在萌芽中。学校在培养孩子成绩的同时，还要开设青少年心理健康教育课程，进行积极有效的心理引导。只有培养中学生健全的心理、完善的人格、良好的社会适应能力,才是预防离家出走的最根本的办法。

11.4.3 优化社会大环境

人是生活在社会中的,青少年受到社会的影响比较大,有时候光有家庭和学校的教育是远远不够的,社会上各类人和事良莠不齐,会有许多不良风气侵袭到青少年的思想,从而诱使他们走上流浪的道路。所以,要注重营造一个良好的社会大环境。青少年很容易接受新事物,网络、影视剧、报纸杂志中的言行,往往会左右他们的思想甚至世界观的形成。对一些不健康的网络信息、影视作品及读物,有关部门要采取措施治理整顿,禁止孩子到不健康的场所活动,看不健康的文艺作品。

同时,社会上应该更加重视心理健康咨询援助机构的设置,让心理咨询能够触手可及,方便青少年遇到困惑和问题时,能够及时求助,得到为其排忧解难、指点迷津的建议。此外,应利用媒体,办宣传栏、黑板报等在青少年中大力开展法制教育,请民警、律师到学校、社区为青少年作有关法律的宣传,深入浅出普及法律知识,使之了解那些未成年人走上犯罪道路的痛苦经历,警醒孩子外出流浪生活不是那么简单和轻松的,也不像他们想象中那样刺激和充满新奇感,而是处处布满危机的。

11.4.4 重视对青少年自身的教育和培养

对青少年心理问题的关注,不是只有等到问题出现、青少年离家出走之后才要想办法解决的,而是在青少年成长过程中,就要培养他们建立起良好的心理素质和责任感,不能动不动就离家出走。现在大多数孩子都是独生子女,事无巨细都由家一手包办,有求必应。孩子如同温室中的幼苗,心理十分脆弱,承受能力非常低。一句无意的批评,却被这些孩子看得很重。离家出走其实也是一些孩子为逃避惩罚、摆脱责任的表现。有的孩子由于家长的迁就,对学习、家庭和社会没有责任感,一受到批评和指责,就认为大丢面子,动不动便以出走相威胁;有的孩子在学习和生活中遇到一点小麻烦,就以离家出走摆脱困境;有的孩子犯了错误就觉得没面子,没有承认错误和改正错误的勇气,干脆离家出走逃避责任。要避免这类情形,孩子除了学习书本知识外,还要学习课外的知识,多参加社会活动,多做些有益于社会、他人的事情,培养坚强的毅力,以开阔眼界拓展视野,提高心理素质,培养宽阔的心怀,树立正确的人生观、世界观,增强承受能力,成为有责任感的人。

本章小结

流浪青少年是指离开家庭和自己所依赖生活的场所,过着一种没有固定工作、没有经济保障和安全保障生活的青少年。与一般意义上的流浪人员相比,他们大多没有自力更生的能力和自我保护的能力。处于教育上的黄金期和心智发展的关键期,是流浪青少年的群体特征。青少年流浪无论是对自身的健康发展,还是对社会的稳定都会产生不利影响。

对流浪青少年的社会救助,通常采取街头救助、机构救助与后续服务三种形式。

与救助者接触的技巧、与救助者会谈的技巧和与监护人谈判的技巧,是社会工作者在对流浪青少年进行社会救助过程中,必须掌握的三种基本技巧。其中,与救助者会谈的技巧包括口头语言符号技巧、身体语言符号及支持性技巧、环境符号传递技巧。

当前的流浪青少年社会救助工作在许多方面需要进行改进与优化,包括在管理上,将流浪青少年救助纳入社会救助的体系,加强对监护人和学校的事先预防,优化社会大环境,重视对青少年自身的教育和培养。

课后练习

1. 回答问题

①流浪青少年的内涵及其群体特征是什么?

②流浪青少年外出流浪的根本原因何在?

③如何对流浪青少年实施社会救助?

④当前流浪青少年社会救助工作需要作出哪些改进?

2. 案例分析

案例 11.4

2004 年香港协青社组织专门针对游荡或流落街头的社区青少年开展的服务项目如下。

(1)浦吧

全港 24 小时开放的青少年随到服务中心。

①服务对象:6~24 岁的社区青少年。

②服务目标。为青少年提供一个安全又推广正面文化的公众场所,有专业社会工作者提供及时地协助与辅导;为全港深宵外展队提供援助,免费提供场所及设施;通过不同的在职培训,提升失学和失业青少年的市场竞争力。

③服务内容:为深夜不归家的青少年提供正当的娱乐活动场所,包括市内运动场、舞蹈室、多用途房间、游泳池、历奇活动室、攀石墙、电脑房、电视房、少考场;为有需要的青少年提供学习辅导的教室,社会工作者或工作人员通过功课辅导,与年轻人建立关系,让学业上有困难的青少年得到帮助。

(2)深夜外展服务队

9 名外展工作员每晚 10 点至第二天早上 6 点,驾驶汽车寻遍全港九新界大街小巷,解救离家出走或无家可归的青少年,以危机介入法,将他们带往浦吧或转介到宿舍接受社会工作者辅导服务。

(3)浦吧暴走车

暴走车服务是以 5.5 吨货车为核心、将浦吧的服务带到街上。货车内的设备包括灯光、电脑、滑板、音响、教学以及娱乐设施等,另有发电机供应电力。车身喷上涂鸦装饰以吸引街上的青少年注意。暴走车深宵时分停泊在青少年聚集的地方,为青少年提供服务,让他们享用车内的娱乐设施,而社会工作者可以以此为有需要的青少年提供及时的辅导。

根据上述材料，结合我国流浪儿童的实际状况，你认为香港协青社为流浪青少年设计的上述社会救助活动在实际实施过程中将有哪些利弊，哪些观念和做法值得我们借鉴和学习？

12

残疾青少年与扶持

学习目标

①了解青少年的残疾预防及预防措施的具体内容。

②了解残疾康复的类型及社会工作者在康复中的作用。

③熟悉残疾青少年的社会支持政策，掌握残疾青少年的社会工作方法。

青少年是社会的弱势群体，残疾青少年是青少年社会中的弱势群体。社会工作以关注弱势群体，为弱势群体谋利益和实现社会公正为己任，因此，青少年社会工作应该将预防青少年残疾、帮助和扶持残疾青少年恢复心理和社会功能作为一项重要任务和工作领域，为实现青少年社会的公平而努力。

案例 12.1

2008 年 5 月 12 日，中国四川省汶川县发生了特大地震，这场猝然来临的灾难，留下了近 5 万之多的致残人士，很多是风华正茂的青少年。撼动了亿万中国人心的“北川夹缝男孩”廖波就是其中之一，他班上的 69 个同学，55 人在震中丧生，生存者中只有 3 人肢体健全……

6 月份廖波来到中国康复研究中心北京博爱医院接受康复治疗。刚来时还坐在轮椅上，身体非常虚弱，生活不能自理。经过近三个月的康复训练，“夹缝男孩”在博爱医院文体训练室，“穿”着假肢在离篮球筐三米远的地方已可以定点投球了，由于和假肢还处于“磨合期”，追球时，他只能靠走，而下蹲捡球也比正常人吃力得多，但他的主治大夫说，只要“穿”上正式的假肢，再进行一些康复训练，他就可以打篮球了。大家说“夹缝男孩”是不幸的，地震让他失去了一条腿，当他看见别人迈着大步从自己眼前走过时，想到自己也曾经箭步如飞，就会鼻子发酸。但他又是幸运的，在中国各级政府和社会的关爱和支持下,他走出了困境并得到了全面的康复治疗。

国际残奥委会主席菲利普·克雷文在震后不久接受采访时说:“灾难并不是人生的结束,它是另一种全新的开始。”残疾青少年社会工作就是要帮助像“夹缝男孩”这样的残疾人跨越人生的障碍,更好地回归社会,发挥自己的潜能,贡献社会。

12.1 残疾青少年的残疾预防

案例 12.2

在北京残奥会男子三级跳远 F11 级比赛中,雅典残奥会冠军、中国选手李端以 13.71 米的成绩打破该项世界纪录并成功卫冕。李端出生于长春市一个体育世家,母亲是专业运动员出身,父亲曾多次获得长春市业余田径十项全能冠军。受父母的影响,李端 5 岁开始打篮球,8 岁随队夺得长春市小学生篮球赛冠军,13 岁特征入伍到沈阳军区政治部体工队男子篮球队,后进入国家青年队和王治郅成了队友,参加了 1995—1996 赛季全国篮球甲级联赛,并获得最佳扣篮奖。正当这颗篮球的希望之星冉冉升起时,厄运不期而至。1996 年 9 月 11 日,李端在搬动过期灭火器时,不幸发生爆炸。他被严重炸伤,右手失去一节手指,双目失明,右眼珠被摘去。真是年少有为经磨难。

我们可以设想一下:如果李端不去搬那个已过期的灭火器;如果李端熟知灭火器搬运过程中的潜在危险;如果李端具有自我防范意识和能力,如果……或许这样的悲剧是可以避免的。

疾病、损伤和其他致残因素构成了对全人类健康和生活的威胁,给家人和个人带来巨大的不幸和痛苦。但有些残疾并不是注定要发生的,大多数残疾的损害是可以预防的,人类征服残疾的希望在于预防。

残疾预防是指在了解致残原因的基础上,利用现有的卫生医疗技术,积极采取各种有效措施、途径,防止、控制或延迟残疾的发生。

12.1.1 致残的风险因素

残疾人致残的原因是很复杂的,有的叫先天性的、医源性的,还有很大一部分是后天性的、后发性的。随着社会经济的发展,人们参与社会经济活动的增多,面临致残的风险也在增大。归纳起来,残疾人致残的原因可概括为以下几种。

1. 先天因素致残

父母疾病的遗传、近亲结婚、宫内感染因素、母体营养不良、母体疾病以及孕妇酗酒、不科学用药、吸烟等各种原因会造成胎儿畸形、智力低下等多种疾病,使婴儿一出生便加入了残疾人的行列。在我国特别是农村地区,先天因素作用致残的儿童在众多残疾儿童中占相当大比例。

2. 环境致残

环境致残是指环境因素能够引起躯体、器官、组织的严重损伤而直接致残,或引起某种疾病,且当该疾病病情发展严重时,导致器官、组织产生不可逆损伤而遗留残疾。环境因素包括物理的、化学的、生物的等各种天然存在的因素,人为的因素如光、热、电、声、化学物质、病毒、寄生虫以及生态环境。环境因素的致残作用只有在特定的条件才会发生。如环境中化学污染物酿成致残性公害病,自然环境中的高氟、低碘所导致的氟骨症、碘缺乏病等地方性疾病都会给人造成残疾。

3. 营养不良致残

营养不良,营养搭配不当,长期缺乏某种营养物质会有碍于人的正常发育,特别是在婴儿和儿童时期营养的缺乏会严重影响到其智力的正常发育。

4. 战争致残

一次巨大的战争过后,社会上总会出现许多缺肢断臂、失明失聪等的残疾人,这一点毋庸多言。

5. 意外事故致残

如交通事故致残、工伤事故致残、地震等自然灾害致残、人际殴斗致残等。

有关资料表明,在致残原因中,一半以上是可以预防的,如服用碘盐可使智力残疾的儿童减少 1/3,改善谷物卫生质量可控制和消灭大骨节病,预防和妥善处理中耳炎,可使 40% 的听力障碍得以预防。因此,社会工作者应该积极宣传预防残疾的知识和技术。

12.1.2 主要预防措施

残疾预防可以分为三级,具体如下。

①一级预防。预防致残性伤害和残疾的发生,如急性脊髓灰质炎、麻疹、风疹、乙型脑炎等。由卫生部门提供预防服务,如进行免疫接种、围产期保健、预防性卫生咨询等。同时,政府或相关部门在减少暴力、交通意外,公共场所安全等方面制定出相应的制度与措施,提供预防服务和保障。

②二级预防。防止伤害后出现残疾。提供残疾早期筛查、早期发现、早期诊断、早期治疗。定期检查身体,控制危险因素,如烟酒、肥胖等,进行早期医疗、康复干预与治疗,促进伤病痊愈或好转,预防合并症,防止功能受限,预防残障。

③三级预防。残疾出现后采取的措施。通过运动治疗、作业、语言、心理治疗等康复功能训练方法改善功能,预防或减轻残疾。假肢、矫形器及辅助功能用品用具的使用,可预防畸形,改善功能和日常活动能力。开展康复咨询,提高自我康复能力。

实践经验证明,做好一级预防,可减少残疾发生率 70%,做好二级预防,可使残疾发生率比现在水平低 10% ~20%。

12.1.3 残疾预防的原则

在世界卫生组织的倡导和推动下,人们对世界范围内的残疾预防工作形成了原则性的共识。

①建立非致残环境,这是预防残疾最主要的问题。武装冲突环境是一个严重的

致残环境,近年来因武装冲突而致残的儿童就数以百万计;极度贫困环境也是一个致残环境,贫困不仅是残疾易造成的结果,也是促发残疾的原因。

②全面实施,抓好重点。从国家方面看,以发展中国家为重点;从年龄层次看,以预防儿童残疾为重点;从预防层次看,重点放在一、二级预防,着眼于预防致残性伤病的发生,对于已发生的可能致残的伤病,则要早期发现,早期干预,采取根治性或矫治性措施,以免发生功能性障碍,甚至形成残疾或残障。

③要有立法保障,形成国家计划。从法律上肯定残疾预防工作应有的地位,保证某些预防措施的强制执行,如制定有关优生优育的法规以及安全生产、药品管理、交通管理、环境保护法规等。

④要以社区为基础,世界卫生组织提倡"综合模式,预防残疾",即通过初级卫生保健的综合卫生工作(保健、预防、治疗、康复),达到预防残疾的目的。

⑤宣传教育。通过科学知识的宣传教育,使群众掌握残疾的预防知识和方法,并且变成自觉的行动。

12.1.4 残疾预防的意义

《中华人民共和国残疾人保障法》明确规定:"国家有计划地开展残疾预防工作,加强对残疾预防工作的领导宣传、普及优生优育和预防残疾发生的知识,针对遗传、疾病、药物中毒、事故、灾害、环境污染和其他致残因素,制定法律、法规,组织和动员社会力量,采取措施,预防残疾的发生和发展。"实践证明,开展残疾预防,比起未开展这项工作时社会所付出的代价要小得多。做好残疾预防工作,具有以下重要意义。

①保护人民健康,改善生活质量。健康是指在生理上、心理上和社会生活中都处于功能良好的状态。只有有效地预防残疾才能保证人民群众得到真正的健康。要保证人民有良好的生活质量,就应当使他们在个人生活上、家庭关系上、社交活动上、经济能力上、职业工作上、精神和心理状态上、业余文体活动上都处于应有的水平,而其基础就是要有良好的身心功能状态。因此,保证生活质量,就要积极地预防残疾。

②保护人力资源,促进经济发展。残疾不但损害了劳动生产力,而且还要国家和社会投入大笔资金用于残疾人的医疗康复和福利工作。积极开展残疾预防、直接关系到人力资源的保护,促进经济的发展。

③推动社会进步,建设精神文明。预防残疾是人类与自然界斗争,不断改造社会、改进自身,免受致残因素影响的一个过程。在这个过程中,人类变得更健康,社会变得更加文明和进步。预防残疾成为推动社会发展,促进人类精神文明建设的重要组成部分。正如世界卫生组织专家委员会指出的:"没有任何别的单项因素,在减轻残疾的冲击上,可以和一级预防相提并论。"

残疾人社会工作者应在预防残疾中发挥积极作用。比如,在社区中普及致残原因方面的知识,帮助服务对象识别高危的致残因素并及早采取措施;对于已经残疾的服务对象,提供康复信息,帮助他们获得各种运动治疗以及作业、语言、心理治疗等康复功能训练,使用辅助用品用具,改善功能和日常活动能力。

12.2 残疾青少年的残疾康复

案例 12.3

汶川地震发生后,政府在第一时间伸出援助之手,并就伤员的救治工作出台了一系列的意见:对地震后存活的伤员而言,康复治疗师、康复医师重中之重的任务是将其功能障碍、活动受限和参与受限降到最低程度;救治伤员的首要原则是做好残疾的二、三级预防,以防止发生残障影响患者的职业和社会生活的参与能力;动员康复医疗专家,及早介入地震伤员的生理和心理康复过程,以降低残疾发生率;通过职业康复模式增强伤残者的自信心,落实社区康复模式到每一个社区,同时学习上海“阳光之家”和北京利用奥运契机迅速兴起的“温馨家园”职业康复站的成功经验,将职业培训逐步深入到社区。目前,大部分地震伤员经过细心救治后已重返劳动力市场。

残疾人的残疾康复是指采用医学的、工程的、心理的、社会的和教育的各种手段,使残疾青少年的功能恢复到尽可能好的水平,以便在身体、精神、社会活动、教育就业等方面的能力得到最大限度地发挥,从而实现最大限度地回归社会的目的。

就拿我国参加残奥会的运动员来说,他们无一例外地都接受过康复训练,通过康复训练他们克服了身体残疾的障碍,在比赛中取得很好的成绩。如担任北京残奥会旗手的游泳选手王晓福,6 岁时不幸被高压电击中,失去了右手。为了使身体得到康复,他通过各种手段加强身体锻炼,初中时被著名游泳教练张鸿鹄一眼相中,在张教练的悉心教导下,他的游泳天赋被发掘,在各种比赛中屡创佳绩,并在雅典残奥会上夺得三金一银一铜,在北京残奥会上取得两金一银的好成绩。

可以说残疾人康复工作历来受到党和政府的重视。2002 年,国务院办公厅转发卫生部、民政部、中国残联等六部门《关于进一步加强残疾人康复工作的意见》,提出了残疾人康复工作的总体目标:到 2010 年,在城市和中等以上发达地区的农村,有需求的残疾人普遍得到康复服务,欠发达地区的农村达到 70% 以上;到 2015 年,实现残疾人“人人享有康复服务”。北京 2008 残奥会更是为实现这一目标注入了新的动力,提供了新的契机。

12.2.1 残疾人康复模式

我国目前采用的康复模式和机制主要有以下几种。

1. 世界卫生组织模式

世界卫生组织模式主要由卫生部门负责,是以社区和家庭为基础,依靠初级卫生保健系统及上级医疗系统,建立社区康复网,通过残疾人及病人家属、社区康复员,采用简单、实用、有效、经济的康复措施。

2. 社区服务模式

社区服务模式主要由民政部门负责,是将社区康复纳入社区服务系列。如残疾儿童社区康复中心、聋哑儿童康复中心、弱智儿童康复中心、脑血管病后遗症的社区康复站、精神病人的社区康复院、残疾人用品用具供应服务站等社区康复机构。

3. 家庭病床模式

家庭病床模式主要由社区卫生部门和医疗康复机构负责，向社区康复对象提供在家庭（如家庭病床）进行的医疗、预防、保健、护理和康复服务。

残疾人康复的基本途径是通过机构康复、社区康复、上门服务和信息服务四种形式。

12.2.2 残疾人康复类型

残疾人康复类型主要有以下几种。

1. 医学康复

康复医学，是利用医学措施，治疗因外伤或疾病而遗留的功能障碍以及独立生活困难的躯体性残疾者，使其功能康复达到最大限度，为他们重返社会创造条件的医学分支，是以康复为目的的医学新领域。它是具有明确的特征、范畴、知识结构和专门的诊疗技术的独立的医学体系。康复医学现已和保健医学、预防医学、临床医学并列成为现代医学中的四大分支之一。

例如，我国每年约有150～200万脑中风病人，致残率高达80%。康复医学，就是围绕偏瘫采取措施，恢复偏瘫肢体的功能，重新获得生活处理能力及步行能力，使其能重新参与社会生活，重履社会职责，而非一辈子与床为伍，与轮椅为伴。又如，脑梗塞患者，经过抢救、及时溶栓治疗和神经内科的处理后，可能仍会留有偏瘫和失语现象，于是需要康复医疗，争取使患者达到生活自理。再如，脊髓血管畸形患者手术后，可能发生不全截瘫，因此，就需要截瘫的康复处理，希望重新恢复步行。对于一个心肌梗死的患者来说，需要心脏的康复，以便恢复较高的生活质量，这就需要预防保健医学、临床治疗医学和康复医学通力合作。

目前常用的康复治疗方法如下。

①物理和运动疗法。包括利用电、光、声、磁、水、蜡、力等物理因子治疗，和通过徒手或借助于器械对残疾人进行的各种改善功能的方法。

②作业疗法。作业治疗的内容包括功能性作业治疗、心理作业治疗、日常生活活动训练、就业前评价和就业前训练。作业治疗主要是通过一些日常生活活动、手工操作劳动或文体活动等具有一定针对性、能恢复患者功能和技巧的作业进行训练。

③语言疗法。是对有言语交际障碍的残疾人进行治疗，提高患者的语言理解和表达能力（包括提高听觉能力、阅读理解力、语言表达能力、手势表达能力和语言书写能力），最终目的是恢复患者的言语交际能力。

④心理疗法。由心理治疗师通过观察、谈话、实验和心理测验（性格、智力、意欲、人格、神经心理和心理适应能力等）对残疾人进行心理学评价、心理咨询和心理治疗。常用的心理疗法有精神支持疗法、暗示疗法、催眠疗法、行为疗法、松弛疗法、音乐疗法等。

⑤文体疗法。通过体育和文娱活动增强残疾人的肌力和耐力，改善平衡和运动协调能力，并增强残疾人的信心，使其得到娱乐，从而改善他们的心理状态。

⑥中医疗法。利用传统医学的优势，将中药、针灸、推拿、按摩、药膳等治疗手段应用于残疾人的康复治疗。

在医疗康复方面，社会工作者需要掌握社会学、康复社会学、社会医学基本理论和方法，独立进行社会调查和分析，为帮助伤病残者重新回到家庭和社会，与其家属、工作单位、街道、民政福利部门等进行联系，在精神上、经济上、职业上和医疗上给予支持和照顾，努力改善他们的生活条件、医疗条件及经济状况，并促进残疾者和患者与各类专业人员之间的沟通，发挥桥梁作用。

2. 教育康复

教育康复是指应用文化教育及技能教育等对残疾人进行康复工作。帮助残疾人获得接受教育的机会是残疾人社会工作的一项重要职责。教育康复从内容上分为两种情况：一种是对肢体功能障碍的残疾人进行的普通教育，包括从初级到中高等教育；另一种是指对盲（含低视力）、聋、哑以及精神或智力障碍的残疾青少年和有需要的残疾人进行的特殊教育。教育康复主要在各地各级盲校、聋哑学校、启智学校、儿童福利院以及社区康复站点开展，在特殊教育师资缺乏的情况下，康复护理人员会承担一部分教育康复的工作。

近年来，在“三个代表”重要思想的指导下，贯彻以人为本的科学发展观，政府不断地加大对特殊教育事业的投入，支持社会各界开展多种形式的特殊教育，促进相关立法，保障特殊教育和康复事业，为进一步促进我国的特殊教育和康复事业的发展以及为社会上有需求的残疾儿童家庭提供特教康复方面做了一些有成效的工作，取得了一定的成绩。如特殊教育“零拒绝”，已经成为上海特教领域的崭新教育理念。又如江阴市政府积极改善残疾人教育办学条件，大力扶持特教事业，市残联出台了《关于资助和奖励残疾大中学生的暂行办法》，市残联出资10万元，支持市聋哑学校、杏春培智学校添置教学设备，改善办学条件，并通过组织老师进修深造等措施提升教学质量。杏春培智学校还为高年级学生增设了职业技能培训课。在对残疾学生实行九年制义务教育免交学杂费、课本费的基础上，由市慈善会出资为市聋哑学校的全体学生提供免费午餐。随着残疾学生教育事业的发展，全市有就学能力的弱智儿童入学率为99.9%，有就学能力的盲童、聋哑儿童、肢体残疾儿童的入学率都达到100%。

教育康复工作可以促进残疾人才智、能力的增长，使其最后能进入社会生活并参加工作。对那些虽然身体有残疾，但头脑是健全的，智力是正常的人来说，他们应该享有与正常人一样的受教育的权利。因此教育康复有着双重意义：一方面，教育康复担负补偿残疾人生理机能缺陷的任务，为他们全面发展负责；另一方面，教育康复为残疾人提供精心组织的精神陶冶，弥补他们本能或机能上的缺失。

3. 职业康复

职业康复是指以职业训练为中心，通过职业评估、教育、培养、就业安置、咨询等工作，协助残疾人达到合适的职业适应能力，为残疾人提供参与社会生活的方式。

(1)职业康复的主要内容

职业康复是一项科学性和应用性很强的活动。职业康复活动要为残疾人职业发展服务，国际劳工组织在1985年通过的《残疾人职业康复的基本原则》中明确规定了职业康复的主要内容包括以下六个方面。

①掌握残疾人的身体、心理和职业能力状况。

②就残疾人职业训练和就业的可能性进行指导。

③提供必要的适应性训练、身心机能的调整以及正规的职业训练。

④引导从事适当的职业。

⑤提供特殊安置的就业机会。

⑥残疾人就业后的跟踪服务。

职业康复也是残疾人康复辅导的重要工作之一。满足残疾人希望成为自食其力的劳动者、成为社会的一分子及要求经济独立的愿望，是保障残疾患者全面康复的重要课题。目前残疾人就业仍有困难，经济收入及生活水平在全国人均水平以下，所以社会工作者应根据职业康复内容和工作程序，对有一定劳动能力的残疾人给予辅导，帮助他们获得就业机会，并稳定地从事力所能及的工作。对残疾青少年来说，家庭、学校和社会都应重视对他们的培养教育，不要歧视他们。除了提高其文化知识，还要根据残疾的特点进行适当的职业教育，比如，小儿麻痹后遗症患儿双下肢瘫痪者，可以训练他们从事依靠上肢活动的工作，如操纵电脑、雕刻、绘画、会计等等。同时，还要重视对患儿的心理教育，树立其坚强意志和战胜困难的信心，消除任何悲观、消极、失望的情绪，以乐观的精神努力拼搏，积极为社会作出贡献。2007年上海宝山区第一家残疾人"阳光职业康复工场"揭牌，给残疾人带来了康复的新希望。"阳光职业康复工场"是帮助那些有就业愿望及有一定就业能力但推荐就业困难的残疾人上岗就业的政府实事工程。"阳光职业康复工场"不仅吸纳智力残疾人，还吸纳其他类别的残疾人，为残疾人提供劳动技能培训和就业心理辅导等，给予残疾人实训和学习劳动技能的机会，从而建起残疾人走上社会、融入社会的就业支持平台。

(2)职业康复的流程

职业康复作为一种科学性和应用性强的工作，具有严格的流程。

①职业评定。职业评定是职业康复的第一个环节，目的是为了评定残疾人的作业水平和适应职业的可能性。职业评定是一个综合性的过程，涉及身体、心理和职业适应性三个方面，主要包括对残疾者的兴趣、个性、气质、价值观、态度、身体能力、耐力、学习及工作的适应性等的评定。通过职业评定，可以诊断、指导和预测残疾人的职业发展的可能性，并为科学的职业指导、训练和制定职业康复计划提供依据。

②职业咨询。职业咨询的目的是针对职业评定得到的资料、残疾人的特殊情况和就业相关的问题，进行综合考察，帮助残疾人解决职业中出现的问题。主要包括四个步骤：查阅康复档案，填写咨询表格，了解就业要求，写出咨询报告。

③职业培训。对残疾人进行就业前培训和职业训练，是帮助残疾人从事职业活动的有效方法。就业前培训，是指受训者掌握与特定职业相关的基础知识与技能，其重点是使残疾人掌握从事职业活动所必需的能力和态度。职业培训，是上岗前的培训，要求残疾人掌握一定的职业所要求的知识和作业技能，从而适应职业活动的要求。

④职业指导。根据残疾人的情况，提供有关劳务市场、就业方向等信息，还要针对残疾人工作领域中出现的问题提供跟踪服务。

4. 社会康复

社会康复是指从社会的角度，采取各种有效措施为残疾人创造一种适合其生存、创造发展、实现自身价值的环境，并使残疾人享受与健全人同等的权利。社会康复的实现，一方面依靠残疾人自己的不懈努力，另一方面则依靠社会对其提供尽可能的帮助。在《中国康复医学》一书中，社会康复被纳入全面康复领域中，是指在社会的层次上采取与社会生活相关的措施，促使残疾人重返社会。

社会康复的工作内容是指一个残疾人的社会康复，需要社会工作者开展以下几个方面的具体工作。

①用法律、法规和各种政策帮助残疾人保护自己的合法权益，使其享受与健全人一样的社会物质生活条件和文化成果。

②保障残疾人的生存权利，使其在住房、食物、婚姻家庭方面得到公平的待遇，有适合其生存的所需条件。

③帮助残疾人消除社会上、社区中和家庭中的物理性障碍，创造无障碍环境，为他们的生活起居和享受社会的公共服务创造条件。

④消除社会对残疾人的歧视和偏见，并激励他们自强自立，建立起和谐的家庭生活和社会生活环境。

⑤为残疾人的自身发展提供帮助，使其有接受教育的机会，以提高其生活自理能力、就业能力和参与社会活动的能力。

⑥帮助残疾人获得经济自立能力或得到社会保障。

⑦鼓励和帮助残疾人参与社会的政治生活，保障其政治权利。

总之，残疾人康复是一项为残疾人提供服务，使其恢复和发展从事正常生活能力的工作。在以上介绍的四种康复类型中，医学康复是康复的最重要的内容，也是使残疾者全面康复的基础。教育康复包括对肢体残疾者进行的普及教育以及对智力残疾者、精神残疾者、视力残疾者、听力残疾者及语言残疾者进行的特殊教育等。职业康复使残疾者能找到从事某项适合本人能力的工作岗位。社会康复是使残疾者在完成各项康复的同时，为其创造一个必要的社会环境条件。这个社会环境包括了文化、经济、社会生活、法律等方面，使残疾人与健全人一样获得平等的权利和尊重。

12.2.3 残疾人康复社会工作的任务和职责

残疾人康复社会工作把社会工作原理、方法和技巧运用到康复工作中去，协助残疾人恢复和发展他们的潜在能力，实现他们在现代生活中的社会适应功能。具体而言，残疾人康复社会工作的工作任务和职责如下。

①协助康复医师正确地诊断、有效地医治，以维持残疾人康复后的健康状况和自我照顾能力。

②要考虑残疾人康复后应有的基本医疗设施，包括地方性的医疗单位、老弱残疾人的疗养所及福利机构的设施。

③家庭照顾方案的实施。康复社会工作者要与康复医师、护士等定期到残疾人家庭探访，提供康复指导。

④要与有关机构协调，开展一切必要的和可能的社会服务项目，促使残疾人有效运用医疗设施，同时补充医疗服务的不足。

⑤提供社会工作的专业服务，解决残疾人社会适应问题，满足残疾人社会福利需求。

12.3 残疾青少年的社会支持

案例 12.4

在2008年北京残奥会上，这样的动人场景经常在比赛现场出现：视障运动员被引跑员牵着手顺利地跑完全程；柔道裁判牵着中国选手王丽静的手走进赛场；在女子轮椅篮球小组赛澳大利亚队对阵巴西队的比赛中，澳大利亚队队员与巴西队队员牵手相互致意……残奥赛场上的温馨牵手，传递着信任、支持和关爱，让残奥会因为有了人性之美而大放异彩，也诠释了"超越、融合、共享"的理念。牵手，意味着一种不分彼此的责任。无论身体残疾还是健全，我们都是属于"同一个世界"的一家人，都拥有着不断超越自我、追求美好生活的"同一个梦想"。牵手，闪耀着人性的光辉，从某种意义上说，已经不再仅仅是一个关爱的动作，更是一堂生动的教育课。倘若大家都能伸出关爱之手，让每一个残疾人都能平等、自信、坚强而有尊严地、更好地融入社会，并享受与健康人一样的幸福快乐，那么，这个社会必定会更加和谐、美好。

中国残疾人联合会副理事长程凯表示，残疾人事业是中国人权事业的亮点，要给予残疾人以平等的机会，达到"平等、参与、共享"的目标。要实现这一目标就需要社会全体成员的共同努力和全力支持。

残疾青少年是社会和社会工作者重点关注的群体之一，因为他们是一个特殊的群体，在人生最美好的阶段他们却身有残疾，面对一些特殊的境遇和现实生活中的困境时，他们会形成一些特殊的心理特征，这种心理状态会或多或少地与健全青少年有差异，存在特殊性。但这并不是病态的，也不全都是悲观、消极和失望的情绪。应该认真地探讨和认识残疾青少年的心理状态，尽可能调动他们心理和情绪中的各种积极因素，激发他们战胜残疾，勇敢面对生活的挑战的勇气和信心。在全社会的关爱与支持下，让残疾青少年自尊、自强、自立，平等充分地参与社会生活。

12.3.1 平等、真诚地与残疾青少年交往

有些残疾青少年由于摆脱不了身体残疾带来的缺陷，当看到同龄人身体健美，行动协调，朝气蓬勃，生龙活虎，生活那样快乐、自由、幸福时，对比自己却障碍重重，事事不如意，生活不便，样样不如人，不禁黯然神伤，遗憾叹息，悲伤、痛苦、失望等复杂的情感交织，缺乏自信力，心灵上常会有一种渺茫失落的感觉。同时，残疾又限制了残疾人的活动空间，使得生活平淡乏味，残疾人的心境时常寂寞沉闷。他们希望扩大生活圈子，充实生活内容，珍惜友谊，诚恳待人，但又因为自卑，在集体场合和生疏人面前，多腼腆拘谨，交往欠主动，对旁人的评价、态度较敏感，对精神性需要较强烈，如友谊、尊重、信任等。当遇到人际矛盾，受冷遇、歧视和不公正对待时，比较容易感到委屈、哀怨，内心冲突加剧，甚至丧失生活信心和勇气，导致心理失衡。所以人们在与残疾青少年交往的过程中，应掌握残疾青少年的心理状态，尽量避免触碰他们的伤痛，交往的最基本的原则是平等、尊重、真诚。比如与残疾青少年初次见面，在交谈时要注意不谈不相关的话题，不该问的个人隐私话题不去问，不谈和残疾青少年本身的身体残障有关的话题。还应注避免“服务不足，关心有余”的现象。在北京残奥会赛场上，我们注意到有些媒体记者在采访残疾运动员时都是蹲着完成的，细微的关怀让残疾人感动，也值得我们学习。

12.3.2 健全残疾人社会保障制度，保障残疾人基本生活

改革开放以来，国家不断推出各种法规和政策，为残疾人社会保障事业发展提供了法律保障。2008 年 4 月新修订通过的《残疾人保障法》，更是高举人道主义旗帜，不断延伸残疾人的权利范畴，全面保障残疾人的康复权、教育权、劳动权、文化生活权、社会保障权，坚决捍卫残疾人的人格尊严，充分体现了宪法尊重和保障人权的基本原则，标志着我国残疾人权益保障达到一个新高度。国家还用制度形式保证符合条件的贫困残疾人能够享受城乡居民最低生活保障和有关生活救助待遇。城市廉租住房政策和农村危房改造计划优先照顾贫困残疾人家庭。残疾人社会保险政策，确保城镇残疾职工按照规定参加基本养老、失业、工伤和生育保险。残疾人社会福利政策也在不断完善，逐步扩大范围，提高水平。在中国，残疾人社会保障政策法律体系已经初步完善，这推动了残疾人平等共享经济社会发展成果。

12.3.3 重视残疾青少年的教育，提高残疾青少年的素质

完善残疾学生的助学政策，发展残疾儿童学前康复教育，发展高中阶段和高等特殊教育；逐步解决重残儿童少年的教育问题；采取多种措施扫除残疾青壮年文盲；积极开展残疾人职业教育培训；消除招生、入学等方面对残疾学生的歧视；实施中西部地区特殊教育学校建设工程，提高特殊教育的质量和水平。为促进残疾人全面发展，国家发布了《残疾人教育条例》等一系列法律法规，大力发展残疾人教育，鼓励从事特殊教育，完善残疾学生的助学政策。目前，全国为盲、聋、智残少年儿童兴办的特殊教育学校已发展到 1 667 所，义务教育普通学校附设特教班 2 803 个，在校盲、聋、智

残学生达到58万人,入学率平均达到80%。每年都有4 000人通过考试被国内高校录取。

12.3.4　帮助残疾青少年就业,实现自强自立

职业是残疾青少年生活自立,走向社会的基础,是生存发展、自立自强、生活安康的必要条件。所以,残疾青少年普遍对职业有较常人更高的期望,职业对于他们具有比健全人更重要的意义。因为残疾增加了他们就业、创业的困难,用人单位还常常把他们拒之门外,自主创业也受到许多制约;因为残疾限制了他们职业岗位的选择,工作与个人的爱好、志趣、专长和禀质等更难适应和统一。因此,他们待业的心情比一般人更加焦虑、紧张不安,没有工作的打击甚至超过残疾本身,没有得到工作的机会会让他们更加痛苦失望,情绪更加消沉苦闷,而一旦获得职业又会欣喜鼓舞,振奋非常。在适应工作和完成任务中,残疾青少年多数也较要强,他们要求有与健康人平等参与的权利。在工作的过程中他们需要的是领导和同事们的尊重、理解,一视同仁地公正对待和必要的支持帮助,而不仅是同情。所以,政府需要进一步完善残疾人就业保障政策并完善针对残疾青少年特点的扶贫措施;积极扶持残疾青少年自主择业、自主创业;加强残疾人职业培训工作,大力促进残疾人职业技能的提高。

12.3.5　繁荣残疾青少年文化体育事业,丰富残疾青少年的生活

繁荣残疾青少年的文化体育生活的具体措施有:组织残疾青少年开展形式多样、健康有益的群众性文化、艺术、娱乐活动;扶持残疾青少年文化艺术产品生产和盲人读物出版等公益性文化事业;发展残疾青少年特殊艺术;开展残疾青少年群众性体育健身活动。当然,残疾人文化体育事业的发展是离不开党和国家的关怀、支持和帮助的。2008年,最新出台的《中共中央关于促进残疾人事业发展的有关意见》中明确提出"繁荣残疾人文化体育事业",并对残疾人文化事业的发展提出了新的指导性意见,落实到了具体工作中,取得了可喜的效果。截至2007年底,全国共开辟残疾人省地级报刊专栏550个、报刊专版1 028个,残疾人专题广播节目1 191个,电视手语新闻栏目212个。全国开设省地级盲文及盲人有声读物图书馆(室)294个,成立残疾人艺术团队150个,专为残疾人提供服务的省地级文化设施或文化场所达1 036个。北京2008年残奥会开幕式上,700多只"海燕"、"天鹅"在蓝色的"大海"上飞翔,他们轻灵的身姿诉说着对蓝天的渴望和飞翔的梦想。750人的手语舞蹈"飞翔"震撼着观众的心。盲人钢琴家金元辉一曲肖邦的《即兴幻想曲》中,满池的荷花摇曳生姿。"接天莲叶无穷碧,映日荷花别样红",这正是中国残疾人文化事业蓬勃发展的生动写照。

12.3.6　发展残疾人服务业,改善对残疾人的服务

发展残疾人服务业的具体措施有:依托社区开展为残疾人提供生活照料、康复养护、技能培养、文化娱乐、体育健身等公益性、综合性服务项目;鼓励发展残疾人居家服务;积极培育专门面向残疾人服务的社会组织;鼓励各类组织、企业和个人建设残

疾人服务设施，发展残疾人服务业；将残疾人综合服务设施建设纳入城乡公益性建设项目并给予重点扶持。如为了实现残奥会期间及未来城市生活的“无障碍化”，北京可谓煞费苦心，20 世纪 60 年代修建的地铁新安装了无障碍滑道；比赛场馆、公园、博物馆等公共场所设立了轮椅专用通道；以法律手段严惩损毁或占用盲道的行为；向服务业人员和交通民警普及手语……中国政府还承诺，2010 年之前将在全国范围内建成 100 个“无障碍城市”，确保残疾人能够充分、有效地融入社会生活。

12.3.7 关心残疾青年的婚恋问题

残疾青年虽然也有与常人同样的憧憬和追求，但因残疾而在婚恋上常遇到重重阻力，容易受挫，机会也更难得，苦恼忧伤较多，他们的感情一般不易外露，多深藏心底。他们虽然非常希望找到一个能理解、尊重、同情自己的伴侣，平等交往，互相倾心，和衷共济，但因自卑、怯弱和过强的自尊矜持，对倾心的异性，他们多不能主动表示追求，往往采取退避、忌讳态度，表现被动，多因此错过机会，好事难圆。社会和社会工作者应多关注残疾青年的婚恋需求，想方设法为其提供交往的机会，以期从根本上解决残疾青年的生活问题。近几年来，随着社会对残疾青年的更多认识和理解，有越来越多的健全青年冲破世俗传统偏见，爱上异性残疾青年，勇敢地结合并共同生活，这给残疾人的婚恋家庭生活带来了更多的积极色彩和健康因素，也是社会文明进步的一个表现。

党的总书记胡锦涛说，关心残疾人是社会文明进步的重要标志。中国有 8 300 万残疾人。中国政府和人民一贯重视残疾人事业，坚持以人为本，弘扬人道主义精神，倡导平等，大力推动残疾人事业全面发展，取得了举世瞩目的成就。中国广大残疾人自强不息，顽强奋斗，为经济社会发展作出了突出贡献，赢得了全社会的尊重。中国以北京残奥会为契机，进一步发扬了人道主义精神，致力于维护残疾人权益，保证残疾人平等参与社会生活、共享经济社会发展成果。

12.4 残疾青少年的扶持方法

社会工作的三大传统方法包括个案工作、小组工作和社区工作。这些工作方法也适用于残疾人服务领域。

12.4.1 残疾人个案工作

残疾人个案工作是针对残疾人所做的个案社会工作，是将个案社会工作知识、技巧、态度和价值观应用于残疾人个人或家庭，是社会工作者以一对一、面对面的社会工作方法，协助他们寻找有效的途径来处理生理和心理失调问题，从而促进其健全人格的发展，增进其对社会适应的过程。

12.4.1.1 残疾人个案工作的内容

根据残疾人个案工作服务对象的不同，可将残疾人个案工作的内容分为对个人及对家庭的两部分。

(1)对残疾人士本身提供的个案辅导

①用法律、法规和各种政策帮助残疾人保护自己的合法权益免受侵害,其中工伤的认定和处理、交通事故及意外伤害的赔偿是主要工作。

②保障残疾人基本的生存权利,使其在住房、食物、婚姻、家庭方面得到公平的待遇,不受歧视和虐待,有适合其生存的必需条件。

③帮助消除社会上、社区中和家庭中的物理性障碍,方便残疾人的生活起居,便于其享受社会的公共服务,其中主要是家庭的无障碍环境设计和改造。

④动员社会力量,消除社会上对残疾人的歧视和偏见,同时还要激励残疾人自强自立,建立和谐的家庭生活和社会生活环境。

⑤经常组织残疾人与医生、护士及其他人员一起参加文体娱乐活动,如组织住院病人观看比赛和演出、到商业区购物、参观游览等。

⑥为残疾人自身的发展提供帮助,使其有接受教育和参加培训的机会,以提高其生活自理能力、就业能力和参与社会的能力。

⑦帮助残疾人实现经济自立,或保障其在经济生活中不受歧视;在经济不能自立的情况下,还要帮助其得到应得的社会保障。

⑧鼓励残疾人参与社会政治生活,保障其政治权利。

(2)对残疾人士的家庭开展个案社会工作

①向残疾人士家庭的其他成员提供心理辅导,以应对其长期照顾家庭中残疾人士出现的心理不适应。

②教授残疾人士的家庭成员对残疾人的护理及沟通技巧。

③帮助残疾人士的家庭申请经济援助,帮助家庭申请义工的帮助,以缓解其他家庭成员长期照顾残疾亲属的压力等。

所有这些工作的开展,都需要个案工作者让残疾人充分运用其可以运用的资源和能力,减低残疾人运用资源的环境阻力和矛盾,发掘并有效地运用社区资源和残疾人士及其家庭的潜能,恢复并提高他们的社会功能。

12.4.1.2 残疾人个案工作的流程

残疾人个案工作是一项系统工程,要求严格按照操作规范实施。具体的工作流程和内容参见表12.1。

表12.1 残疾人个案工作的流程和内容

社会个案工作流程	社会个案工作内容
申请与接案	①个案工作者与残疾人、残疾人家属及有关人员进行初步会谈,了解有关问题 ②对有关问题进行分析,若求助者的问题属于本机构和社会工作者范围内,则应即刻接案 ③对相关的问题进行分析和筛选,尽快明确工作的方向

续表

社会个案工作流程	社会个案工作内容
资料的收集和研究	①与案主或相关人士会谈,掌握第一手资料 ②家庭访视、实地观察和了解案主的全貌,防止误诊 ③采取电话、信件或网络等通信设备与案主及时联络,询问相关问题的解决情况 ④对掌握的情况进行认真的研究
诊断 制定计划	①从案主的个人因素和社会环境因素着手,重点听取心理健康医师意见并达成共识 ②对资料进行综合分析,找出问题原因,明确诊断结果 ③在尊重案主意见的基础上,制定出解决问题的途径、方法、步骤、时间等具体计划
社会治疗	①与心理康复医师一起协助残疾人改善心态、发挥潜能 ②协助残疾人调整社会关系,解决问题 ③协助残疾人清除环境阻力,改善环境
结案与评估	①与残疾人一起回顾过去、展望未来,确定努力方向 ②评估效果、总结工作得失、技巧

12.4.2 残疾人小组工作

残疾人小组工作是指运用社会工作中小组工作的方法,在医务人员、老师、社区工作者等相关人员的配合和支持下,由残疾人及其家属等为基本成员组成小组,通过小组工作者的引导,小组成员间的经验分享、情绪支持和相互讨论,使残疾人产生行为改变,恢复正常功能,及与他人和周围环境达成有效的调适,最终促进残疾人功能恢复和能力发展的专业服务。

12.4.2.1 残疾人小组工作的目标

残疾人小组工作的目标主要有以下几条。

①让小组成员了解残疾人致残的原因、残疾的表现以及身体康复的过程。

②协助残疾人及其家属克服心理困扰,提供情绪支持,提升其社会心理功能。

③帮助残疾人认识自我,了解自我,努力挖掘个人优势和潜能,提高个人能力。

④加强小组成员之间的联系和信任,使成员之间建立友谊,提供相互支持。

⑤促进残疾人及其家属与康复医院、学校、社区的沟通和理解,更有效地利用社会资源。

⑥促进社会公平、消除社会歧视,创造有利于残疾人康复和回归社会的外部环境。

12.4.2.2 残疾人小组的工作流程

残疾人小组工作要求按照以下工作流程操作并完成相关内容,参见表 12.2。

表 12.2 残疾人小组工作流程和内容

社会小组工作流程	社会小组工作内容
计划阶段	①小组工作的动机和目的 ②对残疾人或其家属所要解决问题的预测 ③小组的具体目标 ④与相关协助人员进行联系并让他们了解小组工作的所有计划 ⑤经费及场地的安排
组织阶段	①与小组成员作个别会谈，进一步了解其加入小组的动机及需解决的问题 ②与所有小组成员交流并共同制定小组目标、活动方式、聚集时间、地点及小组的预定期限
执行阶段	①随时了解残疾人身体康复状况，必要时请医护人员和专家列席 ②随时让医护人员了解残疾人在小组中的状态，以帮助康复 ③对每一次小组的活动及每一个小组成员的进度作清晰地记录 ④在每一次小组活动进行后，作一次评估并修正计划
评估和结束阶段	①小组目标达成的测量 ②小组活动过程及小组成员、小组行为评价 ③社会工作者使用技术和方案活动的评价 ④举办小组结束活动或仪式 ⑤针对有个别需要或特殊问题的成员，予以跟踪辅导

12.4.3 残疾人社区工作

残疾人社区工作是依托社区、充分利用社区资源力量为残疾人服务，促进残疾人平等参与社会生活的一项工作。社区残疾人工作是社区建设的重要组成部分，是我国残疾人事业为适应经济和社会发展而新开辟的服务领域。

12.4.3.1 残疾人社区工作的原则

①坚持以政府为主导，社区为依托，有关部门密切配合，社会各界共同参与的社会化工作方式。

②将社区残疾人工作纳入社区建设总体规划，融为一体、同步发展、共建共享。

③建立以社区居民委员会为核心、社区残疾人组织为纽带、社区服务机构为基础的工作机制，促进残疾人平等参与社会生活。

12.4.3.2 残疾人社区工作的主要内容

为残疾人提供服务是社区服务的最基本内容之一，体现了社会的文明和进步。在开展社区服务的过程中，社区居委会和服务机构要针对残疾人的实际需求，做好以下工作。

①建立社区残疾人协会，并发挥密切联系残疾人、反映残疾人意愿、带领残疾人积极参与社区建设和社会生活的作用。

②保障残疾人的基本生活，为残疾人提供帮扶服务。

③以家庭为基础，开展残疾人社区康复。

④培养残疾人积极向上的生活情趣，活跃残疾人文化生活。

⑤建设社区无障碍环境，方便残疾人参与社会生活。

⑥维护残疾人合法权益。

12.4.3.3　残疾人社区工作的流程

作为一种专业工作方法，残疾人社区工作流程如表12.3所示。

表12.3　残疾人社区工作流程

残疾人社区工作流程	残疾人社区工作内容
收集资料和分析问题	①了解社区的类型及社区整体发展状况 ②了解社区所拥有的资源及政府的态度立场 ③掌握社区残疾人的生活需求和所面临的问题与困难，为计划和决策的制定提供客观依据
制定目标	①针对社区残疾人的实际需求，确立社区的总体方向和具体目标 ②选择工作途径及问题的解决方法，制定工作方案
方案执行	①工作的指挥、布置及人员的安排 ②工作进度的监督 ③服务对象的意见调查 ④工作质量的控制及依据实际情况调整进程
结果和评估	根据预先制定的目标，评估工作的成效、资源的消耗以及相关的社会影响，其中最核心的评估指标就是"是否促进了社区残疾人居民的整体发展"

12.4.4　残疾青少年社会工作实务模拟训练

案例12.5

小楠，男，今年26岁，21岁大学毕业后，因为学业优秀、工作能力强被直接留在校团委任干事。两年后，又由于工作出色被任命为校团委书记。正在他的事业蒸蒸日上的时候，一场意外的车祸改变了他的人生轨迹。他住进了医院，因脊髓受伤导致胸部以下高位截瘫。当他在医院经抢救清醒以后，得知自己的后半生不得不坐在轮椅上度过的时候，他痛苦得万念俱灰，甚至有了轻生的念头。他不知道自己今后的路该如何走，他的人生还有什么价值，将来还能做什么；也不知该怎样面对自己已下岗，将全部的希望都寄托在他身上的年迈父母和刚刚结婚的妻子！医院的社会工作者和学校的社会工作系的老师及学校的心理咨询老师都在第一时间对他进行开导和辅导工作，同他一起探讨伤残带来的问题和挑战，让他看到自己还具有的能力，鼓励他积极配合医生使身体康复，并与妻子、父母坦诚沟通自己的想法。

1.案例分析

本案例中服务对象小楠24岁遭遇车祸，在成为残疾人且无法正常工作和生活之前，是一名正值青春年华、事业和前途都无限光明的团委书记，拥有一份美满的感情生活。事故的突然性和后果的严重性让小楠难以面对和接受自己，难以面对父母和妻子，同时残疾的现实也让他面临巨大的挑战。现实需要他不仅要接纳自身的残疾，还需要调整心态,积极面对一个和以前完全不同的人生。虽然他的身体残疾了,但他是父母唯一的儿子,是新婚妻子的依靠,今后还要承担赡养父母和支持家庭的责任。要做到这些,小楠的人生需要作如下的调整:在个人和家庭生活适应方面,他要学会生活自理,进行肢体康复和心理调适,即家庭成员的彼此理解和接纳;在家庭和社会角色的实现方面,他需要通过工作,为自己、也为家庭获得经济来源,为实现自立打下基础。这些实际上就是小楠面临的困境,需要社会工作者提供专业介入。

年轻、家庭责任感强和对未来生活的思考,都是小楠面对这些挑战时拥有的优势,可供社会工作者在介入过程中利用。

2. 应对策略

这是一个残疾人个案的社会工作。一般地说,服务方案应包含接案和研究、制定计划、社会治疗、结案和评估。

针对服务对象小楠的需要,或者说是他面临的困境而制定的工作计划,具体内容如下。

(1)工作目的

使小楠适应残疾人生活,树立自信心和对未来的憧憬。

(2)工作目标

使小楠学会生活自理,重新适应新的家庭生活,选择适合的工作岗位。

(3)社会治疗

对于一个健康生活了24年、突然高位截瘫的人来说,其面临的是一个新的人生,有无数的挑战。针对上面的工作目标,社会工作者将在如下几个方面进行治疗。

①日常生活。突然变成残废,日常生活自理就是一个严峻的挑战。面对这个挑战,小楠本人要有信心、有毅力,如果他本人没有主观能动性,要迎接这个挑战是不可能的。小楠的父母、妻子在这个过程中起着很重要的作用,他们的关心和鼓励将会给小楠的康复提供良好的支持环境,否则,小楠在经历了生理磨难之后,会有被家庭抛弃的感觉,会失去康复和学会日常生活自理的动机和支撑。同时,在这个过程中,小楠还需要有专业的康复指导老师,按照医学理论和规律,辅导他进行身体康复,防止肌肉萎缩,学会日常生活技能。

②家庭调适。尽管遇到车祸、成为残疾人的是小楠一个人,但他的父母和妻子都需要调适自己以便接受这个事实,客观上说,迎接挑战的其实是一个家庭。因此,小楠的家庭需要接受心理辅导,让专业人士帮助大家对"小楠残疾了"这个事实有一个适当的认知,对未来将要面对的困难和对策有一定的了解,做到心中有数。

③除了心理调适和适应未来生活外,小楠面对的最大挑战是事业。事业标志着小楠不仅在生活、生理和心理上完成了适应的过程,在经济上能够独立,对家庭和社会责任有所承担,还标志着他在生理、心理和社会等方面的完全康复。社会工作者应该帮助小楠充分了解国家、地方政府对残疾人的相关鼓励和优惠政策,给其可选择的岗位一个准确的定位。

上述服务计划涉及的社会治疗包括小楠的家庭、康复专业的指导师、家庭心理辅导员和小楠所在学校的相关机构。社会工作者应该协调和整合这些资源,为小楠的康复提供支持环境。

3. 计划实施

按照服务计划,开展社会治疗工作,实现服务目标。社会工作者在此原则指导下,进行以下的社会治疗活动。

①针对小楠的残疾情况,进行基本生活技能训练。首先,社会工作者与学校协商,学校在政策容许的范围内分配给小楠一套一层的两居室住房;其次,社会工作者还帮他联系安排家庭中的环境改造,如轮椅进行无障碍行驶改造,培养小楠的生活自理能力;然后,社会工作者还帮助小楠熟悉社区康复资源,加强康复训练。

②针对小楠自身心理调适的需要,提供心理辅导,帮助他了解伤残对自己正面和负面影响,端正生活态度,正确对待可能来自于社会的歧视。

③针对家庭需要,提供家庭辅导,加强小楠与妻子、父母的沟通,使他们能够彼此接纳。

④针对小楠要重新走上工作岗位的需要,社会工作者与学校相关机构协商、学校积极配合,并承诺小楠在力所能及的范围内给他提供岗位的选择。这个问题的落实对小楠而言具有非常重要的意义。

社会工作者按照上述计划,分步骤有目的地实施。在实施过程中,残疾人社会工作者始终以"平等、尊重"的原则与小楠以诚相待,并尽一切努力满足小楠康复和恢复社会功能的需要,切忌反移情行为。

4. 结案评估

在计划实施完成时,社会工作者应对计划的实施进行评估。评估应以小楠和小楠家人的生活适应度为参考标准,其中包括家居生活自理、家庭关系、就业和经济收入等指标。结案记录应及时、完整,社会工作者应对和服务对象继续或中断专业关系作出决定。

在社会工作者的不懈努力下,小楠逐渐走出了低谷。

本章小结

残疾预防是指在了解致残原因的基础上,利用现有的卫生医疗技术,积极采取各种有效措施、途径,防止、控制或延迟残疾的发生。有关资料表明,在致残原因中,一半以上是可以预防的。残疾预防可以分为三级。

残疾人康复社会工作者的任务和职责是把社会工作原理、方法和技巧运用到康复工作中去,协助残疾人恢复和发展他们的潜在能力,实现他们在现实生活中的社会适应功能。残疾人康复的类型包括医学康复、教育康复、职业康复、社会康复。

残疾青少年是社会和社会工作者需要重点关注的群体之一,作为社会生活中的一个特殊群体，在面对一些特殊的境遇和现实生活中的困境时，残疾青少年会形成一些特殊的心理特征，他们的心理状态会或多或少地与健全青少年有差异。在因残疾而形成的心理特点中，有不少是属于积极的心理因素。我们应该尽可能地调动各种积极因素，促进残疾青少年自尊、自强、自立，平等充分地参与到社会生活中去。社会可以通过多种途径给残疾青少年以支持。

残疾人社会工作方法包括残疾人个案工作、残疾人小组工作和残疾人社区工作。

残疾人个案工作是针对残疾人所做的个案社会工作，是将个案社会工作知识、技巧、态度和价值观应用于残疾人个人或家庭，是社会工作者以一对一、面对面的社会工作方法，协助他们寻找有效的途径，处理生理和心理失调问题，从而促进其健全人格的发展，增进其对社会适应的过程。

残疾人小组工作是指社会工作者根据不同的需要，组建不同的社会群体，利用群体动力和群体工作的策略和方法，实现一定的社会目标，如互利互助、消除社会歧视、争取社会资源、达到自我能力的提高等。

残疾人社区工作是依托社区、充分利用社区资源力量为残疾人服务，促进残疾人平等参与社会生活的一项工作。社区残疾人工作是社区建设的重要组成部分，是我国残疾人事业为适应经济和社会发展而新开辟的业务领域。

课后练习

①残疾预防的意义及措施有哪些？

②请论述残疾青少年康复的类型。

③残疾青少年康复社会工作者的任务和职责是什么？

④残疾青少年社会支持的途径有哪些？

⑤请论述残疾青少年的社会工作方法。

第三篇

青少年社会工作的评估和管理

13

青少年社会工作的评估

学习目标

①理解评估的含义、作用和类型。

②熟悉需求评估、过程评估和成效评估的内容。

③熟悉并掌握青少年社会工作常用的测量工具。

④掌握并会运用常用的青少年社会工作评估设计。

评估贯穿于整个青少年社会工作服务过程，是服务成效的根本保证。评估不仅能够帮助社会工作者了解案主的需求状况、案主的改变状况，同时也能帮助社会工作者了解自己的服务成效并对服务过程和结果进行反思，提升自己的专业服务品质。鉴于此，评估在整个青少年社会工作的过程中具有非常重要的地位。

案例 13.1

小昆，男，19 岁，初中学历，生活在重组家庭，家庭关系紧张。案主与不良朋辈结党，常常彻夜娱乐消遣，生活状态混乱。首先，社会工作者从家庭、生活经历等方面进一步收集小昆的情况，分析了小昆目前的问题及其原因。随后，社会工作者制定了有针对性的服务方案，并对计划的可操作性及预期效果进行了分析。随着小昆生活状况的改善，社会工作者对整个服务过程进行了回顾和分析，并在此基础上决定结束与小昆的专业关系。

社会工作者在开展青少年社会工作的过程中应该明确多方面的问题。以案例 13.1 为例，社会工作者应该明确的问题主要有如下几点。

①小昆面临的主要问题是什么？他有哪些需求？是什么导致这些问题的产生？

②社会工作者应该为小昆提供哪些方面的服务？他能够为小昆提供这些服务

吗？这些服务能否解决小昆面临的问题、满足他的需求呢？

③在接受服务后，小昆有了哪些改变？社会工作者能否结束与小昆的专业关系以及何时结束？

当然，社会工作者不能按照自己的主观臆断来回答上述问题，而必须依赖于科学的评估。事实上，评估并不仅仅存在于整个青少年社会工作服务过程的最后阶段，而是贯穿整个服务过程的始终。本章将立足于青少年社会工作的整个服务过程来分析评估的目的，介绍常见的评估类型和方法。

13.1 青少年社会工作评估的含义和类型

青少年社会工作评估作为一项社会工作实践，评估起源于 20 世纪 50 年代末。随着社会工作服务的发展，社会工作者需要对服务进行评估以证明其成效，以提高社会工作服务的问责性和有效性。当前，评估已经成为整个助人过程不可分割的一部分，甚至有学者把评估看作整个社会工作介入的核心，要求社会工作者通过评估的持续进行不断地对整个社会工作的介入过程进行反思，以提高社会工作服务的成效。

13.1.1 青少年社会工作评估的含义

一般认为，青少年社会工作评估是指社会工作者利用各种方法和技术对青少年社会工作的介入过程及其成效进行评价。事实上，评估是一个持续的过程，它贯穿于从接案到介入再到结案的整个干预过程，如图 13.1 所示。

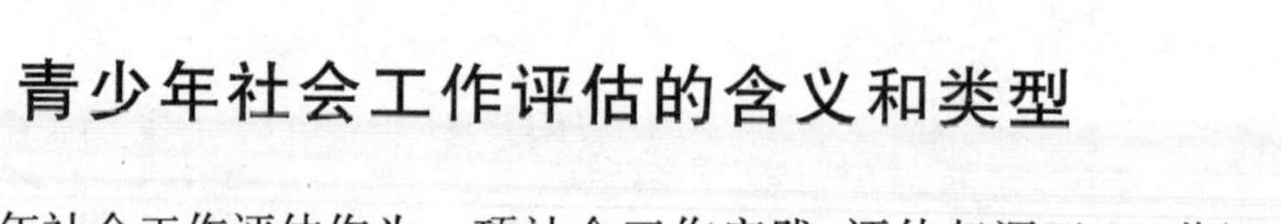

图 13.1 评估在青少年社会工作服务过程中的地位

在整个青少年社会工作服务的过程中，社会工作者通过评估来保证服务的针对性和有效性。在接案之初，社会工作者应该对案主的问题、案主拥有资源的状况、案主的意愿及其改变状况等进行评估，以制定有针对性的服务计划，为提供案主需要的服务奠定基础；在服务期间，社会工作者需要对服务的执行情况、案主反应、改变状况、工作者的工作技巧、服务内容等方面进行评估，及时调整服务内容和方式；在服务结束时，社会工作者需要对案主改变状况、服务目标的达成情况等进行评估，确保案主的问题得到有效、彻底地解决。

社会工作评估不仅能够评估案主的改变状况，也能够对社会工作者提供服务的情况进行评定和反思，包括所提供服务是否符合案主的需要、服务方式是否合适、工作技巧的运用是否得当、哪些方面需要坚持、哪些方面需要改善等等。社会工作者应该在此评估的基础上及时调整服务的内容和方式，从而提升服务的专业质量。不仅如此，通过评估，社会工作者可以对自身掌握和运用专业知识、方法和技术的情况进行反思，明确工作中自身应改善之处，不断地提升专业素质。

此外，评估还可以提升青少年社会工作的认同度。在我国，社会工作还是一件新生事物，政府和社会对其的认知度和接纳度均不高，社会工作的服务成效往往会受到一定的质疑。事实上，即使在已经拥有了上百年社会工作发展历史的西方，社会工作的服务成效有时候也会遭到质疑。通过评估，社会工作的服务成效可以得到显现，社会工作的服务品质及其影响度也随之得到提升。

13.1.2 青少年社会工作评估的类型

社会工作评估的类型划分方法很多，根据不同的标准，可以划分不同的类型。常见的社会工作评估类型划分方法如下。

①根据评估者的身份，可以将评估分为内部评估和外部评估。内部评估是指由社会工作者本人或者社会服务机构内部人员对服务进行的评估；外部评估是指由社会服务机构以外的人员（如观察者、机构聘请的外部督导等）进行的评估。

②根据社会工作介入的层面，评估可以分为实务评估和项目评估。实务评估的对象往往是在个人、家庭或者小组层面进行介入的社会工作服务，主要评估对特定案主进行介入的效果和效率；项目评估的对象通常是在社区层面上进行介入的项目开发和社区实务，是对大量案主提供服务以满足社区需求的项目进行效果和效率的评估。

③根据评估的目的，评估可以分为努力评估、成果评估和效益评估。努力评估的评估重点主要涉及对有关项目、活动提供一个基本的描述，包括服务的使用情况、服务者的使用特征和背景、投入服务的资源和人员配备等，目的在于评价有关达成项目的活动质量；成果评估主要检查项目、活动的成果是否符合当初制定的目标；效益评估主要关注项目、活动、政策的成本效益，即在一定的成本下提供服务的成果是多少。

④根据评估的内容及其在整个青少年社会工作服务过程中所处的位置，评估可以分为需求评估、过程评估和成果评估。

13.2 青少年社会工作评估的对象和内容

如上所述，根据评估的内容及其在整个青少年社会工作服务过程中所处的位置，评估可以分为需求评估、过程评估和成果评估三类。

13.2.1 青少年社会工作的需求评估

案例 13.2

芳芳出生在大城市，是家中的独生女，自幼就是父母眼中的乖孩子，父母也尽量满足她的要求。芳芳读书很用功，成绩优异，还学习唱歌、计算机、钢琴等，并多次在不同场合获奖，父母和亲戚们都以芳芳为荣。

但是,芳芳上初中以后好像变了一个人,读书得过且过,成绩也大不如前。父母说"东",她偏要"西"。本来钢琴学得好好的,芳芳说不学了,要改学打鼓,还在没有与父母商量的情况下,参加了社会上的推销培训。父母对芳芳说:"人贵在持之以恒,有些技巧不是不让你学,但现在还不是时候,而且社会很复杂。"芳芳要么关起门来不听,要么就反驳说:"我现在对推销有兴趣;我有自由学我想要学的东西,反正我也不用你们的钱,还有,早点到社会上锻炼可以早点成熟,你们也别想我只做'乖乖女'。"芳芳的父母还发现,芳芳在网上写日记和交朋友,父母问起,芳芳就以自己有隐私为由不再谈下去。在闲谈中,芳芳多次流露出她的好朋友都在上网,为此芳芳的父母非常担心,不知如何是好①。

案例中芳芳的变化表明了处于青春发育期的她要求摆脱对父母的依赖,有自己独立发展的空间和对同伴群体的交往需要,如父母不了解青春期孩子的发展需要,就很难处理好亲子关系和教育好孩子。青少年社会工作的目的是为青少年提供帮助,满足他们的成长需求。因此,了解青少年的需求所在,是青少年社会工作的出发点和前提。

13.2.1.1　需求评估的含义和特点

一般认为,需求评估是指在接案和收集案主资料的基础上,社会工作者对案主存在的问题及其性质、案主各方面需求满足状况、案主拥有资源状况、潜在的解决方法以及解决问题过程中可能会遇到的障碍等方面的情况,进行综合分析判断并形成阶段性评估结论的过程。

正确的需求评估是社会工作者为青少年提供有效服务的前提和基础。不管是在个案工作、小组工作,还是在社区工作中,如果社会工作者对青少年的问题和需求、案主(青少年个人或其所在的社区)本身拥有多少促进问题解决的资源、解决问题的助力或阻力是什么等问题没有清楚的认识和判断,他就不可能真正了解案主的情况,也无法提供符合案主实际情况和需要的服务。

需求评估通常发生在青少年社会工作介入过程之初。在青少年社会工作中,需求评估通常围绕着"个人与环境交流"这一框架进行。"个人与环境交流"的框架充分考虑到"人在情境中"这一焦点,它提醒社会工作者在社会工作实务过程中应超出以人为目标的基本对象,关注到环境中的各个方面②。

13.2.1.2　需求评估的对象和内容

按照上述框架,社会工作者在进行需求评估时,应考虑以下几个方面的内容。

(1)明确案主的问题和需求

具体来讲,社会工作者应该回答如下一些问题。

---

① 劳动和社会保障部教材办公室与上海市职业培训指导中心:《社会工作者》,北京,中国劳动社会保障出版社。

② Paula Allen Meares:《儿童青少年社会工作》,李建英,范志海,译,上海,华东理工大出版社,2006。

①案主对自身问题及其原因的看法。

②问题的具体表现及其影响，包括问题发生时的具体情境、何时何地发生、发生的频率、持续状况及后果等。

③案主面对问题时的情绪及其应对方法。

④其他相关问题的存在，尤其是隐藏在现有问题背后的问题。

在与案主面谈初期，社会工作者会请案主谈谈其需要或其所关心的事情，包括案主缺乏的一些需求（如工作、朋友、自尊、和谐的家庭关系或足够的收入等）以及案主不需要的一些东西（如恐惧、罪恶感、亲子关系紧张、网络成瘾等）。这些表达出来的问题是案主当时对问题的认知，也是他们向社会工作者求助的主要动因。但是，上述这些问题是不是真正的问题所在，社会工作者还需要运用专业知识来进行判断。

此外，社会工作者还应考虑到青少年这一阶段的特殊性及其面临的发展性任务。青少年正处于世界观、价值观逐渐形成的时期，其主要使命是进一步学习谋生的技能，扩大社会交往范围，承担一些新的社会角色和性别角色，为建立家庭和就业准备。事实上，案主的问题及其影响与青少年所处发展阶段息息相关。比如，在青少年时期遭受家庭暴力或性骚扰会对案主的情绪发展和社会发展有较大影响，包括其以后的家庭生活和人际交往等。

（2）分析案主的个人系统

案主的个人系统是整个需求评估的重点环节之一，应该深入的探讨。具体来讲，案主个人系统的分析应包括以下几个方面。

①案主的生理状况，包括案主的身体特征（如容貌、身材、穿着、姿态等）和健康状况（如案主的疾病状况）。

②人格特征和情绪因素，包括个人情绪感受的处理方式、遇到满足和挫折时情绪的表达方式、人格构造和自我功能的表现形式、心理防卫机制以及对个人情绪适应和人际关系的影响。

③认知方面，包括案主对自己、他人及外在世界的看法以及影响这一看法的智力、判断力、现实感、认知弹性、价值观、错误的信念和自我概念等因素。

④行为方面，包括案主在同家人、朋辈、邻里以及其他社会成员进行交往时的具体表现和参与社会活动时的表现。

⑤案主的优势，主要是案主所拥有的有助于问题解决的潜能和力量，具体体现在个人观念、能力、对待问题的积极性态度和处理方式等方面。

（3）评估社会环境及其支持状况

青少年的问题与环境紧密相连，有些青少年的问题就是环境造成的，比如青少年的厌学、离家出走乃至违法犯罪可能源于父母的离异，使其疏于管教。通常情况下，影响青少年成长的社会环境因素包括家庭、学校、朋辈群体、社区、社会政策等。对社会环境及其支持状况的评估就可以从以下方面入手。

①家庭，包括家庭成员的基本情况（包括受教育程度、职业、健康状况和价值观

念等)、家庭基本功能(如经济、情感、保护等)实现的情况、家庭成员之间的互动情况(如家庭成员之间的沟通方式、面对冲突时的处理方式、家庭规则和角色扮演情况等)。

②同辈群体,包括同辈群体成员的基本情况、价值观念、主要活动等。

③学校,包括案主的学习成绩,在校的行为表现,与同学、老师的关系以及同学、老师对他的评价等。

④其他社会支持系统,包括可能会对青少年产生影响的亲戚、邻居、社会组织、社团、政府机构等以及这些社会支持系统为青少年提供社会支持(包括情感、物质、货币等)的情况。

此外,社会工作者在对案主进行需求评估时还应该考虑到案主接受协助的意愿及其改变自身情况的动机等因素。案主接受协助的意愿及动机直接影响社会工作的服务成效,愿意接受协助且改变动机强的,其问题容易解决,否则难以解决。案主接受协助的意愿和动机受到其自身能力、对问题的认识和机构的服务方式的影响。因此,社会工作者还应该关注案主对其问题和机构的认识,包括案主对困难和问题的原有认识、与工作者接触后对问题认识的改变情况、对机构的认识与期待以及对机构所提供服务的使用能力等。

社会工作者在对案主进行需求评估后需要撰写一份评估报告。评估报告的主要内容应该包含上述内容,即案主的问题和需求、案主的个人系统、案主的家庭系统以及其他社会支持系统等方面的内容。当然,在具体撰写时,各个服务机构的要求不尽相同,有的要求详细,有的要求简洁,有的设计了专门的表格,只需要填入要点①。

13.2.1.3 需求评估实务模拟训练

案例 13.3

王兰,女,15 岁,某中学初中三年级学生。案主亲自投信到辅导室所设立的信箱求助,表示"自己的成绩一年不如一年,现在一有假日就想找同学出去玩,无法专心念书。家长好话、坏话都说尽了,我也听了,但就是做不到"。

高智商但学习成绩差:案主在新生入学时接受中学生系列学业性向测验,原始分数 80,而二年级下学期智育平均 68 分,全班第 30 名。成绩下滑,属于典型的学习成绩低下者。

在对案例 13.3 进行需求评估后,总结出导致案主心理问题的影响因素如下。

(1)个人因素

①情绪不稳定。案主自主性、责任感均差,容易受外界干扰。偏偏中学一年级时,由乡村搬到市区,人地生疏,成绩不理想带给案主很大的压力,情绪更加不易控制。

---

① Paula Allen Meares:《儿童青少年社会工作》,李建英,范志海,译,上海,华东理工大出版社 2006 年版。

②消极的自我观念。学业上的连年挫败使案主不再像小学时一样备受重视,反而被责骂、指责的情况越来越多,形成自我观念的偏差,自信心不够,总是认为自己不行。

③不良的学习态度。由学习态度的测验结果可以看到,学习计划差,学习方法、学习习惯、学习环境、学习过程、准备考试、考试技巧等都为中下等。可见案主有"谈成绩而色变"的心态。

④结交不良友伴。案主在小学是小班干部,现在在班级却不被重用,在外结交朋友可以满足其领导欲。只是这些朋友只爱玩,同辈之间互相影响,使案主的学习成绩越发下滑。

(2)学校因素

班主任按照智力测试的结果,在一年级时规定,案主每学期考试平均分要达到90分,否则就要受罚。案主几乎每次都要受罚,令班主任很失望。班主任一直认为案主不够积极、努力。而在班主任的高标准之下,案主屡试屡败,学习情绪越来越低,成绩越来越差。

(3)家庭因素

①父母管教不一致。案主的父亲严格,除了读书,禁止案主参与其他的一切活动。案主的父亲经常一看见案主就对她冷嘲热讽,父女关系紧张。案主的母亲很关心案主,母女关系良好。但母亲对案主成绩没有任何要求,甚至很同情案主,在案主出外游玩时会替她隐瞒真相。

②不良的家庭环境。案主的妹妹从小成绩就差,父母也从未要求案主妹妹的成绩。案主妹妹的悠闲与案主的心境产生强烈反差,影响案主的学习情绪。

从当前青少年社会工作的开展情况来看,尽管社会工作者对需求评估非常重视,但是在具体实施时仍然存在着不少的问题,其中最大的问题是评估的内容与结果过于简单和宏观,缺乏一定的可操作性。比如,以下为某一案例中社会工作者对案主小A进行需求评估的总结。

青少年小A在其成长过程中正向需求却得到了抑制和阻碍,主要表现在以下几方面。

①交往需求——交往方式错位。"人—机式交往"长期下去导致人际交往萎缩,产生畸形的人际交往行为。

②人格的形成需求——人格异化。长期沉迷于网络的虚幻环境,易于形成孤僻、冷漠、紧张、不合群、无责任感和欺诈等人格特点。

③自我认同的需求——自我迷失。自我系统的两个自我(即"现实自我"和"虚拟自我")相互冲突,导致多重人格。

④社会道德规范的约束——道德失范。如粗言恶语、人身攻击、虚拟性爱等等。

事实上,在一个具体的个案需求评估中,社会工作者的分析不应该停留在抽象概念层面上,而应该把抽象概念和具体事实相结合,通过具体事实来解释抽象概念。就上述案例而言，社会工作者应该将抽象的交往需求与具体的现象（如同父母、同辈群体的交往需求等）联系起来，用具体的人际交往情况解释和说明其人际交往需求，如小 A 需要改善与其父母之间的交往。此外，需求评估也不应仅仅停留在对青少年问题的诊断上，而应进一步分析导致青少年面临上述问题的主要原因是什么，并在此基础上探讨社会工作者可以为青少年提供哪些方面的服务。

13.2.2 青少年社会工作的过程评估

案例 13.4

吴某和他的儿子经常吵吵闹闹，有时还会出现家庭暴力，他们父子俩一起前来寻求社会工作者的帮助。社会工作者经过评估发现造成这种状况的主要原因是他们平时缺乏交流沟通的机会，尤其是缺乏平时就一些事情平静地商量和沟通。于是，社会工作者布置了一个家庭作业，要求吴某和他的儿子每天能够花半个小时的时间就一个具体的事情进行沟通，交流双方各自的意见和看法，并努力达成共识。但是，现在吴某换了一个工作岗位，晚班比较多，能够和儿子共同待在家里的时间比较少。

在该案例中，也许原来布置的家庭作业很好，但是随着案主工作的变动，新的工作使得老的方案已经无法实施，当务之急是对家庭作业重新进行评估，并和案主一起找出新的解决问题的方法。

13.2.2.1 过程评估的含义和特点

一般认为，过程评估是指社会工作介入服务仍在进行时所进行的评估，它提供有关服务过程的各种信息，以便社会工作者及时对服务方案进行修正和调整。

过程评估通常是在青少年社会工作介入服务的实施过程中进行，贯穿于整个青少年社会工作服务的过程，从接案开始一直延续到专业关系的终结。在这期间，受各种因素的影响，案主及其所处的社会环境很可能会发生某些变化，从而致使社会工作者已经制定好的服务方案失去了实施的现实依据和必要性。因此，与需求评估不同，过程评估是整个服务方案得以有效实施和案主问题得以有效解决的重要保证，其目的主要在于检查服务方案的设计和实施情况，包括评估实施过程中的重大变更及其影响，或者诊断实施过程中的困难、问题，寻求对策和出路等。

13.2.2.2 过程评估的具体内容

在不同的介入阶段，过程评估的重点略有不同。在介入的初期和中期，过程评估的重点在于案主的表现以及社会工作者的表现，包括社会工作者运用专业方法和技巧的情况，其目的主要在于了解整个服务的进展，及时地修正服务的方案和技巧。在服务的后期，过程评估的重点在于案主改变情况及其原因，其目的在于探索案主改变的内在动力。

也有学者认为，过程评估关注的内容主要有两方面，即案主的行为和帮助过程，两者应同时进行。就案主的行为而言，正如哈切斯和伏特指出的那样，有三个问题需要特别关注。

①案主呈现的是什么样的问题?

②案主的目标是什么?或者说案主期望通过服务有什么样的改变?

③在帮助的过程中,案主是怎样在解决问题时发挥自己的作用的?

就帮助过程而言,社会工作者应该关注助人的方式及其成效。具体来讲,过程评估的内容应该包括以下几方面。

①明确目前服务进展的程度。与需求评估不同,尽管这一时期社会工作者仍然关注案主的问题,但他主要关注的是案主在接受服务之后呈现出的问题、与服务之前相比较发生了哪些改变以及导致案主发生这些变化的原因有哪些等。一般来讲,导致案主问题发生变化的原因主要有三个方面:一是社会工作者提供的服务产生了效用,这是较为理想的一种原因;二是社会环境变化的影响,比如案主家庭的突变(如发生火灾或家人遇难)促使案主作出某种选择;三是社会支持系统提供帮助产生的效用,比如志愿者的帮助所产生的影响。上述三个方面也应纳入受关注的内容。

应该注意的是,案主发生的变化有可能是正向的、积极的变化,案主问题有了明显改善;也有可能是负向的、消极的变化,案主问题有了恶化的趋势。不管是前者还是后者,社会工作者都应谨慎地评估已经提供的服务对案主产生的影响。

②分析服务方案实施过程中已经遇到或可能遇到的阻碍,并提出应对措施。尽管我们非常希望服务方案在实施过程中很顺利,不会遇到任何阻碍,但事实上这种情况在青少年社会工作实务过程中很少发生,大多数情况下,服务方案在其实施过程中会遇到各种各样的阻碍和困难。一般来讲,阻碍服务方案实施的因素主要有:案主的接受能力,案主对服务的接受能力往往会低于社会工作者的预期认识,从而导致服务方案无法达到预期的效果;资源开发和运用情况,社会工作者在服务过程中经常无法获得服务方案中所需要的社会资源,或者资源的运用情况未能达到预期的效果;社会环境的变化,社会工作者制定服务方案是以当时案主的状况为实施情境,但是随着时间的推移,案主的状况发生了一些变化,实施方案所依赖的某些情境可能已不复存在。

尽管社会工作者在制定服务方案时已注意到方案的可操作性和弹性,但是由于以上一些阻碍因素的影响,服务方案在具体实施时经常需要对内容进行调整。这就要求社会工作者及时关注这些阻碍因素可能会对服务方案产生的影响,并对此有所准备,及时地调整服务方案的内容,以保证服务方案的有效性。

③评估社会工作者与案主之间的关系。从理想的状况来看,社会工作者和案主之间的关系应该是相互信任、相互支持与合作的专业关系。在实际工作中,社会工作者与案主之间的关系可能呈现出不符合社会工作专业期望的局面,如案主不认同社会工作者、案主对社会工作者的情感转移以及社会工作者对案主的反情感转移等。

当案主与社会工作者之间的专业关系发展得比较紧密的时候,案主有时会把早年生活经验里对某个特定个人的特殊感受和反应投射到工作者身上,把他们看作同一个人。例如,案主对工作者说:"你很啰嗦,让我觉得你很像我妈妈。"这种情绪是不合逻辑的非理性的反应,我们通常称之为情感转移。青少年正处于情感需求强烈和反映敏感的时期,极易形成对社会工作者的非理性情感转移。社会工作者也有可能将以往的经历以及与他人的关系中产生的感受和情感转移到案主身上,认定案主是其早期或现在生活中的某个人物,这就是“反情感转移”。

不管是案主对社会工作者的不认同,还是情感转移或反情感转移,它们都会影响到青少年社会工作服务的开展和成效。对此,社会工作者在过程评估中应该清醒地认识,客观地评估其可能会对服务产生的影响。

④了解各个系统之间的协调与合作状况。在社会工作者看来,案主的问题与社会环境紧密相关,有的案主的问题甚至就是环境所致。比如,有很多青少年之所以喜欢上网是因为他们在社会环境中无法获得足够的情感支持和认同。在服务过程中,如果案主所处的社会环境未发生改变,那么即使案主的问题有了改变,其成效也很难持久。但是,社会工作者的精力和能力也有限,他很难单靠个人的力量促进社会环境的改变,而应该通过各方面的社会力量进行。在此情况下,社会工作者与这些力量之间的协调和合作状况就成为影响服务进展的关键性因素。因此,在进行过程评估时,社会工作者应该对此加以关注。

过程评估通常会产生三个方面的结果,即获得按照方案实施的证据;帮助工作者了解如何更好地实施计划的资料;帮助工作者了解有关计划缺陷或者未曾预料且不尽如人意的计划后果的资料。

13.2.2.3 过程评估实务模拟训练

案例 13.5

上海徐汇区青少年社会工作者针对单亲家庭青少年存在的各种问题,例如,学历低、技能水平低、自尊感低、社会支持网络不完善、可利用资源匮乏、解决问题能力缺乏等,采取小组工作方法,借助团体的力量,从帮助青少年认识自己的负面情绪开始,发现情绪背后的问题所在,学会面临困难的时候,如何处理自己的负面情绪并寻找解决问题所需要的资源和方法。为实现此目标,社会工作者制定了完善的工作计划,设计了包括“缘来有你”、“释放与重建”、“与你同行”、“互助网络”、“自我升华”、“梦想展翅”等在内的活动主题,每个主题都有相应的活动目标和活动过程①。

小组在每一个阶段的活动主题、活动内容、活动过程和方法都会有所不同,但是不论在哪一个阶段,小组活动都必须按照一定的目标进行,同时,在小组中,小组成员与社会工作者的互动方式、小组成员之间的互动方式以及组员在组内的自我表达或主观能动性,是小组成长和发展的重要指标,所以,对小组成长阶段的评估,必须以这些指标作为评估标准,才能考察出不同阶段小组发展的具体真实状况。此外,小组每一成长阶段的评估都不是孤立的,而是为下一阶段工作目标和方法的调整奠定基础。

---

① 莱忠:《自强工作坊》,载《阳光点亮心灵——上海市青少年事务社会工作案例汇编》,上海,华东理工大学出版社,2007。

表13.1是根据本案社会工作者在小组发展的不同阶段所作的评估整理出的表格。

表13.1 小组成长阶段评估表

小组成长阶段	小组目标的实现程度	组员与社会工作者的互动	组员之间的互动	组员在组内的自我表露
小组早期		对带领者依赖性较强	团体气氛相对拘束	组员心情复杂矛盾
小组形成期		相互分享感受,具有初步团队凝聚力	团体气氛开始活跃	具有团体浅层次的自我表露
小组工作期	小组契约由外在规范变为内在需求	凝聚力高度集中,组员对小组目标趋于认同	组内人际关系融合,正面反馈增多	具有团体中层次的自我表露
小组工作后期	组内追求转化为组外追求	高度凝聚力,为未来发展出谋划策	组员相互鼓励,分享收获和心得	组员开始逐渐从参与中撤退

13.2.3 青少年社会工作的成果评估

表13.2是社会工作者针对上述同一个案例,在小组工作结束之后,采用以服务对象为主的评估方法,对活动成果进行的评估。通过成果评估,社会工作者同时也找到了工作中的不足和前进的方向,合理控制活动时间,有效控制分享节奏,挖掘组员团内角色作用,发挥带领者的主导作用①。

表13.2 小组工作成果评估表

序号	评估指标	评估方法	评估结果
1	组员对系统化解决问题步骤的认识程度	组员表述	组员基本掌握了系统化解决问题的策略
2	组员对自我参与的评价	"小组成员自我参与评价表"	所有成员表达出对参与小组活动的喜爱和收获
3	组员对团体成长的评价	"小组成长评价表"	组员认为小组能够保持团体的平等和个性的独立
4	组员对带领者的评价	"小组带领人评价表"	组员给带领者较高的评价
5	组员间的相互支持程度	工作人员观察和组员表述	组员对小组成员之间的相互支持给予了充分地肯定

13.2.3.1 成果评估的含义和特点

成果评估,又称为成效评估,通常在社会工作介入过程的最后阶段或者整个服务结束之后进行,其目的在于检视服务的成果和成效。一般认为,结果评估是指社会工作者在服务结束时,通过一定的方式收集案主对目标达成程度、服务内容、工作手法、

① 莱忠:《自强工作坊》,载《阳光点亮心灵——上海市青少年事务社会工作案例汇编》,上海,华东理工大学出版社,2007。

工作者表现等方面的评价，以判断社会工作介入服务是否达到预期目标的过程。

成果评估是最为人熟知的评估形式，通常需要对整个服务过程进行回顾和总结。与需求评估和过程评估不同，结果评估对本次服务的影响较小，对今后开展的其他服务影响较大。对于这次服务过程中涉及的案主而言，结果评估的意义主要体现在社会工作者可以据此评估案主行为的改变程度是否达到预期目标，并据此作出结案的结论。对今后的服务而言，社会工作者在成果评估中总结出的经验可以提升社会工作者运用专业技巧的能力和服务的品质。

13.2.3.2　成果评估的具体内容

首先，成果评估关注的是经过社会工作者提供服务之后，案主发生了哪些改变以及有哪些证据表明案主发生了这样的改变。确定案主行为是否发生改变的方法很多，通常的做法是通过对同一工作对象进行服务前、服务中、服务后的观察和研究，比较案主在服务前后发生的变化。如果案主发生了较大的变化且呈现出良性趋势，则认为服务有效；否则则认为服务无效或没有达到预期的成效。

其次，成果评估中还应该关注服务是否达到预期的目标。一般来讲，可以从两个方面对此进行判断：一是行为方面，根据案主行为改变的程度进行判断；二是主观评价，根据社会工作者或案主对任务或目标实现程度的评价进行判断。社会工作者和案主的这种主观评价可以通过一些量表或问卷获得，具体参见表13.3。

表13.3　个案工作具体行动完成情况量表

序号	具体计划	完成内容	评分
1	帮助案主撰写一份精美的简历	简历内容已经写好	4
2	提高案主的面试技巧	参加面试技巧辅导小组，沟通能力得到增强	5
3	和案主一起搜寻岗位信息	共获得50次相关岗位信息	5
4	获得两次以上的面试机会	共获得4次面试机会	5
5	成功求职	已经拿到一家公司的录用意向	4

注：5—完全完成；4—基本完成；3—部分完成；2—少量完成；1—没有进展

再次，社会工作者还应对本次服务中专业理念、方法和技巧的运用情况进行反思。不断地对服务过程进行反思是社会工作者专业素质进一步提升的有效途径。社会工作者需要反思的主要内容包括如下几点。

①本次服务中提供的服务对案主来说是不是最有效？有没有更有效的方法？

②本次服务确定的目标是不是妥当？有没有得到案主的认同？

③本次服务中运用了哪些专业理论和技巧，运用得是否妥当？

④本次服务有哪些可以进一步改善之处？

最后，社会工作者应该思考本次服务对于将来更有效地工作有什么启示。如前所述，结果评估更大的意义在于未来案主得到有效服务的机会更大。所以，社会工作者应该总结本次服务成功的经验或失败的教训,以作为将来工作的借鉴。

13.2.3.3 成果评估实务模拟训练

案例 13.6

上海宝山区淞南镇青少年社会工作者在社区走访中发现一个情况:由于社区缺乏满足青少年需求的文化娱乐设施,青少年要么独自在家,要么三五成群聚众流连于网吧或上街闲逛,惹是生非。如何解决这一问题?考虑到,一方面当代大众文化,尤其是影视文化对青少年有不可忽视的影响,另一方面社区青少年对影视作品有特殊喜好,而电影又是一门融文学、戏剧、音乐、摄影等多种艺术门类的综合艺术,具有生动、直观、感染力强等特点,有助于青少年的自我认识与自我成长,社会工作者设计了一个名为"电影之声"的项目。希望通过艺术治疗缓和社区青少年情绪上的冲突,帮助青少年重塑自我、接纳他人、融入社会,并在潜移默化中对社区青少年的道德思想和综合素质起到促进与补充作用。

经过一系列的需求调查、成员招募以及经费筹措等筹备活动,该项目进入实际运作,即服务过程阶段。服务内容和过程包括如下几个环节。

①影视热身活动。播放《宝贝计划》、《加菲猫》等情节轻快的喜剧片,帮助青少年放松心情,卸下包袱,消除抵触。活动受到青少年的欢迎,不断有社区青少年把自己的朋友带到活动中来,让电影之声开始成为社区青少年都乐于参加的活动。

②影视教育活动。根据青少年的不同性格特征,选取不同影视作品。自卑者观看《勇敢的心》,亲子关系紧张者观看《童梦奇缘》,丧失自信者观看《一球成名》。

③开展主题活动。将影片划分为励志片、温情片和主旋律教育片,开展影评活动,分享感受。

④影视自制活动。在观赏、分享和交流的基础上,让社区青少年发挥创造力和动手能力,鼓励青少年尝试配音、制作 DV、小视频等,并建议青少年在网上公开发表自己的作品,通过社区青少年自我创作和自我展示的环节,充分挖掘他们的潜能及整合自我的能力,提高他们的自信,促进他们健康成长。

对上述服务项目的效果评估分别采取请专家评估和服务对象评估两种方式。评估结果如下。

首先,专家认为:项目体现出案主需求中心的专业理念;项目在影片选择上注重青少年的动态发展;项目关注案主系统,注重案主与家人、社区、朋友的互动;项目从简单观赏影片拓展为自助编制影视节目,变青少年被动治疗为主动发展。

其次,来自服务队对象社区青少年的感受分别是:"电影是艺术,艺术给我们带来了欢乐。在感受电影的同时,我们也学会了感受生活";"好的影片不仅只是视听享受,更重要的是能帮助我们获得较好的调节身心的方法。"

可以看出,专家对项目效果的评价更注重项目运作是否符合专业特点,而服务对象的评价则更注重项目运作给自身带来的感受。这表明,好的、全面的工作成效评价应该听取多方面的信息和意见。

13.3 青少年社会工作评估的方法和技术

了解青少年社会工作的评估方法,掌握青少年社会工作评估设计的基本技术,是开展青少年社会工作各项评估的基础和条件。

13.3.1 青少年社会工作评估方法

社会工作评估的依据应该是整个助人过程,包括在此期间案主的表现、社会工作者提供的服务以及社会工作者和案主对整个助人过程的评价等。当然,这些方面的资料不可能直接就可以获得,而是需要通过一定的资料收集方法才能得到,包括标准化测量、观察、自我陈述以及社会工作者的文案记录等。

13.3.1.1 标准化测量法

运用标准化测量是青少年社会工作者在评估中运用较多的一种方法,它包括使用问卷、快速评估工具、人格测试量表、会谈进度表以及满意度评估表等。通过标准化测量可以收集的资料很多,可以收集案主的基本情况(包括生理、心理及成长经历等)、案主与家庭成员以及其他社会成员的互动、社会环境对案主的支持等资料,也可以收集案主的改变、案主所得到的服务以及案主对服务的满意度等。

案主满意度的调查是通过了解案主对服务的满意程度来进行评估的一种方法,它能够帮助社会工作者了解案主对介入的反应,也是机构了解社会工作者服务品质的重要途径。案主满意度的调查一般在介入之后进行,它可以帮助了解现有服务的不足、服务中还存在的问题或者空白点、案主的收获以及对服务的意见和建议。这种调查表的形式可以根据机构的要求采取统一的格式,也可以针对案主服务的内容编制满意度问卷进行调查,如表 13.4 所示。

表 13.4 案主满意度调查问卷

请在下面你认为合适的答案上划圈。

1. 您的年龄是:

(1)16 岁及以下　(2)17 ~ 24 岁　(3)25 ~ 35 岁　(4)36 ~ 45 岁

(5)46 ~ 55 岁　(6)56 ~ 65 岁　(7)66 ~ 75 岁　(8)76 岁及以上

2. 您的性别是:(1)男(2)女

3. 您对在本中心接受服务项目的总体评价是:

(1)非常好　(2)好　(3)一般　(4)差

具体意见:________________________________

4. 您认为本机构的社会工作服务对您有帮助吗?

(1)完全没有　(2)几乎没有　(3)有一点　(4)肯定有

具体意见:________________________________

续表

最有帮助的是:________________
最没有帮助的是:________________
5. 社会工作者所提供的服务能在多大程度上满足您的需要?
(1)几乎满足所有的需要 (2)满足大部分需要
(3)只有小部分得到满足 (4)完全没有满足我的需要
6. 如果您的朋友需要帮助的话,您会向他/她推荐我们的服务吗?
(1)肯定不会 (2)大概不会 (3)也许会的 (4)肯定会的
您对本机构服务的意见和建议:________________
日期

青少年的特性决定了其对家庭有较强的依赖,因此家庭应成为青少年社会工作者在资料收集和评估中的一个关键环境系统。当前,以家庭为目标的评估工具很多,包括家庭量表以及由家庭全体成员共同完成的检查表等。青少年社会工作者也可以使用家庭关系指数,了解案主所在家庭的人际关系状况,如表13.5所示。

表13.5 家庭关系指数①

姓名:________	日期:____年____月____日		
这份问卷是用来测量你对你的生活和周边环境的感受。这不是测验,故答案没有对错,请你尽量认真、准确地回答每一个题目,并在每个题目边上填上代表以下答案的数字。			
1 = 从来不如此	2 = 非常少如此	3 = 少量时间如此	4 = 有时如此
5 = 相当多时间如此	6 = 大部分时间如此	7 = 时刻如此	
1. ______我的家人的确相亲相爱。			
2. ______我觉得我的家庭棒极了。			
3. ______我的家庭让我心烦不定。			
4. ______我真的喜欢我的家庭。			
5. ______我真的依赖我的家庭。			
6. ______对于是否要回家,我真的不在意。			
7. ______我希望我不属于这个家庭。			
8. ______我和家人处得不错。			
9. ______我的家人争吵不断。			
10. ______我的家庭中没有亲密感。			

① [美]Leon H. Ginsberg:《社会工作评估——原理与方法》,黄晨熹,译,上海,华东理工大学出版社,2005。

续表

11. ______在家里我感觉像个陌生人。
12. ______我的家人不了解我。
13. ______我家中仇恨太多。
14. ______我的家人都对对方很好。
15. ______那些认识我们的人对我家非常尊重。
16. ______我的家中看来有许多摩擦。
17. ______我的家中充满爱。
18. ______我的家人相互处得不错。
19. ______我的家庭生活常常不开心。
20. ______家庭是我的最大乐趣所在。
21. ______我以家庭为傲。
22. ______其他家庭的内部关系看起来比我们家好。
23. ______家庭的确是我放松的港湾。
24. ______我感到远离家庭。
25. ______我的家庭不快乐。

尽管当前可以使用的标准化测量工具很多,可以收集的内容也很多,而且有相当一部分量表具有较高的信度和效度,但是标准化测量仍然存在着一些不足。事实上,任何量表的使用及其信度、效度都是建立在案主符合一定的条件这一假设基础之上,尤其是对案主的阅读能力和理解能力有一定的要求。如果青少年的阅读能力和理解能力较低,那么收集来的资料的真实性和可靠性就值得怀疑。此外,量表的选择也相当重要,社会工作者应结合量表的具体内容和所测问题的特殊性谨慎地加以选择。

13.3.1.2 日常观察法

观察是青少年社会工作评估中经常使用的一种工具,它具有多种好处。

①观察是对行为的一种直接测量,它能够提供案主目标行为发生时真实情境的资料,包括前后的相关事件、人物及其行为等。

②作为一种较为敏感的测量,观察能够记录案主目标行为中较小的和细微的变化。

③通过观察收集资料,操作起来比较简单。

正因为观察的上述好处,观察也成为最受社会工作者欢迎的一种资料收集形式。

在实际工作时,观察不一定全部由工作者实施,除了案主本人以外的任何相关人员(如父母、朋友、老师、同学等)都可以成为观察者。当通过观察收集资料时,工作者应该从一开始就对案主行为的可操作性条款进行界定,明确目标行为中哪些维度会被记录下来。通常情况下,频率、持续时间、非连续性事件和生理状况等都是可能记录的维度。比如,父母可以记录孩子在何种情况下会发脾气、发脾气的频率、每次发脾气持续的时间、是否有其他相关的发泄行为以及孩子生理上的变化(如脸色、呼吸、脉搏)等。

观察也存在着如下的一些不足。

①观察对于思想和情感的测量无能为力,它无法直接收集到案主复杂的情感变化的资料。

②观察的运用会对案主的行为表现产生影响,案主可能会有所收敛,表现出比平时要好的行为。

③观察的执行非常耗时,而且对观察者的素质有一定的要求。

13.3.1.3 自我陈述法

自我陈述也是社会工作者在评估过程中经常使用的一种工具。与上述两种评估工具不同,自我陈述中的测量资料常常是由案主本人提供的。通过这种方式,社会工作者可以得到有关案主个别化问题的资料,这是标准化测量无法做到的。同时,社会工作者也可以借此来接触案主的内在想法,了解案主复杂的情感,从而能够获得观察无法得到资料。

自我陈述的形式有很多,包括案主自己的计量次数、案主的日志、自我评价量表和会谈等。案主日志可以记录一些高度个人化的内容,至于具体的记录内容、频率和格式需要通过社会工作者与案主的协商来界定。自我评价量表通常需要根据案主的具体情况来设计,它可以了解与案主情感有关的资料。会谈也许是收集自我陈述资料最为常用的工具,工作者可以在介入的过程中随时通过这种方式来了解案主的情况,比如在一次具体的服务之后,了解案主对服务的看法和评价。

在实务工作中,自我陈述也有其局限性。

①自我陈述的形式不标准,通过这种方式获得资料的可靠性和准确性都比较低,在解释时,应更加谨慎和小心。

②自我陈述可能会产生一些片面的资料,因为案主可能不愿意让社工了解到较为隐私的内容,也可能会杜撰一些社会工作者希望看到的资料。

③除去面谈之外的自我陈述测量都要求案主有足够的动力,以在定期的和持久的基础上收集资料,但事实上有相当多的案主无法忍受这项任务带来的沉闷、耗时和单调。

13.3.1.4 个案记录法

一般来讲,个案记录应该包括案主的基本资料、转介的来源、呈现的问题、社会工作者的预估、服务协议和行动计划、社会工作者和案主互动的文字材料、其他机构服务提供的情况、案主面对面谈的反应以及面谈之外的表现、结案的总结和评估等内容。从某种意义上来讲,社会工作者的助人过程借助于个案记录的方式保存下来。也正因为此,通过对个案记录的监控,评估者可以随时了解和评估社会工作服务的进展情况,个案记录也因而成为评估案主的重要工具。

个案记录不仅可以用来开展评估工作,也可以用于进行计划、督导、培训、职业实践、项目评估、财务以及科学研究等工作。此外,由于个案记录可以再现社会工作服务的整个过程,它还可以提供给其他专业人员以供不时之需,比如可以提供给那些同样为该案主提供服务的法院系统、基金会组织和其他机构等。

当个案记录被用作正式或者标准化评估程序的一部分时,预先应该保证所有必要的信息都包括在记录中。一般情况下,个案记录的内容非常丰富和详细。而且,各个社会服务机构均对本机构内个案记录的内容、记录方式等方面有一定的要求,这也在一定程度上保证了个案记录内容的全面性。同时,也应该看到在实务评估中使用的这些再现整个助人过程的个案记录也存在着其不足之处,这主要是因为个案记录都是通过社会工作者的眼睛看到的东西,它不可避免地会带有一些个人的偏见,也可能会有一些选择性的记忆。因此,个案记录可能无法完全真实地再现社会工作者与案主工作的整个过程。

13.3.2 青少年社会工作评估技术

在实务工作中,社会工作者可以采用多种形式对评估进行设计,组织和分析收集到的资料,单个对象设计和团体设计是其中的两种主要技术。

13.3.2.1 单个对象设计

单个对象设计是旨在了解介入是否成功的一种研究技术,因经常用于单个案例或案主而得名。这里的单个对象可以是个人、小组、家庭或者社区,甚至是一个系统。这种评估不设对比组或者控制组,而是通过对同一工作对象进行服务前、服务中、服务后的观察和研究,比较案主在服务前后发生的变化。在这种评估中,社会工作者通常使用基线和其他变量。基线是行为研究中的一个术语,它主要是用来测量行为的频度、强度和持续时间,在评估个案的进程中起着非常重要的作用。

单个对象设计的具体过程如下。

①确定案主的目标行为,比如行为、思想、感觉、社会关系或者社会环境的变化等。

②选择适当的测量工具,比如直接观察、选用标准化问卷或量表等。

③在确定目标行为和测量工具后,应对个案的目标行为进行测量并记录该数据。这个数据就是基线数据,该时间段也被称为基线期。

④为案主提供服务并重新测量案主的目标行为,这一时间段被称为介入期。

⑤比较基线期和介入期的数据(可以把上述测量数据按照时间顺序画在一张图表上,然后在每个资料点上连线,进而判断数据的变化趋势,如果数据趋势的变化与基线期和介入期的转换同时发生,一般可以认为社会工作者的介入具有成效)。

单个对象设计的具体过程和做法会因为社会工作者的实际介入过程不同而有所不同。按照实施过程,单个对象设计可以划分为 AB 设计、B 设计、ABC 设计、ABAB 设计等。

最简单、最常用的单个对象设计是 AB 设计。这种设计包括一个基线期(A,即没有介入之前的基线状态）和一个介入期（B，即介入之后的情况），通过案主行为在这两个时期是否发生变化，说明社会工作者的介入是否具有成效。所谓 B 设计是指没有基线期只有介入期的设计。而 ABC 设计中，除有一个基线期和一个介入期之外，还有一个用药物进行治疗的时期（即 C）。

与 AB 设计相比较，ABAB 设计增加了一个基线期（A）和一个介入期（B）。在第一个 AB 阶段后，社会工作者会停止介入一段时间（即增加一个基线期 A），然后再次介入（B）。在这种设计中，社会工作者之所以会在介入一段时间后暂时退出，是因为要了解两个方面的内容。其一是案主行为的改变是否真的和社会工作者的介入有关？其二是离开社会工作者的介入，案主能否独立保持已有的进步？

在社会工作实务中，单个对象设计是颇受社会工作者欢迎的一种研究和评估个案的方法，但是它也有自身的局限。通常情况下，单个对象设计比较适用于测量行为的改变，对其他方面（如思想、态度、环境等的改变）则较难测定。问题在于，并非所有的社会工作者都用行为的或者任务为中心的模式界定问题，当然，也不是所有的案主都有必要按照这样的方法进行评估。因此，社会工作实务研究和评估固然重要，但是社会工作者的工作不应该受到约束，而应该综合地运用各种不同的评估方法和技术，以全面反映服务效果。

13.3.2.2　团体设计

社会工作中更为传统的评估模式是团体设计，它提供了一个更加系统的方法来评估介入在较大团体中的影响。相较于单个对象设计而言，团体设计可以同时对多个成员进行评估。也正因为团体设计中评估的人数较多，所以它能够就因果关系作一些推论，也能够将结果普及较大群体中的个体。实验设计和准实验设计是当前实务中两种主要的团体设计形式。

1. 实验设计

与单个对象设计不同，实验设计至少需要有两个组，即实验组和控制组。实验组接受社会工作者的介入，控制组则没有。在介入开始前，实验组和控制组在案主的特点上要大致相当。社会工作者通常采用随机安排的方式把相关人员分别分配到实验组和控制组，以确保案主的一些重要特质能被均衡地分配到两个组中。随后，社会工作者可以在整个介入过程中选择若干个时间点同时对实验组和控制组进行测量，然后对两个组的测量结果进行比较。如果实验组的测量结果明显好于控制组，那么就表明社会工作者的介入有效。

实验设计在实务工作中会遇到各种各样的困难。许多社会工作者相信抑制对案主的治疗是有违社会工作的职业伦理的，但是存在着一个没有接受过治疗或者仅仅接受过安慰性治疗的控制组是实验设计的前提。此外，实验设计要求实验组和控制组至少要有 25 名成员才可以进行，但是在实务工作中寻找到这么多拥有相似性的参与者是非常困难的，甚至是不可能的。

2. 准实验设计

与实验设计不同，准实验设计不需要通过随机抽样的方式分配组员。在实务工作中，当社会工作者没有机会随机地安排参与者到实验组和控制组时，通常就会使用准实验设计。也就是说，准实验设计使用不相等的控制组。比如，一个为机构发展了某特殊收养方案的实务工作者可能会选择准实验设计，以评估这个收养方案的成效。这名社会工作者将会在一个基本的机构中，为所有正在收养有特殊需求的儿童的家庭提供介入，并把这些家庭作为试验组。然后，社会工作者再找一个相似的机构作为控制组，将两个小组进行比较。当然，两个小组中的儿童不可能具有相同的个人特质和特殊特质，只是两个小组在他们被收养时都有特殊需求这一点上是相似的。

当然，准实验设计与实验设计仍然存在着一些相同之处，比如准实验设计也需要有两个组——实验组和控制组，其基本思路也是通过对两个组测量结果的比较来评估介入的成效。

13.3.2.3 评估技术实务模拟训练

案例 13.7

肖某，25 岁，某外资企业工作人员，两年来深感压抑和焦虑。不知从何时起，肖某开始出现强迫性行为，经常莫名其妙地打开化妆盒，清点里面的化妆品。即使明知这些化妆品都在，她还是抑制不住自己的冲动。为此，她求助于社会工作者。社会工作者的具体工作目标是帮助她减少打开化妆盒的次数，同时使用临床心理学量表对其焦虑和压抑程度进行测试。社会工作者的干预包括示范及反应预防等行为矫正技术。在干预期间，肖某每天记录打开化妆盒的次数，并与服务之前的数据进行比较。

针对上述案例，可以采取单个对象设计方法，如果肖某在社会工作者介入之前每天打开化妆盒的次数是 20 次，那么看看她在接受社会工作者的服务之后打开化妆盒的次数是否下降了，并以此判断社会工作者的介入是否有效。

本章小结

一般认为，青少年社会工作评估是指社会工作者利用各种方法和技术对青少年社会工作的介入过程及其成效进行评价的过程。

当前，青少年社会工作评估类型的划分方法很多。比如根据评估者的身份可分为内部评估和外部评估；根据社会工作介入的层面可分为实务评估和项目评估；根据评估目的可分为努力评估、成果评估和效益评估；根据评估的内容及其所处位置可分为需求评估、过程评估和成果评估。

需求评估是指在接案和收集案主资料的基础上，社会工作者对案主存在的问题及其性质、案主各方面需求满足状况、案主拥有资源状况、潜在的解决方法以及解决问题过程中可能会遇到的障碍等方面的情况进行综合分析判断并形成阶段性评估结论的过程。需求评估通常发生在青少年社会工作介入过程之初，是社会工作者为青少年提供有效服务的前提和基础。需求评估的内容主要包括明确案主的问题和需求、分析案主的个人系统、评估社会环境及其支持状况等方面。此外,案主接受协助的意愿及其改变自身情况的动机等因素也应受到关注。评估的内容和结果过于简单或宏观是当前青少年社会工作评估中存在的最大问题。

过程评估是指社会工作介入服务仍在进行时所进行的评估,它提供有关服务过程的各种信息,以便社会工作者及时对服务方案进行修正和调整。过程评估贯穿于整个青少年社会工作服务过程中,其目的主要在于检查服务方案的设计和实施情况,诊断实施过程中的困难、问题,寻求对策和出路等。过程评估的内容应包括明确目前服务进展的程度、分析服务方案实施过程中已经遇到或可能遇到的阻碍并提出如何应对的措施、评估社会工作者与案主之间的关系以及了解各个系统之间的协调与合作状况等方面。

结果评估是指社会工作者在服务结束时对通过一定的方式收集案主对目标达成程度、服务内容、工作手法、工作者表现等方面的评价,以判断社会工作介入服务是否达到预期目标的过程。结果评估对本次服务的影响较小,对今后开展的其他服务影响较大。结果评估中首先关注的是经过社会工作者提供服务之后案主发生了哪些改变以及有哪些证据表明案主发生了这样的改变。其次,结果评估中还应该关注服务是否达到预期的目标。再次,社会工作者还应对本次服务中专业理念、方法和技巧的运用情况进行反思。最后,社会工作者应该思考本次服务对于将来更有效的工作有什么启示。

青少年社会工作常用的评估工具很多,包括标准测量、观察、自我陈述和个案记录。各种评估工具各有其优点,也有其不足,社会工作者应根据具体情况选择合适的评估工具。不管采用何种评估工具,社会工作者都应该将测量对案主的影响降到最低,谨慎地使用。

单个对象设计和团体设计是青少年社会工作评估中的两种主要技术。单个对象设计是通过对同一工作对象进行服务前、服务中、服务后的观察和研究,比较案主在服务前后发生的变化,并基于这种变化,评估社会工作介入的成效。团体设计可以同时对多个成员进行评估,实验设计和准实验设计是两种主要的团体设计形式。

课后练习

(1)回答问题

①什么是评估?评估在青少年社会工作中具有什么样的作用?

②什么是需求评估?青少年社会工作者在进行需求评估时需要关注哪些内容?

③什么是过程评估?其内容有哪些?

④结果评估的含义是什么?有何作用?

⑤常见的青少年社会工作评估的方法有哪些?

⑥社会工作者为了确保所收集到资料的真实性和全面性需要注意哪些事项?

⑦常见的青少年社会工作评估的设计技术有哪些？如何操作？

(2)案例分析

案例 13.8

Z 市流浪儿童保护中心从 20 世纪 90 年代末期就开展流浪儿童街头救助工作，在火车站、广场等流浪儿童相对集中的地方，开展街头救助、宣传、咨询和服务，为流浪儿童提供食品、饮用水、药品和绘画工具，吸引他们和社会工作者一起在友好、愉快的气氛中进行面对面的交流，向他们宣传儿童权利，建立彼此间的信任感，并充分尊重他们的观点和决定，及时地发现求助对象，及时地为他们解决困难。

流浪儿童保护中心的这种介入模式是否实现了维护儿童权利的目标？这种介入模式的效果如何？社会工作者应该开展哪方面的评估活动？

14

青少年社会工作的管理

学习目标

①了解青少年问题发展的新趋势及青少年社会工作管理的意义。

②了解我国青少年工作的组织机构、青少年社会工作行政管理的内容。

③理解个案管理的含义、特点、工作原则,及其优缺点。

④熟悉个案管理的工作流程,掌握个案管理相应的操作技能。

青少年社会工作管理事务主要有两类:一是实务层面的管理,社会工作者应对解决青少年问题所需资源按其先后循序进行统筹;二是行政管理,即青少年服务机构对社会工作者的行政管理和有关政府机构对青少年服务机构的管理。了解和掌握青少年社会工作的管理知识和技能,是应对当前日益复杂的青少年问题的基本要求。

案例 14.1

小王,20 岁,职校肄业,目前无业在家。幼年时,父母离异,小王跟随父亲生活。小王喜欢动漫设计,但由于父亲身体不好,加之其单位效益差,家里实在无法供他学习这门技术,小王也因此经常与父亲发生冲突。小王最近交了个女朋友,是外地人,在小王家附近的一些小酒吧里推销啤酒。小王的女朋友经常鼓励小王到社会中去"闯"。小王觉得有理,决定和几个朋友合伙做生意。由于没有本钱,小王偷偷地拿走了家中的现金和存折,并离家出走。社会工作者在与小王接触后,发现小王目前遇到的障碍和问题非常多,单靠社会工作者个人的技术和能力无法有效地解决上述问题。在机构的帮助下,社会工作者寻找到了在心理咨询、法律援助、职业技术培训、就业指导和推荐、青少年教育工作、家庭治疗等领域有经验的工作人员,并与他们一起为小王提供全面的支持和辅导。在服务机构的统筹安排下,小王参加了由当地政府和职业介绍所合办的免费职业技能培训班，开始走一条踏踏实实的生存之路，其所处的困难情境逐步得到改善。

如同上述案例所显示的那样，许多青少年面临着多种问题或多重困难，包括心理、人际交往、家庭关系、职业发展等等，而且这些问题或困难还交织、缠绕在一起。在这种情况下，单靠一名社会工作者的能力和经验很难有效地解决青少年面临的所有问题，也不易为其发展扫清道路。比较好的解决这些青少年问题的办法是社会工作者能够在机构的帮助下与相关的专业人士一起为青少年提供服务，从而能够从根本上解决青少年的问题。在此过程中，社会工作者应主动地寻求青少年所需要的各种服务，并能够对这些服务进行统筹安排。如同上述案例所显示的那样，社会工作者在为青少年提供服务的过程中会遇到多重涉及管理的事务。

14.1 青少年问题变化的新趋势

改革开放以来，我国经济、社会、文化等领域均发生了巨大的变化，取得了举世瞩目的成就。这种变化一方面为青少年的发展创造了良好的物质和文化环境，另一方面也给青少年的发展带来了意想不到的负面影响，使得青少年的问题从原来较为单一的就业、维权等问题发展到心理危机、人际交往疏远、身份认同混淆、发展远景迷茫等多种问题。进入21世纪之后，青少年面临的问题和挑战更多，且呈现出新的发展趋势。

14.1.1 青少年问题的类型日益多元和复杂

青少年在其成长中难免会遇到各种各样的困惑和压力。这些困惑和压力可能是来自升学、学业和求职，也可能来自于与父母、老师、同学和朋友的关系，还有可能来自于精神追求、人生价值、宗教信仰等方面。当青少年不能妥善地处理这些困惑或压力时，就会导致各种各样问题的产生。所谓的多元，就是指青少年面临的不是某一个单一的问题（如失业），而是同时存在着多个且多领域的问题（如同时存在着沉迷于网络、人际交往障碍、就业困难、亲子关系紧张等问题）。所谓的复杂，主要体现在青少年面临的多个问题之间相互交织、纠缠，问题之间的关联性越来越强。

比如，假设某一青少年目前无业在家。在当前人际交往日益疏远的今天，这一青少年要么整天待在家中看电视或上网，要么与一群同样无所事事的人混在一起。前者可能会阻碍其人际交往，导致亲子关系紧张，降低其参与生活的主动性和积极性；后者可能会产生其因交友不慎而引发的打架斗殴、偷窃、药物滥用等问题。这些新的问题会增强该青少年就业的难度，并导致另外的新问题出现，从而形成该青少年生存环境不断恶化的“马太效应”。

14.1.2 青少年问题的根源与社会环境相关联

与成人已经具有较为独立的生活能力和社会地位不同，青少年尚未就业，没有较为稳定的收入来源,其社会地位也正处于不断的变化之中。青少年收入来源及其社会地位的不确定性使得青少年对社会环境的依赖性更强,尤其是对家庭的依赖。青少年的生存状况和青少年的问题其所处的社会环境息息相关。尽管不否认导致青少年问题的原因中包含着其个人因素(如人格、能力、行为习惯等),但事实上,无论是从"个人与社会环境交流"这一社会工作的分析框架出发,还是从当前青少年存在的实际问题来看,青少年的问题与其生存环境之间确实存在着一定的关联,而且这种关联性逐渐增强。陆士桢等人经过研究后发现,青少年本身是弱势群体的命题可以成立,且青少年弱势群体在家庭生活、受教育、就业、居住环境、娱乐、消费模式等领域中面临着不同的"社会排斥",他们的生活和发展状态堪忧。陆士桢等人还认为,青少年弱势群体问题直接影响青少年的社会参与,引发青少年的各种心理问题(如强烈的受挫情绪、沉重的心理负担),并导致青少年形成错误的价值观和人生观,甚至产生对社会的仇视和对抗心理①。的确,许多青少年面临的问题并非咎由自取,而是机会较少以及缺乏相应的社会支持所致。

此外,有些青少年问题的产生与我国社会体制的转型有关。我国现在正处于社会转型期,社会环境的急剧变化使得很多家庭和个人感到无所适从,很多青少年因而出现了焦虑、紧张、沮丧等情绪困扰以及厌学、逃学、迷恋网络游戏、混迹于不良社会团体等不良行为,更严重者甚至引发了违法犯罪问题。

14.1.3 解决青少年问题应采用综合工作方法

美国心理学家埃里克·埃里克森曾经说过:"我们并不认为青少年时期只是向成人的简单过渡……青少年有着特定的性情和行为方式,他们需要在人生这一特殊的阶段内扮演特别的角色,完成特别的任务,发展特别的技能。"在这一时期,个人的求知欲旺盛,学习能力和创造能力逐渐达到顶峰,但是由于实际生活经验不足,心理、智力尚未完全成熟,所以青少年具备一定的取得成功的基础,同时又缺乏独立自主的能力,需要有人协助他们完成自我认同、情绪发展、道德自律、确立志向、专注地学习和工作、树立负责的人际交往意识、逐步发挥潜能等一系列的任务。

以往,这些协助青少年健康和全面发展的工作是由思想政治工作者承担。但是,随着青少年问题的日益复杂,传统的思想政治工作无论是工作理念还是工作方式都遇到前所未有的挑战。在这种情况下,人们转而期望由专业工作者通过专业性的工作方式来较好地完成这一协助性的工作。同时,青少年全面发展的需求、面临问题的多元性以及专业分工的日益细化意味着单靠某一专业人士甚至单一的工作方法很难全面地满足青少年发展性需求,更不易彻底地解决青少年面临的问题。这就要求有各个层面、各个专业领域的包括社会工作者在内的工作人员组成服务团队,共同为全体青少年提供适合他们发展的服务和辅导工作。

---

① 陆士桢:《中国城市青少年弱势群体现状与社会保护政策》,北京,社会科学文献出版社,2004。

从事人群服务的工作者，经常针对那些有迫切需求却碍于资源有限的青少年及其家庭提供必要的服务，这就需要大量的各种各样的社会资源加以保障，包括物质的、实物的、信息的、技术的等。显然，单靠社会工作者根本无法提供这些社会资源。只有将各种社会资源（包括政府掌握的、市场分配的以及社会提供的）整合起来，建构起一个整合的、系统的预防青少年违法、犯罪或出现行为偏差、心理发育不够健全的综合服务网络，才能做到这一点。这种资源整合和综合服务网络既有宏观层面的制度设计，也有中观层面的资源提供以及微观层面的具体操作。宏观层面的制度设计要求政府层面的行政管理来完成，中观层面的资源提供依赖于机构层面的行政管理，而微观层面的具体操作可以通过个案管理来实现。

14.2 青少年社会工作的行政管理

我国青少年社会工作的行政管理指的是青少年服务机构对社会工作者的行政管理和有关政府机构对青少年服务机构的管理。在青少年问题日趋复杂化的今天，了解青少年服务机构，掌握一定的青少年社会工作管理知识和技能，是社会工作者应对当前日益复杂的青少年问题的基本要求。

14.2.1 青少年社会工作的组织机构及其职责

目前，我国大陆从事青少年工作的机构大致上可分为三类。

①政府有关机构，如民政部门、教育文化卫生部门、司法和劳动部门等。民政部门主要负责特殊青少年（孤残）福利服务政策的规划和实施。具体来说，凡涉及孤残青少年的生活保障、收养照顾、康复服务或特殊教育等方面，从具体待遇确定、设施建设、服务组织和提供、管理发展等，都是其权责范围。民政部门通过建立儿童福利院、儿童康复中心、特殊学校等为这些青少年提供具体服务。从中央到地方的各级教育行政部门主要负责有关学校青少年在教育及其相关过程中的福利服务政策的规划和实施。其他相关政府机构也在权责范围内从事一定的青少年工作，负责针对青少年的政策、措施及其实行。

②共青团、妇联等人民团体。共青团和妇联是两个与儿童、青少年有较多工作联系的人民团体，它们在很多时候担当起协调的角色，协调有关部门政策或协助其实施和执行，并负有代表这些群体利益的责任。但是，尽管共青团和妇联的行政色彩较浓，但是它们毕竟不是政府组织，所以它们只能倡导和建议某一政策，而不能规划、制定政策。

③以服务于青少年为使命的非政府组织，如基督教青年会、基督教女青年会、上海市阳光社区青少年事务中心（简称为阳光中心）等。阳光中心的服务对象是年龄在 16 ~25 周岁的“失业、失学、失管”的社区青少年，其服务内容包括了解和把握服务对象的动态；实现对服务对象的有效控制；为服务对象提供社会工作的专业服务；协助服务对象解决就学、就业等实际困难和问题；整合社会资源，推进社会工作等。

总之,我国已经形成了以政府相关机构为主导、以共青团和妇联等人民团体为辅助、以服务于青少年的非政府组织为补充的青少年工作组织体系,而且这一工作体系在青少年工作中已经取得较为显著的成就。但是,两相比较,政府机构在这一工作体系中占据了主导的位置,无论是政策的规划和制定,还是政策的具体落实以及具体事务的操作,都是如此;以专业化服务为突出特点的非营利性的民间机构仅处于补充的地位,无论是工作机构的数量、服务对象的覆盖面,还是工作内容,都处于初步探索阶段。从长远的角度来看,以服务于青少年为使命的非政府组织应该是整个青少年工作体系的基础,其在未来也应得到较为迅速的发展。

14.2.2 宏观政府层面的青少年社会工作行政管理

宏观政府层面的青少年社会工作行政管理也称为青少年社会福利行政或青少年社会福利管理,是公共行政的一部分。它是由社会福利行政主管机关或公务员按照社会政策和社会立法,在其辖区内进行的主要针对青少年及其家庭的社会福利措施,以解决、处理和预防青少年问题的产生及其可能产生的社会负面影响,促进社会福利对青少年群体的关注和保护。

政府层面的青少年社会工作管理的焦点是将行政政策转化为具体的行动和公务管理,其覆盖范围比较广,对实务工作的指导比较抽象和笼统。

在政府机构内从事社会工作行政管理的人员通常被称为社会福利行政人员或社会行政人员,他们运用社会工作专业知识,主要从事政策制定、法规草拟、经费拨补、监督管理和行政协调等方面的具体管理工作。

①政策制定。从国家青少年福利政策的走向(比如,青少年服务的主要群体的特征,青少年工作的性质和意义等)到某些具体福利服务的未来发展(比如,如何针对不同地区不同时间内不同青少年的特殊需求,制定相关的福利政策),都需要社会福利行政人员提供意见,帮助政策制定者作出决策。

②法规草拟。现行社会福利政策是否有必要制定更加具体、明确的法规作为执行的依据?现行社会福利法规是否有难以解释和执行的内容需要加以进一步地说明和修订?法规的不明之处如何进行进一步的解释说明?所有这些问题都要求社会福利行政工作人员通过自身的工作收集相关信息,并作出一定程度地反馈。

③经费拨补。政府部门通常对服务机构的服务经费进行一定的补助,协助各个非营利组织和团体更好地完成对青少年群体的帮助和辅导工作。经费补助牵涉到资源配置,其决定过程一般以相应的政策法规为依据,社会福利行政人员必须依据政策规定的方法和步骤拟定或修正经费补助的标准。

④监督管理。随着民间社会工作机构的发展,政府部门作为主管机关,其应有的监督管理功能的重要性越发凸显。如何将青少年社会工作的具体业务和服务项目委托给民间服务机构、如何招标、如何考核机构的工作成果等问题是社会福利行政人员面临的现实问题。地方政府社会福利行政人员同时面临者如何应对中央政府考核的问题,所以接受工作考核和考核相关单位就成为社会福利行政人员的工作重点之一。

⑤行政协调。为了沟通意见和说明执行政策的方法，开会、打电话、拟定公文、草拟文稿、撰写新闻稿等都是社会福利行政人员的日常工作内容。上述工作大多涉及社会工作的知识和方法，尤其是政策拟定、法规草拟、经费拨补等工作，它们绝非不具备社会工作专业背景的工作者在短期内可以胜任的。

政府层面和机构层面的青少年社会工作行政管理都有实施的主体，都属于间接服务，都是持续不断的动态管理过程，都旨在达成共同的服务目标，都需要发掘并利用各种资源，都需要进行相当高程度的协调和合作，都包含设计、组织和领导等阶段。因此，青少年社会工作行政管理本质上是某社会工作实施主体及其成员为了有效地向青少年服务对象提供最佳服务，在设计、组织等阶段中进行协调和合作，以不断发掘并利用各种资源，从而把青少年的相关社会政策转化为具体服务并进行动态修订的过程。

14.2.3 中观机构层面的青少年社会工作行政管理

中观机构层面的青少年社会工作行政管理就是使青少年社会服务机构的所有成员按照其功能承担相应职责，充分发掘并运用所有资源，为青少年群体提供最理想、最有效服务的过程。一般来讲，机构层面的行政管理比较具体且富有操作性，它有利于妥善运用与管理有限的资源，避免浪费，同时，也能够激励员工的士气，取信于服务对象。

在青少年社会工作机构里，管理者运用管理的要素和过程从事行政工作。近年来，青少年社会工作机构深受公共管理和企业管理的影响，也开始尝试发展与社会工作相配合的管理项目。从当前青少年社会工作机构的运作来看，这些管理项目主要有如下五类。

(1)人事管理或人力资源管理

人事管理涉及雇佣关系的改变和发展合适的人力资源管理策略、人力的运用符合法令要求、节约人力和预算控制、协助组织人力的发展等。

(2)财务管理

财务管理包括规划和预测财务需求和财力来源、发展资源(如筹款活动、经营产业等)、安排资源、记录财务和方案执行情况、控制开销和管理资源、报告和解释财务运作情形等。

(3)行销管理

青少年社会工作机构行政中的行销管理包括行销组合和公共关系两部分。行销组合旨在满足青少年服务对象的需要，让服务机构获得社会的广泛认可和支持。行销组合的内容包括寻找预期的服务对象、发展本身的服务和产品、以广告促销推动产品被公众广泛接受等。公共关系是机构体系与外在环境沟通的主要运作方法，机构通过公共关系展现服务成绩、建立与政府的良好关系以及美化机构对外形象。公共关系的建立和维持可以使机构服务成效获得政府主管单位、社区大众的了解和认同，获得更多的资源和协助，从而使机构获得持续发展的动力和支持。

(4)信息管理

信息管理是指适时获得决策参考的信息,以促进组织效率的提升和目标达成。青少年社会工作机构的信息分为如下几种类型。

①社区信息,包括人口、社会经济特征、未接受机构服务的人群、外部服务和资源。

②个别案主和案主群的信息,包括问题、历史、接受服务的形态、服务过程、社会经济和家庭的特性、满足的测量和服务的结果等。

③服务信息,包括机构内各单位提供服务的类型、接受服务的案主人数、特定时间允许或解除接受服务的人数和服务相关措施的内容。

④员工信息,包括花在各项活动的时间、服务案主人数、服务量和机构内不同服务方案的界定等。

⑤资源配置信息,包括总成、特定服务类型的成本和财务报告等必要的资料。

(5)绩效管理

绩效管理包括机构绩效、方案绩效和员工绩效三部分。

①机构绩效涉及组织运作(包括组织、员工、财务以及组织与外部团体的关系等)、组织对社会的实质贡献(包括服务理念、目标和品质等)、组织与服务对象及各合作对象的互动关系等内容,它可以用经济、效率和效能等作为指标进行评估。

②方案绩效是注意服务方案的绩效评估过程和工具。

③员工绩效考核并非仅仅进行传统的人事管理,也不是仅依据绩效考核的结果作出人事升迁、矫正薪资管理,绩效考核应该有双重目的:一是帮助员工了解和利用其潜能改善工作绩效,更好地完成工作任务;二是给员工和管理者提供相关信息,以进行有关工作决策。

14.3　青少年社会工作的实务管理

除了宏观、中观层面的行政管理以外,青少年社会工作管理还有非常重要的一个领域,那就是微观青少年社会工作实务领域的管理,它集中地表现为作为青少年整合工作模式的个案管理。

14.3.1　个案管理的含义

个案管理(Case Management)的概念最早可追溯至成立于1863年的美国慈善委员会。但是,作为一种服务模式,个案管理自20世纪80年代出现于美国社会工作实务领域,是为了适应现存于许多专业领域中的复杂服务体系以及为改进因服务分散、人员流动或协调不当所引起的种种服务效果不够理想的问题而发展出来的社会工作方法。

个案管理经常被人误认为仅是单纯的个案建档和管理。事实则不然,个案管理是一种整合性服务的工作模式,它经常用于服务那些同时面临多重问题且自身无法有效地向外寻求帮助的案主。按照全美社会工作协会(NASW)的界定,个案管理是一种提供服务的方法,是指由专业工作者评估案主及其家庭的需求,并安排、协调、监督、评估及倡导一整套包含多种项目的服务,以满足特定案主的复杂需求。通过个案管理,社会工作者在与各种不同福利和相关机构的工作人员相互沟通下,并以团队合作的方式为有需要的人提供有针对性的服务,以扩大服务的成效为其主要的目的。

我国台湾学者宋丽玉提出,个案管理的内涵是由个案管理者、案主需求和福利服务体系三部分组成,如图 14.1 所示。整个系统运转涵盖如下三项活动。

①个案管理者与案主需求,即个案管理者对案主需求及所处情境予以评估后进行服务方案规划,对无法直接提供服务的则转介给相关机构。

②个案管理者与福利服务体系,即个案管理者通过服务方案的规划、联系及协调案主所需资源,为案主倡导、整合一个完整周全的服务网络,并督导该服务的进行。

③福利服务体系与案主需求,由于各福利服务机构往往有不同的规定、服务程序及资格要求,案主可能不知道如何应付才能获得服务;再者,当许多机构介入对案主的服务时,责信问题变得很难划分。个案管理的实施能够整合整个服务的效益,服务的完善与否可由可接受性、可及性、可近性及责信度等四个要素加以评估,借以发挥服务的效果。

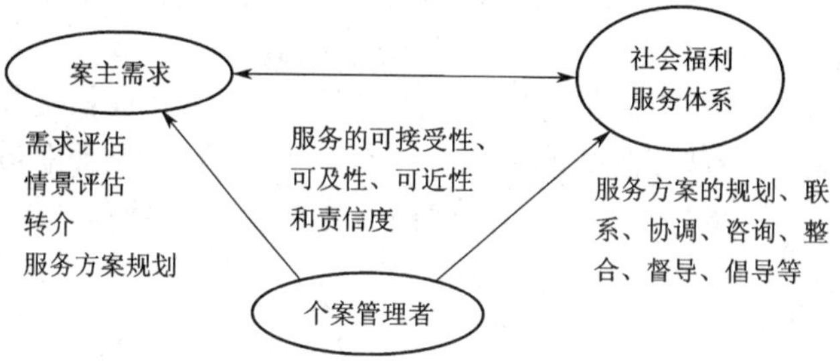

图 14.1　个案管理的内涵

个案管理服务与其他社会工作方法的不同特点主要有两方面:一是找出解决服务对象多重问题所需要的社会服务网络;二是建立这个网络中各项服务提供者之间的互动关系。个案管理服务强调两个重点:一是注重发展或强化一个社会资源网络;二是个案管理除了增进服务对象使用社会资源的知识、技巧和态度外,更注重于强化服务对象个人取得资源和运用资源网络的能力。

尽管个案管理的工作方法源于个案工作,但是两者之间还是存在着较大的差异,是两种大相径庭的服务方法。个案管理不仅包含了个案工作,也包含了为案主及其照顾者提供一种持续性的实质帮助。同时,个案管理更强调案主的特定性、服务资源的协调和管理以及服务效率和成本控制。二者区别参见表 14.1。

表 14.1 个案工作与个案管理的比较①

	个案工作	个案管理
案主	问题比较单纯的案主	多重、复杂问题的案主，或一家有两个以上案主
问题类型	单一资源可解决的问题	需多重资源解决的问题
问题性质	治疗性、矫治性	危机性、复健性、教育性
目标	协助案主解决问题	促成案主有能力使用资源
分析诊断	深入心理和社会层面	关注人与情景的实际情况
主要方法	一对一、面对面	评定、规划、协调、联结
工作角色	工作者即主要协助来源	工作者结合相关服务资源
案主参与	较为被动	重视案主改变的潜能
处置时间	较为短期	较为长期
记录格式	开放式或半结构式	具体、明确、详细、结构

个案管理服务在各种社会服务中的适用对象是那些同时面临多重问题且在资源的获得和有效使用上遭遇困难的人，个案管理者就是帮助当事人找到资源，使其学会使用资源，脱离困境。如同上文已经分析的那样，当前青少年面临着多重问题，而且这些问题之间相互影响。同时，青少年是一个特殊的弱势群体，其生存所需要的资源主要来自于社会环境的支持，青少年自身缺乏支配资源的权力和使用资源的能力。正是由于青少年及其所面临问题的上述特性，青少年社会工作也就成为较早使用个案管理的一个实务领域，社会工作者可以通过这种方法更加有效地解决青少年面临的多重问题。

14.3.2 个案管理的工作原则

作为一种服务模式，个案管理既遵循社会工作的基本原则，同时又有一些自身独有的具体工作原则。从青少年社会工作领域中的实施情况来看，个案管理的工作原则主要有以下几个方面。

(1)服务整合

整合不同的服务机构和专业人士，为社会上的各种人群提供他们所需要的服务，是个案管理的一个基本原则。在青少年社会工作领域中，由于青少年面临问题的多元性和复杂性，其所需要的服务经常来自不同的服务机构或部门，比如需要来自于培训机构提供的技能培训、来自于职业介绍部门提供的就业信息、来自于心理咨询师提供的心理辅导以及来自于社会工作者提供的人际关系辅导等。但是，由于服务机构自身功能和职能方面的限制，同一机构很难运用多元的服务手段为服务对象提供比较合适且全面的服务，从而造成种种遗憾或者出现让服务对象感到为难的局面。个

① 林胜义：《社会工作概论》，(台湾)五南图书出版有限公司，2001。

案管理则能够较好地避免这种困难局面的出现。个案管理的基本原则就是根据服务对象的具体需求，整合不同的机构和专业工作人员，减少服务的重叠和浪费，从机构的角度帮助案主同时获得来自不同机构、不同部门、不同专业和不同类型的服务。

(2)平等地享受服务

青少年弱势群体面临的一个重要问题就是遭到"社会排斥"，即这些青少年在日常家庭生活、受教育、就业、居住环境、娱乐、消费等领域中无法公平地获得各种服务。这时，个案管理者可以扮演倡导者的角色，通过舆论宣传、公共监督等方式为处于困难中的青少年争取其应有的生存和发展权利。比如，帮助青少年争取其可以享受的免费培训项目、在家庭中的生命和人身自由，或稳定的生活保障金来源等。帮助案主获得平等享受服务的机会和权利是个案管理中重要的工作原则之一。

(3)高质量的服务

确保青少年获得高质量的服务需要多方面的条件，包括服务的有效性和高效率。有效性要求个案管理者必须保证在资源有限的前提下，设计最合理的分配资源的方案。高效率要求个案管理者能够在尽可能短的时间内，用最少的成本让青少年获得其所需要的资源，实现预期的服务目标。个案管理中之所以非常注重来自不同机构、不同领域的专业工作者之间的合作，其目的就在于提升青少年社会工作服务的质量。

(4)全人观念

全人观念是个案管理的一个核心概念。在服务设计中，需要个案管理者从全人的角度出发，对服务对象存在的不足和潜在的优势进行全面的评估，包括社会的、心理的、医疗的、财政的、职业发展的、人际交往的等等。相应地，个案管理者所安排的服务也应该是全面的，既包括心理治疗、心理辅导、情绪疏导，又包括对有需要者所处的社会环境方面的支持，协助案主建立和维持与其家人、朋友及其他社会网络之间的联系。只有全面地了解和把握服务对象的本质特征，才能真正做到为其提供有现实意义的服务，促进其现实问题的解决。

(5)以案主为本

以案主为本的服务理念是个案管理的一个基本策略。个案管理工作中"案主为本"的精神主要体现在工作者主动邀请案主参与整个服务的提供过程；并帮助案主提高自身与人合作和整合自身社会资源的能力，鼓励案主学习如何对自己的个案进行自我管理。

个案管理的上述工作原则在服务过程中的每一个方面、每一个环节中都应该有所体现。就评估工作而言，个案管理中的评估应该是包括个案管理者、服务对象和所有参与个案管理工作的各个专业工作者在内的评估的整合。评估的内容应该以案主为本，对案主以及整个服务过程进行全方位评估，包括服务过程的有效性评估、服务结果的有效性评估、服务对象发展和改变程度的评估、服务对象对服务满意度的评估、服务的整合状况的评估等，并以此为基础不断提升服务的质量。

14.3.3 个案管理的工作流程

在青少年社会工作领域中运用个案管理来提供服务,应遵循个案管理的一般工作流程,同时结合青少年的特殊性来进行。个案管理的工作流程大致可分为建立关系、需求评估、制定服务计划、获取资源、组织协调和结束关系等六个阶段,如图 14.2 所示。

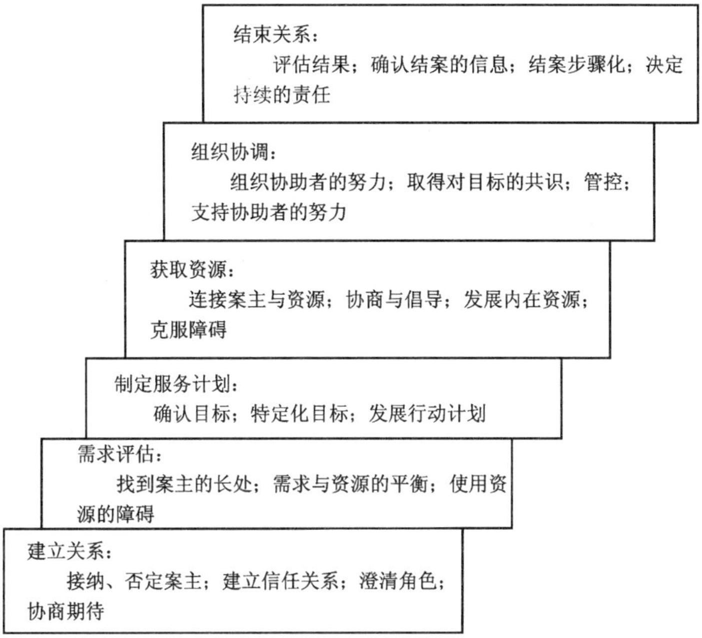

图 14.2 个案管理的阶段①

1. 建立关系

建立关系是指个案管理者与青少年建立起一种有效工作关系的过程。这个关系建立的基础是青少年需要个案管理服务,青少年与个案管理者之间存在着信任与合作。在这一阶段,个案管理者需要向青少年介绍自己以及自己的工作角色,收集有关问题的资料,处理案主对于接受服务所产生的消极感觉,并与求助者逐步建立一种相互信赖的工作关系。需要注意的是,由于个案管理的服务对象通常在资源的获得和使用上有困难,这一问题在他与个案管理者之间的关系中也可能会出现。所以,个案管理者在建构起服务对象与其他协助者之间的关系之前找到解决这个问题的有效方法。

2. 需求评估

在这一时期,个案管理者需要向青少年确认三件事情,即案主需要解决的问题,

① J. R. Ballew & G. . Mink:《个案管理》,王玠,李开敏,陈雪真,译,台湾心理出版社,1998。

案主认为的可用于解决问题的资源,案主使用这些资源的障碍。需要解决的问题可以由案主自己提出来,也可以根据个案管理者本人的观察罗列出问题清单。在确认了案主面临的问题尤其是关键性问题之后,就要确认协助解决问题所需要的正式与非正式的资源,即资源评估。个案管理者尤其要关注的是有哪些因素阻碍了案主与解决问题相关资源之间的有效连接。

初期评估的重点是发现当事人无法取得和使用社会资源的障碍,而不仅仅是了解存在的问题。事实上,影响案主无法获得和有效使用资源的障碍有三种类型,即外在障碍、内在障碍和恒久性能力的丧失。

①外在障碍主要存在于案主的环境中,如某种资源不存在,或不足以满足需要;该资源存在,但是不适合某一特定案主;某项资源存在,但缺乏取得它的次级资源。

②内在障碍主要是指案主个人的价值观、态度、受教育程度、技能等因素,这些导致了案主某些特定的行为模式,妨碍了案主对社会资源的获取。

③恒久性能力丧失是指超过案主个人可控制的一些因素,如严重的心理疾病、心智迟缓等,它会降低或消除一个人有效与人沟通的能力或主动参与社会的能力。

3. 制定服务计划

在此阶段,个案管理者应与案主一起根据案主的需求制定一个有一定系统、结构和步骤的服务计划。正式服务计划的结构包括:形成目标,即个案管理者和案主共同承诺要努力达到的可实行的目标;具体目标的先后顺序,它能使一些关键性问题得到优先解决;达到目标的方法,即介入策略,这是解决问题的行动方案。在青少年社会工作中,书面计划一般表现为服务计划表,其内容包括当事人资料、联系日期、问题评估、资源评定、障碍评定、服务步骤等。同时,个案管理者还应为案主建立一套档案记录,包括医疗诊断记录、心理状况评估记录、社会经济状况记录等,所有这些材料将为服务计划的实施提供一个基本的背景和依据。

(1)一般性资源

一般性资源服务计划表如表14.2所示。

表14.2 一般性资源服务计划表

案主姓名	琳达史塔巴克	转介来源	儿童保护机构
家人名字及出生日期	琳达:1973.10.17	派案日期	1996.4.15
		首次联络日期	1996.4.17
	布莱恩(儿子):1991.12.12	服务计划书撰写日期	1996.5.22
	亚特(男朋友):未知		

(2)联络日期

联络日期服务计划表如表14.3所示。

表 14.3 一般性资源服务计划表

与案主的联络	与相关人员的联络
电话:1996.4.15	
家访:1996.4.17	玛姬梅森,经济扶助工作人员:1996.4.16,1996.4.23
家访:1996.4.22	艾莉屯姬,儿保工作人员:1996.4.23
电话:1996.4.23	赛蒙比尔,危机处理中心,电话联络:1996.5.7,1996.5.8,1996.5.11
电话:1996.4.24	
家访:1996.4.27(不在家)	艾尔史麦尔,快乐之家旅馆经理:1996.4.17
家访:1996.4.28	

(3)问题评估

琳达和她的儿子正面临许多问题。这些问题以易造成儿童虐待和疏忽的程度从低到高顺序排列如下。

①情绪问题。由于所面对的生活压力,琳达常觉得害怕和心力交瘁。她不相信自己有任何优点或技巧,并且也不敢期待有人会比她的男友或前夫对她更好。她在表达愤怒上有问题,她称她过去一直脾气不好,但是现在几乎没有表达过愤怒的情绪。这个部分需要作进一步的评定。

②社交孤立。琳达没有朋友也不认识她的邻居。她对父母的感觉很矛盾,因为感觉他们常常批评她,所以她几乎不向他们求助。她非常努力地使自己孤立,并且认为从机构获得协助是一项个人的失败,她对机构不熟悉,并且或多或少有些害怕与他们接触。唯一一个她固定求助的对象是她的男友——亚特普林斯顿。然而,亚特只有在他心情好时或他们二人相处不错时才会帮助她。

③亲子关系。琳达极端依赖儿子布莱恩去满足她情绪上的需要。她把他看成是她"生活的全部",期待他在肢体上和情绪上都能照顾她的需要,这是有些不切实际的。当布莱恩达到他母亲的期待时,她就对他和自己的感觉很好;当他无法达到母亲的期待时,她就会把他看成是一个不可爱的坏小孩,并且也把自己看成是一个失败的母亲。因为她的期待是如此的不切实际,所以她就不可避免地常常陷入不好的情绪中。当布莱恩使她失望时,琳达就会很生气并且开始管教他,通常是用手打他,偶尔会用皮带,有时她也会要求她的男友管教布莱恩。

④居住问题。他们这一家因为没有付房租和其他一些账单,包含公共设施费(如水电、瓦斯等)而被赶出去。他们目前正住在一间旅馆房间,只有一个热盘子在煮东西。琳达一直无法找到一间她付得起房租的公寓。

⑤与伴侣之冲突。琳达与她的男友亚特之间的关系忽冷忽热。当一切顺利时,亚特与琳达和布莱恩住在一起。但是他们也经常吵架,结果是亚特会离开数日。当这种情形发生时,琳达一开始会很生气,并且感觉受到伤害。但是,当孤独感袭上心头时,她能想到的只是如何使亚特再回到她身边。虽然她认为她不爱他,不想与他结婚,但是她也不想过没有亚特的日子。

⑥与原生家庭的冲突。多年来,琳达一直感觉父母常批评她。她一直把自己看成是家里的害群之马,并且相信父母对她是非常失望的。她现在知道她过去怀孕和结婚是为了要脱离父母的家。她非常不愿意去向父母求助,因为她担心他们会批评她或者会设法把布莱恩从她身边带走。

⑦严重的学习障碍。琳达的智力有些障碍,在功能上可以说是文盲。在十年级时她因为功课太难而辍学。她想她自己是一个"笨小孩",并且认为她不可能找得到一份工作。

⑧托育问题。儿保人员之所以会介入,其因为琳达把布莱恩单独留在家中。她坚持说她只有一次这样做,然而事实上,当她需要临托时,她也没有相应资源。

(4)资源评定

对案主琳达的资源评定如表 14.4 所示。

表 14.4 资源评定表

问题	资源	目标
情绪问题	家庭服务	接受咨询以提升其自我价值观及学习以恰当的方式来表达愤怒
社交孤立	父母团体、邻居、原生家庭、社区中心、父母助理员	给琳达一些可能的资源使她在面临危机状况需要协助得到支持
亲子关系	家庭服务、儿童辅导、父母团体	学习适当的期待,并找到体罚以外的其他替代方式
居住问题	国民住宅、住屋安排专家	找到适当的低费用的房子
与伴侣之冲突	家庭服务、心理卫生、亚特普林斯顿(男友)	二人接受谘商以降低争吵或琳达接受谘商以降低对亚特的依赖
与原生家庭之冲突	家庭服务、心理卫生、原生家庭	作些改变使她的家庭可以变成她的支持来源
学习障碍	高中就业班、高中同等学力、准备计划、志愿性家教、阅读训练	增加琳达的工作技能、就业可能性和自我价值感
托育问题	邻居、原生家庭、日间托育、亚特普林斯顿(男友)	提供一个除了把布莱恩单独留下的其他替代方式

(5)障碍评定

①外在障碍:所有资源目前都存在,并可供琳达使用,但是她没有可靠的交通工具或孩子临托的资源。

②恒久性能力丧失:没有。

③内在障碍:琳达因已经惯于当事情有任何差错时,自己永远是那个被批评、被指责的人,所以她非常害怕去要求别人的帮助。她认为自己已是心力交瘁和无助的,在生命中所经历的事情都是超出她的控制的,她倾向于认为没有人会关心她以致于想帮助她。她主要的行为模式是属于悲观主义者。

(6)服务行动

整体服务的目标是使琳达与先前提到的资源连接上,特别是谘商、父母成长团体和邻居。在完成这些事情之前,琳达必须先找到新的住所。一旦她住进新的地方,她可以学习一些与邻居交往的方法。可以由社工提供交通工具,安排孩子临托的问题,以便她能去接受谘商或参与父母成长团体的聚会。琳达同意上述这些都是需要优先要解决的,以下所要提到的行动也都是根据和琳达一起协商而决定出优先顺序的。

①第一步要教琳达如何接受个案管理者的帮助。在以后的4个星期中,个案管理者将协助她找到新的住所,利用这个机会建立与琳达的信任关系,并且要展现给她看的是:并非所有可能的协助者都会批评她。

②下一步,个案管理者将提供直接谘商给琳达,以便帮助她能看到自己的优点和技能、提升她的自我价值感和自信心,并且增加她对生活的掌控感。谘商中可能会讨论到一些方法,使琳达可以运用她的优点增加她对每日生活(像煮饭、打扫、与邻居交往、孩子托育、预算的计划等)的掌控感。只有当琳达至少愿意讨论接受谘商的事,所有上述的事情才有可能顺利完成。预期这些事情的完成大概需要6~8星期的时间。

③个案管理者将会用以后2~3个月时间继续与她直接谘商,计划加入其他谘商机构、父母成长团体、安排交通和托育,使琳达能顺利与谘商机构和父母成长团体的资源连接上。预期从现在算起6个月内,她与每一个资源至少有1~2次的接触。

制定服务计划应该注意以下几个方面的事项。

①方案必须能够满足案主的需求,个案管理者必须清楚针对案主的服务有哪些不足。

②个案管理系统必须符合其所处服务机构的背景,必须考虑服务机构的职能和特点,通常情况是,服务机构的组织结构越复杂,个案管理系统也会越复杂。

③个案管理的系统必须有自我修订与调整的能力,能够在计划实施过程中,针对突发的状况及时作出反馈,适应不断变化的案主和环境的状况。

4. 获取资源

在明确制定服务计划之后,个案管理者应协调相关资源,组建解决案主问题所需的专业团队,并为案主提供必要的转介服务,帮助案主逐步建立为其提供全面服务的支持网络。

这是一个行动介入过程,即帮助当事人克服与资源连接的障碍、使之与可用资源建立新连接的过程。青少年社会工作和其他社会服务一样,一般采用三个策略。

①连接,为与具体服务提供者开启一个新的关系而采取行动。

②协商,为改善当事人与具体服务提供者之间现存关系设计的行动。

③倡导,当外在环境中某些因素与当事人处于冲突或不利状况下的时候个案管理服务者要站在当事人立场上替当事人提出请求并采取行动。

5. 组织协调

个案管理者需要在案主与资源提供者之间进行协调和沟通，确保各个层面的互动能够比较顺畅地完成，避免出现资源提供者无法履行承诺或案主动机减弱的局面。在这个过程中，个案管理者需要对服务质量和服务进度进行监测；协调服务网络内部的关系，解决不同机构之间的冲突和矛盾；领导团队为了共同的目标而进行比较深入的合作。同时，个案管理者还需要根据案主的具体情况，开展倡导活动，争取案主应有的生存和发展的权利与机会。通过对服务的监测和从案主那里获得的反馈，个案管理者还需要对服务的改进提出建议和具体实施的办法，推动机构内部和机构之间的合作和服务质量的提高。

任务执行顺序化和约定是常用的增进案主动机的技术。前者主要通过一种积极的谈话程序做到，后者则通过澄清和具体化在完成计划目标过程中案主和个案管理者各自的责任来落实。

6. 结束关系

当青少年取得了社会资源的协助、学会有效使用社会资源的时候，其原有的问题和困境开始出现缓解和部分解决。案主有效地运用资源的能力主要表现为他能够自主地与社会资源连接，如青少年在再次失业后能够通过使用职业介绍网络来就业。此时，个案管理者就应该以渐进的方式结束与案主之间的服务关系。在正式的服务关系结束后，个案管理者还需要对案主进行一定时间的跟踪访问和转介服务，保证他们真正有能力实现自我管理。

14.3.4 社会工作者的角色

由于个案管理的独特性，在工作过程中，个案管理者的角色与个案工作者有一些区别，具体来说，个案管理者的角色主要是如下几种。

(1)整合者

个案管理者可以根据服务对象的需要，协调和整合不同来源的服务方式和专业人员，保证为服务对象提供最适合的服务，满足服务对象多方面的需要，全面帮助服务对象解决其困难。

(2)倡导者

个案管理者作为倡导者的角色可以体现在三个层面的服务工作中。

①代表案主表达和争取他们应有的权利，协助他们获得生活发展所需要的服务，或要求有关组织、机构改进服务质量，确保有相关需求的人群能够获得有效的帮助。

②在机构管理层，个案管理者可以要求机构作出政策调整，保证服务对象能够获得应有的服务和资源。

③在社会政策制定层，个案管理者可以影响政府政策的制定，从而保证政策能够真正满足服务对象的需要。

(3)咨询者

个案管理者为了保持与服务对象的关系，还需要扮演一个咨询师的角色，只有对案主的情况有相对全面、准确地了解和掌握,个案管理者才能够对案主的需要作出全面而准确的评估,从而制定一个有效的服务计划。

除上述角色之外,也有学者认为,个案管理者的角色还有经纪人、协调者、同事和合作者、社区组织者、评估者、策划者、服务的检测者以及记录的保留者等。

14.3.5 个案管理的优缺点

个案管理的作用优势可归纳为三个方面。

①整合社会资源。社会服务资源的分散,既提高了服务成本,也削弱了服务效果,影响着社会服务质量。在我国,服务资源的短缺更是社会福利服务实践的现实困境。个案管理以整合社会资源和发展服务对象使用资源的能力为特点,使服务质量和效率明显增强,使分散的服务资源发挥其应有作用。

②解决复杂问题。在传统社会服务方式中,一般无力解决多重问题,或者只能逐一解决,这使得服务的效果受到影响。个案管理服务以"一揽子"综合服务方式对服务对象的问题进行统筹解决,使服务立体化。

③抑制社会服务成本。社会服务成本是各国政府社会福利开支中的难题。我国社会服务正在发展完善阶段,服务需求与服务成本之间的矛盾更是突出。个案管理服务以社区资源为依托开展服务,强调利用现有的基础,对社会服务资源进行个案化重组,能够在提升服务质量的同时降低社会服务的支出。

作为一种工作方法,个案管理在实际运用过程中还会遇到很多具体的困难。比如,个案管理者应能应付不同机构的管理模式,特别需要与政府机构打交道;在全面收集系统、个人的资料方面,个案管理者也会遇到很多的困难和障碍;个案管理者应能协调案主与不同机构的专业工作者之间以及这些专业工作者相互之间的关系;某些参与合作者的消极抵抗态度会影响机构间的合作关系,相关信息没有及时交流和沟通也会带来不必要的误会等等。这些问题都会直接影响到个案管理的最终结果。

本章小结

近年来,我国青少年问题出现了新的发展趋势,主要体现在:青少年问题的日益多元和复杂化;青少年问题与其生存环境之间的关联日益增强;解决青少年问题需要采用专业工作手法以及多方位的合作。在这种情况下,只有将各种社会资源整合起来,建构起一个整合的、系统的综合服务网络,才能有效地解决青少年面临的各种社会问题。这就要求把管理的要素引入到青少年社会工作之中,通过管理层面的行政管理和实务层面的个案管理,推动青少年社会工作的进一步发展。

目前,我国从事青少年工作的机构大致上分为三类:一是政府有关机构,如民政部门、教育文化卫生部门、司法和劳动部门等;二是共青团、妇联等人民团体;三是以服务于青少年为使命的非政府组织。这三类工作机构共同构成了我国青少年工作组织体系。

政府层面的青少年社会工作行政管理也称为青少年社会福利行政或青少年社会福利管理,是由社会福利行政主管机关或公务员按照社会政策和社会立法,在其辖区内进行的针对青少年及其家庭的社会福利措施,以解决、处理和预防青少年问题的产生及其可能产生的社会负面影响,促进社会福利对青少年群体的关注和保护。政府层面的青少年社会工作管理的内容主要包括政策制定、法规草拟、经费拨补、监督管理和行政协调等方面。

青少年社会工作的行政管理主要体现在机构和政府两个层面。机构层面的青少年社会工作行政管理就是使机构的所有成员按照其功能承担相应职责,充分发掘并运用所有资源,为青少年群体提供最理想、最有效服务的过程。这一层面的管理项目主要有人事管理或人力资源管理、财务管理、行销管理、信息管理等五个方面。

个案管理是20世纪80年代出现于美国社会工作实务领域的一种新的服务模式,是指由专业工作者评估案主及其家庭的需求,并安排、协调、监督、评估及倡导一整套包含多种项目的服务,以满足特定案主的复杂需求。个案管理的特点主要在于:一是找出解决服务对象多重问题所需要的社会服务网络;二是建立这个网络中各项服务提供者之间的互动关系。个案管理与个案工作之间存在着较大的差异,体现在案主、问题类型、问题性质、目标、分析诊断、主要方法、工作角色、案主参与、处置时间和记录格式等方面。

从青少年社会工作的实施情况来看,个案管理的工作原则主要有服务整合、平等地享受服务、高质量的服务、全人观念和以案主为本等。这些工作原则在个案管理服务过程中的每一个方面、每一个环节中都应该有所体现。个案管理的工作流程可分为建立关系、需求评估、制定服务计划、获取资源、组织协调和结束关系等六个阶段。建立关系是指个案管理者与青少年建立起一种有效工作关系的过程。在需求评估时期,个案管理者应该向青少年确认三件事情,即案主需要解决的问题、案主认为的可用于解决问题的资源以及案主使用这些资源的障碍。在制定服务计划阶段,个案管理者应和案主一起根据案主的需求制定一个有一定系统、结构和步骤的服务计划。获取资源是一个行动介入过程,即帮助当事人克服与资源连接的障碍、使之与可用资源建立新连接的过程。个案管理者需要在案主与资源提供者之间进行协调和沟通,确保各个层面的互动能够顺畅地完成。

个案管理者的角色主要为整合者、倡导者、咨询者。个案管理的作用优势可归纳为三个方面,即整合社会资源、解决复杂问题和抑制社会服务成本。作为工作方法,个案管理在实际运用过程中还会遇到很多具体的困难。

课后练习

①当前我国青少年问题的发展趋势有哪些?

②如何理解青少年社会工作引入管理要素的意义?

③我国青少年工作机构包括哪些类型？各自的工作内容和职责有哪些？

④什么是政府层面的青少年社会工作行政管理？其工作内容有哪些？什么是个案管理？其特点有哪些？

⑤什么是机构层面的青少年社会工作行政管理？其管理项目有哪些？

⑥个案管理和个案工作的区别有哪些？

⑦个案管理的工作流程有哪些环节？每一个环节需要做哪些事情？

⑧如何理解个案管理的优缺点？

后　　记

中国正处于经济社会转型时期,体制转变、观念更新冲击着国民已经形成的社会价值观。社会转型时期的多元文化对青少年成长产生着越来越大的影响,特别是网络时代的到来,构成了青少年成长的全新环境。青少年在成长过程中遇到了许多发展中的问题。要解决青少年成长过程中遇到的各种问题,就需要创新青少年社会工作的理念和方法。

本教材结合高职生的特点,突出知识结构专业化、案例选取本土化、技能技巧训练能力本位化三个基本原则。编撰本书目的,一是为了扭转当前我国社会工作教育领域教材建设严重滞后于社会发展的现状;二是针对当前我国青少年身心发展的特点和需要以及社会转型对青少年发展带来的挑战,从社会工作的视角,寻找解决问题的途径。

本书的编写分工如下:章友德(上海政法学院)担任主编,撰写第1章;李爱萍(上海政法学院)撰写第2章、第3章;杨柳(上海政法学院)撰写第4章、第10章;程金(上海工会管理学院)撰写第5章;王惠博(上海政法学院)撰写第6章、第9章;刘小霞(上海应用技术学院)撰写第7章;付晓萍(上海科技管理学院)撰写第8章;童潇(华东政法大学)、张悦(邦德学院)撰写第11章;丁晓鹃(北京青年政治学院)撰写第12章;李太斌(上海第二工业大学)撰写第13章;陈元元(上海青年干部学院)、李太斌(上海第二工业大学)撰写第14章。

本书的编写得到了上海政法学院、华东政法大学、上海青年干部学院、北京青年政治学院、上海应用技术学院、上海第二工业大学、上海工会管理学院和上海科技管理学院等高校专家的支持。本书的出版得到天津大学出版社的大力支持。李爱萍教授为本书的修改付出了许多劳动。我所工作的上海政法学院对本书的完成给予了很大支持。本书也是我主持的上海市教育科学研究项目《网络时代城市青少年教育问题研究》和上海政法学院《青少年社会工作》教材建设的最终成果。在本书的写作过程中,参考了许多专家的著作和论文,在此一并表示感谢。由于时间仓促以及我们水平的有限,本书肯定存在许多不足之处,望专家和读者批评指正,以便在修订时得以改正。

主编

2009年6月

参考文献

[1] 风笑天. 社会学导论[M]. 武汉:华中科技大学出版社,1997.
[2] 郑杭生. 社会学教程[M]. 北京:中国人民大学出版社,1998.
[3] 溪从清. 社会学原理[M]. 杭州:浙江大学出版社,2004.
[4] 何雪松. 社会学视野下的中国社会[M]. 上海:华东理工大学出版社,2002.
[5] Richard T. Schaefer. 社会学与生活[M]. 北京:世界图书出版公司,2006.
[6] 曼纽尔·卡斯特. 网络社会的崛起[M]. 夏铸九,王志弘,等,译. 北京:社会科学文献出版社,2001.
[7] 雷　洪. 社会问题——社会学的一个中层理论[M]. 北京:社会科学文献出版社,1999.
[8] 赵　可,白　岚. 青少年越轨行为概论[M]. 重庆:重庆出版社,1996.
[9] 弗兰西斯·C·瓦克斯勒. 越轨社会学概论[M]. 石家庄:河北人民出版社,1987.
[10] 李建军. 自杀行为的社会文化研究[M]. 贵阳:贵州人民出版社,2007.
[11] D. Paul Schafer. 文化引导未来[M]. 北京:社会科学文献出版社,2008.
[12] 联合国教科文组织教育丛书. 学会生存[M]. 北京:教育科学出版社,1996.
[13] 黄志坚. 世纪之交论青年[M]. 北京:中国青年出版社,1997.
[14] 谢维和,等. 当代青年社会学[M]. 北京:中国青年出版社,1994.
[15] 董敏志. 接受与超越:青年文化论[M]. 上海:复旦大学出版社,1993.
[16] 张春兴. 青年的认同与迷失[M]. 北京:世界图书出版公司,1993.
[17] 杨长征. 中国青少年流行文化现象报告[M]. 北京:中国青年出版社,2003.
[18] 曾燕波. 青年八大热点问题[M]. 上海:上海社会科学院出版社,2007.
[19] 吕庆广. 60 年代美国学生运动[M]. 南京:江苏人民出版社,2005.
[20] 郑　确. 青少年逆反心理[M]. 南京:南京师范大学出版社,2006.
[21] 吉田胜明. 欢迎进入反抗期[M]. 南达元,译. 上海:上海科技教育出版社,2005.
[22] 杨仲明. 青春期危机与调整[M]. 北京:中国农业出版社,2004.
[23] 马和民,吴瑞君. 网络社会与学校教育[M]. 上海:上海教育出版社,2002.
[24] 斯宾塞. 教育论[M]. 胡毅,译. 北京:人民教育出版社,1962.
[25] 马和民. 新编教育社会学[M]. 上海:华东师范大学出版社,2004.
[26] 吴康宁. 教育社会学[M]. 北京:人民教育出版社,1998.
[27] 金一鸣. 教育社会学[M]. 南京:江苏教育出版社,1998.
[28] 王冬桦,王　非. 社会教育学概论[M]. 北京:教育科学出版社,1992.
[29] 詹栋梁. 社会教育学[M]. 台北:五南出版公司印行,1984.
[30] 黄希庭. 心理学导论[M]. 北京:人民教育出版社,1990.
[31] 林崇德. 发展心理学[M]. 杭州:浙江教育出版社,1998.
[32] 陆士桢,等. 社会转型中的青年发展与社会整合[M],北京:中国社会科学出版

社,2005.
[33] 陆士桢. 中国城市青少年弱势群体现状与社会保护政策[M]. 北京:社会科学文献出版社,2004.
[34] 中央综治委预防青少年犯罪领导小组办公室,等. 中国城市社区预防青少年违法犯罪工作模式研究报告[M]. 北京:法律出版社,2005.
[35] 顾东辉. 社会工作概论[M]. 上海:上海译文出版社,2005.
[36] 何雪松. 社会工作理论[M]. 上海:上海人民出版社,2007.
[37] 童　敏. 社会工作实务基础[M]. 北京:社会科学文献出版社,2008.
[38] 肖建国. 社区青少年法律研究[M]. 上海:华东理工大学出版社,2006.
[39] 桑　标. 社区青少年心理研究[M]. 上海:华东理工大学出版社,2006.
[40] 顾东辉. 社区青少年社会工作研究[M]. 上海:华东理工大学出版社,2006
[41] 陆士桢,王　玥. 青少年社会工作[M]. 北京:社会科学文献出版社,2005.
[42] Paula Allen Meares. 儿童青少年社会工作[M]. 李建英,范志海,译. 上海:华东理工大学出版社,2006.
[43] 陆士桢. 儿童青少年社会工作[M]. 北京:高等教育出版社,2008.
[44] 上海市青年联合会,香港青年协会,新加坡人民协会青年运动. 青少年网络成瘾及其干预——2005 年沪港新专家圆桌会议论文汇编[M]. 上海:华东理工大学出版社,2006.
[45] 杨佐廷. 中小学生危机预防与干预[M]. 上海:上海教育出版社,2006.
[46] 林朝夫. 偏差行为辅导与案例研究[M]. 北京:心理出版社有限公司,1999.
[47] 张文霞. 家庭社会工作[M]. 北京:社会科学文献出版社,2005.
[48] 马丁・皮尔. 行为矫正[M]. 北京:科学出版社,1991.
[49] Robert Leahy. 认知治疗技术[M]. 张黎黎,译. 北京:中国轻工业出版社,2006.
[50] 翟　进,张　曙. 个案社会工作[M]. 北京:社会科学文献出版社,2001.
[51] 多戈夫,等. 社会工作伦理:实务工作指南[M]. 隋玉杰,译. 北京:人民大学出版社,2005.
[52] 李　勇. 个案工作[M]. 安徽:合肥工业大学出版社,2005.
[53] 何式凝. 中国社会工作案例[M]. 上海:上海人民出版社,2008.
[54] 高万红. 个案工作理论与实务[M]. 北京:中国劳动社会保障出版社,2008.
[55] 苏珊・卡罗尔. 青少年小组游戏治疗师手册[M]. 刘　孟,译. 北京:中国人民大学出版社,2007.
[56] 吴　铎,马伊里. 社会工作案例精选[M]. 上海:华东理工大学出版社,2007.
[57] 徐久生. 校园暴力研究[M]. 北京:中国方正出版社,2004.
[58] 范明林. 学校社会工作[M]. 上海:上海大学出版社,2005.
[59] 范明林. 社会工作方法与实践[M]. 上海:上海大学出版社,2005.
[60] 王　玲. 高中生常见心理问题及疏导[M]. 广州:暨南大学出版社,2006.
[61] 陈筱洁. 初中生常见心理问题及疏导[M]. 广州:暨南大学出版社,2006.
[62] 古学斌,等. 实践为本的中国本土社会工作研究[M]. 北京:社会科学文献出版社,2007.
[63] 蔡　中. 阳光点亮心灵[M]. 上海:华东理工大学出版社,2007.

[64] 劳动和社会保障部教材办公室与上海市职业培训指导中心. 社会工作者[M]. 北京:中国劳动社会保障出版社,2006.
[65] 全国社会工作者职业水平考试教材编写组. 社会工作实务(初级)[M]. 北京:中国社会出版社,2007.
[66] 全国社会工作者职业水平考试教材编写组. 社会工作综合能力(中级)[M]. 北京:中国社会出版社,2007.
[67] 全国社会工作者职业水平考试教材编写组. 全国助理社会工作师职业水平考试辅导(初级)[M]. 北京:中国社会出版社,2007.
[68] 余秀兰. 社会弱势群体的教育支持[M]. 北京:中国劳动与社会保障出版社,2007.
[69] 乐　平. 现代社会与我们的生活[M]. 北京:中国商务出版社,2006.
[70] 刘晓东. 儿童文化与儿童教育[M]. 北京:教育科学出版社,2002.
[71] 郭玉锦. 网络社会学[M]. 北京:中国人民大学出版社,2005.
[72] 朱眉话. 社会工作实务(上)[M]. 上海:上海社会科学院出版社,2003.
[73] 张宇连. 社会工作实务(下)[M]. 上海:上海社会科学院出版社,2005.
[74] 聂　鹏. 社会工作方法[M]. 北京:中国轻工业出版社,2005.
[75] 库少雄. 社会工作实务[M]. 北京:社会科学文献出版社,2005.